交通运输法

（第二版）

陈家宏　林　毅　陈迎新　颜诗树
邓君韬　魏　琼　张　敖

编著

西南交通大学出版社
·成都·

图书在版编目（CIP）数据

交通运输法 / 陈家宏等编著. —2 版. —成都：
西南交通大学出版社，2021.11
ISBN 978-7-5643-8366-4

Ⅰ. ①交… Ⅱ. ①陈… Ⅲ. ①交通运输管理 – 法规 – 中国 – 高等学校 – 教材 Ⅳ. ①D922.11

中国版本图书馆 CIP 数据核字（2021）第 229704 号

Jiaotong Yunshufa

交通运输法
（第二版）

陈家宏 等 编著

责 任 编 辑	吴　迪
封 面 设 计	墨创文化
出 版 发 行	西南交通大学出版社 （四川省成都市二环路北一段 111 号 西南交通大学创新大厦 21 楼）
发行部电话	028-87600564　028-87600533
邮 政 编 码	610031
网　　　　址	http://www.xnjdcbs.com
印　　　　刷	四川森林印务有限责任公司
成 品 尺 寸	170 mm × 230 mm
印　　　张	20.75
字　　　数	373 千
版　　　次	2014 年 3 月第 1 版 2021 年 11 月第 2 版
印　　　次	2021 年 11 月第 7 次
书　　　号	ISBN 978-7-5643-8366-4
定　　　价	56.00 元

课件咨询电话：028-81435775
图书如有印装质量问题　本社负责退换
版权所有　盗版必究　举报电话：028-87600562

再版前言

《中华人民共和国民法典》(以下简称《民法典》)自2021年1月1日起实施。我国民法典是"社会生活的百科全书",是民事权利保护的宣言书,是新中国民事立法的集大成者。它的颁布施行不仅是新时代我国社会主义法治建设的重大成果,在我国法治建设历史上更具有里程碑意义。历史上,民法典的颁行都为一国的政治、社会、经济和文化提供了一种新的思维方式(Maria Luisa Murillo,2001),"民法典在中国特色社会主义法律体系中具有重要地位,是一部固根本、稳预期、利长远的基础性法律"(习近平,2020)。实施好民法典,人民群众的切身利益就会得到法律保障,必将对我国法治国家、法治政府、法治社会建设带来更积极、更全面、更规范的影响,也会对坚持和完善中国特色社会主义制度、推进国家治理体系和治理能力现代化,保障人民群众美好幸福生活提供充分的法律保障。

民法典是我国民事法典,也是市场经济的基本法律。我国实行的是民商合一体制。民法典为市场经济提供了基本的市场规则,规定了市场主体的类型,如明确市场主体包括非法人组织等;界定了市场交易中的财产权及其边界,主要可见于物权规则;提供了市场交易制度规则,如合同规则和侵权规则。随着我国改革开放的进一步深化,初步建立的某些市场经济制度和规则已无法满足社会和经济的新需求,亟须按照新理念、新思想进行规范化、科学化。民法典的颁布实施是新时代加快完善社会主义市场经济体制,发展社会主义市场经济,巩固社会主义基本经济制度的必然要求。

民法典的颁布实施也给交通运输法带来了新的理念、新的规则,以及法律规范化、体系化和统一化的绝好机会。如《民法典》第九条明确将节约资源、保护生态环境作为一项基本原则,是对生态环境保护时代问题的回应,是宪法对生态文明保护要求的落实。《民法典》其他分编进一步细化了对资源生态的保护,如合同编规定,当事人在履行合同过程中,应当避免浪费资源、污染环境和破坏生态(第五百零九条),运输合同当事人也不例外。又如,《民法典》出台"反霸座"条款,即第八百一十五条,强调:"旅客应当按照有效客票记载的时间、班次和座位号乘坐。"第八百二十条同时规定:"承运人应当按照有效客票记载的时间、班次和座位号运输旅客。"为此,"霸座"就不仅是一种不道德的行为,更是一种违法行为,由此确定了不一定需要公权力介入的反霸座规则。反霸座规则旨在充分发挥法律的指引功能,督促旅客依法依规乘坐交通工具,确保出行良好秩序和乘车安全。

交通运输是国民经济的基础性、先导性、战略性产业和重要的服务性行业,交通运输法是市场经济法律的重要组成部分。随着我国交通运输管理体制的深化改革与交通运输业的不断发展,我国交通运输法制也得到了进一步的完善,很多的专门法,包括铁路法、公路法、海商法等都进行了修正,有的还不止一次进行修改。同时,承蒙各高等院校、高职院校及读者们的抬爱,出版社反馈《交通运输法》使用量较大,第一版已经销售告罄。为此,编写组决定借民法典颁布实施之机,在2013年《交通运输法》的基础上,对该书进行修正再版。

编写组经过认真讨论,确定修正的基本原则是:(1)务必与新颁布的民法典合同编及交通运输典型合同规定相衔接;(2)与新修订的铁路法、公路法、海商法等专门法律法规规定相一致,各专门法律法规新修订截止时间统一为2020年12月31日;(3)与现有主体称谓如交通运输部国家铁路局等相统一。此次修订中编写组尽可能做到撰写、修订的法律教材的法律规范性,专门法律技术科学性,部门法律特色专门性。同时,本书的各章修订由原作者完成,即第一章陈家宏、第二章林毅、第三章陈迎新、第四章颜诗树、第五章邓君韬、第六章魏琼,全书由陈家宏统筹。另外,为了完善交通运输合同类型,这次借修订之际,编写组专门邀请了张敖博士补充撰写了第七章"多式联合运输法"。希望以此纪念民法典的颁布实施,促进交通运输法治的教育与进步。

编写组在撰写过程中借鉴了很多专家学者的成果,在此表示感谢!同时,由于水平的局限,《交通运输法》还有很多不足,欢迎批评、指正!

陈家宏
2021年6月3日于交大东苑

前　言

交通运输把人与人之间的全部生产、交换、分配、消费活动有机地衔接起来，是市场经济关系中的连接点和桥梁，是整个国民经济的命脉。交通运输业越发达，为其他产业提供的原材料越多，同时也缩短了商品的储存、运输和投放市场的时间，加速了资金的流动周期，相应地又促进了其他产业的发展。同时，交通运输又为人们生活的便利与内容的丰富多彩提供了条件，与广大人民群众、经济社会发展息息相关。新中国成立以来，我国高度重视交通运输业的发展，大力加强交通运输事业的建设，经过六十多年的建设，特别是改革开放三十多年以来的建设，交通运输事业取得了显著的进步，尤其是我国高速铁路建设走进了国际先进行列。同时，面对交通运输的长足发展，交通运输法制建设也逐步建立和完善。如何深入贯彻、全面落实依法治国基本方略，通过进一步建设、完善与实施综合交通运输法律制度保障和促进现代交通运输产业良性发展，对交通运输法制建设提出了新的更高的要求。

西南交通大学[①]作为与交通运输有着密切联系的以工科为主的全国最早的综合性重点大学，在交通运输法制建设的诸方面，显然责无旁贷。为了提升学校办学的内涵，进一步加强与积极扶持、提升人文社会科学学科的建设，西南交通大学于1996年正式申办首届法学（重点）本科专业，同时开始了学校法学学科的建设。法学门类也是学校以交通为特色、以工为主，理、工、管、经、文、法多学科协调发展的明确的六大学科门类之一。西南交通大学开办法学本科专业，重视"利用学科优势，打造学科特色"，在保障教育部高等学校法学学科教学指导委员会规定的法学本科核心主干课程的前提下，一直在做着和我校交通运输特色与优势相结合的尝试，在法学本科专业培养计

[①] 西南交通大学肇建于1896年，曾先后定名为"山海关北洋铁路官学堂""唐山交通大学""唐山铁道学院"等，是中国近代建校最早的高等学府之一，素有"中国铁路工程师的摇篮"和"东方康奈尔"之称。学校以工科为主，工、理、管、经、文、法等多学科协调发展，是国家首批"211工程""特色985工程"（轨道交通运输工程优势学科创新平台）建设高校以及正式设有研究生院的全国重点大学，是教育部"卓越工程师教育培养计划"首批试点高校和"专业学位研究生教育综合改革"试点高校。

划中设置了两个选修课程组、四类特色课程组,选修课程组是:第一组"铁道概论""铁路运输"和"交通工程学基础";第二组"房屋建筑工程概论""房屋建筑学"和"工程建筑施工技术"。特色课程组分别为:第一组"一般法学类",课程包括"刑事侦查学""财税法";第二组"铁路法与交通运输法类",课程包括"铁路法与交通运输法概论""铁路法与交通运输法理论与实践";第三组"建筑法与房地产法类",课程包括"建筑法与房地产法概论""建筑法与房地产法理论与实践";第四组为"专利代理类",课程包括"专利信息检索与运用""专利与商标代理"。学生在选修课程组和特色课程组中各任选一组即可毕业,坚持至今。通过这些课程的设置,融合学校优势学科资源,主动探索法学人才培养的专业化、特色化,为创建法学人才"厚基础、宽口径"的就业路径提供知识储备;积极促进国家交通运输事业健康、可持续发展,为构建和谐、公正、高效的交通运输法律体系提供智力支持。前述课程的开始需要配套教材建设,但现有法学教材囿于学科体系划分以及时代发展等多种原因,或未以"交通运输"为主题加以整合,或显陈旧、滞后。有鉴于此,我们决定自己摸索、总结并撰写适合学生研习、适合教师开展讲授的特色课程组教材,在出版《建筑法与房地产法概论》的基础上,撰写了《交通运输法》。

本书由西南交通大学法学教师们撰写,由陈家宏教授拟定全书结构并统稿,全书各章撰稿人分别为:第一章,陈家宏;第二章,林毅;第三章,陈迎新;第四章,颜诗树;第五章,邓君韬;第六章,魏琼。教材编委会从2008年开始着手各章节写作,其间适逢《中华人民共和国铁路法》进行了修订[①]以及时间较长,本书据此几经修改、调整,也算与时俱进的产物。

本书分为交通运输法概述与具体运输法律制度两大部分,即交通运输法概述、铁路运输法、公路运输法、水路运输法、海商法以及公共航空法共计六章。本书在体系上基本涵盖了交通运输所涉全部法律法规,以现行法律法规为依据,较为系统地概述了交通运输各领域所涉法律关系,并在此基础上侧重阐述有关旅客运输、货物运输合同法律制度;以希望通过本书的学习,读者能对我国交通运输法框架体系和法律制度有一个全景式的了解;对诸如海商法以及公共航空运输法等专业性较强的法律制度,本书也做了较为详尽的介绍,读者亦可深入研究和学习。

[①]《全国人民代表大会常务委员会关于修改部分法律的决定》(2009年8月27日发布)对《中华人民共和国铁路法》予以了修改。

本书具有部门法学的知识性、理论性与专业应用性相结合的特点。既可作为普通高等院校及高等职业技术院校法学专业的课程教材，可以作为法学硕士（法律硕士）研究生的阅读参考教材，同时还可以作为广大交通运输企业或物流企业从业人员的学习参考书目。

知识无涯，水平有限，不足甚至谬误之处恐将难免，亦敬请读者见谅。

陈家宏

2013年秋于成都

目　录

第一章　交通运输法概述 ·· 1
 第一节　交通运输与交通运输法 ·· 1
 第二节　交通运输法的产生与发展 ·· 12
 第三节　交通运输法律关系 ·· 18
 第四节　交通运输法律的基本原则及其实现 ···························· 28

第二章　铁路运输法 ·· 39
 第一节　铁路运输法概述 ·· 39
 第二节　铁路旅客运输合同 ·· 53
 第三节　铁路货物运输合同 ·· 71
 第四节　国际铁路运输公约 ·· 86

第三章　公路运输法 ·· 100
 第一节　公路运输法概述 ·· 100
 第二节　公路旅客运输合同 ·· 106
 第三节　公路货物运输合同 ·· 124
 第四节　公路货物运输国际公约 ·· 135
 第五节　公路运输保险与保价 ·· 141

第四章　国内水路运输法 ·· 150
 第一节　国内水路运输法概述 ·· 150
 第二节　国内水路客运合同 ·· 152
 第三节　国内水路运输保险与保价 ·· 163
 第四节　国内水路运输的行政监管 ·· 168

第五章 海商法 ... 177

- 第一节 海商法概述 ... 177
- 第二节 海上旅客运输合同 ... 194
- 第三节 海上货物运输合同 ... 199
- 第四节 船舶租用合同 ... 209
- 第五节 海上拖航合同 ... 216
- 第六节 碰撞、海损与赔偿责任 ... 222
- 第七节 海上运输相关国际公约 ... 231

第六章 公共航空运输法 ... 240

- 第一节 公共航空运输法概述 ... 240
- 第二节 公共航空运输合同的承运人 ... 246
- 第三节 公共航空旅客运输合同 ... 253
- 第四节 公共航空货物运输合同 ... 266
- 第五节 公共航空运输国际公约 ... 273

第七章 多式联合运输法 ... 278

- 第一节 多式联合运输概述 ... 278
- 第二节 多式联合运输法律框架 ... 289
- 第三节 多式联合运输合同 ... 298
- 第四节 多式联合运输单据 ... 306
- 第五节 多式联合运输责任与保险 ... 311

参考文献 ... 321

第一章 交通运输法概述

第一节 交通运输与交通运输法

一、交通运输及其特征

（一）交通运输概述

人类为了维持生活必须不断地改造自然，创造物质资料，进行生产活动。在生产活动过程中，生产工具、劳动对象及生活生产资料，乃至人本身必然要发生位置改变。这种人或物在一定范围内有目的的空间位移就是交通运输。交通运输活动是人类的基本活动之一，人类的生存发展离不开交通运输活动。"交通"和"运输"是两个密切联系的概念，"交通"的基本含义是往来通达、彼此相通、交接与往返；《辞海》中"运输"的解释为"人和物的载运和输送"，是指利用交通工具将人或物从一个地点运送到另一个地点，以完成运输对象的空间位移，它是社会物质生产过程中的必要条件之一，也是人类发展的生活过程中的必然情形。习惯上人们将"交通"和"运输"合并使用。

一般认为，交通运输分为广义的交通运输和狭义的交通运输。广义的交通运输也称为大交通，是各种运输和邮电事业的总称，是指人类利用一定的载运工具，通过一定的方式，将旅客或货物进行空间位置移动的活动，以及人类利用一定的传播工具，将语言、文字、符号、图像等信息的传递输送活动，它除了包括狭义的交通运输外还包括邮寄、邮汇、电传、电报、广播，甚至因特网等；狭义的交通运输也称为综合交通运输，是指人或物借助运输工具以一定的方式完成空间位移的改变，它通常包括铁路、公路、水路、航空、管道等方式。本书所称交通运输限于狭义的交通运输，且限于交通运输运营管理，不包括交通运输基础设施的规划建设。

马克思在论述交通运输的性质时认为："运输业一方面形成一个独立的生产部门，从而形成资本的一个特殊的投资领域；另一方面它又具有如下的特征：它表现为生产过程在流通过程内的继续，并且为了流通过程而继续。"同时，"物品的使用价值只是在它的消费中实现，并且它的消费可能就会使价值量的变化，从而使运输工业的追加生产过程成为必要。所以，投在运输工业上的资本，会部分地由运输工具的价值追加，而把价值加到被运输的产品中去"。"在产品由一个生产场所到另一个生产场所的运输之后，又有完成产品由生产领域到消费领域的运输跟在后面。产品要完成这个运动，方才是完成而可以消费的。"①由此可见，交通运输是整个国民经济的命脉，人与人、单位与单位、部门与部门、地区与地区、国家与国家以及它们相互之间无一不通过交通运输而发生联系。交通运输把全部生产、交换、分配、消费活动有机地衔接起来，是市场经济关系中的连接点和桥梁。交通运输业越发达，为其他产业提供的原材料就会越多，也会缩短商品的储存、运输和投放市场的时间，加速资金的流动周期，相应地促进其他产业的发展，同时会为人们生活的便利与内容的丰富多彩提供条件。

（二）交通运输业的特征

交通运输业作为一个独立的物质生产部门，随着市场经济的深入发展而成为物流业的重要组成部分，它具有以下特征：① 产品形态的抽象性。交通运输业不生产新的实物形态的物质产品，它通过改变劳动对象（人或物，在交通运输中被称为旅客或货物）的空间距离——位置来完成自己的生产，而不改变运输对象的属性和形态。这一产品特征使得物流业发展范围更为广泛。② 产品的不可储存性。工业产品的生产和消费在空间上和时间上是相分离的两种行为，产品生产出来以后就与生产过程相分离，作为商品进入流通领域，最后进入消费。而交通运输的服务过程和消费过程同时进行，两者在时间上和空间上是结合在一起的，是不可分离，不可储存的。这一产品特征体现了交通运输业的独立性与不可替代性。③ 产品的共通性。交通运输的产品是改变运输对象（旅客或货物）在空间的位移。这一产品特性决定了在一定条件下运输方式的可替代性，使综合利用各种运输方式，建立统一运输网成为可能。

新中国成立以来，特别是改革开放以来，随着运输工具和运输设施的迅速发展，如铁路建设日新月异、高速公路迅速遍及全国各地、航空场地迅猛发展、水路和海上运输规模剧增、海陆空综合立体运输网络初具规模。运输工具与交通基础设施的建设带动了我国交通运输业的迅猛发展并发挥出其大

---

① 中共铁道部党校理论研究室选编：《马克思、恩格斯、列宁、斯大林论铁路交通运输》，中共中央党校出版社1984年版，第9页。

动脉的作用，大大促进了我国国民经济的发展。同时，我国交通运输管理也逐渐走向规范化、法制化道路。

二、交通运输法及其调整对象

（一）交通运输法

交通运输法是调整交通运输法律关系的法律规范总称，是指有权国家机关为了加强交通运输管理与运营而颁布的调整交通运输行政区权力的创设、行使与监督过程，以及交通运输中当事人权利义务的形成、变更与终止过程中发生的各种社会关系的法律规范。交通运输法主要包括国家交通运输法律、部门与地方交通运输法规、规章制度等。交通运输法是为了适应国民经济的需要和交通运输的发展而产生的，并且随着交通运输的发展而不断发生变化。一定时期的交通运输法是交通运输客观实际的反映，是交通运输社会关系的客观要求。

交通运输法对保障国家交通运输安全和促进国民经济发展具有重要意义。交通运输法的制定与实施有利于促进国家交通运输基础设施的建设与发展，有利于促进国家交通运输业的发展，有利于促进货物与旅客运输的正常运转，有利于促进我国交通运输业与国际上的交流与合作，维护国家交通运输安全与利益，保护公民、法人及其他组织在交通运输过程中的合法权益。

（二）交通运输法的调整对象

法律是社会关系的调节器，任何部门法皆以一定的社会关系的调整为使命，交通运输法也不例外。作为我国经济法体系中的一个重要组成部分，交通运输法也有其特定的调整对象，即交通运输关系。交通运输关系包括交通运输管理关系以及交通运输合同关系。交通运输管理关系是交通运输行政管理机关对交通运输活动实行组织、管理和监督所产生的一种社会关系；交通运输合同关系是交通运输企业与托运人或旅客之间所产生的合同关系。交通运输法律关系是指在交通运输活动中各方当事人之间形成的，并且由交通运输法律规范确认和调整的权利义务关系。交通运输关系是多层次多方面的，既有横向的平等主体之间的经济协作关系，又有纵向的上下级之间的领导与被领导、管理与被管理的监管关系；既有交通运输企业与托运人之间的货物运输合同关系、交通运输企业与旅客之间的旅客运输合同关系，还有交通运输企业内部运输承包合同关系等。

根据我国现阶段交通运输的特点及发展趋势，从不同的角度，我们可以对交通运输法的调整对象作如下划分：

1. 交通运输经济管理关系

交通运输经济管理关系包括国家对交通运输活动进行宏观调控与管理过程中所发生的宏观经济管理关系和交通运输企业内部组织之间的微观经济管理关系。宏观经济管理关系是指国家对整个交通运输行业的管理关系。国家通过制定全局性的决策，由国家职能管理部门代表国家，通过综合平衡、领导、组织、管理与监督等方式对交通运输部门与其他部门之间的关系进行监督和管理，理顺交通运输活动中的各种经济关系，这是维护市场经济秩序的需要。其中，包括国家及地方主要交通运输基础设施的规划、建设与监督，国家与地方交通运输安全的保障与实施，国家和地方主要交通运输的正常运行，等等。微观经济管理关系是指交通运输企业内部存在着的计划、生产、分配、财务核算等方面的管理关系。交通运输微观经济管理关系是指，由交通运输企业内部为了合作、配合完成特定的交通运输任务而发生的经济管理关系，是以纵向经济管理关系为主，同时具有一定横向性质的市场经济关系。交通运输企业是市场的重要主体，必须通过交通运输法律规范来调整其间的经济关系，只有这样才有利于规范交通运输企业的组织与行为，保护交通运输企业及其内部组织作为市场经济主体的合法权益并促进其承担相应法律义务与责任。

2. 交通运输经济协作关系

交通运输经济协作关系是指交通运输企业之间以及交通运输企业与其他市场主体之间，为完成（联合）运输任务而产生的各种经济协作、配合关系。交通运输经济协作关系虽然是由交通运输企业间或交通运输企业与其他市场主体间合作、配合完成各类交通运输任务而发生的经济协作关系，除非是为了完成国家特定的交通运输任务外，主要还是表现为横向市场经济关系。在市场经济条件下，各市场主体从事的各项经济活动应当遵循自愿、平等、公平和诚实信用的原则。经济协作有交通运输企业之间以及交通运输企业与其他市场主体之间的经济协作关系，是社会化生产和市场经济发展的必然要求，国家通过交通运输法律规范它们在经济协作活动中各自的权利义务关系，有利于引导市场经济主体的行为向着依法合规、促进经济社会进步的方向发展。

3. 专业交通运输关系

专业交通运输关系是对交通运输中使用不同的运载工具和线路设备，即按交通运输的方式细分的几种关系。具体包括：

1）铁路运输关系

铁路运输关系是指铁路运输企业利用运输工具完成旅客或货物由一定地点运送到另一个地点的生产过程所产生的经济关系。这种关系是以铁路运输企业为一方当事人，即承运方；以旅客、托运人为另一方当事人，即旅客或托运方，双方形成的权利义务关系。铁路运输关系由专门的铁路法进行调整，其主要分为四大类：一是旅客运输合同关系；二是货物运输合同关系；三是侵权损害赔偿关系；四是运输管理关系。铁路运输法律规范的主要任务就是通过调整这些社会关系来保证铁路运输生产的顺利进行。

2）公路运输关系

公路运输关系是指公路运输企业或个人经公路将旅客或货物从一地点运送到另一地点以完成旅客或货物位移的生产过程所发生的经济关系。公路运输在第二次世界大战以后迅速发展起来，具有快捷、方便、门到门运输的特点，是现代交通运输的重要方式。与铁路运输相比，公路运输受地理条件影响较大，风险也相对较大，市场化程度较高。公路运输关系由专门的公路法进行调整，其以公路承运人（既包括经过批准取得公路运输经营权的企业，也包括有权从事公路运输活动的个体经营者）为一方当事人，以托运人、收货人或旅客为另一方当事人。

3）水路运输关系

水路运输关系是指水路运输经营者利用船舶为运载工具，将旅客或货物从一地运送至另一地所发生的经济关系。水路运输是利用水运资源进行运输生产活动，是一种最古老、又最先开始使用机械化工具、开创运输技术革命的现代化运输方式，目前仍是一些国家国内和国际运输的重要方式之一。水路运输具有运载能力大、成本低、能耗少、投资少，受自然条件的限制与影响大，开发利用涉及面较广的特点与优势。

4）海上运输关系

海上运输关系是指海上运输经营者利用船舶将旅客或货物从一个港口运送到另一个港口所发生的经济关系。海上运输历史比较长，是伴随着世界各国国际贸易发展的一种水上运输方式，具有成本低、运量大的显著优势，虽然现代其他运输方式越来越发达，但海运的地位和作用在国际贸易活动中依然十分重要。目前，海上运输发展呈现三个特点：一是海上运输船队规模缓慢增长，发展中国家船队规模继续扩大，同发达国家船队规模继续收缩形成鲜明对比；二是海上运输船队大型化的趋势已停止，但专业化运输的趋势仍在继续进行，特别是集装箱船的发展引人注目；三是海上运输船队呈年轻化趋势，船速趋向经济合理。这主要是由于造船技术、船舶装备技术的进步，使船舶的经济性能显著提高，从而导致船舶更新周期缩短，船队呈现年轻化的趋势。①

5）航空运输关系

航空运输关系是指航空运输经营者利用航空器经空中将旅客或货物从一个地方运送到另一个地方所发生的经济关系。航空运输是现代运输方式中发展最快的运输方式，它利用天空通道航行的便利，受地面条件限制少，运输速度快，航行时间短，已经成为发达国家客运市场的主体。由于航空运输技术要求高，安全特别重要，所以只有经过国家批准的航空运输企业才能从事这种运输活动。航空运输关系由专门的航空运输法进行调整。

6）管道运输关系

管道运输关系是指利用管道为特定的运输工具，运送一定的介质（油、气、固体原料等）而产生的经济关系。现代管道运输始于19世纪中叶，1865年美国宾夕法尼亚州建成第一条原油输送管道。管道运输是伴随经济快速发展的一种新型、专门运输类型。管道运输不仅运输量大、连续、迅速、经济、安全、可靠、平稳以及投资少、占地少、费用低，并可实现自动控制。调整管道运输关系的专门法律规范，目前尚不多见。

7）多式联运和相继运输关系

多式联运运输关系是指为完成一定的运输任务以铁路、公路、水路等至少两种不同的运输方式，由多式联运经营人将货物从一定地点运送到另一地点而产生的经济关系。随着经济贸易和运输技术的发展，传统的相互独立的单一运输方式已不能适应形势发展的需要，也是由于交通运输业的共通性，多式联运因此应运而生。这种运输方式打破了单一运输方式的运输区域界限，通过选择最佳路线，协调各种运输方式而降低了成本，节省了时间。其基本特点是多式联运的承运人为两个或两个以上不同运输方式的单位，以同一运输单据，互相配合、共同完成运输任务，共同对托运人承担连带责任。多式联运经营人负责履行或者组织履行多式联运合同，对全程运输享有承运人的权利和承担承运人义务。

相继运输，是指两个以上承运人以同一运输方式联运，如铁路、公路、水路或空中等同一运输方式，将旅客或者货物从起运地点运输到约定地点的联运方式，可以是国内多个地点，也可以是不同的国家或多个国家的地点产生的运输，如"中欧班列"。相继运输中，与托运人订立合同的承运人对全程

---

① 郑国华主编：《交通运输法教程》，中国铁道出版社1999年版，第167页。

运输承担责任；损失发生在某一运输区段的，与托运人订立合同的承运人和该区段的承运人承担连带责任。

除上述交通运输外，新型的交通运输工具可谓日新月异，出现了高速列车、磁悬列车、高速公路、城市轨道、地铁、轻轨、高架等，这些交通运输过程中发生的交通运输关系适用既有的交通运输法律，还是具有适用的特殊性，还有待探讨。

三、交通运输法体系

交通运输法律体系是我国法律体系中的一个重要组成部分。"法体系"也称为"法的体系"或"法律体系""法律渊源"，是指由一国现行的全部法律规范按照不同的法律部门分类组合而形成的一个呈体系化的有机联系的统一整体。一国的法律体系可以划分为宪法体系、刑法体系、民法体系、行政法体系、经济法体系等。其中，交通运输法体系是我国经济法体系的重要组成部分。交通运输法体系可以从纵向体系和横向体系分别进行阐述。

（一）交通运输法纵向体系

交通运输法纵向体系是按照我国现行的立法权限、效力等级将我国交通运输法体系划分为交通运输法律、交通运输法规和交通运输规章等。具体包括：

1. 宪法

宪法是我国最高国家权力机关——全国人民代表大会制定的规定我国最根本的政治、经济和社会制度的根本大法，具有最高的法律效力，其他各种法律、法规均须以宪法为依据，凡是与宪法相冲突、相抵触的法律、法规均不具有法律效力。

宪法规定了交通运输行政权力的来源和行政权力行使的基本形式，以及交通运输行政管理体制等。

2. 交通运输法律

法律是指由全国人民代表大会和全国人民代表大会常务委员会制定颁布的规范公民、法人和其他组织间权利义务关系的法律规范，是仅次于宪法的主要的法的渊源。法律中有规定交通运输行为的专门法律，如由全国人民代表大会或其常务委员会依据《中华人民共和国宪法》制定的专门交通运输法律，有《中华人民共和国铁路法》《中华人民共和国公路法》《中华人民共和国民用航空法》《中华人民共和国海商法》《中华人民共和国海上交通安全法》

等。这些法律是交通运输管理与运行的基本法律规范，具有交通运输法律的最高效力。规范交通运输行为的其他法规、规章制度都不得与这些基本交通运输法律相抵触，其他交通运输法规、规章制度的制定与实施都必须以这些基本交通运输法律为依据与原则。

与此同时，交通运输法律还涉及交通运输关系其他法律，如《中华人民共和国民法典》《中华人民共和国刑法》《中华人民共和国土地管理法》《中华人民共和国环境保护法》等，同样适用交通运输行为，是交通运输法的重要组成部分。

3. 交通运输行政法规

行政法规是指国家最高行政机关即国务院根据宪法和法律按照规定的程序制定的各类规范性条件的总称，其法律效力和法律地位仅次于宪法和法律。由于宪法和法律对交通运输行为的规定比较原则、抽象，不具有很强的操作性，因此需要行政法规对其进行具体化。同时，按照我国《中华人民共和国宪法》和《中华人民共和国立法法》的有关规定，国务院有权根据交通运输行政管理的需要，制定一些交通运输方面的行政法规，以保证交通运输行政管理行为能够顺利进行。

目前，国务院已经制定和批准了大量的交通运输行政法规，例如《国内水路运输管理条例》《公路安全保护条例》《铁路安全管理条例》《中华人民共和国航道管理条例》等。

4. 交通运输部门规章

部门规章是指国务院所属各部、各委员会有权根据法律和国务院的行政法规、决定、命令，在本部门的权限范围内，按照规定的程序制定的规定、办法、实施细则等规范性法律文件的总称。交通运输部①是我国法律规定的交通运输行政主管部门，交通运输部依据我国专门交通运输法律、国务院交通运输法规，根据交通运输管理的实际需要和我国交通运输的具体情况制定并发布的有关保障交通运输运营、交通运输安全的行政规章，包括各种实施细则、规定和办法等，属于国务院交通运输行政主管部门的行政规章。如《道路运输行政处罚规定》《公路管理条例实施细则》等是交通运输法常见的表现

---

① 2008年3月，在原交通部的基础上组建交通运输部，将交通部、中国民用航空总局的职责，建设部的指导城市客运的职责，整合划入该部。同时，组建国家民用航空局，由交通运输部管理。为加强邮政与交通运输统筹管理，国家邮政局改由交通运输部管理。2013年3月将铁道部拟定铁路发展规划和政策的行政职责划入交通运输部，组建国家铁路局，由交通运输部管理，不再保留铁道部。本书中的交通部、铁道部均指原交通部、原铁道部。

形式，其数量之多，使用范围之广，使用频率之高是其他形式的法律渊源所无法比拟的。此外，交通运输部还通过对交通运输法律规范的整理、汇编，提高了交通运输法的统一性、明确性和可操作性。交通运输行政法规对加强我国交通运输管理、保障交通运输安全起有重要作用。

需要说明的是，2013年3月，第十二届全国人民代表大会第一次会议决议撤销铁道部，原铁道部管理职能并入交通运输部，自此由交通运输部行使对铁路运输行政主管职能。之前铁道部在几十年的实践管理中，依法制定了大量的关于保障铁路交通运营管理与安全保障的行政规章，在交通运输部未予废除、修改或发布新的规章前仍然有效，仍将对铁路运输管理发挥积极作用。

5. 地方性交通运输法规规章

地方性法规是指省、自治区、直辖市的人民代表大会及其常委会，省、自治区人民政府所在地的市和国务院批准的较大的市的人民代表大会及其常委会根据本地区的需要，在不与宪法、法律和行政法规相抵触的前提下制定和颁布的在本地区内发生效力的规范性文件的总称。我国各地有数量不等内容不同的地方性交通运输法规。政府规章是指省、自治区、直辖市以及省、自治区人民政府所在地的市和经国务院批准的较大的市的人民政府，可以根据法律、国务院的行政法规以及本地区的地方性法规制定在本行政区域内发生效力的规定、办法、实施细则等规范性文件的总称。目前，地方各级人民政府制定了大量的交通运输规章，它们为发展地方交通运输事业发挥了重要作用。自治条例和单行条例是民族区域自治地方人民代表大会及其常委会依据当地民族的政治、经济、文化特点，制定和颁布的规范性法律文件。根据我国《中华人民共和国立法法》和民族区域自治法的有关规定，自治区的自治条例和单行条例，报全国人民代表大会常务委员会批准后生效，自治州、自治县的自治条例和单行条例，报省或自治区人民代表大会常务委员会批准后生效，并报全国人民代表大会常务委员会备案。在我国一些民族自治地区有一些关于交通运输的单行条例。

为简单起见，我们将上述交通运输地方性法规、政府规章或自治条例和单行条例，乃至地方交通运输行政管理部门制定的相关办法等统称为地方性交通运输规章制度。按照我国《中华人民共和国宪法》和《中华人民共和国立法法》的有关规定，我国各省、自治区、直辖市的人民代表大会及其常委会，省、自治区人民政府所在地的市和国务院批准的较大的市的人民代表大会及其常委会、地方政府及其交通运输管理部门依法有权根据地方交通运输的实际情况和地方交通运输的管理需求，制定一些交通运输方面的地方性行政交通运输规章制度,以保障地方交通运输的正常运行,促进地方经济、社会发展,满足地方人们生产生活对交通运输的需要。其中,有些地方还根据自身经济发展水平、交通运输发展的自然条件与交通运输需求状况,规划、建设与发展了不同的交通运输工具与线路,制订了一些相应的交通运输运营与安全管理的规章制度。如 2002 年 5 月上海市第十一届人民代表大会常务委员会第三十九次会议通过的《上海市轨道交通管理条例》,2011 年 3 月重庆市第三届人民代表大会常务委员会第二十三次会议审议通过的《重庆市轨道交通条例》,等等都是地方性交通运输规章制度。

6. 交通运输国际条约和国际惯例

随着人类交往的不断加深,国际贸易的广泛开展,国际交通运输的迅速发展,地区性、国际性各类交通运输国际公约、条约相继签订并得到积极执行。我国交通运输国际条约包括我国与其他国家签订的交通运输双边条约、参加的交通运输地区性多边条约和交通运输国际公约。国际公约、条约是指我国缔结或参加的对我国具有约束力的明示协议。国际惯例是指国际上重复的类似行为并被认为具有法律约束力的默示协议。国际惯例在我国的适用前提是我国法律或国际条约中没有明确规定。交通运输业的国际性很强,因此国际条约和国际惯例是交通运输法的重要表现形式。国际上关于交通运输的公约和规则有:《国际铁路货物运输公约》《国际铁路货物联运协定》《海牙规则》等。我国目前参加的国际公约有《统一国际航空运输某些规则的公约》《国际民用航空公约》《联合国国际货物多式联运公约》等。这些国际交通运输公约促进了国家间人们的友好往来和国际贸易的发展,保障了国家间交通运输的正常运营与安全,也有利国际交通运输争议与纠纷的处理。

(二)交通运输法横向体系

交通运输法横向体系是指依照交通形式区分的各类专门交通运输法律规范。主要包括:

1. 铁路方面

1990 年 9 月第七届全国人大常务委员会第十五次会议通过了《中华人民共和国铁路法》,2009 年 8 月第十届全国人民代表大会常务委员会第十次会议、2015 年 4 月第十二届全国人民代表大会常务委员会第十四次会议先后进行了两次修正,是调整铁路运输企业与旅客或托运人之间运输关系的基本法律。1989 年 8 月国务院发布了《铁路运输安全保护条例》,2004 年 12 月 22

日国务院第 74 次常务会议进行修改,这个条例的颁布施行对保证铁路运输安全畅通起到了很大的作用。由国家经济委员会、铁道部、交通部、安全部和劳动人事部等部委 1986 年联合发布施行的《铁路道口管理暂行规定》对加强铁路道口管理与安全起到了重要作用。

2. 公路方面

1997 年 7 月第八届全国人大常务委员会第 26 次会议通过了《中华人民共和国公路法》,1999 年 10 月第九届全国人大常务委员会第十二次会议进行了第一次修正,2004 年 8 月第十届全国人大常务委员会第十一次会议进行了第二次修改。1987 年 10 月国务院颁布了《中华人民共和国公路管理条例》,2008 年 12 月国务院对该条例进行了修订。1988 年 6 月交通部发布的《中华人民共和国公路管理条例实施细则》,2009 年 5 月交通运输部修改并公布该实施细则。2011 年 3 月中华人民共和国国务院令第 593 号公布《公路安全保护条例》,自 2011 年 7 月起施行,《中华人民共和国公路管理条例》及其实施细则同时废止。2003 年 10 月第十届全国人大常委会第五次会议通过了《中华人民共和国道路交通安全法》,2007 年 12 月第十届全国人大常委会第三十一次、2011 年 4 月第十一届全国人大常委会第二十一次、2021 年 4 月全国人大常委会第十三届第二十八次会议分别对其进行了修改。这些公路交通法律规范为保障我国公路交通运输运行起到重要作用。

3. 海运和水路方面

1992 年 11 月第七届全国人大常务委员会第二十八次会议通过了《中华人民共和国海商法》,1999 年 12 月第九届全国人大常务委员会第十三次会议还通过了《中华人民共和国海事诉讼特别程序法》。2001 年 12 月国务院发布了《中华人民共和国国际海运条例》,国务院于 2013 年 7 月、2016 年 1 月、2019 年 3 月分别对其进行了三次修改。1987 年 5 月国务院发布了《中华人民共和国水路运输管理条例》,国务院于 1997 年 12 月、2008 年 12 月进行了两次修改;2012 年 9 月通过了《国内水路运输管理条例》,同时废止《中华人民共和国水路运输管理条例》。1987 年 9 月交通部发布了《水路运输管理条例实施细则》,1998 年 3 月交通部对其进行了第一次修改,2009 年 6 月交通运输部对其进行了第二次修改,2014 年 3 月由《国内水路运输管理规定》取代。上述法律法规是调整我国水路和海上交通运输关系的基本法律规范。

4. 航空运输方面

1995 年 10 月第八届全国人大常务委员会第十六次会议通过了自 1996 年

3月起施行的《中华人民共和国民用航空法》，2009年8月第十一届全国人大常务委员会第十次会议至2021年4月第十三届全国人大常务委员会第二十八次会议对其共进行了6次修正。2009年4月国务院常务会议颁布《民用机场管理条例》等，这是规范航空运输的基本法律规范。

总之，经过几十年交通运输发展的实践，新中国交通运输法律规范已经初步形成以宪法为核心，以专门交通运输法为基本法律，包括交通运输行政法规、部门规章和地方性规章制度，以及交通运输国际条约为主要内容的交通运输纵向法律体系。同时，也基本形成了铁路运输、公路运输、内河和海洋运输，以及航空运输等交通运输横向法律体系。限于篇幅，本书侧重从铁路、公路、海运、内河与航空等主要交通运输中的承运人与旅客、托运人与收货人等法律关系进行阐述。

第二节 交通运输法的产生与发展

一、交通运输法的产生

早在远古时期，人类就开始采用极简单的运输工具来实现人或物的空间位移，当时的运输与生产活动融为一体。随着社会经济的发展，生产力水平的提高，社会分工的不断扩大，以及运输工具的改进，交通运输业才逐渐从社会活动中分离出来，形成一个独立的物质生产部门。

交通运输法的产生发展与交通运输业的发展状况有着密切联系。纵观交通运输法的历史发展，商品生产与交易是交通运输产生和发展的根本动力。商品生产的发展水平，决定了交通运输的现实状况，从而直接或间接地导致社会上层建筑——交通运输法的形成与发展。古代商品交换不是普遍的现象，商业活动中所需要的运送，一方面由于物品数量少，距离短，另一方面由于运输安全的需要，运输活动一般由商人自己完成。进入手工业生产阶段，人们依靠驮畜、人力车、畜力车等运输工具进行运输，这时法律对交通运输事务的调整主要是围绕所有权进行的，即对运输中的物品及运输工具的所有权进行保护。

海上运输是最古老的交通运输方式之一，调整海上交通运输法律关系的海商法萌芽于公元前9世纪，即有"落地海法"之称的航海贸易习惯法。在

1765年瓦特发明蒸汽机之后,美国的富尔顿于1807年在哈德逊河上试航了他发明的汽船后,水上运输步入了机械化时代。此后,随着海上运输工具的不断进步,水上运输步入新的历史时期,海上交通运输法律内容也因此不断变化。

18世纪60年代自英国开始的工业革命,迅速带来了社会关系的深刻变化,从而导致了道路交通运输活动的专业化、道路交通运输产业的规模化,因此各国法律对道路交通运输活动形成的许多社会关系作了相应的规定,进行有利于社会发展方向的规范调整,逐步产生了一些道路交通运输法律。

铁路是第一次工业革命的产物,世界上的第一条铁路出现在英国。1825年9月25日,长43.5千米从斯托克顿至达林顿的铁路开始营业,这就是世界铁路的起源。由于铁路能够迅速、大量地运送旅客和货物,受气候环境影响小等特点,欧美国家相继修建铁路并通过制定铁路交通运输法规来规范铁路运输行为。世界上最早制定铁路交通运输法规的国家是比利时,其一开始修建铁路就以立法的形式规定全部铁路由国家经营。19世纪30年代,英美铁路企业开始实行较完整的铁路运输法规,其中明确规定交通运输双方的权利义务等。

随着美国莱特兄弟于1903年第一次试飞成功,交通运输业进入了新的发展阶段。第二次世界大战以后,世界民用航空进入飞速发展阶段。随着海、陆、空交通运输工具的迅速发展、高速公路的出现以及交通运输活动的日趋频繁,交通运输立法受到世界各国的普遍重视,并日趋完备。

我国早在春秋战国时期就有关于驿、置、传、邮等交通运输法律制度的规定。到了秦朝有使用车辆的"车同轨"制度以及"弃灰于道者断其手"的法律条文,即对违反交通运输管理法规、破坏道路设施的人实行非常严厉的制裁。以后历代封建王朝都对交通运输管理也制定了一些管理的法规。清末至新中国成立以前,由于政治和自然条件的原因,运输工具落后,运输布局很不合理,很多地区处于十分闭塞的状态,我国交通运输业的发展极为缓慢,交通运输法律颁布也少。

二、交通运输法的发展

新中国成立以后,随着国民经济的发展,我国交通运输业的规模、质量、技术水平发生了翻天覆地的变化,取得了辉煌的成就,我国交通运输法律也随之得到了逐步完善和发展。大致可分为新中国成立初期至改革开放前、改革开放至今两个阶段。

（一）新中国成立初期至改革开放前

这期间我国经历了国民经济恢复、第一个五年计划、"大跃进"、国民经济调整、十年动乱，以及改革开放前的社会主义经济建设等阶段，交通运输侧重体现在公路交通运输的恢复与发展中。全国（港、澳、台地区除外）公路通车里程从原来的8万千米，发展到1953年、1956年、1966年和1976年底，公路通车里程分别达到12.6万千米、25.4万千米、51.4万千米和82.3万千米，同时，1976年有路面里程达57.9万千米，桥梁达11.7万座、293万延米。同时，中国民航、铁路也得到了一定发展。1949年，一年共抢修恢复了8 278千米铁路，到1949年底，全国铁路营业里程共达21 810千米，客货换算周转量314.01亿吨公里。1952年6月18日，满洲里至广州开行了第一列直达列车，全程4 600多千米。到1980年底铁路营业里程达49 940千米，全国铁路网骨架基本形成，客货换算周转量达7 087亿吨公里。1978年，航空旅客运输量达到231万人，运输总周转量3亿吨公里。

1949年，中央人民政府设立交通部、铁道部，其中交通部负责全国水运、公路和民间交通运输工作，铁道部负责铁路建设与铁道运输工作。1949年11月在人民革命军事委员会下设立了民用航空局。1962年4月，第二届全国人民代表大会常务委员会第五十三次会议决定民用航空局名称改为中国民用航空总局。

这一期间，我国与交通运输不断变化与发展相适应所颁布和实施的交通运输法律文件主要有：1958年6月5日，全国人民代表大会常务委员会第九十七次会议通过《关于加入1929年在华沙签订的"统一国际航空运输某些规则的公约"的决定》；1957年10月，全国人民代表大会常务委员会第八十二次会议通过《关于承认1930年国际船舶载重线公约的决定》。颁布的交通运输法规主要有：1950年8月，中央军委、政务院颁布实施了《铁路军运暂行条例》；1951年5月、6月，政务院先后发布《进出口列车、车员、旅客、行李检查暂行通则》《铁路留用土地办法》；国务院1963年至1979年先后颁布实施了《中华人民共和国海港管理暂行条例》《中华人民共和国打捞沉船管理办法》《中华人民共和国非机动船舶海上安全航行暂行规则》《中华人民共和国对外国籍船舶管理规则》，以及《旅客丢失车票和发生急病、死亡处理办法》《煤炭送货办法》《火车与其他车辆碰撞和铁路路外人员伤亡事故处理暂行规定》，还有《外国民用航空器飞行管理规则》《国境河流外国籍船舶管理办法》等。另外，发布的交通运输规章制度主要有：1951年4月，政务院财政经济委员会还公布并实施了《铁路旅客意外伤害强制保险条例》《轮船旅客意外伤害强制保险条例》《飞机旅客意外伤害强制保险条例》；1974年6月，国务院财政部公布实施了《关于对外国籍轮船运输收入的征税规定》等。这期间，我国从交通运输实际需要出发制定了很多的交通运输的法规规章、条例办法，全国性的交通运输法律几乎还没有。

（二）改革开放至今

随着改革开放和商品经济的发展，我国交通运输事业在国民经济中的地位、作用和效益日益彰显。在公路建设方面主要表现在：公路里程增加，公路等级提高；公路科学技术取得巨大进步；公路养护管理有了新的进展。截至2009年6月底，国家高速公路网建成370多万公里，比新中国成立时期8.07万公里，足足增长了四十多倍，占规划里程的56.5%。其中，"五纵七横"国道主干线已于2007年全线贯通，乡镇通车率达到100%。2010年年底，高速公路里程达60 302千米，一级公路有54 216千米，全国公路路面铺装率达到60%。我国铁路大发展主要是从2003年铁道部提出"推动中国铁路跨越式发展"总战略开始的，从此，中国铁路进入了跨越式发展的新时代。2005年1月，国务院常务会议通过了《中长期铁路网规划》，明确中国铁路网中长期建设目标。中国铁路先后实行了六次大提速。2007年4月18日，中国第六次铁路大提速正式展开，CRH1、CRH2、CRH5动车组大规模上线运行，列车运行时速达200千米。其中京哈、京广、京沪、胶济线部分区段时速达到250千米，中国从此进入了高速铁路时代。随着京津城际铁路、石太客运专线、武广客运专线、郑西客运专线、沪宁城际铁路、沪杭城际铁路的开通，大量时速250千米、300千米、350千米的动车组已经上线运行，中国高速铁路已经达到世界先进水平。其间，台湾高速铁路1998年启动兴建计划，台北市至高雄市两市之间路线全长345千米，2007年3月2日正式通车，设计运营时速300千米。我国民航事业无论在航空运输、通用航空、机群更新、机场建设、航线布局、航行保障、飞行安全、人才培训等方面都持续快速发展。1987年，我国开始对民航业进行以航空公司与机场分设为特征的体制改革；1993年4月，中国民用航空局改称中国民用航空总局并实行进一步改革。截至2004年底，我国定期航班航线达到1 200条，其中国内航线（包括香港、澳门航线）975条、国际航线225条，境内民航定期航班通航机场133个（不含香港、澳门、台湾），形成了以北京、上海、广州机场为中心，以省会、旅游城市机场为枢纽，其他城市机场为支干，联结国内127个城市，联结38个国家80个城市的航空运输网络。

我国改革开放后，随着交通运输业的极大发展，交通运输法规规章相继建立健全，一方面为逐步制定和完善我国交通运输法律奠定了坚实基础，另一方面也为交通运输法律的实施、落实进行了配套、细化，进一步促进了交通运输业的发展和交通运输的规范化、科学化管理。其中，一部分逐步由新的法律或法规取代而失效，一部分进行了修改、修正后继续适用，还有一部分制定后正在实施。

1979年后，国务院先后颁布实施航空方面的法规有《外国民用航空器飞行管理规则》《中华人民共和国对外国籍船舶管理规则》《民用机场管理暂行规定》《中华人民共和国民用航空器适航管理条例》《国内航空运输旅客身体损害赔偿暂行规定》《中华人民共和国民用航空安全保卫条例》《中华人民共和国飞行基本规则》；铁路、公路方面的法规有《铁路货物运输合同实施细则》《铁路运输安全保护条例》《中华人民共和国公路管理条例》《中华人民共和国道路交通管理条例》《道路交通事故处理办法》；水运与海运方面法规包括《水路货物运输合同实施细则》《中华人民共和国水路运输管理条例》《中华人民共和国航道管理条例》《中华人民共和国海上交通事故调查处理条例》《中华人民共和国海上国际集装箱运输管理规定》《关于外商参与打捞中国沿海水域沉船沉物管理办法》《中华人民共和国国际海运条例》，以及《全民所有制工业交通企业设备管理条例》等。同时，2003年后颁布或修改实施的还有《通用航空飞行管制条例》《铁路交通事故应急救援和调查处理条例》《中华人民共和国道路运输条例》《公路安全保护条例》《中华人民共和国内河交通安全管理条例》《中华人民共和国渔港水域交通安全管理条例》等。

我国交通运输法律的制定主要是从20世纪90年代开始的。第一部有关交通运输的法律是1983年9月第六届全国人民代表大会常务委员会第二次会议通过的《中华人民共和国海上交通安全法》，1990年9月第七届全国人民代表大会常务委员会第十五次会议通过了《中华人民共和国铁路法》。随后，1992年11月第七届全国人民代表大会常务委员会第二十八次会议通过《中华人民共和国海商法》，1995年10月第八届全国人民代表大会常务委员会第十六次会议通过《中华人民共和国民用航空法》，1997年7月第八届全国人民代表大会常务委员会第二十六次会议通过《中华人民共和国公路法》，2003年6月第十届全国人民代表大会常务委员会第三次会议通过《中华人民共和国港口法》，2003年10月第十届全国人民代表大会常务委员会第五次会议通过《中华人民共和国道路交通安全法》。并于1999、2004年两次专门修改了公路法，2007、2011年两次专门修改了道路交通安全法，2009年8月第十一届全国人民代表大会常务委员会第十次会议通过《全国人民代表大会常务委员会关于修改部分法律的决定》，其中修改了公路法、铁路法、民用航空法，还修改了公路法、道路交通安全法部分条款，完成了我国交通运输法律体系的建设和发展。

我国交通运输法的建立健全，进一步规范、提升与促进了我国交通运输业的运营和管理。同时，从经济和社会的发展需要来看，我国交通运输法制建设状况还存在许多问题。主要表现在：① 已发布的有些交通运输法规、规章制度是在计划经济条件下确立的，内容陈旧已不能适应我国市场经济进一步发展的要求，而且有些法规原则性高，针对性、可操作性不强，需要进一步修改、完善。② 已有的交通运输方面的规定主要是行政法规或部门规章，立法层次低，立法质量不高，法律效力有限，而且有些法规、规章之间内容不协调，时有抵触现象出现。适当时需要制定一部统一的交通运输法，以协调、统一各专门交通运输法律的原则、基本制度等。③ 我国交通运输法与国内其他行业立法及西方发达国家的法律以及国际条约的比较还有较大差距。我国要实现交通运输法体系"层次分明、体系完整、结构合理、规范协调"的目标仍需进一步努力，需要加强法律制定的统一性、规范性要求和具体实施的力度。

三、交通运输法的完善

交通运输要适应市场经济的发展，交通运输企业必须全面走向市场，必须从根本上转变其经营管理体制，而经营管理体制的转变必须要有法律的保障与规范。在现有的交通运输法律基础上进一步完善和实施交通运输法律制度，是交通运输在新的历史条件下适应市场经济体制及其改革以及满足其自身快速发展的迫切要求，对实现我国交通运输管理的现代化以及交通运输事业的快速发展具有重要意义。

（一）交通运输法制建设是发展交通运输与维护交通运输秩序的前提

几十年来的交通运输管理实践经验告诉我们：凡是重视与加强交通运输法律法制建设与实施的，交通运输事业的发展速度就快，交通运输活动有序化就强。世界各国交通运输企业的改革与发展都是有立法与实施作保证。如德国铁路改革的具体措施之一就是修改德国宪法中关于铁路运输的条款，铁路的国有性质转变为国有控股、股份制、民营制。美国铁路的改革是以国会通过的《铁路复兴及管理改革法》《国家铁路客运法》《斯塔格斯铁路法》等一系列法律为基础的。由于市场经济就是法治经济，一切社会经济关系都要依靠法律来调整。交通运输行业是国民经济的重要组成部分，但由于历史的原因，我国交通运输事业的发展还不能完全适应市场经济发展的需要，必须依法进行交通运输体制改革，需要对有关各方的利益关系进行调整，这些都离不开交通运输法制的建立健全。

（二）实现法治交通是适应我国社会主义现代化建设的必然要求

十一届三中全会以来，我国正坚定不移地向社会主义现代化的宏伟目标迈进。"交通强国"是我国的重大基础战略，交通运输业发展是我国国民经济和社会发展的战略重点。交通运输管理是一种复杂的社会经济活动，这种复杂的活动需要一套健全的法律制度来保证其正常运转。随着社会主义现代化建设的发展，一切经济活动将纳入法制管理的范畴，交通运输业也不例外。只有这样才能引导人们依法进行日常交通运输活动，形成良好、规范的交通运输运行秩序，做到处理纠纷时以法律为准绳，以事实为依据，明确划分当事人各方的权利，依法维护各方当事人的合法权益，促进国民经济的发展。

（三）完善交通运输法制是加快对外开放的客观要求

随着交通运输市场对外开放，我国交通运输企业走向国际、吸引国外资金发展我国交通运输业就必须做到有法可依、有法必依，只有这样才能促进我国交通运输企业进入国际市场，加快对外经济技术合作，实现我国交通运输国际化、现代化。因此，建立与完善既遵守国际公约、尊重国际惯例，又符合我国交通运输实际情况的交通运输法律制度就成为保障交通运输行业健康发展，加快对外开放的客观要求。

第三节　交通运输法律关系

一、交通运输法律关系的概述

（一）交通运输法律关系的概念

法律关系是法律在调整社会关系并规范人们行为的过程中形成的权利、义务关系。法律关系是一种特殊形态的社会关系，它与一般社会关系相比有三个主要特征，即以法律规范为前提，以法律上的权利义务为纽带，以国家强制作为保障手段。不同的法律部门调整不同的社会关系，因而形成不同的法律关系。刑事法律关系是由刑事法律规范所调整的社会关系，民事法律关系是由民事法律规范所调整的社会关系，行政法律关系是由行政法律规范所调整的社会关系，经济法律关系是由经济法律规范所调整的社会关系。

交通运输法律关系是经济法律关系的重要组成部分，是指由交通运输法律规范所确认和调整的在交通运输管理活动和交通运输营运过程中发生的各方当事人间的权利义务关系。交通运输法律关系随着科学技术进步、社会经济发展和交通运输业的变化不断丰富完善。

（二）交通运输法律关系的特征

交通运输法律关系作为法律关系的一个分支，当然具备所有法律关系的特征，如直接或间接反映社会的物质生活关系，受国家强制力的保护等。同时，交通运输法律关系作为一个独立的部门法律关系，具有其自身独有的特征。主要体现在以下几个方面：

1. 交通运输法律关系一方主体的固定性

任何一种法律关系都有双方甚至多方主体，交通运输法律关系也不例外，但交通运输法律关系区别于其他法律关系的主要特征之一就是其一方主体的固定性，即交通运输法律关系的一方始终是交通运输企业。例如在铁路运输法律关系中，虽然各铁路局[①]、铁路分局作为相对独立的企业法人，有各自的特殊经济利益，但作为全国铁路的组成部分，总是以铁路这个整体面目出现，以铁路承运人的名义与旅客、托运人或收货人发生铁路运输关系，铁路组织内部的责任划分并不影响对旅客、托运人或收货人的权利义务关系。

2. 交通运输法律关系内容的特定性

交通运输活动是通过运载工具将旅客或货物从一定地点运送到另一地点以完成运输对象的空间位移，因此交通运输法律关系的产生、变更或终止是发生在交通运输过程之中，发生于交通运输管理过程或发生于交通运输营运过程，总之是发生在交通运输活动的各个环节之中。进而因此产生的交通运输双方或多方权利义务关系都必然与交通运输构成要素有关，是交通运输特定的权利与义务关系。例如，交通运输承运人应当保障及时、安全和有效地将旅客或托运货物运送到达约定地点等。

---

① 2018年11月，中国铁路总公司下属18个铁路局改制为中国铁路某局集团有限公司，后文仍简称铁路局。

3. 交通运输法律关系主体与客体的同一性

交通运输法律关系主体，是指在交通运输法律关系中享有权利并承担义务的公民、法人或其他组织。交通运输法律关系客体，是指交通运输法律关系主体的权利和义务所指向的共同对象，包括物和行为。在我国交通运输法律规范中，如《内河交通安全条例》《海上交通运输法》等将船舶（物）进行拟人化处理，将其视为交通运输法律关系的主体。在其他场合或法律关系中船舶等通常为法律关系的客体，这就体现为交通运输法律关系主体和客体的同一性。

（三）交通运输法律关系的产生、变更和消灭

法律关系是法律对社会关系加以确认和调整的结果，它具有相对稳定性。但由于社会生活本身是不断变化发展的，法律关系也就具有某种流动性，从而表现为一个产生、变更和消灭的过程。

交通运输法律关系的产生，是指因一定交通运输法律事实的出现，在主体之间形成了法律上的权利义务关系。交通运输法律关系的变更，是指在交通运输法律关系产生以后、消灭之前，由于一定的交通运输法律事实的出现，原有交通运输法律关系的主体、客体或内容（即权利和义务）发生了变化。交通运输法律关系的消灭，是指交通运输法律关系主体之间的权利义务完全终止。交通运输法律关系终止的原因可能是交通运输法律关系主体之间的权利义务充分行使和履行完毕，也可能是由于某种法律事实的出现导致主体双方的权利义务无法继续行使或履行。

交通运输法律关系的产生、变更和消灭不是随意的，必须符合两个条件：一是交通运输法律规范的存在，这是交通运输法律关系产生、变更和消灭的前提和依据。如果没有交通运输法律规范的明文规定，就不可能产生交通运输法律关系，变更和消灭更无从谈起。二是交通运输法律事实的存在，交通运输规范对主体之间的权利义务加以规定，为交通运输法律关系的产生提供了可能性。然而，在一定的法律事实未出现之前，这种可能性还无法转化为现实性。当交通运输法律事实出现时，交通运输法律规范关于权利义务的规定就从可能变成现实。因此，交通运输法律规范为交通运输法律关系的产生、变更和消灭提供了抽象的可能性的条件，交通运输法律事实为交通运输法律关系的产生、变更和消灭提供了具体的现实性的条件。

如前所述，交通运输法律事实是交通运输法律关系产生、变更和消灭的条件。所谓交通运输法律事实是指由交通运输法律规范所规定的，能够引起

交通运输法律关系产生、变更和消灭的各种事实总称。根据是否与当事人的意志有关，可以将交通运输法律事实分为两类：一类是事件，一类是行为。

事件又称法律事件，指的是与当事人意志无关的，能够引起交通运输法律关系产生、变更和消灭的事实。事件的特点是它的出现与当事人的意志无关，不是由当事人的行为所引发的。交通运输法律关系中的事件一般有两种：一是引起交通运输法律关系产生、变更和消灭的不可抗拒的自然现象，如洪水或地震导致交通运输活动的中断，导致交通运输法律关系的变更或消灭，即属于事件的范围。二是引起交通运输法律关系产生、变更和消灭的不以交通运输法律关系当事人的意志为转移的社会事件，如战争导致交通运输建筑、设施与设备的破坏，从而导致交通运输活动的无法或变更履行等。

行为又称法律行为，指的是与交通运输法律关系的当事人意志有关的，能够引起交通运输法律关系产生、变更和消灭的事实。它包括作为和不作为。行为一旦做出，也是一种事实，它与事件的不同之处在于当事人的主观因素成为引发此种事实发生的原因。因此，法律上所说的行为，仅指与当事人意志有关的且能引起法律关系后果的那些行为，既不含与当事人意志无关的行为，也不包括与当事人意志有关但无法律意义的行为。

二、交通运输法律关系的主体

（一）概述

法律关系一般由三个要素构成，即参与法律关系的主体，构成法律关系的内容——权利义务以及法律关系所指向的共同对象即客体。交通运输法律关系也与其他法律关系一样，也是由主体、客体、内容这三个要素构成的。

交通运输法律关系的主体是指在交通运输的生产经营和管理活动中依法享有权利义务的人，通常可分为权利主体和义务主体。主要包括自然人、法人和其他组织。自然人是指有生命并具有法律人格的个人，是权利主体和义务主体的基本形态，包括公民、外国人和无国籍人。法人是自然人的对称，是法律上的拟制人，指具有法律人格，能够以自己的名义独立享有权利和承担义务的组织。其他组织是指不具有法人资格，但以自己的名义参与社会活动的各种组织。应当指出的是，作为交通运输法律主体的自然人、法人或其他组织必须具有权利能力和行为能力。权利能力是指由法律所确认的享有权利或承担义务的资格，是参加任何法律关系都必须具备的前提条件。公民的权利能力自公民出生时产生，至死亡时消灭，法人或其他组织的权利能力从依法成立时产生至解体时消灭。除法律特别规定外，任何组织或个人不能对公民、法人或其他组织接受交通运输的权利加以限制或剥夺。

行为能力是法律所确认的，公民、法人和其他组织通过自己的行为行使权利和履行义务的能力。具有行为能力，意味着法律允许权利主体和义务主体以自己的名义独立参加法律关系，行使自己的权利或履行自己的义务。确定公民有无行为能力的标准有二：一是能否辨认自己行为的性质、意义和后果；二是能否控制自己的行为并对自己的行为负责。根据我国有关法律规定，我国行为能力制度将自然人分为三类：一是完全行为能力人，二是限制行为能力人，三是无行为能力人。法人和其他组织的权利能力与行为能力同时产生，同时消灭。即从其依法成立之日起产生，至其依法撤销之日止消灭。无论自然人还是法人、其他社会组织参与交通运输活动，应当依法进行并受到其行为能力的限制。

在我国，交通运输法律关系的主体除了有各级各类交通运输行政主管机关外，主要包括承运人、旅客、托运人和收货人，在参与交通运输法律关系过程中都应当具备相应的交通运输活动的资格与能力。各级各类交通运输行政管理机关的职权职责由相应法律法规规定或上级行政管理机关授权，这里不作专门阐述。

（二）承运人

承运人是指经营交通运输业，通过运送旅客或货物来获取报酬或运费的人，包括从事运输服务的个人、运输企业包括法人或其他组织。根据运输生产活动中的公用性不同，交通运输分为营业性运输和非营业性运输，只有营业性运输才属于我们这里所说的运输主体生产活动。由于现代运输生产活动具有高风险、高技术的性质，法律为了维护社会公共利益，规范交通运输秩序，需要对承运人加以严格的资格规定，并明文规定其权利范围并强行赋予其法律义务。在我国，承运人既包括国有企业运输组织，如航空公司、铁路局等，也包括集体运输组织、城镇运输个体户和农村运输专业户。

（三）旅客、托运人和收货人

旅客是指与承运人订立合同以完成自身运输目的的当事人。托运人是指在货物运输合同中以自己的名义将货物交付给承运人进行运输的一方当事人。收货人是指在货物运输合同中有权依照合同约定提取货物的人。之所以把旅客、托运人和收货人放在一起阐述，主要是因为，在运输合同中，承运人为一方当事人，而旅客、托运人和收货人分别作为另一方当事人，其权利、义务有相似之处。

三、交通运输法律关系的客体

法律关系的客体，是指法律关系主体的权利义务所共同指向的对象，又称为权利客体和义务客体。它是将法律关系主体间的权利与义务联系起来的纽带，如果没有客体，法律关系主体的权利和义务就无从实现。交通运输法律关系的客体是指参与交通运输法律关系的自然人、法人和其他组织享有权利和承担义务所指向的共同对象。交通运输法律关系的客体以其所载的利益作为交通运输权利和交通运输义务的中介，是交通运输法律关系的一个构成要素。

从宏观上看，交通运输法律关系客体的典型形态包括物和行为：

（一）物

物是指能够满足人的生活需要，具有稀缺性和合法性，并能够为人类所支配和控制的物质对象。法律上所说的物包括一切可以成为权利对象的自然之物和人造之物，能够成为交通运输法律关系客体的物的内容相当广泛。如交通运输企业中的国有资产、交通运输设施等。

（二）行为

在法律关系客体的意义上，行为指的是法律关系主体为实现一定的目的而进行的一切活动，包括作为和不作为。作为又称为积极的行为，指积极地从事某种交通运输活动，如交通运输企业依法进行经营管理的行为，国家有关部门依法对交通运输行业进行管理监督的行为。不作为又称为消极的行为，指对某些主体在交通运输方面的某些限制。如铁路运输中对承运人主体资格的限制、对托运人及旅客所携物品的限制等。

四、交通运输法律关系的内容

（一）概述

法律关系的内容是指法律关系主体间的权利与义务。交通运输法律关系的内容，是指参与交通运输的自然人、法人或其他组织所享有的权利和所承担的义务。交通运输法律关系的内容是交通运输法律关系的基础，离开交通运输法律关系主体间的权利与义务，交通运输法律关系就不可能存在。交通运输法律关系的实质就是权利义务关系，这种权利与义务的关系直接由交通运输法律规范所确认，并得到国家强制力的监督与保护。权利是指规定或隐含在法律规范中，实现于法律关系中的主体以相对主动的作为或不作为获得利益的一种手段、可能性。义务是规定或隐含在法律规范中，实现于法律关系中主体以相对被动的作为或不作为保障权利主体获得利益的一种约束手段、责任。

交通运输法律关系内容主要表现为交通运输主体的权利义务：交通运输行政管理机关依法对交通运输活动进行组织、管理和监督并对违反交通运输法律法规的公民、法人或其他组织依法采取行政强制措施；交通运输其他主体依法进行相应交通运输经营、管理活动；交通运输主体的权利受到侵害时依法请求国家有关机关的救济；等等。

（二）交通运输营运法律关系的内容

交通运输营运法律关系内容是交通运输法律关系内容的主要组成部分。交通运输营运法律关系内容主要体现为承运人、旅客、托运人和收货人的基本权利与基本义务。

1. 承运人的基本权利和基本义务

1）基本权利

（1）费用请求权。承运人有权依照法律规定的标准向旅客收取客票费和可能的行李票费，向托运人或收货人收取运输费用；旅客、托运人或收货人不按规定交付费用的，承运人有权拒绝承运；托运人或者收货人不支付运费、保管费或者其他费用的，有权留置相应的运输货物。旅客、托运人或收货人逾期领取货物、包裹的，承运人有权收取保管费。

（2）人身、货物的检查处置权。承运人为了保障运输安全，有权依照法律规定对旅客的人身、所携带的行李物品及托运人托运的货物进行检查，对坚持携带或夹带危险物品或者违禁物品的旅客约定拒绝运输，对违反规定的旅客有权依法处理，对违反规定的货物有权拒绝运输并依法处置。

（3）运输工具管理权。承运人作为运输工具的所有者或使用者，有权对运输工具进行全方位的管理、操纵，不受旅客或托运人的干涉。

2）基本义务

（1）不得拒绝当事人合理的运输要求的义务。我国《民法典》第八百一十条规定:"从事公共运输的承运人不得拒绝旅客、托运人通常、合理的运输要求。"这属于法律的强制性规定,任何承运人都不能违反。所谓公共运输,是指面向社会公众,为全社会提供运输服务的运输。旅客、托运人通常合理的运输要求是指按照一般的运输条件,承运人能够承担运输任务的要求。对于从事公共运输服务的承运人来说,应该满足相关公众关于运输安全、必要的辅助性义务的合理要求,对于拒绝提供其公布的运输条件的运输服务时,应当承担相应的法律责任。

(2)在合理期间内按约定的运输路线进行运输的义务。我国《民法典》第八百一十一条规定:"承运人应当在约定期限或者合理期限内将旅客、货物安全运输到约定地点。"第八百一十二条规定:"承运人应当按照约定的或者通常的运输路线将旅客、货物运输到约定地点。"这是承运人按约定期限、地点、运输路线进行运输的最基本义务。交通运输的实质就是实现旅客或货物从一个地方到另一个地方的空间位移,因此承运人就负有按约定时间、约定地点,以及约定或通常的路线运输旅客或货物的义务。

(3)保护旅客生命健康和保护货物安全的义务。承运人在运输过程中要采取各种措施,确保旅客的生命健康和货物的安全。为此采取的必要措施,旅客或托运人等应予以配合。安全运输也是交通运输业的一项基本原则,为确保交通运输的安全,我国《中华人民共和国海商法》第一百一十四条、《中华人民共和国民用航空法》第一百二十五条、《中华人民共和国铁路法》第十条等都对安全运输作了专门规定。

2. 旅客、托运人和收货人的基本权利和基本义务

1)基本权利

旅客、托运人和收货人的基本权利就是承运人的基本义务,即依法合理要求承运人在合理期限、约定或适当路线安全完成运输目的的权利。随着社会经济和科学技术的发展,以及交通运输条件的改善和交通运输能力的提升,旅客提出了安全、快捷舒适的运输要求。此外,旅客还有携带规定数量的行李和随行人员的权利,托运人和收货人还有运输合同的变更权和解除权等。另外,旅客、托运人和收货人均享有损害赔偿请求权。

2)基本义务

(1)支付票款或运费,持有效客票单证承运。我国《民法典》第八百一十三条规定:"旅客、托运人或者收货人应当交付票款或者运输费用。承运人未按照约定路线或者通常路线运输增加票款或者运输费用的,旅客、托运人或者收货人可以拒绝支付增加部分的票款或者运输费用。"第二百九十四条规

定:"旅客应当持有效客票乘运。旅客无票乘运、超程乘运、越级乘运或者持失效客票乘运的,应当补交票款,承运人可以按照规定加收票款。旅客不交付票款的,承运人可以拒绝运输。"票款或运费是承运人承运的代价,支付票款或运费是旅客、托运人、收货人最基本的一项义务。

(2)遵守关于携带、托运危险物品的规定。我国《民法典》第八百一十八条规定:"旅客不得随身携带或者在行李中夹带易燃、易爆、有毒、有腐蚀性、有放射性以及有可能危及运输工具上人身和财产安全的危险物品或者违禁物品。旅客违反前款规定的,承运人可以将危险物品或者违禁物品卸下、销毁或者送交有关部门。旅客坚持携带或者夹带危险物品或者违禁物品的,承运人应当拒绝运输。"第八百二十八条规定:"托运人托运易燃、易爆、有毒、有腐蚀性、有放射性等危险物品的,应当按照国家有关危险物品运输的规定对危险物品妥善包装,做出危险物品标志和标签,并将有关危险物品的名称、性质和防范措施的书面材料提交承运人。托运人违反前款规定的,承运人可以拒绝运输,也可以采取相应措施以避免损失的发生,因此产生的费用由托运人承担。"危险品运输是高危险性运输,在运输过程中一旦发生事故,不仅会造成承运人生命和财产的损害,而且还会危及运输工具以及运输沿线的生命和财产的安全,因此为了保护运输安全和维护国家社会的公共利益,我国法律对安全运输作了严格的规定。此外,旅客还有按客票记载的时间乘运,按限量携带行李以及遵守承运人告知的安全事项等义务,托运人和收货人还有及时办理必需的货物运输手续、妥善包装货物等义务。

(三)交通运输法律关系内容的特点

交通运输法律关系作为经济法律关系中的一种,其权利和义务具有如下特点,即法律关系中的对应关系、数量上的对等关系、功能上的互补关系和价值选择上的主次关系。因此,法律关系主体的任何一方都不可能只享有权利而不承担义务,或只承担义务或不享有任何权利。

1. 法律关系中的对应关系

法律权利和法律义务两者是对立统一、互相关联的。任何一项法律权利都有相适应的法律义务的存在,二者共同处于法律关系的统一体中。权利与义务,一个是主动的,表示利益;另一个是被动的,表示负担。就此意义而言,权利和义务不可孤立地存在和发展,任何一方的存在和发展都必须以另一方的存在和发展为条件。"没有无义务的权利,也没有无权利的义务。"权利和义务如果其中一方不存在了,另一方也不能存在。交通运输法律权利与义务也是如此，任何参与交通运输活动主体享有的权利，一定有对应的参与交通运输活动主体承担的责任或义务；反之亦然，任何参与交通运输活动主体承担了责任或义务，一定有参与交通运输活动主体享有对应的权利。

2. 数量上的对等关系

社会生产生活中权利和义务数量上的对等关系主要表现为：第一，社会生产生活中的权利总量与义务总量基本上是对等的。在任何一个社会，无论权利和义务在社会成员中怎样分配，在数量关系上权利与义务总体总是对等的。如果权利总量大于义务总量，那么有些权利就是虚权，如果义务总量大于权利总量，社会就会有特权现象存在。第二，在具体的法律关系中，权利与义务也是对等的。权利的范围就是义务的边界，义务的范围就是权利的边界。权利主体所享有的权利不仅与义务主体承担的义务相当，还与自己承担的义务的量对应。例如，旅客运输法律关系中，一般而言，旅客支付的票款与其所需要的运输种类、期间、运距与级别等相对应，还与承运人的交通运输资格、能力及其在该次运输中承担的义务与责任相当。货物运输法律关系中承运人与托运人、收货人之间权利义务对应状况，亦是如此。

3. 功能上的互补关系

权利和义务在社会生活中有巨大的引导功能。权利的主要功能是能够使人们的需要得到满足，义务的主要功能通常是通过保障权利的实现表现出来的。权利与义务在功能上的互补关系主要表现在：第一，权利直接体现法律的价值目标，义务保障权利的实现。第二，权利通过提供不确定的指引，以其独有的利益导向和激励机制来促进法的自由目标的实现，义务通过提供确定的指引，以其强制某种积极行为发生，防止某种消极行为出现的独有的约束机制来保障法的秩序目标的实现。第三，权利与义务在某种条件下相互转化。在我国，权利与义务相互转化的情况很多。交通运输法的功能主要是通过它所设定的权利和义务的实现而体现出来的，它通过权利与义务的双重机制来指引人们的交通运输行为，调整、规范交通运输关系，形成良好交通运输秩序，促进交通运输业的发展。

4. 价值选择上的主次关系

法律对社会关系的调整，是通过确定社会成员的权利和义务的方式来进行的。自从有法律以来，权利与义务就广泛存在于社会生活的各个领域。由于各种历史时期的社会经济、政治、文化和制度结构的不同，不同历史时期人们的价值取向不同，因此权利和义务在社会中受重视的程度和在人们心目中的地位也就不同。古代法律倾向于以义务为本位，现代法律应当是以权利为本位。我国交通运输早期一直致力于顺利、安全实现运输的保障，现在已经发展为安全、快捷和舒适的交通运输的价值目标。在我国有些偏远地区，顺利、安全运输仍是重要的努力方向。

第四节　交通运输法律的基本原则及其实现

一、交通运输法律的基本原则

交通运输法律的基本原则是指其贯穿于交通运输法律立法、司法、执法与守法活动的始终，指导交通运输活动的根本准则，它也是一种克服法律局限性的立法技术。所谓法律的局限性是指法律基于其防范人性弱点的工具特质，为了追求一定的价值，就要以牺牲其他价值为代价，是法律由于其技术上的特点而不能完美地实现其目的的状况。一般认为，法律具有不合目的性、不周延性和滞后性三大局限性。由于存在着法律的局限性，就产生了处理法律局限性的方法问题。法律的基本原则正是在这一背景下提出的。立法者通过设立法律的基本原则，把人的因素或自由裁量的因素引入到法律的运行过程中，以此弥补法律规则的不足。

交通运输法律的基本原则是适用于交通运输经营、管理全过程的基本准则。包括交通运输主管部门行使职权与履行职责，公民、法人、其他组织进行交通运输活动都必须遵守交通运输法律的基本原则。交通运输法律的基本原则的作用主要表现在以下几个方面：指导交通运输法律规范的制订，促进和保障交通运输法律体系的和谐统一；指导司法机关进行交通运输法司法活动、交通运输主管部门进行交通运输执法活动的行为准则；指导交通运输法律关系主体依法进行交通运输活动，包括公民、法人、其他组织进行交通运输活动。

（一）统一管理原则

交通运输作为综合性投资领域，其对资本的吸引力要比其他领域更为强烈。资本的大规模集中导致垄断的迅速形成，继而对整个社会的全部生产生活发生重大影响，带动整个国民经济的发展，因此需要国家对交通运输管理包括交通运输建设管理进行宏观调控、统一管理。同时,交通运输是国民经济发展的动脉,既涉及国家经济、交通安全,还是涉及公众利益的公共事务,运输线路开辟与变更、设施建设、运价、当事人资格等需要由国家主导,体现国家强制力,从而保障国民经济发展的有序与正常。为此,交通运输业由国家有关行政主管部门实行宏观调控,以铁路运输为例,国家铁路旅客票价率和货物运价率由铁路行政主管部门拟定,报国务院批准,统一管理,并保障公共运输和国家特殊运输,交通运输法律关系主体必须遵守执行。

交通运输具有特有的社会性、公益性,国家制定交通运输法律,一方面规定运输基础设施公用化和国有化,另一方面对承运人、运价、线路、时间均详细地加以规定。其中,由于国家进行垄断经营或者是国家参与垄断经营,运输合同关系一方当事人取得了"公用企业"资格,而另一方当事人属于次要地位,所能做出的选择只能是要么运,要么不运。为此在运输合同领域,限制合同自由的活动发生得最早、最普遍,当事人从一开始就不存在完全的合同自由。在许多情况下(如战争物资的运输),当事人必须按国家的指令性计划全面实际履行合同,不能自由协商放弃合同。

此外,交通运输关系的国际化,进一步加深了国家对运输关系的干预程度。从工业革命之后,交通运输工具日益发达,世界各地之间的距离日益缩短,科学技术在交通运输中的大量运用促使统一技术规则的产生。与此同时,全球市场日益形成,各国之间的经济贸易关系发生频繁,各国之间的相互需要日益强烈、利益竞争日益加剧。运输不再完全是一国的国内事务,而是具有了强烈的国际性。运输生产的国际化更加突出了国家的意志、彰显了国家的利益。国家意志在国际领域中也不是绝对自由的,因为一国在行使自由意志的同时,必须充分考虑他国的意志,在许多情况下必须妥协、让步。这些妥协、让步最终以国际条约、国际惯例的形式予以体现。例如,第一次世界大战后,国际道路运输联盟(IUR)1948年在瑞士日内瓦成立,下设交通运输委员会,其职责是推行陆上运输的国际交通技术和运输业务规则。在海上运输等方面,出现了大量的国际条约、协定、惯例,以便对合同自由加以约束。[①]总之,交通运输建设带动国家整个国民经济建设,涉及国家安全,在国民经济发展中具有重大地位和作用,以及交通运输的社会性和公益性与国际化中的国家利益决定了交通运输必须实行国家行政管理的统一性原则。这也是交通运输法律制定与实施的基本原则。

---

① 张长青、郑翔:《运输合同法》,清华大学出版社、北京大学出版社2005年版,第5-6页。

（二）合理运输原则

交通运输业面向的是社会公众，具有普通的社会意义。交通运输关系社会生活的各个阶层和各个方面，关系人们的日常生活和企业的正常生产经营活动，乃至国家的政治生活和社会稳定，因此也就决定了国家必须扮演投资者、建设者、管理者与使用者等多重角色。不合理运输的主要表现有对流运输、重复运输、过远运输、过近运输，以及倒流运输和迂回运输等。为有效地使用各种运输工具的运能，对对流运输、过远运输、重复运输等不合理运输，国家必须进行管理，以更好地履行管理社会公共事务的职能。实行合理运输，可以节省运力，提高运输效率，实现科学、高效和经济运输。实现合理运输是交通运输的基本要求，也是交通运输法律的基本原则。

（三）计划运输原则

为了保证国民经济按比例协调发展，各种运输活动必须按照国家下达的运输计划组织均衡运输。从西方发达国家对交通运输业管理的演变历史来看，其交通运输业历经从私营到国营，又从国营到私营的过程。无论何种性质的经营模式，国家都对运输方式、运输主体的资格等进行严格的管理限制，以发挥国家社会公务管理的职能。同时鉴于我国的国情，既要为了搞活经济，适应市场经济的发展，发挥市场经济主体的积极性，又要对我国运输计划的安排留有余地，以保障攸关国计民生、涉及国民经济重大活动和国家安全交通运输的正常进行。为此计划运输是我国交通运输的重要原则，也是交通运输法律制定与实施的重要原则。同时，我国人口众多、地域辽阔，各地交通运输业发展也不均衡，在全国实行计划运输原则下，各地应当从实际出发，根据当地经济社会发展和交通运输状况，因地制宜，进行灵活的交通运输管理，以促进交通运输业发展带动地方经济社会的进步。

二、交通运输法律的调整

交通运输法律的调整，是指交通运输法律凭借其权威对交通运输关系施加影响、进行规范的活动。交通运输法律的调整主要分为事前、事中和事后调整。

（一）事前调整

所谓的事前调整，是指交通运输法律规范在纠纷发生之前对交通运输关系施加影响的活动。事前调整主要起确定、规范和引导的作用。事前调整的具体形式有规定交通运输法律关系的主体、规定交通运输法律关系的客体两种。

交通运输法律关系通过其对承运人资格的规范与限制，规定了交通运输法律关系参加者的主体资格，将不合格的主体排除在交通运输法律关系之外，体现交通运输的统一、合理原则，以实现交通运输活动的安全有序进行。19世纪初，西方某些国家曾经实行自由放任的商品经济制度，允许一切人或组织从事交通运输活动，后来逐步被严格的管理限制制度所取代。一方面，国家要扶持、保护交通运输企业的健康有序地发展，以避免交通运输企业无序竞争、垄断经营等而导致经营失败；另一方面，国家要保护交通运输业利用者即社会公众的利益。因此，需要对交通运输法律关系的主体资格进行规范与限制，如一定数量的运输工具、配备适当的运输人员、运输人员的资格与水平等。

交通运输法律规范通过对运输对象——物、运输行为的规范与限制，规定了可以参加交通运输活动的客体范围，将不合格的客体（如易燃易爆物品、超载行为等）加以限制或排除，从而保障了交通运输业的正常秩序。还有拟制，所谓拟制是指立法者给予公共政策、现实情况等因素的考虑，把甲事实当作乙事实适用法律的活动。在交通运输法律规范体系中最典型的就是对飞机、船舶视为不动产的规定。从事物之性质上来看，飞机和船舶本身为动产，但考虑到它们价值巨大且极为重要，所以赋予它们以不动产的地位，对其适用不动产方面的法律规定，以实现更为适当的保护。

（二）事中调整

所谓的事中调整，是指交通运输法律规范对当事人进行交通运输活动过程施加影响的活动。事中调整的主要方式就是稽查、监督和行政处理等，以促进运输主体包括承运人、旅客、托运人和收货人依法依规进行交通运输活动，减小交通运输事故发生、交通运输违法行为，保障交通运输安全、快捷和舒适开展，具有纠正、引导和保障的作用。

交通运输行政主管部门依职权对交通运输企业、交通运输活动进行合法性、合规性稽查监督，发现问题及时纠正、处理以督促交通运输企业、交通运输活动的当事人合法依规进行交通运输活动。例如，未取得道路运输经营许可，擅自从事道路货物运输经营；使用失效、伪造、变造、被注销等无效道路运输经营许可证从事道路货物运输经营；超越许可的事项，从事道路货物运输经营；违反公路管理法律、法规和规章的行为即擅自从事超限运输等，发现违法违规行为，及时提出、依法纠正和及时进行行政处理。

（三）事后调整

所谓的事后调整，是指交通运输法律规范在当事人发生纠纷之后对交通运输生产生活施加影响的活动。事后调整的主要作用在于惩罚、救济、引导和保障。事后惩罚，就是在行为人没有按照法律的要求行为的情况下，使其承担不利的法律后果。同时，处罚的另一方面可能是行政违法的纠错，或者民事违法的受害人的救济，进而对合法依规交通运输活动的引导、保障。惩罚的形式主要有失权、证据规则等。

失权是指行为人在没有按照交通运输法律规范的要求行为的情况下，法律令其丧失权利。例如，我国《铁路法》规定，持票人在火车开车15分钟后不享有退票的权利。

证据规则是指通过分配举证负担的途径达到有利于一方当事人，不利于一方当事人的目的。交通运输法律规范中常见的形式是举证责任倒置。例如在货检过程中，如果承运人不能举证证明货物在货检前已有损坏就要承担赔偿的责任，而不是实行"谁主张，谁举证"的原则。

三、交通运输法的制定与实施

法的制定又称为法的创立、法的创制，即通常所说的"立法"。关于法的制定的概念，各国的学者有不同的解释。《美国大百科全书》对"立法"的解释为："立法是指国家机关为了规范社会行为，而制定法律规范的活动。通常用于表明代议机关制定法律和立法程序的活动。"[1]英国《牛津法律大词典》对法的制定的解释是："指通过具有特别法律制度赋予的有效的公布法律的权力和权威的人或机构的意志制定或修改法律的过程。"[2]《中国大百科全书》认为立法"是国家机关依照其职权范围通过一定程序制定（包括修改或废止）法律规范的活动。既包括拥有立法权的国家机关的立法活动，也包括被授权的其他国家机关制定从属于法律的规范性法律文件的任务"[3]。

根据世界各国的法制实践和我国的现实状况，交通运输法的制定是指有交通运输法的创制权的国家机关以及经授权的国家机关在法律规定的职权范围内，依照法定的程序，制定、修改、补充或废止交通运输法律和其他规范性法律文件的专门性活动。

---

[1]《美国大百科全书》（第17卷），美国大百科全书有限公司和加拿大罗勤有限公司1988年英文版，第172页。
[2]《牛津法律大词典》（中译本），光明日报出版社1988年版，第547-548页。
[3]《中国大百科全书·法学》，中国大百科全书出版社1984年版，第88页。

（一）交通运输法制定的原则

交通运输法是我国法律体系的一个重要组成部分，是调整交通运输领域里各种社会关系的法律规范的统一整体。交通运输法的制定，应在遵循宪法的前提下，依照立法法，遵守交通运输法律的基本原则，坚持以下交通运输法制定的原则：

1. 理论联系实际的原则

交通运输法律体系的建立，是加强我国交通运输法制建设的重要任务。一方面，法律的生命力植根于社会现实的土壤之中，法律必须与社会现实保持强大的亲和力才能最大限度地发挥它自身的效能；另一方面，法律还承担着改造社会的任务。同时，交通运输发展过程中会不断出现法律上新的情况、新的问题，应当予以充分重视，进行专门研究及时总结，在理论指导下立法。例如新的交通工具、交通形式层出不穷，法律适用状况需要不断研究。因此，只有从我国交通运输业的实际情况出发，进行科学研究，合理归纳，坚持理论联系实际的原则，才能使我国的交通运输法律体系具有促进与规范交通运输发展的实际意义。

2. 维护国家法制统一的原则

制定交通运输法律规范必须考虑到我国现存的法律体系，既要处理好交通运输法律规范体系与国家法律体系的关系，又要处理好交通运输法律体系与其他部门法律体系的关系，还要处理好正在实施的交通运输法律与需要适时废止、修改乃至失效的交通运输法律的关系，保持法律的连续性与稳定性。所谓连续性是指在制定新的交通运输法律规范或修改、废止已存在的交通运输法律规范时应注意保持新的交通运输法律规范与原有交通运输法律规范之间的继承关系。一个规范性的交通运输法律文件在依法失效或被废止前应当继续、持续有效，不因为领导人的改变而改变，不因为领导人的看法或注意力的改变而改变。所谓的稳定性是指交通运输法律规范一经颁布和生效，必须在一定时期内起作用并保持稳定，不能随意修改、中断或废止，以保持其严肃性和权威性。保持交通运输法律规范的连续性和稳定性，对于巩固和发展交通运输法制，维护交通运输法制的尊严和权威，实现交通运输法治，具有十分重要的意义。同时，交通运输种类多、形式多，我国人多地广，为了适合各类交通运输的特点，符合各地交通运输状况，切实实施交通运输法律，国务院及其各部委、地方还要制定颁布不少的法规规章、与地方性规章制度，因此制定交通运输法律规范还应当重视交通运输法规规章、地方性规章制度与交通运输法律的衔接与协调，交通运输法律只有这样才能使交通运输法律体系保持自身的协调一致，自成体系，又与我国交通运输建设事业高度地协调一致。可见，立法要站在国家的立场上充分反映国家的意志、人民的利益，从可持续、长远的交通运输发展角度，遵守统一、计划与合理的原则，在立法过程中坚持维护国家法制统一原则。

3. 借鉴与结合国情的原则

国外市场经济发展的历史尤其是交通运输业发展的历史比我国悠久，交通运输立法比较完备，其交通运输改革已经进入较为成熟的阶段，一些好的经验、好的做法正在形成。如日本铁路的民营化、美国公路改革的经验等，都有许多值得学习和参考的地方。借鉴国内外交通运输改革、立法方面的成功经验，可以提高我国交通运输法制建设的工作效率，可以使建立起来的交通运输法律体系更切合交通运输现实的、未来的发展情况。同时，交通运输业是我国社会主义大市场的重要组成部分。交通运输业的发展离不开总体的我国自身的经济状况和经济形势。因此，在制定交通运输法律规定时，要以社会主义市场经济为指导，既学习国外国际先进立法经验，又结合我国实际，使交通运输法律规范与国家的经济状况相一致、相协调。

4. 适时性与超前性有机统一的原则

所谓的适时性是指我国交通运输法律规范的制定必须不断地顺应历史发展和时代的变化，及时、适时地根据这种变化制定出符合时代要求的法律，从而保障现有稳定、正常的法律的秩序。所谓的超前性是指人们在分析、总结现实实践经验的基础上，根据客观规律，以法律的形式对事物的发展做出科学的预测，从而适时引导新型、良性的法律秩序的形成。具体到交通运输法律而言，不但能够在一定程度上减少交通运输法律的频繁修改和废止，提高其稳定性和权威性，保障交通运输正常、稳定的运行秩序；而且能够通过其预测与引导作用使人们对未来社会关系的发展有一个心理适应阶段，为交通运输法律的良性发展创造一个良好的社会心理条件。

（二）交通运输法制定的特点

从性质上说，交通运输法的制定是国家的专有活动。从权力结构角度来看，国家的主要职能有立法职能、行政职能和司法职能，而制定交通运输法是国家行使其立法职能的方式之一。因此，它只能由有权的国家机关来行使，其他任何机关、社会团体和个人都不能进行这项活动和行使这项职权。

从方式上来说，交通运输法的制定是一个系统化的法律活动。交通运输法的制定不仅包括制定新的交通运输法律规范的活动，也包括对已有的交通运输法律规范进行修改、补充甚至废止的活动，还包括对那些属于其他类型的涉及交通运输内容可以上升为法律的社会规范进行认可，赋予其法律效力的活动。

从形式上来说，交通运输法的制定是严格依照法定程序进行的活动。现代社会经济法的制定不是个人意志的体现，而是人民意志的表达和反映。在法治社会里，法治原则应渗透到社会生活的各个方面，当然也包括交通运输立法活动，这是保证立法质量，克服立法随意性的重要方法。

(三) 交通运输法的实施

法的实施是指在法律制定出来以后，法律关系主体对法的遵守、执行、适用等各个环节的活动，是把以观念形态存在的法律规范转换为现实的生活准则，把法定的权利和义务转变为现实的权利和义务的过程。

交通运输法的实施包括交通运输法的遵守、交通运输法的执行、交通运输法的适用等主要方面。

1. 交通运输法的遵守

交通运输法的遵守是指自然人、法人、其他社会组织以及党和国家各部门都要严格依照交通运输相关法律规定去从事各种事务和行为。

法的遵守是法制建设的重要环节，是法律得以实现的基本途径。立法的目的在于将法律用于调整具体的社会关系，在社会中除了必须要依靠法的执行、法的适用等手段来完成法的实施外，更重要的还是要依赖全体社会成员的自觉遵守。法的执行、法的适用是法律实现其调控社会关系的目的的最有力保障，而法的遵守是法律实现其目的的最基本的途径。从一般意义上说，法律的主要功能不是依靠国家有关机关的执行、适用来实现的，更主要的是依靠社会成员的自觉服从、自觉遵守来实现的。

在我国的现代化建设中，只有统一并真正体现了全国人民的意志和行动，才能创造和谐的社会形势，促进经济建设的健康、持续与生态地发展。因此，法的遵守是法的执行的客观基础，是法的适用的社会保障。交通运输涉及国家安全与国计民生，涉及各行各业与家家户户，交通运输法的遵守可谓是交通运输法实施的基础与核心。交通运输法的遵守主要包括交通运输法遵守的主体、交通运输法遵守的范围、交通运输法遵守的内容以及交通运输法遵守的条件四个因素。

1）交通运输法遵守的主体

在我国，交通运输法遵守的主体是广泛的，全方位的。它不仅包括我国全体公民、在我国领域内的外国组织、外国人和无国籍人，也包括一切政党和国家机关、社会团体等。我国《宪法》第五条规定："一切国家机关和武装力量，各政党和各社会团体、各企业事业组织都必须遵守宪法和法律。一切违反宪法和法律的行为，必须予以追究。""任何组织或者个人都不得有超越宪法和法律的特权。"这里的"法律"当然包括交通运输法。我国交通运输法的遵守的主体可以分为以下几类：中华人民共和国公民；我国领域内的外国人、外国组织和无国籍人；各种法律拟制人。

2）交通运输法遵守的范围

交通运输法遵守的范围不仅包括要遵守专门性交通运输法律规范，还包括遵守与交通运输有关的其他规范性法律文件，如《刑法》中关于肇事罪的规定，《反不正当竞争法》中关于限制竞争的规定等。其中专门性的交通运输法律规范主要有《中华人民共和国铁路法》《中华人民共和国民用航空法》《中华人民共和国公路法》与《中华人民共和国道路交通安全法》，以及《中华人民共和国海上交通安全法》《中华人民共和国海商法》和《中华人民共和国港口法》，还包括《国内旅客运输规则》《国内货物运输规则》《民用航空器适航管理条例》《外国民用航空器飞行管理规则》《公路汽车货物运输规则》《公路汽车旅客运输规则》，还有国务院部门规章、地方性规章制度等。

3）交通运输法遵守的内容

遵守交通运输法就是各种社会主体严格依照交通运输法律规范进行活动的状态，其内容自然包括两层含义：其一是依照法律享有权利并行使权利；其二是依照法律承担义务并履行义务。其中享有权利和承担义务是相互统一的，不能将遵守法律片面地理解为履行义务。例如，《中华人民共和国民用航空法》第七十五条规定："民用航空器应当按照空中交通管制单位指定的航路和飞行高度飞行；因故确需偏离指定的航路或者改变飞行高度飞行的，应当取得空中交通管理单位的许可。"其一方面指出了民用航空器有按照指定的航路和飞行高度飞行的义务，另一方面也规定了其有权在取得批准后有条件地改变航路或者飞行高度的权利。根据我国铁路法、公路法相关规定，无论铁路运输旅客还是公路运输旅客既有按照旅客票面支付票款的义务，也有要求承运人按照旅客票面标示的运输方式，在相应期限安全、快捷运达的权利。

4）交通运输法遵守的条件

法的遵守是全体社会成员有意识、有目的的实践法律的现实性活动。交通运输法的遵守是指交通运输相关主体在参与交通运输中有意识、有目的地享有交通运输法律权利与履行交通运输法律义务的实践活动。遵守法律应具备一定的前提或条件。交通运输法的遵守也不例外。一般来说，遵守交通运输法的条件主要包括：国家制定颁布较为完善的交通运输法律规范，交通运输主体具备良好的交通运输法律意识与基本知识，社会形成自觉遵守的交通运输法律氛围与环境等。

2. 交通运输法的执行

法的执行，又称为执法，其有广义和狭义之分。广义的执法是执行法律的简称，既包括国家行政机关的行政执法活动，也包括国家司法机关的司法活动。狭义的执法是指国家行政机关及其公职人员依照法定程序和职权，贯彻、执行法律的活动，也称为行政执法。本书取其狭义。交通运输法的执行是指管理交通运输业的国家行政机关及其公职人员依照法定程序和职权，贯彻、执行交通运输法律的活动。

1）交通运输法执行的主体

执法的主体是指代表国家行使管理社会职责、享有执法权的国家行政机关及其公职人员。一般来说，行政机关要拥有执法权，成为执法主体，有两种渠道：一是根据法定程序产生和获得，一是根据授权产生和获得。根据我国交通运输法律的有关规定，我国交通运输法的执行主体主要有三类：一是各级人民政府，包括中央人民政府和地方各级人民政府。二是各级人民政府中享有交通运输执法权的所属机构——交通运输行政部门，既包括中央人民政府即国务院所属的交通部、国家民航局等，还包括地方各级人民政府所属的交通运输行政部门。这类交通运输执法主体相当广泛，而且这类主体不仅可以通过抽象行政行为（如制定部门规章）的方式执行交通运输法律，而且还可以通过具体行政行为（如处罚违规行驶车辆）的方式来管理交通运输业。三是依照交通运输法规的规定，由有关国家行政机关授权的依法成立的管理交通运输业的事业组织，如交通运输业协会等。

2）交通运输法执行的基本原则

交通运输法执行的基本原则是指交通运输行政管理机关及其公职人员在执行交通运输管理活动中所应遵循的基本准则。主要包括合法性原则、公平合理原则和效率原则等。

3. 交通运输法的适用

交通运输法的适用，通常简称为"交通运输司法"，是指国家司法机关依照交通运输法及其他相关法律的规定，在法定职权范围内，具体适用法律处理案件的专门活动。

司法是一种专门活动，作为一种国家职能，是随着国家的出现而产生的，并随着国家和社会的发展而发展。交通运输司法是随着交通运输法的产生而出现的，并随着交通运输方式的发展而不断完善。交通运输法的适用是交通运输法实施的重要形式，是国家专门司法机关，甚至是专门法院如铁路法院、海事法院等及其司法人员运用国家权力对社会关系进行的再调整或对已调整的社会关系的保护。

交通运输司法相对于交通运输法实施的其他形式，具有以下特点：

1）职权的法定性

交通运输法的适用是享有司法权的国家有关司法机关及其工作人员依照法定职权和法定程序运用交通运输法律规范和其他有关程序法来处理案件的专门活动，是以国家的名义行使司法权的活动。因此，只有国家司法机关及其司法工作人员才有权力行使，其他任何国家机关、社会组织和个人都无权行使并不得干涉此项权力。在我国，司法工作人员主要是法官和检察官。海事法院和铁路法院的职权源于我国宪法、专门法及其司法解释。

2）主体的特定性

我国《中华人民共和国宪法》第一百二十八条规定："中华人民共和国人民法院是国家的审判机关。"因此，司法权只能由专门的司法机关行使才能确保其神圣性质。交通运输司法区别于其他法的适用的重要特点之一就是其主体的特殊性。目前，我国法院系统主要按照行政区划的级别来设置，法律系统内部分设民庭、刑庭、行政庭，分别审理民事经济案件、刑事案件和行政案件。另外，我国还设有海事法院和铁路法院、军事法院等专门法院，其中海事法院和铁路法院就是专门审理与海事、海商、铁路运输有关的案件，表明交通运输业的专业性，体现国家对交通运输业的重视。

3）裁决的权威性

所谓裁决的权威性是指国家司法机关依照法定职权和法定程序对案件所做出的判决或裁定是具有法律效力的判决、裁定，非经法定程序予以变更或撤销，任何单位或个人都必须执行，不得擅自更改或废除。这些判决或裁定一经生效，对有关当事人就具有法律效力，必须切实履行。无正当理由拒不执行生效的判决或裁定，就由有关机关依照法律强制执行。因此，司法裁决具有很大的权威性和强制性。我国各级人民法院，包括海事法院和铁路法院依照法定职权和法定程序对交通运输案件所做出的判决或裁定是具有法律效力的判决、裁定，具有很大的权威性和强制性。

第二章　铁路运输法

第一节　铁路运输法概述

一、铁路运输概述

（一）铁路运输的概念和种类

1. 铁路运输的概念

铁路运输，在狭义上通常是指一种以具有轮对的车辆沿铁路轨道运行，以达到运送旅客或货物目的的陆上运输方式，即利用铁路设施、设备，通过将火车车辆编组成列车在铁路上载运旅客、货物的一种运输方式。而广义的铁路运输还包括磁悬浮列车、缆车、索道等并非使用车轮形式，但仍然沿特定轨道运行的运输方式，通称轨道运输或轨道交通。

2. 铁路运输的种类

铁路运输可以根据不同的方法划分为若干种类。如以运输对象为依据，可将其分为铁路旅客运输和铁路货物运输；以是否以营利为目的为依据，可将其分为铁路营业性运输和铁路非营业性运输；以参与的运输方式多少为依据，可将其分为铁路单一方式运输和铁路多式联运；以是否民用为依据，可将其分为铁路民用运输和铁路军事运输等。

《中华人民共和国铁路法》（以下简称《铁路法》）所称的铁路是指我国大陆上的铁路，不包括香港、台湾地区铁路。该法第二条还以铁路的管理权限和管理主体为依据，从立法上把我国的铁路类型作了明确的界定，即国家铁路、地方铁路、专用铁路和铁路专用线四种。国家铁路，是指由国务院铁路主管部门管理的铁路；地方铁路，是指由地方人民政府管理的铁路；专用铁路，是指由企业或者其他单位管理，专为本企业或者本单位内部提供运输服务的铁路；铁路专用线，是指由企业或者其他单位管理的与国家铁路或者其他铁路线路接轨的岔线。

随着改革开放的不断发展,出现了(国内)合资铁路、中外合资铁路、股份制铁路和有限责任公司铁路等新型铁路,这些铁路的运输行为也都受《铁路法》调整。

(二)铁路运输的优点与缺点

1. 铁路运输的优点

从技术性能上看,铁路运输的优点有:① 运行速度快,时速一般在 80~120 千米。② 运输能力大,一般每列客车可载旅客 1 800 人左右,一列货车可装 2 000~3 500 吨货物,重载列车可装 2 万多吨货物;单线单向年最大货物运输能力达 1 800 万吨,复线达 5 500 万吨;运行组织较好的国家,单线单向年最大货物运输能力达 4 000 万吨,复线单向年最大货物运输能力超过 1 亿吨。③ 运输过程受自然条件限制较小,连续性强,能保证全年运行。④ 通用性能好,既可运客又可运各类不同的货物。⑤ 客货运输到发时间准确性较高。⑥ 运行比较平稳,安全可靠。⑦ 平均运距分别为公路运输的 25 倍,为管道运输的 1.15 倍,但不足水路运输的 1/2,不足民航运输的 1/3。

从经济指标上看,铁路运输的优点有:① 运输成本较低,1981 年,我国铁路运输成本分别是汽车运输成本的 1/11~1/17,民航运输成本的 1/97~1/267。② 能耗较低,每千吨公里耗标准燃料为汽车运输的 1/11~1/15,为民航运输的 1/174,但是这两种指标都高于沿海和内河运输。

2. 铁路运输的缺点

铁路运输的缺点是:① 初始建设投资大,单线铁路每公里造价为 100 万~300 万元,复线造价在 400 万~500 万元,而且一旦停止运营,不易转让或回收。② 建设周期长,一条干线要建设 5~10 年,而且占地太多,随着人口的增长,将给社会增加更多的负担。③ 始发与终到作业时间长,不利于运距较短的运输业务。④ 受轨道限制,灵活较差,必须有其他运输方式为其集散客货。

因此,综合考虑,铁路适于在内陆地区运送中长距离、大运量、时间性强、可靠性要求高的一般货物和特种货物;从投资效果看,在运输量比较大的地区之间建设铁路比较合理。

(三)铁路运输的地位与作用

1. 铁路在全国综合运输网络中起着担纲作用

在我国,铁路运输是能源、原材料运输和中长途旅客运输的主力,在我国综合运输网络中具有担纲作用。我国是典型的大陆型国家，经济联系和相互交往跨度大，需要有一种强有力的运输方式将整个国家和国民经济联系起来，并引领其他运输方式的发展。铁路最显著的特点是载运质量大、运行成本低、能源消耗少，不仅在大宗、大流量的中长以上距离的客货运输方面具有绝对优势，而且在大流量、高密度的城际中短途旅客运输业中也具有很强的竞争优势，是最适合我国经济地理特征和民众收入水平的区域骨干运输方式。①尽管从20世纪90年代以来，铁路运输越来越明显地受到迅猛发展的高速公路和民航的挤压，但是，铁路在我国综合运输网络中的担纲作用，其他运输方式仍然难以替代。

2. 铁路在提高交通运输可持续发展方面的作用

铁路运输属于绿色交通，在节约土地、降低能耗、保护环境、安全运输等方面优势明显，是最具可持续发展理念的交通运输方式。

我国人口众多，土地、能源、环境问题比较突出，已经成为经济社会发展的制约因素。从我国资源有限、客货运输强度大的具体国情出发，更多地发展铁路、引导人们更多选择铁路运输方式是减少资源占用、保护环境的有效方略。

3. 发展铁路有利于缩小地区差距促进社会可持续发展

铁路是缩小地区差距、促进社会可持续发展的有效途径。

交通基础设施发展水平往往是制约国民经济发展水平的关键因素。目前，我国东部地区的交通基础设施网络发展水平相对较高，中部地区次之，西部地区则相对落后。与此相对应，中西部地区的经济和社会发展也相对滞后，全国农村贫困人口也绝大多数分布在中西部的山区、少数民族地区和边疆地区。

铁路与其他运输方式相比，区域的纽带作用更强，对地区间社会经济发展水平的平衡作用更大。发展铁路，更有利于区域之间的客货交流和交易成本的降低，可以更大程度地提高可达性和市场范围，促进地区间的交流和缓解地区矛盾。经济欠发达地区一旦被铁路运输所覆盖或辐射，就会使其在更大空间范围上融入国民经济发展的整体中去，在与外部经济的联系中加快自身经济发展进程，从而才有可能减缓区域经济发展差距的拉大，维护社会稳定和民族团结，实现社会可持续发展。②青藏铁路的建成和安全平稳运行，对青、藏两省区经济社会发展起到了巨大的拉动作用，就是明证。

---

① 帅斌、霍娅敏主编：《交通运输经济》，西南交通大学出版社2007年版，第195页。
② 同上，第198页。

（四）铁路运输发展简况

1. 我国铁路运输发展简况

我国的第一条铁路是 1876 年英国怡和洋行采取欺骗手段在上海至吴淞间擅自修建的，全长 14.5 千米，轨距 762 毫米，轨重 13 千克/米。吴淞铁路只经营了一年多时间，就被清政府赎回拆除了。五年后，在清政府洋务派的主持下，于 1881 年开始修建唐山至胥各庄铁路，全长 9.7 千米，轨距 1 435 毫米，轨重 15 千克/米，从而揭开了中国自主修建铁路的序幕。但旧中国时期，我国铁路发展缓慢。自 1876 年到 1949 年的 73 年间，全国仅建成铁路 2.26 万千米（其中，晚清政府时期建成的有 9 100 千米，民国时期建成的有 17 100 千米，由于战争破坏或其他原因被拆去 3 600 千米），不仅线路里程少，技术标准低，近一半处于瘫痪状态，而且布局不合理（大部分在沿海地区，西南、西北地区几乎没有铁路）。新中国成立后，中央人民政府成立了铁道部，统一管理全国铁路，在修复旧中国铁路的基础上，以沟通西南、西北为重点，修建了大量线路和铁路枢纽。到 1978 年，我国铁路营业里程增加到 5.2 万千米，增长了 1.4 倍。其中，复线 7 630 千米，电气化铁路 1 030 千米。改革开放以来，为适应经济社会快速发展需要，我国铁路组织实施了一系列建设大会战，路网规模和质量显著提升。到 2002 年，全国铁路营业里程达到 7.2 万千米，其中，复线 23 951 千米，电气化铁路 18 115 千米，分别比 1978 年增长 39.1%、2.14 倍和 16.6 倍。党的十六大以来，党中央、国务院做出了"加快发展铁路"的重要部署。2008 年 10 月，国务院批准了《中长期铁路网规划》调整方案，将 2020 年铁路营业里程规划目标由 10 万千米调整为 12 万千米以上，电化率由 50%调整为 60%以上。截至 2020 年底，全国铁路运营里程达 14.6 万千米，其中高铁近 3.8 万千米，基本形成了布局合理、覆盖广泛、层次分明、安全高效的铁路网络。

2. 世界铁路运输发展简况

希腊是第一个拥有路轨运输的国家，至少 2000 年前已有马拉的车沿着轨道运行。但是，世界近代铁路是第一次工业革命的产物。1804 年，理查·特尔维域克（Richard Trevithic）在英国威尔士发明了第一台能在铁轨上前进的蒸汽机车。第一台取得成功的蒸汽机车是乔治·斯蒂芬孙（George Stephenson）在 1829 年建造的"火箭号"。1825 年 9 月 27 日，世界上第一条行驶蒸汽机车的永久性公用运输设施，英国斯托克顿—达灵顿的铁路（Stockton-Darlington Railway）正式通车了，这就是世界近代铁路的起源。在盛况空前的通车典礼上，由蒸汽机车、煤水车、货车和客车组成的载重量约 90 吨的"旅行"号列车，由设计者斯蒂芬孙亲自驾驶，上午 9 点从伊库拉因车站出发，下午 3 点 47 分到达斯托克顿，共运行了 31.8 千米。1830 年 9 月 15 日，从曼彻斯特到利物浦的铁路建成通车，更加显示了铁路的巨大发展潜力。铁路以其迅速、便利、经济等优点，很快在英国和世界各地通行起来，且成为世界交通的领导者近一个世纪，直至飞机和汽车的发明才减低了铁路的重要性。高架电缆在 1888 年发明后，首条使用高架电缆的电气化铁路在 1892 年启用。第二次世界大战后，以柴油和电力驱动的列车逐渐取代蒸汽推动的列车。20 世纪 60 年代起，多个国家均建置高速铁路。货运铁路亦连接至港口，并与水运合作，以集装箱运送大量货物以大大减低成本。

目前，在全球 236 个国家和地区之中，有 144 个国家和地区设有铁路运输（包括全世界最小的国家梵蒂冈在内），其中约 90 个提供了铁路客运服务。全世界铁路总里程达 140 多万千米，分布在各洲的比例大约为：美洲 36.8%、欧洲 34.2%、亚洲 17.5%、非洲 7.5%、大洋洲 4.0%。有 5 个国家的铁路总长度超过 5 万千米，其中美国有 22 万多千米，中国有 14 万多千米，俄罗斯有 12 万多千米，印度、加拿大各有 6 万多千米。国土面积比较大的国家，如美国、加拿大、澳大利亚等国，铁路运输主要服务于中长途货运；国土面积比较小的国家，如日本、英国等国，铁路运输主要服务于中长途客运。

为了适应社会和经济发展的需要，适应货主和旅客对安全、准确、快速、方便、舒适的要求，各国铁路纷纷进行大规模的现代化技术改造，同时改革运输组织工作，积极采用高新技术，在牵引动力内燃化和电气化、铁路客运高速化、大宗货运重载化以及信息技术电子化等方面取得了新的突破，加之现代管理和优质服务以及铁路的区域联网、洲际联网，使铁路获得了新的活力，在陆上运输中继续发挥着骨干作用，在现代化运输方式中仍占据着重要地位。

二、铁路法的概念、规范构成及其适用范围

（一）铁路法的概念

铁路法的概念可以从广义和狭义两个层面来理解。狭义上的铁路法，即形式意义上的铁路法，仅指国家颁布的调整铁路所涉及的社会关系的铁路法典。1990 年 9 月 7 日，第七届全国人大常委会第十五次会议通过了《铁路法》，自 1991 年 5 月 1 日起开始施行的。这是我国历史上第一部国家管理铁路的专

门法律，也是我国调整铁路法律关系的基本法。广义上的铁路法，即实质意义的铁路法，是调整政府机关、企事业单位、其他社会团体以及自然人与铁路运输企业在铁路管理、铁路建设、铁路运输营业及铁路安全与防护等方面建立的各种社会关系的法律规范的总称，它包括所有调整铁路关系的法律、法规和规章。

本章主要采用了广义层面的铁路法概念。

（二）铁路法律规范的构成

铁路法律规范是为了适应铁路建设、铁路运营以及铁路管理的需要而产生的，也是在总结铁路建设、铁路运营以及铁路管理的实践经验基础上不断完善起来的部门法。

铁路法律规范的构成，可以从下述三个角度来考察。

1. 内容构成

铁路法的内容是由铁路法的调整对象决定的。铁路法的调整对象是铁路所涉及的社会关系，即铁路社会关系，包括铁路建设关系、铁路运营关系、铁路安全关系、铁路行政监管关系以及与铁路运输有关的其他社会关系。

铁路建设关系，是铁路在修建、改建的过程中与工程建设单位、勘测设计单位、原材料供应单位等部门之间发生的关系。这些关系有的属于铁路法的调整范围，有的则属于《民法典》或者其他法律的调整范围。

铁路运营关系，主要包括铁路运输合同关系和铁路运输内部管理关系。铁路运输合同关系，是指铁路运输企业与其他企业事业单位、社会组织以及公民个人在承办旅客运输或货物运输业务中发生的关系，包括铁路客运合同关系和铁路货运合同关系。它主要是指平等主体间的财产、经济关系。铁路运输内部管理关系，包括铁路运输企业之间的分工协作关系和铁路运输企业内部的调度、指挥、管理的关系。

铁路安全关系涉及的范围非常广泛，几乎所有与铁路发生联系的主体都是铁路安全管理的对象，具体包括铁路建设安全、铁路运营安全、铁路运输设施设备安全、铁路职工劳动与安全保护、危及铁路安全的其他方面以及铁路行车事故救援与事故善后处理等方面。

铁路行政监管关系，是指政府相关职能主管部门因对铁路建设和铁路运营活动履行行政监管职能而与铁路建设单位和铁路运输企业所形成的关系，主要包括铁路建设行政监管关系和铁路运营行政监管关系。它主要是指不平等主体之间的管理与被管理关系，一般称为铁路运输的纵向关系。

在上述各种铁路关系中，铁路运营关系是最基本的铁路社会关系，因为国家发展铁路的目的就在于利用铁路运输来促进国民经济的持续发展和民众生活质量的不断提升。铁路建设关系是铁路运营关系存在的前提和基础，其他铁路关系则是由铁路运营关系所引起的。因此，我国铁路立法应以对铁路建设关系和铁路运营关系的规范和调整为重点，从而保证铁路建设和铁路运输生产的顺利进行。

2. 功能构成[①]

从功能上看，铁路法律规范可以分为两部分，即铁路发展法律规范和铁路改革法律规范。

铁路发展的法律规范，包括客货运输法律规范、安全保护法律规范、运输市场准入法律规范、运输行为法律规范、铁路技术规范等。这些法律规范，是保障铁路运输生产经营活动顺利进行的基础，离开它，铁路运输生产经营活动便不能顺利开展。

铁路改革的法律规范，主要是政府行为和企业重组方面的规范。铁路改革法律规范要解决的主要问题，包括政府对铁路的管理和铁路企业重组。要通过法律明确政府与铁路的关系，确保铁路发展有法律基础。政府与铁路的关系，对铁路运输发展来说是非常重要的问题。这些问题包括：铁路市场准入、铁路运价、铁路建设基金、铁路技术管理、铁路资产管理、铁路安全监督、铁路统一运输协调等。铁路企业重组要解决重组的原则和目标、重组方案的实施、重组的责任等。

铁路发展法律规范主要是管理问题，涉及铁路企业与社会利用铁路运输所形成的各种社会关系，相对来讲具有广泛的社会性、稳定性，适用的时间跨度相对要长；铁路改革法律规范主要是解决铁路体制问题，具有即时性，即在铁路改革目标实现以后，这类规范就完成了它的历史使命。因此，考察铁路法律规范的功能构成，也有利于确定铁路立法的重点和方向。

3. 形式构成

从形式上看，各国的铁路法律规范一般都由三个方面构成：一是国家的专门立法机关制定的法律，例如加拿大的《铁路法》、日本的《铁路营业法》；二是国家的行政机关制定的行政法规，主要是一些条例或者实施细则，如苏联部长会议通过的《苏联铁路运输条例》、日本政府颁布的《日本国有铁路法施行令》等；三是铁路的最高行政机关颁布的行政规章，包括规程、规则，

[①] 孙林：《关于完善铁路立法有关问题探讨》，《铁道运输与经济》，2001年第12期。

例如行车规则、安全守则、铁路旅客和货物运输规程等。铁路运输规章产生于铁路建设和铁路运输管理实践，文件数量多、内容细致，兼具铁路运输管理的技术特性和法律规范的强制性。铁路运输法律规范绝大多数情况下是铁路运输技术规范的法律化，是国家以认可的形式承认技术规范并赋予其法律的强制力以保证施行的结果。因此，铁路立法在很大程度上也反映了自然科学技术立法的特点。

在形式上，我国的铁路运输法律规范的构成包括法律、行政法规和规章三个层级。截止到2020年12月31日，现行有效的专门铁路法律规范主要有：

法律与司法解释3件：《铁路法》(1991年5月1日。该时间为施行时间，下同)、《最高人民法院关于审理铁路运输损害赔偿案件若干问题的解释》(1994年10月27日)和《最高人民法院关于审理铁路运输人身损害赔偿纠纷案件适用法律若干问题的解释》(2010年3月16日)。

行政法规4件：《中国人民解放军驻铁路、水路沿线交通部门军事代表条例》(1978年6月29日)、《铁路货物运输合同实施细则》(1987年7月1日)、《铁路交通事故应急救援和调查处理条例》(2007年9月1日)和《铁路安全管理条例》(2014年1月1日)。

部门规章24件：《合资铁路与地方铁路行车安全管理办法》(2000年10月1日)、《铁路计算机信息系统安全保护办法》(2003年9月1日)、《铁路建设管理办法》(2003年10月1日)、《铁路运输收入管理规程》(2005年12月31日)、《铁路建设工程勘察设计管理办法》(2006年3月1日)、《铁路技术管理规程》(2007年4月1日)、《铁路安全监督管理办公室职责规定》(2007年9月1日)、《铁路交通事故应急救援规则》(2007年9月1日)、《铁路交通事故调查处理规则》(2007年9月1日)、《铁路主要技术政策》(2013年2月1日)、《铁路机车车辆设计制造维修进口许可办法》(2014年1月1日)、《铁路运输基础设备生产企业审批办法》(2014年1月1日)、《违反〈铁路安全管理条例〉行政处罚实施办法》(2014年1月1日)、《铁路运输企业准入许可办法》(2015年1月1日)、《铁路旅客车票实名制管理办法》(2015年1月1日)、《铁路旅客运输安全检查管理办法》(2015年1月1日)、《铁路危险货物运输安全监督管理规定》(2015年5月1日)、《铁路建设工程质量监督管理规定》(2015年5月1日)、《铁路专用设备缺陷产品召回管理办法》(2016年1月1日)、《铁路行业统计管理规定》(2018年7月1日)、《高速铁路基础设施运用状态检测管理办法》(2018年10月1日)、《铁路工程建设项目招标投标管理办法》(2019年1月1日)、《铁路机车车辆驾驶人员资格许可办法》(2020年3月1日)和《高速铁路安全防护管理办法》(2020年7月1日)。

有必要指出,《铁路法》是铁路法规体系的基本法律。铁路的一切规范性法律文件都应当以此为基础,其内容不得违反《铁路法》的规定。除了《铁路法》以外,其他法律,如《民法典》《中华人民共和国安全生产法》《中华人民共和国突发事件应对法》《中华人民共和国环境保护法》以及《中华人民共和国大气污染防治法》等法律也对铁路经济关系中部分内容进行了特殊调整。

总体来看,经过几十年努力,我国在铁路法制建设方面已初步形成了以宪法为基础、以《铁路法》为龙头、以铁路法律和铁路行政法规为骨干、以铁路行政规章为补充的纵横相结合的铁路法规体系基本框架。这些法律法规和行政规章的颁布实施,对于促进铁路的市场化发展、保障铁路运输安全、强化铁路运输生产管理、维护铁路运输生产秩序发挥了积极有效的作用,也使铁路管理从传统的以行政手段为主的管理,逐步走上了法制化、市场化、规范化的轨道。

4. 我国铁路法律规范的立法完善

2011年伊始,全国人大常委会委员长吴邦国庄严而郑重地宣布:我国已经形成了以宪法为统帅,以法律为主干,以行政法规、地方性法规为重要组成部分,由宪法相关法、民法商法、行政法、经济法、社会法、刑法、诉讼与非诉讼程序法等多个法律部门组成的中国特色社会主义法律体系。但就铁路而言,立法进程还远远不能适应国家法治建设形势和铁路自身改革发展的需要。如前所述,在铁路法制方面,目前我国仅有法律一部、国务院行政法规四件,数量少,内容陈旧,在行业管理方面还有不少法律法规空缺。

当前正处于推进铁路跨越式发展、推进铁路体制根本性转变的重要历史时期,更需要加强铁路法制建设,为铁路改革与发展提供有力的法律保障。我国铁路法律规范的立法完善,应当围绕加强运输安全保护、规范铁路行业管理、加快铁路建设发展、推进市场化改革等重点,抓好"一法八条例"的修改、制定工作,尽快构建起新的铁路法律体系。"一法",即修改《铁路法》;"八条例",即研究制定《铁路建设条例》《铁路运输企业管理条例》《铁路旅客与货物运输条例》《铁路运价管理条例》《铁路技术管理条例》《铁路监管条例》[①]《铁路安全管理条例》和《铁路交通事故应急救援和调查处理条例》。目前《铁路安全管理条例》和《铁路交通事故应急救援和调查处理条例》已经发布施行。

---

① 张长青、郑翔:《铁路法研究》,北京交通大学出版社2012年版,第27-29页。

（三）铁路法的适用范围

法的适用范围，即法的效力问题，这是一部法律必须明确的一个基本问题。铁路法的适用范围，是指铁路法在什么地域、什么时间和对什么人有效。

1.《铁路法》的空间效力范围

《铁路法》空间效力范围是指在什么地域内该法有效。《铁路法》第二条规定："本法所称铁路，包括国家铁路、地方铁路、专用铁路和铁路专用线。"这就是说，凡是在中国境内的上述四种铁路，都适用《铁路法》的规定。

由于铁路改革的深化，根据最高人民法院的司法解释，合资铁路、股份公司和有限责任公司的铁路也适用铁路法的规定。

2.《铁路法》的时间效力范围

《铁路法》的时间效力是指该法从什么时候起开始生效。《铁路法》第七十四条规定："本法自1991年5月1日起施行。"这就是《铁路法》开始发生法律效力的时间。从1991年5月1日起，所有铁路建设、铁路运输营业、铁路安全保护等方面所形成的社会关系都要受到《铁路法》调整。铁路运输企业、旅客、托运人、收货人、机关团体等单位和个人都要按照《铁路法》的规定，履行自己的义务。在1991年5月1日以后发生的铁路运输纠纷，也要按照《铁路法》予以处理。但在1991年5月1日以前发生的各种纠纷，仍然要按照当时的法律法规处理。这就是说，《铁路法》没有溯及既往的效力。

3.《铁路法》对人的效力范围

《铁路法》对人的效力是指本法对什么人有效。这里所说的"人"，既包括自然人，也包括法人或者其他社会组织。自然人中包括我国公民和外国人。凡是在我国境内乘坐火车的每个旅客或者托运物品的发货人、收货人都要按照《铁路法》规定，依法订立合同，履行自己的义务，都要遵守《铁路法》，按照规定进行铁路运输活动。违反了《铁路法》的规定，要承担相应的法律责任。因此，《铁路法》对人的效力范围是非常广泛的。

三、铁路法律关系

（一）铁路法律关系的概念

法律关系是社会关系的法律形式，是由法律规范所确认和调整的人与人之间的权利义务关系。所以，所谓铁路法律关系，就是铁路社会关系的法律形式，是由铁路法律规范所确认和调整的人与人之间的权利义务关系，即由铁路法律规范所确认和调整的铁路行政监管机构、铁路企业与自然人、法人及其他社会组织之间因铁路经济活动而发生的具有权利义务内容的社会关系。

铁路法律关系，是作为内容的铁路社会关系与作为形式的铁路法律规范的统一。

（二）铁路法律关系的构成要素

法律关系是基于一定的要素而构成的思想性社会关系。铁路法律关系与其他法律关系一样，也是由主体、客体和内容这三个要素所构成的。

1. 铁路法律关系的主体

铁路法律关系的主体，是指参加铁路法律关系而依法享有权利并承担义务的自然人或法人，即参与铁路经济活动的所有当事人。

铁路法律关系种类繁多，因此，铁路法律关系主体必然是多样化的。大体上，可以将铁路法律关系主体划分为铁路行政监管主体和其他铁路活动主体。铁路行政监管主体，行使国家赋予的铁路行政监管职能，将国家意志带入到铁路法律关系中；其他铁路活动主体，包括铁路企业、事业单位、社会团体、其他经济组织和个人。国家如果发行铁路债券，就会作为债务人参与到铁路活动法律关系中来。

尽管铁路法律关系的主体是多样的，但其主体一方必然有铁路行政监管机构或者铁路企业，即交通运输部、国家铁路局及其所属的 7 个地区铁路监督管理局，或中国铁路总公司及其所属的 18 个铁路局（公司）。①

2013 年 3 月以前，我国的铁路行政监管机构，在中央层面，主要是指铁道部；在地方上，18 个铁路局（公司）作为铁路运输企业也享有法律、行政法规所赋予的铁路行政监管职能。铁路企业层面则较为复杂。从投资主体角度看，有国家完全投资的国有铁路、地方政府参股或投资的合资铁路与地方铁路，还包括国铁系统外的其他铁路企业。从业务角度分类，狭义的铁路企

---

① 2005 年 3 月 18 日，铁道部撤销了全路所有设立于各铁路局（公司）之下的铁路分局，同时新成立太原、西安、武汉 3 个铁路局。此后至 2013 年 3 月 13 日期间，国家铁路运输系统实行铁道部、铁路局（公司）、基层站段三级管理体制。国家铁路设有 18 个铁路局（公司），分别是：北京铁路局、成都铁路局、武汉铁路局、上海铁路局、沈阳铁路局、西安铁路局、太原铁路局、济南铁路局、郑州铁路局、南宁铁路局、南昌铁路局、昆明铁路局、兰州铁路局、哈尔滨铁路局、呼和浩特铁路局、乌鲁木齐铁路局、广州铁路（集团）公司、青藏铁路公司。2013 年 3 月 14 日之后，这 18 个铁路局（公司）被划入新组建的中国铁路总公司，不再行使对铁路的行政监管职能。

业仅指铁路运输企业,即专门从事铁路客货运业务的上述18个铁路局(公司);广义的铁路企业,除前述的铁路运输企业外,还包括铁路路网企业(从事铁路基础设施投资业务)、铁路运输辅助企业(从事铁路运输设备维修保养、信号处理等业务)。

近些年,中国铁路实现了跨越式发展,保障了国民经济平稳运行和人民生产生活需要,但也存在政企不分、与其他交通运输方式衔接不畅等问题。为推动铁路建设和运营健康可持续发展,保障铁路运营秩序和安全,促进各种交通运输方式相互衔接,2013年3月14日,第十二届全国人民代表大会第一次会议通过《关于国务院机构改革和职能转变方案的决定》,决定实行铁路政企分开,完善综合交通运输体系。方案提出:①将铁道部拟订铁路发展规划和政策的行政职责划入交通运输部。交通运输部统筹规划铁路、公路、水路、民航发展,加快推进综合交通运输体系建设。②组建国家铁路局,由交通运输部管理,承担铁道部的其他行政职责,负责拟订铁路技术标准,监督管理铁路安全生产、运输服务质量和铁路工程质量等。③组建中国铁路总公司,承担铁道部的企业职责,负责铁路运输统一调度指挥,经营铁路客货运输业务,承担专运、特运任务,负责铁路建设,承担铁路安全生产主体责任等。④国家继续支持铁路建设发展,加快推进铁路投融资体制改革和运价改革,建立健全规范的公益性线路和运输补贴机制,继续深化铁路企业改革。⑤不再保留铁道部。

2013年5月15日,中央机构编制委员会办公室公布《国家铁路局主要职责、内设机构和人员编制规定》(国发〔2013〕15号),规定设立国家铁路局(副部级),其为交通运输部管理的国家局,国家铁路局下设7个内设机构,并进一步明确了国家铁路局及其内设机构的主要职责和人员编制。此外,还明确规定国家铁路局设立沈阳、上海、广州、成都、武汉、西安、兰州等7个地区铁路监督管理局,负责辖区内铁路监督管理工作。

2013年3月14日,国务院向交通运输部、财政部、国家铁路局印发《关于组建中国铁路总公司有关问题的批复》(国函〔2013〕47号),批复同意将原铁道部相关资产、负债和人员划入中国铁路总公司,将原铁道部对所属十八个铁路局(含广州铁路集团公司、青藏铁路公司)、三个专业运输公司及其他企业的权益作为中国铁路总公司的国有资本。2019年6月18日,经国务院批准同意,中国铁路总公司改制为中国国家铁路集团有限公司,在北京挂牌。

2. 铁路法律关系的客体

铁路法律关系客体,是指铁路法律关系主体的权利和义务所指向的对象。

法律关系的客体是法律关系主体之间发生权利和义务联系的中介或纽结。在各种法律关系中，主体之间的权利和义务之所以只在相对应的意义上存在，其现实依据就在于它们是指向共同的对象。

从理论上说，一切可以作为利益载体或利益表现形式的事物，都可能成为法律关系的客体。但是，就铁路法律关系的客体来说，一般只包括行为和物两种。

行为是指铁路法律关系主体为实现一定目的而进行的活动，如铁路建设合同法律关系中的铁路建设行为、铁路客货运输合同法律关系中的铁路运输行为和铁路行政监管法律关系中的铁路行政监管行为等。

作为铁路法律关系客体的物，其内容相当广泛。如供应钢轨合同中的钢轨、铁路运输企业中的国有资产等。同一物还会在不同场合出现在不同的铁路法律关系中，以货币为例，作为价款，它出现在铁路运输合同关系中；作为税款，它出现在不平等的税收征纳关系中；作为股款，它可能出现在铁路投资关系中；作为保费，它出现在铁路保险合同中。

3. 铁路法律关系的内容

铁路法律关系的内容，是指铁路法律关系主体所享有的权利和所承担的义务。

铁路法律关系的内容，不可一概而论。因为铁路法律关系种类繁多，而各种铁路法律关系的具体内容各有其相应的特殊性。尽管如此，我们还是可以从以下方面来对铁路法律关系的内容作总体上的把握：

第一，各种铁路法律关系的具体内容总是和铁路运输业务有着密切关系。在种类繁杂的铁路法律关系中，不仅只是铁路客货运输合同法律关系直接体现着铁路运输业务，即便是铁路运输安全保护，乃至于铁路建设方面的关系，也都包含有铁路运输企业的权利和义务。

第二，铁路法律关系的内容具有较强的法定性，而且内容复杂。法律关系内容的法定性，在铁路建设法律关系和铁路客货运输合同法律关系的内容中体现得特别明显，例如，铁路路网布局与线路开辟、铁路基础设施建设、运输线路与时间、运价以及当事人资格等，全都取决于国家意志。此外，铁路法律关系的内容也极其复杂，以铁路建设法律关系为例，一个铁路建设项目的完成，其所经历的程序繁杂，参与主体众多，由此形成了建设行政监管、建设合同、建设劳动与社会保障等多种铁路建设关系，从而需要遵守不同部门法律规范的规定来实施各自的建设行为。由于这些建设关系所遵循的法律规范依据不同，其主体所享有的权利和所承担义务当然也就不同，这就使得铁路建设法律关系的内容极其复杂，既有公法和私法因素的共同组合，又有不同法律关系主体之间权利义务关系的分担和协调。

第三，和其他法律关系一样，铁路法律关系的本质也是权利和义务的关系。权利是依照法律或者约定享有的行为自由，义务是依照法律或者约定承受的行为约束；权利和义务是相对的，一方的权利是以另一方的义务为基础，一方不履行自己的义务，则另一方的权利就不能实现。因此，各方当事人应当自觉地按照法律的规定或当事人之间的约定，切实地履行义务，以维护铁路经济活动的正常秩序。

（三）铁路法律关系的种类

在铁路经济活动中，任何铁路法律关系都有与之相对应的特定铁路社会关系原型。从铁路法律规范所确认和调整的铁路社会关系的原型来看，铁路法律关系大体包括以下五类：

一是铁路建设法律关系，包括铁路建设行政监管法律关系和铁路建设合同法律关系。

铁路建设行政监管法律关系的主体是政府铁路建设监管机构和行政相对人，如政府的建设主管部门、铁路主管部门、安全生产主管部门以及铁路建设的建设单位、勘察设计单位、施工单位、监理单位、建设材料与设备的生产供应单位等。其客体是政府的铁路建设行政监管行为，如铁路建设路网规划、铁路建设用地审批、铁路建设投资审查、铁路建设资质管制和铁路建设质量与安全监管等。

铁路建设合同法律关系的主体是铁路建设单位和其他经济组织，如铁路勘察设计单位、铁路建设原材料供应单位；客体是与铁路建设有关的行为、财物等，如铁路站舍建设工程承包合同关系、铁路线路维修原材料供应合同关系等。

二是铁路运营法律关系，包括铁路运营行政监管法律关系和铁路运输合同法律关系。

铁路运营行政监管法律关系的主体是政府铁路运营行政监管机构和行政相对人，其客体是政府铁路运营行政监管行为，如铁路工业产品市场准入管制、铁路运营资质管制、客货运营标准和运价管制、铁路运营安全监管等。

铁路运输合同法律关系，包括铁路旅客运输合同法律关系，其主体是铁路运输企业和旅客，其客体是铁路运输企业运送旅客的劳务行为；还包括铁路货物运输合同法律关系，其主体是铁路运输企业和托运人或收货人，其客体是铁路运输企业运送货物（行李、包裹）的劳务行为。

三是铁路运输安全保护方面发生的侵权行为法律关系，其主体是侵犯铁路运输企业合法权益的当事人或者被铁路运输企业侵害的当事人，其客体是侵权行为。

四是铁路内部组织之间发生的法律关系，主要是指铁路运输企业围绕铁路客货运输作业而进行内部组织和管理所发生的法律关系。在铁路运输企业内部，下级有义务服从上级的调度指挥，有义务保证过往本局列车的运行安全等。

五是铁路各级组织同其他单位发生的其他法律关系，主要是铁路运输计划法律关系和铁路建设中的各种合同关系。如站舍维修工程承包合同关系、铁路线路维修原材料供应合同关系、机车车辆租赁合同关系等。

以上五类铁路法律关系中，铁路运输合同法律关系是最基本的铁路法律关系，本章将在接下来的第二、三节对其展开论述。

第二节　铁路旅客运输合同

铁路旅客运输，是指利用铁路运输工具运送旅客的运输活动。铁路运输具有准时、安全、舒适、快捷的特点，尤其在中距离运输方面，优势特别明显。到目前为止，铁路依然是人们出行选择的主要交通工具。

一、铁路客运合同概述

（一）铁路客运合同的概念和种类

1. 铁路客运合同的概念

铁路客运合同，是铁路旅客运输合同的简称，是旅客和铁路承运人间订立的由铁路承运人采用铁路运输方式，将旅客安全、及时运送至指定的旅行目的地，旅客按照约定或者规定支付相应费用的协议。

铁路旅客包括持有效乘车票证的人员、免费乘车人员以及经许可搭乘的无票人员。在铁路旅客运输中，除免票乘客应当被视为铁路客运合同的第三人外，包括半价票乘客在内的其他铁路旅客均应视为是铁路客运合同中的合同订立主体。在铁路客运合同中，免票乘客之外的旅客既是当事人，又是被运输的对象。火车票记名的，购票人就是合同当事人；火车票不记名的，实际乘车的旅客是合同当事人。

承运人是指与旅客签有运输合同的铁路运输企业。铁路车站、列车及与运营有关人员在执行职务中的行为代表承运人。在《铁路法》中，铁路运输企业包括国家铁路运输企业和地方铁路运输企业两种。专用铁路和铁路专用线不是铁路运输企业，但是专用铁路和铁路专用线如果兼办公共客货运输，则视为铁路运输企业，要遵守《铁路法》有关运输方面的规定。国家铁路运输企业是指中国国家铁路集团有限公司及其所属的各铁路局集团公司。铁路的站段是铁路运输企业的基层组织，以铁路局集团公司的名义进行运输生产活动，因此不能作为铁路运输合同的主体对待。

铁路客运合同不仅涉及铁路客运合同双方当事人的合法权益，也涉及国家对铁路客运关系的立法原则。因此，在铁路客运立法中，铁路客运合同具有重要地位。

2. 铁路客运合同的种类

从形式上看，《铁路法》和《铁路旅客运输规程》（以下简称《铁路客运规程》）规定的铁路客运合同主要有以下三种：

（1）旅客车票。车票是铁路客运合同的基本凭证，可以视为最常见的铁路客运合同。

（2）行李、包裹运输合同。行李、包裹运输合同的基本凭证是行李票、包裹票。

（3）包车、租车合同[①]。《铁路客运规程》规定，包车人应与承运人签订包车合同。包车合同主要载明：包车人、承运人的名称、地址、联系人姓名、电话；包用车辆种类、数量；发站和到站站名；时间；包车运输费用；违约责任；签订包车合同的同时，包车人应缴付定金。向承运人租用车辆时，租用单位应与承运人签订租车合同。租车合同主要载明：承租人和承运人名称、地址、联系人姓名、电话；租用车辆种类、数量；租用的时间和区间；租车费用；违约责任。

总的来看，旅客车票、行李包裹票、包车或租车合同都是不完全合同。新制度经济学的合同理论认为，如果合同当事人具有有限理性、信息不对称、机会主义行为、不确定性、资产专用性等因素，这种合同就是不完全合同。旅客作为消费者，对于铁路客运合同这种铁路客运产品，总是处在被动接受的地位。比如，以车票作为基本凭证的铁路客运合同，其不完全性就非常突出：

[①] 受篇幅限制，本节对包车、租车合同不再展开论述。

它是由铁路部门单方面制订的；大量的信息未在"合同"中被告知；"合同"的实施可能有较多的不确定性；"合同"的修改、解释权都在铁路一方，因而对"合同"执行过程中的权威协调和争议仲裁可能显失公正。因此，有必要对旅客运输合同的谈判、订立和实施过程进行优化，从而优化铁路客运合同。[1]

（二）铁路客运合同的特征

铁路客运合同除了具备一般民事合同所具有的特点以外，还具有如下法律特征：

1. 合同签订的强制性

《民法典》第八百一十条规定："从事公共运输的承运人不得拒绝旅客、托运人通常、合理的运输要求。"《铁路客运规程》第十四条也规定："在有运输能力的情况下，承运人或销售代理人应按购票人的要求发售车票。"这就是法律明确的承运人缔约义务，即铁路运输企业无正当理由不得拒绝旅客的乘车要求。

2. 合同形式的格式化

根据《民法典》第四百九十六条第一款规定，格式条款是当事人为重复使用而预先拟订，并在订立合同时未与对方协商的条款。而铁路客运合同的合同条款主要是铁路运输企业预先确定的车票的内容，一般无需与旅客的协商，属于格式合同。铁路旅客运送合同采用票证形式的格式合同，可以简化签约程序，提高签约效率，降低经营成本，能够适应铁路运输客流量大、频繁重复进行的特点。

3. 铁路承运人资格的许可化

铁路客运合同的一方当事人恒为铁路运输企业，即中国国家铁路集团有限公司及其所属的各铁路局集团公司。铁路运输属于公共运输，对网络性、整体性、安全性要求很高，法律因此要求铁路承运人必须取得相应的运输资格，才能从事铁路客运活动。实行严格的铁路运输市场准入制度，可以强化政府监管，避免铁路客运市场的过度竞争，保障铁路客运安全，最大限度地保护旅客利益。

4. 合同内容的法定性

合同的本质是合同自由。但是，在铁路运输领域，铁路运输合同的当事

---

[1] 孙长松：《铁路旅客运输合同的不完全性及其治理问题》，《消费导刊》，2009年第8期。

人必须按照法律规定签订和履行客运合同，其自由意志受到全面的限制。这种限制具体表现为：旅客和托运人一方的合同自由被承运人一方所限制，其只有签订或不签订合同的自由，而不能随意要求承运人协商合同内容；承运人一方的自由则被国家立法所限制，需遵守国家法律的规定，不得随意降低服务标准、提高运价、更改运送线路和运输期限等。因此，事实上铁路客运合同当事人基本上都是执行法律的规定而很少有协商的成分。

铁路运输合同法定原则主要来自国家对整个交通运输的严格管理和控制。目前，我国规范铁路客运合同的法律、法规及规章主要有《民法典》《铁路法》和《铁路客运规程》等。

（三）铁路旅客车票

1. 车票的种类与内容

铁路旅客车票种类繁多，例如，按是否记名，可分为记名车票（也叫实名制车票）和不记名车票；按售购方式，可分为纸质车票（采用传统的窗口售购方式）和电子车票（采用网络售购）；按票面价格，可分为半价票（包括儿童票、学生票和伤残军人票）和全价票；按是否需中转换乘，可分为直达票（是指从发站至到站不需中转换乘的车票）和通票（是指从发站至到站需中转换乘的车票）；等等。

车票中包括客票和附加票两部分。客票分为软座、硬座。附加票分为加快票、卧铺票、空调票。附加票是客票的补充部分，可以与客票合并发售，但除儿童外不能单独使用。

特殊票种除外，车票票面主要应当载明以下内容：① 发站和到站站名；② 座别、卧别；③ 径路；④ 票价；⑤ 车次；⑥ 乘车日期；⑦ 有效期。车票票价为旅客乘车日的适用票价。承运人调整票价时，已售出的车票不再补收或退还票价差额。

2. 车票的有效期

车票的有效期不仅证明旅客与铁路承运人的合同关系的效力，而且也证明旅客的权利。因此，对有效期的计算是客运合同的重要内容。

（1）有效期间的计算。车票的有效期按下列原则计算：第一，直达票当日当次有效，但下列情形除外：① 全程在铁路运输企业管内运行的动车组列车车票有效期由企业自定；② 有效期有不同规定的其他票种。第二，通票的有效期按乘车里程计算：1 000 千米为 2 日，超过 1 000 千米的，每增加 1 000 千米增加 1 日，不足 1 000 千米的尾数按 1 日计算；自指定乘车日起至有效期最后一日的 24 时止。

（2）有效期的延长。遇有下列情况可延长通票的有效期：第一，因列车满员、晚点、停运等原因，使旅客在规定的有效期内不能到达到站时，车站可视实际需要延长通票的有效期。延长日数从通票有效期终了的次日起计算。第二，旅客因病中途下车、恢复旅行时，在通票有效期内，出具医疗单位证明或经车站证实时，可按医疗日数延长有效期，但最多不超过 10 日；卧铺票不办理延长，可办理退票手续；同行人同样办理。

3. 车票的发售与购买

车票应在承运人或销售代理人的售票处购买。在有运输能力的情况下，承运人或销售代理人应按购票人的要求发售车票。承运人可以开办往返票、联程票（指在购票地能够买到换乘地或返回地带有席位、铺位号的车票）、定期、不定期、储值、定额等多种售票业务，以便于购票人购票和使用。

购买儿童票[①]、学生票、伤残军人票、残疾人专用票额车票时，应当符合规定的优惠（待）条件，并按提供规定的相关凭证（证明）。

到站台上迎送旅客的人员应买站台票。站台票当日使用一次有效。对经常进站接送旅客的单位，车站可根据需要发售定期站台票。随同成人进站身高不足 1.2 米的儿童及特殊情况经车站同意进站人员可不买站台票。未经车站同意无站台票进站时，加倍补收站台票款。遇特殊情况，站长可决定暂停发售站台票。

20 人以上乘车日期、车次、到站、座别相同的旅客可作为团体旅客，承运人应优先安排；如填发代用票时除代用票持票本人外，每人另发一张团体旅客证。

在无人售票的乘降所上车的人员，可在列车内购票，不收手续费。

4. 车票的法律性质

《铁路法》第十一条规定，旅客车票是合同或者合同的组成部分。《铁路客运规程》第七条规定，旅客运输合同的基本凭证是车票。实践中，旅客和承运人一般都没有签订书面的铁路运输合同，双方权利义务的重要依据甚至是唯一依据就是承运人或其代理人售出的车票。由于铁路旅客车票上载有旅

---

① 承运人一般不接受儿童单独旅行（乘火车通学的学生和承运人同意在旅途中监护的除外）。随同成人旅行身高 1.2~1.5 m 的儿童，享受半价客票、加快票和空调票（以下简称儿童票）。超过 1.5 m 时应购买全价票。每一成人旅客可免费携带一名身高不足 1.2 m 的儿童，超过一名时，超过的人数应买儿童票。儿童票的座别应与成人车票相同，其到站不得远于成人车票的到站。免费乘车的儿童单独使用卧铺时，应购买全价卧铺票，有空调时还应购买半价空调票。

客与承运人的权利义务条款，从而引发了铁路旅客车票和铁路客运合同的关系问题，即铁路旅客车票究竟是铁路客运合同，还是铁路客运合同的组成部分，还是铁路客运合同的凭证？这些疑问实质上涉及铁路旅客车票的法律性质问题。

关于铁路旅客车票的法律性质，《铁路法》的表述不完整或不确切，仍需完善。从铁路旅客车票的内涵上来看，铁路旅客车票是铁路客运合同的书面形式，是铁路客运合同与铁路旅客运输的凭证，是资格证券并可转让（限于非实名制车票），其内容是铁路客运合同的组成部分。但铁路旅客车票本身并不是合同。铁路旅客车票本身记载的车次、乘车区间、发车时间、铺别、座号、有效期限等格式条款，构成了铁路客运合同的某些内容，是铁路客运合同内容的主要组成部分。承运人所制作公布的价目表、列车时刻表等，以铁路客运合同成立为界限，也直接或间接地构成铁路客运合同内容。[①]

二、铁路客运合同的订立

合同的订立，又称"缔约"，是指两方以上当事人之间为建立具体的合同关系，通过交互进行的意思表示以期达成意思表示一致而形成合意的行为。

（一）铁路客运合同的订立程序

《民法典》第四百七十一条规定："当事人订立合同，可以采取要约、承诺方式或者其他方式。"依据该条规定，订立铁路客运合同，一般也包括要约与承诺两个环节。其中，旅客向铁路承运人提出购票要求并支付票款的购票行为是要约，而铁路承运人向旅客出售并给付车票的售票行为是承诺。铁路承运人发布的列车时刻表，则是要约邀请行为。

旅客的要约必须具备明确的履行目的地、始发时间、车次和座别等四项内容时，铁路承运人才能向旅客售出相应的车票。

（二）铁路客运合同的成立与生效

合同成立，是指当事人就合同的主要条款达成合意。合同生效，是指合同发生法律效力。合同成立是合同生效的前提条件，合同生效是当事人双方订立合同实现预期目标必然要追求的结果。

铁路客运合同成立与生效的时间点，直接影响着旅客权利的内容和行使

[①] 孙林：《铁路客运合同立法研究》，《铁道经济研究》，2009年第2期。

方式以及退票、晚点等客运纠纷的解决。

《民法典》第四百八十三条规定：“承诺生效时合同成立。"第八百一十四条规定：“客运合同自承运人向旅客出具客票时成立，但是当事人另有约定或者另有交易习惯的除外。"《铁路客运规程》第八条也规定：“铁路客运合同从售出车票时起成立。"这些规定，明确了铁路客运合同的成立时间。铁路客运合同是诺成性合同，铁路承运人按照旅客的要求售出并交付了车票，则在承运人与旅客之间形成相应的客运合同关系。

但是，对旅客运输合同的生效时间，《民法典》第三编第十九章"运输合同"和《铁路客运规程》第八条的规定却不甚明确。对于铁路客运合同的生效时间，主要有两种观点：一是铁路客运合同自检票时生效；二是铁路客运合同自旅客登车时生效。笔者赞同第二种观点。因为铁路客运合同以运送旅客的行为作为标的，只有在旅客上车后，铁路承运人才具有履行该客运合同义务的可能性。更为重要的是，把铁路客运合同的生效时间确定为"自旅客登车时"，可以为铁路承运人对在检票后上车前的旅客人身损害承担过错责任以及退票、列车晚点等客运纠纷的有效解决提供法理依据。[1]

三、铁路客运合同的履行

合同的履行，是指合同当事人按合同的规定行使权利和履行义务，从而实现当事人订立合同的目的。铁路客运合同的履行既是合同依法成立后所必然发生的法律效果，又是合同关系消灭的需要。当事人履行铁路客运合同，应遵循全面履行、诚实信用、协作履行和经济合理的原则。

（一）当事人的基本权利和义务

铁路客运合同当事人的权利义务，较少来自当事人经自由协商所确定的合意，而主要来自诸多的运输专门法律法规的规定。《民法典》和《铁路客运规程》对旅客和铁路承运人的基本权利和义务都作出了明确规定。

1. 旅客的基本权利和义务

（1）权利：①依据车票票面记载的内容乘车；②有权携带规定数量的行李和随行人员；③要求承运人提供与车票等级相适应的服务并保障其旅行安全；④对运送期间发生的身体损害有权要求承运人赔偿，对运送期间因承运人过错造成的随身携带物品损失有权要求承运人赔偿。

---

[1] 孙林：《铁路客运合同立法研究》，《铁道经济研究》，2009年第2期。

（2）义务：①支付运输费用，当场核对票、款，妥善保管车票，保持票面信息完整可识别；②持有效客票，并按照其记载的时间、班次和座位号乘坐；③遵守承运人告知的安全事项，按限量和品类要求携带行李，不得擅自携带、夹带危险品、违禁品，听从铁路车站、列车工作人员的引导，按照车站的引导标志进、出站；④爱护铁路设备、设施，维护公共秩序和运输安全；⑤对所造成铁路或者其他旅客的损失予以赔偿。

2. 承运人的基本权利和义务

（1）权利：①依照规定收取运输费用，拒绝运输不支付票款的旅客；②有权依照规定检查旅客的人身、所带物品和托运人所托货物，对违反规定的物品和货物有依法处置权；③铁路车站对进出站的旅客有检票权，列车对乘车旅客有验票权；④承运人对运输工具的管理、操纵和运行不受旅客和托运人的干涉；⑤承运人对运送期间发生的危害运输安全的人依法享有管制和采取其他必要措施的权利；⑥对损害他人利益和铁路设备、设施的行为有权制止、消除危险和要求赔偿；⑦对运送期间发生的损害责任，依法享有免责和赔偿责任限制权。

（2）义务：①不得拒绝旅客、托运人通常、合理的运输要求；②在约定期间或者合同期间内将旅客运输到约定地点，确保旅客运输正点；③按照通常的运输路线或者约定的运输路线将旅客运输到约定地点；④为旅客提供良好的旅行环境和服务设施，不断提高服务质量，文明礼貌地为旅客服务；⑤提供并谨慎处理运输工具，保护旅客人身健康和生命安全，妥善和谨慎管护托运行李并填发提（运）单，确保旅客运输安全；⑥在运送过程中，应当尽力救助患有急病、分娩、遇险的旅客；⑦向旅客及时告知运送期间出现的不能正常进行运输的异常情况，以及有关运输安全应当注意的事项；⑧对运送期间发生的旅客身体损害予以赔偿，对运送期间因承运人过错造成的旅客随身携带物品损失予以赔偿。

（二）检票和验票

检票、验票和收票是履行合同的重要的阶段。

车站对进出站的旅客和人员应检票，列车对乘车旅客应验票。对必须持证购买的减价票和各种乘车证的旅客应当核对相应的证件。验票应打查验标记。

车站应当在开车前提前停止检票，但应当在本站营业场所通告停止检票的提前时间。

铁路稽查人员凭稽查证件、佩带稽查臂章可以在车内验票。

这里值得注意的是，新的《铁路客运规程》（铁运〔2010〕190号）已经删除了对已使用完毕的客票予以回收或是将客票销角的规定。

（三）乘车条件

旅客须按票面载明的日期、车次、席别乘车，并在票面规定有效期内到达到站。持通票的旅客中转换乘时，应当办理中转签证手续。

持通票的旅客在乘车途中有效期终了、要求继续乘车时，应自有效期终了站或最近前方停车站起，另行补票，核收手续费。定期票可按有效使用至到站。

对乘坐卧铺的旅客，列车可以收取车票并予集中保管。收取车票时，应当换发卧铺证；旅客下车前，凭卧铺证换回车票。成人带儿童或儿童与儿童可共用一个卧铺。

除特殊情况并经列车长同意的外，持低票价席别车票的旅客不能在高票价席别的车厢停留。

烈性传染病患者、精神病患者或健康状况危及他人安全的旅客，站、车可以不予运送；已购车票按旅客退票的有关规定处理。

（四）对铁路旅客乘运过程中问题的处理

铁路旅客乘车与运送过程中难免会出现各种各样的问题，在铁路客运合同履行过程中应加以注意。

1. 误售、误购、误乘的处理

发生车票误售、误购时，在发站应换发新票。在中途站、原票到站或列车内应补收票价时，换发代用票，补收票价差额。应退还票价时，站、车应编制客运记录交旅客，作为乘车至正当到站要求退还票价差额的凭证，并应以最方便的列车将旅客运送至正当到站，均不收取手续费或退票费。

因误售、误购或误乘需送回时，承运人应免费将旅客送回。在免费送回区间，旅客不得中途下车。如中途下车，对往返乘车区间补收票价，核收手续费。

由于误售、误购、误乘或坐过了站在原通票有效期不能到达到站时，应根据折返站至正当到站间的里程，重新计算通票有效期。

2. 铁路旅客丢失车票的处理

旅客丢失车票应另行购票。在列车上应自丢失站起（不能判明时从列车始发站起）补收票价，核收手续费。旅客补票后又找到原票时，列车长应编制客运记录交旅客,作为在到站出站前向到站要求退还后补票价的依据。退票核收退票费。

3. 不符合乘车条件的处理

有下列行为时,除按规定补票、核收手续费以外,铁路运输企业有权对其身份进行登记,并须加收已乘区间应补票价50%的票款:① 无票乘车时,补收自乘车站(不能判明时自始发站)起至到站止车票票价。持失效车票乘车按无票处理。② 持用伪造或涂改的车票乘车时,除按无票处理外并送交公安部门处理。③ 持站台票上车并在开车20分钟后仍不声明时,按无票处理。④ 持用低等级的车票乘坐高等级列车、铺位、座席时,补收所乘区间的票价差额。⑤ 旅客持半价票没有规定的减价凭证或不符合减价条件时,补收全价票价与半价票价的差额。

有下列情况时,补收票价、核收手续费:① 应买票而未买票的儿童只补收儿童票。身高超过1.5米的儿童使用儿童票乘车时,应补收儿童票价与全价票价的差额。② 持站台票上车送客未下车但及时声明时,补收至前方下车站的票款。③ 主动补票或者经站、车同意上车补票的。

下列情况只核收手续费,但已经使用至到站的除外:① 旅客在票面指定的日期、车次开车前乘车的,应补签。② 旅客所持车票日期、车次相符但未经车站剪口的,应补剪。③ 持通票的旅客中转换乘应签证而未签证的,应补签。

4. 铁路承运人拒绝运送

对无票乘坐、超程乘坐、越级乘坐或者持不符合减价条件的优惠客票乘坐而又拒绝补交票款的旅客,列车长可责令其下车并应编制客运记录交县、市所在地车站或三等以上车站处理(其到站近于上述到站时应交到站处理)。车站对列车移交或本站发现的上述人员应追补应收和加收的票款,核收手续费。

对违反国家法律、法规,在站内、列车内寻衅滋事、扰乱公共秩序的人,站、车均可拒绝其上车或责令其下车;情节严重的送交公安部门处理;对未使用至到站的票价不予退还,并在票背面做相应的记载,运输合同即行终止。

5. 铁路旅客携带品

旅客携带品由自己负责看管。每人免费携带品的重量和体积是:儿童(含免费儿童)10千克,外交人员35千克,其他旅客20千克。每件物品外部尺寸长、宽、高之和不超过160厘米,杆状物品不超过200厘米,但乘坐动车组列车不超过130厘米;重量不超过20千克。残疾人旅行时代步的折叠式轮椅可免费携带并不计入上述范围。

为方便旅客的旅行生活，限量携带下列物品：①气体打火机5个，安全火柴20小盒。②不超过20毫升的指甲油、去光剂、染发剂，不超过100毫升的酒精、冷烫精，不超过600毫升的摩丝、发胶、卫生杀虫剂、空气清新剂。③军人、武警、公安人员、民兵、猎人凭法规规定的持枪证明佩带的枪支子弹。④初生雏20只。

下列物品不得带入车内：①国家禁止或限制运输的物品。②法律、法规、规章中规定的危险品、弹药和承运人不能判明性质的化工产品。③动物及妨碍公共卫生（包括有恶臭等异味）的物品。④能够损坏或污染车辆的物品。⑤规格或重量超过相关规定的物品。

对旅客违章携带物品，按下列规定处理：①在发站禁止进站上车。②在车内或下车站，对超过免费重量的物品，其超重部分应补收四类包裹运费。对不可分拆的整件超重、超大物品、动物，按该件全部重量补收上车站至下车站四类包裹运费。③发现危险品或国家禁止、限制运输的物品，妨碍公共卫生的物品，损坏或污染车辆的物品，按该件全部重量加倍补收乘车站至下车站四类包裹运费。危险物品交前方停车站处理；必要时移交公安部门处理。对有必要就地销毁的危险品应就地销毁，使之不能为害并不承担任何赔偿责任。没收危险品时，应向被没收人出具书面证明。④如旅客超重、超大的物品价值低于运费时，可按物品价值的50%核收运费。⑤补收运费时，不得超过本次列车的始发和终点站。

车站开展携带品搬运、暂存服务业务时，可核收搬运、暂存费。

6. 线路中断时对旅客的安排

线路中断，列车不能继续运行时，应妥善安排被阻旅客。车站应将停办营业和恢复营业的信息及时向旅客公告。旅客可以要求在原地等候通车、返回发站、中途站退票或按照承运人的安排绕道旅行。

停止运行站或列车，应在旅客车票背面注明原因、日期、返回××站并加盖站名章或列车长名章，作为旅客免费返回发站、中途站办理退票、换车或延长有效期的凭证。

旅客持票等候通车后继续旅行时，可凭原票在通车10日内恢复旅行。车站应予办理签证手续，通票还应根据旅客候车日数延长车票有效期。卧铺票应办理退票。

铁路组织原列车绕道运输时，旅客原票不补不退，但中途下车即行失效。旅客自行绕道按变径办理。线路中断后，旅客买票绕道乘车时，按实际径路计算票价。

四、铁路客运合同的变更或解除

铁路客运合同依法成立以后、全部履行以前，由于合同双方主客观情况的变化，使合同不能履行或者不宜履行的，法律允许当事人变更或解除合同。但是，承运人不得单方变更解除，除非存在不可抗力或对方违约的情形；而旅客和托运人则可以单方变更解除，但应依法赔偿承运人的损失并承担其他相应费用。

（一）铁路客运合同的变更

导致铁路客运合同变更的原因，既可能来自旅客，也可能来自承运人。

1. 因旅客原因的变更

旅客不能按票面指定的日期、车次乘车时，应当在票面指定的日期、车次开车前办理一次提前或推迟乘车签证手续，特殊情况经站长同意可在开车后2小时内办理。持动车组列车车票的旅客改乘当日其他动车组列车时不受开车后2小时内限制。团体旅客不应晚于开车前48小时。

在车站售票预售期内且有运输能力的前提下，车站应予办理，收回原车票，换发新车票，并在新车票票面注明"始发改签"字样（特殊情况在开车后改签的注明"开车后改签不予退票"字样）；原车票已托运行李的，在新车票背面注明"原票已托运行李"字样并加盖站名戳。必要时，铁路运输企业可以临时调整改签办法。

旅客在发站办理改签时，改签后的车次票价高于原票价时，核收票价差额；改签后的车次票价低于原票价时，退还票价差额。旅客办理中转签证或在列车上办理补签、变更席（铺）位时，签证或变更后的车次、席（铺）位票价高于原票价时，核收票价差额；签证或变更后的车次、席（铺）位票价低于原票价时，票价差额部分不予退还。

持通票的旅客在中转站和列车上要求变更径路时，必须在通票有效期能够到达到站时方可办理。办理时，原票价低于变更后的票价时，应补收新旧径路里程票价差额，核收手续费；原票价高于或相等于变更后的径路票价时，持原票乘车有效，差额部分（包括列车等级不符的差额）不予退还。

旅客在车票到站前要求越过到站继续乘车时，在有运输能力的情况下列车应予以办理。核收越站区间的票价和手续费。

两名以上旅客共持一张代用票要求办理分票手续时，站、车应予以办理。办理时按分票的张数核收手续费。

2. 因承运人原因的变更

因承运人责任使旅客不能按票面记载的日期、车次、座别、铺别乘车时，站、车应重新妥善安排。重新安排的列车、座席、铺位高于原票等级时，超过部分票价不予补收。低于原票等级时，应退还票价差额，不收退票费。

（二）铁路客运合同的解除

解除铁路客运合同应当在旅客乘车旅行之前。当旅客认为继续履行没有必要，或者铁路承运人因不能提供票面规定的旅行车次时，经双方当事人同意，可以解除合同。解除合同主要标志是铁路承运人退还票款。铁路承运人办理完退票手续后，铁路客运合同即告解除。

1. 旅客要求退票

旅客要求退票时，按下列规定办理，核收退票费：① 旅客退票必须在购票地车站或票面发站办理。② 在发站开车前，特殊情况也可在开车后 2 小时内，退还全部票价。团体旅客必须在开车 48 小时以前办理。③ 旅客开始旅行后不能退票。但如因伤、病不能继续旅行时，经站、车证实，可退还已收票价与已乘区间票价差额。已乘区间不足起码里程时，按起码里程计算；同行人同样办理。④ 退还带有"行"字戳迹的车票时，应先办理行李变更手续。⑤ 因特殊情况经站长同意在开车后 2 小时内改签的车票不退。⑥ 站台票售出不退。

市郊票、定期票、定额票的退票办法由铁路运输企业自定。必要时，铁路运输企业可以临时调整退票办法。

2. 因承运人责任致使旅客退票

因承运人责任致使旅客退票时，按下列规定办理，不收退票费：① 在发站，退还全部票价。② 在中途站，退还已收票价与已乘区间票价差额，已乘区间不足起码里程时，退还全部票价。③ 在到站，退还已收票价与已使用部分票价差额。未使用部分不足起码里程按起码里程计算。④ 空调列车因空调设备故障在运行过程中不能修复时，应退还未使用区间的空调票价。

3. 发生线路中断旅客要求退票

发生线路中断旅客要求退票时，在发站（包括中断运输站返回发站的）退还全部票价，在中途站退还已收票价与已乘区间票价差额，不收退票费，但因违章加收的部分和已使用至到站的车票不退。

五、行李、包裹运输

(一) 铁路行李、包裹运输的概念

铁路行李、包裹运输,就是指通过铁路旅客列车运输物品。

旅客或者托运人运送行李包裹,要与承运人签订行李包裹运输合同。

铁路行李包裹运输合同,是指承运人与托运人、收货人之间明确行李、包裹运输权利义务关系的协议。

行李、包裹运输合同的基本凭证是行李票、包裹票。

行李票、包裹票主要应当载明:① 发站和到站。② 托运人、收货人的姓名、地址、联系电话、邮政编码。③ 行李和包裹的品名、包装、件数、重量。④ 运费。⑤ 声明价格。⑥ 承运日期、运到期限、承运站站名戳及经办人员名章。

(二) 铁路行李、包裹的范围

1. 行李的范围

行李是指旅客自用的被褥、衣服、个人阅读的书籍、残疾人车和其他旅行必需品。

行李中不得夹带货币、证券、珍贵文物、金银珠宝、档案材料等贵重物品和国家禁止、限制运输物品、危险品。

行李每件的最大重量为 50 千克。体积以适于装入行李车为限,但最小不得小于 0.01 立方米。行李应随旅客所乘列车运送或提前运送。

2. 包裹的范围

包裹是指适合在旅客列车行李车内运输的小件货物。

包裹分为四类:一类包裹:自发刊日起 5 日以内的报纸;中央、省级政府宣传用非卖品;新闻图片和中、小学生课本。二类包裹:抢险救灾物资,书刊,鲜或冻鱼介类、肉、蛋、奶类、果蔬类。三类包裹:不属于一、二、四类包裹的物品。四类包裹:① 一级运输包装的放射性同位素、油样箱、摩托车。② 泡沫塑料及其制品。③ 国务院铁路主管部门指定的其他需要特殊运输条件的物品。

包裹每件体积、重量与行李相同。运输超过包裹规定重量和四类包裹中 3 项品名的物品时,应经调度命令或上级书面运输命令批准。铁路运输企业可制定管内包裹运输的范围。

不能按包裹运输的物品是:① 尸体、尸骨、骨灰、灵柩及易于污染、损

坏车辆的物品。②蛇、猛兽和每头超过20千克的活动物（警犬和运输命令指定运输的动物除外）。③国务院及国务院铁路主管部门颁发的有关危险品管理规定中规定的危险品、弹药以及承运人不明性质的化工产品。④国家禁止运输的物品和不适于装入行李车的物品。

（三）当事人的基本权利和义务

1. 托运人的基本权利和义务

（1）权利：①要求承运人将行李、包裹按期、完好地运至目的地。②行李、包裹灭失、损坏、变质、污染时要求赔偿。

（2）义务：①缴纳运输费用，完整、准确填写托运单，遵守国家有关法令及铁路规章制度，维护铁路运输安全。②因自身过错给承运人或其他托运人、收货人造成损失时应负赔偿责任。

2. 承运人的基本权利和义务

（1）权利：①按规定收取运输费用，要求托运的物品符合国家政策法令和铁路规章制度。对托运的物品进行安全检查，对不符合运输条件的物品拒绝承运。②因托运人、收货人的责任给他人或承运人造成损失时向责任人要求赔偿。

（2）义务：①为托运人提供方便、快捷的运输条件，将行李、包裹安全、及时、准确运送到目的地。②行李、包裹从承运后至交付前，发生灭失、损坏、变质、污染时，负赔偿责任。

（四）行李、包裹交付

行李从运到日起、包裹从发出通知日起，承运人免费保管3日，逾期到达的行李、包裹免费保管10日。因事故和不可抗力等原因而延长车票有效期的行李按车票延长日数增加免费保管日数。超过免费保管期限时，按日核收保管费。

包裹到达后，承运人应及时通知收货人领取。通知时间最晚不得超过包裹到达次日的12点。

收货人询问行李、包裹是否到达时，承运人应及时予以查找。对逾期未到的行李、包裹应及时做查询记录。

收货人凭行李、包裹领取凭证领取行李、包裹。如将领取凭证丢失，必须提出本人身份证、物品清单和担保人的担保书，承运人对上述单、证和担保人的担保资格认可后，由收货人签收办理交付。如在收货人声明领取凭证丢失前行李、包裹已被冒领，承运人不承担责任。

经当事人双方约定，包裹也可使用领取凭证的传真件领取，约定内容应记载在包裹票记事栏内。收货人要求凭印鉴领取包裹时，应与承运人签订协议并将印鉴式样备案。经约定凭传真件或凭印鉴领取时，收货人不得再凭领取凭证领取。

收货人领取行李、包裹时，如发现有短少或异状应在领货时及时提出。承运人必须认真检查，必要时可会同公安人员开包检查。检查发现有损失时，应编制事故记录交收货人作为要求赔偿的依据。

六、违反铁路客运合同的责任

违反合同的责任，也就是违约责任，是指合同当事人因不履行或不适当履行合同义务时对另一方当事人所应承担的法律责任。违约责任是当事人不履行合同义务时所产生的法律后果，是违约方向对方承担的民事责任，可以由当事人在法律允许的范围内约定。

（一）旅客和托运人的违约责任

旅客应当爱护铁路设备、设施，维护公共秩序和运输安全，对所造成铁路或者其他旅客的损失要承担赔偿责任。

托运人因自身过错给承运人或其他托运人、收货人造成损失时应负赔偿责任。

（二）承运人的违约责任

1. 承担责任的范围

（1）对旅客伤亡的赔偿责任。旅客在运输过程中伤亡的，承运人应当承担损害赔偿责任。经承运人证明伤亡是由承运人和旅客的共同过错所致，应根据各自过错的程度分别承担责任。由于下列原因造成旅客伤亡的，承运人不承担责任：① 不可抗力。② 旅客自身健康。③ 经承运人证明旅客有故意或重大过失。按照规定免票、持优待票或者经承运人许可搭乘的无票旅客在运输过程中伤亡的，适用前述处理办法。

2013年以前，对于因铁路交通事故造成的旅客伤亡有明确的赔偿限额规定，而对于其他原因造成的旅客伤亡则没有赔偿限额规定。实行赔偿限额的依据是2007年国务院颁布的《铁路交通事故应急救援和调查处理条例》第三十三条之规定。该条规定:"事故造成铁路旅客人身伤亡和自带行李损失的,铁路运输企业对每名铁路旅客人身伤亡的赔偿责任限额为人民币15万元,对每名铁路旅客自带行李损失的赔偿责任限额为人民币2 000元。铁路运输企业和旅客可以书面约定高于前款规定的赔偿责任限额。"但是,该条规定在2013年1月1日起施行的《国务院关于修改和废止部分行政法规的决定》中已被删除。删除的理由,可能主要在于以下两方面:一是该条例对铁路旅客利益保护不够,而又过度保护承运人利益;二是人身损害赔偿是典型的民事基本制度,属于法律保留的范围,应由法律作出规定。虽然《铁路法》和原《合同法》均未规定铁路运输旅客人身损害赔偿实行限额赔偿,但该条例作为行政法规,它无权就铁路交通事故造成的旅客人身损害规定"限额赔偿"。

(2)对旅客自带物品的赔偿责任。旅客随身携带物品在运输过程中毁损、灭失,承运人有过错的,应当承担损害赔偿责任。经承运人证明毁损、灭失是由承运人和旅客的共同过错所致,应根据各自过错的程度分别承担责任。

(3)对行李、包裹的赔偿责任。旅客托运的行李、包裹从承运后至交付前,发生灭失、损坏、变质、污染时,铁路承运人应负赔偿责任。但因下列原因造成行李、包裹损失的,铁路承运人不承担责任:① 不可抗力。② 物品本身的自然属性或合理损耗。③ 包装方法或容器不良,从外部观察不能发现或无规定的安全标志时。④ 托运人自己押运、带运的包裹(因铁路责任除外)。⑤ 托运人、收货人违反铁路规章或其他自身的过错。

行李、包裹事故赔偿标准为:① 按保价运输办理的物品全部灭失时按实际损失赔偿,但最高不超过声明价格。部分损失时,按损失部分所占的比例赔偿。分件保价的物品按所灭失该件的实际损失赔偿,最高不超过该件的声明价格。② 未按保价运输的物品按实际损失赔偿,但最高连同包装重量每千克不超过15元。如由于承运人故意或重大过失造成的,不受上述赔偿限额的限制,按实际损失赔偿。③ 行李、包裹全部或部分灭失时,退还全部或部分运费。

(4)对客运列车晚点的责任。客运列车晚点,是指客运列车迟延发车或者迟延到达的时间超过了相关法规规定时间限度的情形。列车晚点,是对《铁路法》和《铁路客运规程》所规定的正点到达义务的违反,承运人应当承担相应的法律责任。根据《民法典》第八百二十条规定,承运人迟延运输的,应当承担以下责任:① 及时告知和提醒旅客。② 采取必要的安置措施。③ 根据旅客的要求安排改乘其他班次。④ 根据旅客的要求退票且不得收取手续费,部分使用的客票,对于未使用的票款应当退还旅客。⑤ 赔偿旅客的损失,但是不可归责于承运人的除外。此外,旅客因承运人的原因而要求返回始发地的，对于增加的费用，应由承运人负担。

2. 赔偿程序

发生旅客伤害事故时，旅客可向事故发生站或处理站请求赔偿。旅客因病治疗产生的医疗费用由旅客自己承担。

铁路旅客运送期间因第三人侵权造成旅客人身损害的，由实施侵权行为的第三人承担赔偿责任。承运人有过错的，应当在能够防止或者制止损害的范围内承担相应的补充赔偿责任。承运人承担赔偿责任后，有权向第三人追偿。车外第三人投掷石块等击打列车造成车内旅客人身损害，赔偿权利人要求承运人先予赔偿的，承运人应当先予赔偿。承运人赔付后，有权向第三人追偿。

发生行李、包裹事故时，车站应会同有关人员编制行李、包裹事故记录交收货人作为请求赔偿的依据。事故赔偿一般应在到站办理，特殊情况也可由发站办理。发生事故，收货人要求赔偿时，应在规定的期限内提出并应附下列文字材料：① 行李票或包裹票。② 行李、包裹事故记录。③ 证明物品内容和价格的凭证。丢失的行李、包裹找到后，承运人应迅速通知托运人或收货人领取，撤销一切赔偿手续，收回全部赔款。如托运人或收货人不同意领取时，按无法交付物品处理。如发现有欺诈行为不肯退回赔款时，可通过行政或法律手段追索。

（三）时效、管辖与法律适用

1. 时效

承运人与旅客、托运人、收货人因铁路客运合同纠纷产生索赔或互相间要求办理退补费用的有效期为 3 年。有效期从下列日期起计算：① 身体损害和随身携带品损失时，为发生事故的次日。② 行李、包裹全部损失时为运到期终了的次日；部分损失时为交付的次日。③ 给铁路造成损失时，为发生事故的次日。④ 多收或少收运输费用时，为核收该项费用的次日。

责任方自接到赔偿要求书的次日起，一般应于 30 天内向赔偿要求人做出答复并尽快办理赔偿。多收或少收时应于 30 天内退补完毕。

2. 管辖

铁路旅客和行李、包裹运输合同纠纷，由铁路运输法院管辖。

铁路运输人身损害的受害人、依法由受害人承担扶养义务的被扶养人以及死亡受害人的近亲属为赔偿权利人，有权请求赔偿。赔偿权利人依照民法典第三编要求承运人承担违约责任予以人身损害赔偿的，由运输始发地、目的地或者被告住所地铁路运输法院管辖；赔偿权利人要求对方当事人承担侵权责任的，由事故发生地、列车最先到达地或者被告住所地铁路运输法院管辖。

因发生旅客身体损害、携带品损失或行李包裹事故，运输合同当事人诉诸法律时，一般由事故处理站代表铁路运输企业起诉或应诉。

3. 法律适用

铁路旅客运送期间发生旅客人身损害，赔偿权利人要求承运人承担违约责任的，人民法院应当依照《民法典》第八百一十一条、第八百二十二条、第八百二十三条等规定，确定承运人是否承担责任及责任的大小；赔偿权利人要求承运人承担侵权赔偿责任的，人民法院应当依照有关侵权责任的法律规定，确定承运人是否承担赔偿责任及责任的大小。

旅客托运的行李或包裹毁损、灭失的，适用货物运输的有关规定。

第三节　铁路货物运输合同

铁路货物运输是指利用铁路运输工具将货物从甲地运往乙地的运输生产过程。在这个生产过程中，运输产品是物品的位置移动。铁路具有运能大、全天候不间断等特点，长于长距离、大宗物资运输。我国目前铁路有国家铁路、地方铁路、合资铁路以及众多的厂矿企业事业单位拥有的铁路专用线和专用铁路，构成我国整个铁路运输网。

一、铁路货运合同概述

（一）铁路货运合同的概念

铁路货运合同，是铁路货物运输合同的简称，是指托运人和铁路承运人间订立的由铁路承运人采用铁路运输方式，将托运人托运的货物安全、及时运送至指定地点并交付给收货人，托运人或者收货人向铁路承运人按照约定或者规定支付相应运输费用的协议。承接货物运输任务的一方，称为承运人，是我国境内的铁路运输企业，包括国家铁路运输企业、地方铁路运输企业、合资铁路运输企业；要求托运货物的一方，称为托运人，可以是企业、农村经济组织、国家机关、事业单位、社会团体等法人，其他经济组织、个体工商户、农村承包经营户以及公民个人。

目前，我国调整铁路货运合同的法律规范主要有《民法典》《铁路法》以及《铁路货物运输合同实施细则》等。按照《民法典》《铁路货物运输合同实施细则》的规定，托运人利用铁路运输货物，应与承运人签订货物运输合同。铁路货物运输的有关单证是铁路货运合同订立的基本凭证。国务院铁路主管部门制定颁布的货运规章是铁路货运合同的条件。

（二）铁路货运合同的种类

铁路货运合同的种类，可以从货物的性质和装货条件两个角度来考察。

1. 特种货运合同和普通货运合同

铁路货运合同根据被运送货物的性质，可以分为特种货运合同和普通货运合同两种。

特种货物运输主要是指危险货物运输、鲜活货物运输和超限货物运输等。运输危险货物、鲜活货物和超限超重货物，需要分别按照《铁路危险货物运输规则》《铁路鲜活货物运输规则》和《铁路超限超重货物运输规则》的规定，采取特殊的包装、防护措施、运输条件以及运输方式，以确保铁路运输的安全。

除此以外，运输其他货物则按照一般货物运输的条件与铁路运输企业签订货物运输合同，这类合同就是普通货运合同。

2. 整车货运合同、零担货运合同和集装箱货运合同

铁路货物运输根据其装货条件或运输方式的不同，可以分为适于运输大宗货物的整车运输、适于运输小批量零星货物的零担运输和适于运输精密、贵重、易损货物的集装箱运输三种。与此相对应，铁路货运合同也分为整车货运合同、零担货运合同、集装箱货运合同三种。

（1）整车货运合同。整车货运合同，是指一批[①]货物的重量、体积或者形状、性质需要一辆或一辆以上货车运输的，则按整车运输方式与承运人签订的运输合同。

[①] "一批"是指使用一张货物运单和一份货票，按照同一运输条件运输的货物。一批是铁路承运货物、计收运费、交付货物和处理事故的一个基本单位。所以，按一批托运的货物，必须托运人、收货人、发站、到站和装卸地点相同（整车分卸货物除外）。按一批托运的条件：①整车货物，每车为一批。②跨装、爬装及使用游车的货物，每一车组为一批。③零担货物，以每张货物运单为一批。④使用集装箱运输的货物，以每张货物运单为一批（每批必须是同一箱型、同一箱主，至少一箱，最多不得超过铁路一辆货车所能装运的箱数）。由于货物性质、运输的方法和要求不同，下列货物不能作为一批进行运输：①易腐货物与非易腐货物。②危险货物与非危险货物（另有规定者除外）。③根据货物的性质不能混装运输的货物。④按保价运输的货物与不按保价运输的货物。⑤投保运输险货物与未投保运输险货物。⑥运输条件不同的货物。

《铁路货物运输规程》(以下简称《铁路货运规程》)规定,下列货物限按整车运输办理:①需要冷藏、保温或加温运输的货物。②规定限按整车办理的危险货物。③易于污染其他货物的污秽品(例如未经消毒处理或未使用密封不漏包装的牲骨、湿毛皮、粪便、炭黑等)。④蜜蜂。⑤不易计算件数的货物。⑥未装容器的活动物(铁路局规定在管内可按零担运输的除外)。⑦一件货物重量超过2吨,体积超过3立方米或长度超过9米的货物(经发站确认不致影响中转站和到站装卸车作业的除外)。

(2)零担货运合同。零担货运合同,是指托运人对不需要整车运输的少量货物,要按批向承运人提出运输要求的运输合同。

零担货运合同是在托运时才签订的,一次运送之后就履行完毕。其合同形式是货物运单,不需要托运人另行签订零担货运合同书。

(3)集装箱货运合同。集装箱货运合同,是指利用专用的集装箱进行运输货物,与承运人签订的合同。

集装箱运输具有易装易卸、不易发生货损、"门到门"运送等优点,适合于运送易碎物品。同零担货物运输合同一样,集装箱货运合同也可以不签订运输合同书,而以货物运单代替。

(三)铁路货运合同的特点

铁路货运合同除了具备一般民事合同所具有的特点以外,还具有如下法律特征:

1. 铁路货运合同的主体具有特殊性,即经常有以第三人身份参加的收货人

铁路货运合同的主体并不限于铁路运输企业和托运人双方,经常出现第三方,即收货人。在托运人与收货人不是同一人时,收货人就成为参加货物运输合同关系的第三人,依运输法律规定和合同约定,享有一定的权利并承担相应的义务。因此,合同往往是承运人、托运人和收货人三方面的权利义务关系。

2. 铁路货运合同具有格式合同的特点

铁路的货物运单是格式合同,其主要内容、基本条款及具体形式,均由国务院铁路主管部门统一制定,当事人不得自行更改或另议不同条款。托运人根据铁路承运人提供的货物运单,按照货物运单填制的有关规定填写以后,连同要运送的货物一起交与承运人,并按规定支付运费,则铁路货运合同即告成立并生效。

3. 铁路货运合同是计划性很强的合同

在铁路货物运输中，车站根据批准的要车计划和进货计划受理货物。所运输的货物如果属于国家下达的指令性任务或者国家订货任务，要受国家运输计划的制约。一般的大宗货物运输，要受铁路运输企业的年度、季度和月度计划的制约。即便是一般的非大宗货物运输，也会受运力和其他条件的限制。因此，铁路运输企业要有计划地进行货运安排。当然，在各种运输方式迅猛发展，运输市场竞争日趋激烈的条件下，铁路货运组织方式从计划运输走向合同运输，应是铁路改革的必由之路。

4. 铁路货运合同的履行具有相继运输和阶段性特点

所谓相继运输，就是多个承运人以同一种运输方式共同完成货物运输的一种运输方式。铁路货运合同的履行具有相继运输的特点，表现为一批货物的运输过程通常要经过若干铁路运输区段，由不同铁路运输区段的承运人共同完成。

铁路货运合同的履行还具有阶段性特点。一般铁路货运合同的履行都要经历承运、运送、交付三个阶段。在承运阶段，托运人与承运人各自要履行相应的义务；运送阶段是铁路承运人内部的行为，是为交付做准备的阶段；交付阶段的合同履行则是到达站的承运人与收货人各自履行合同义务。这个特点决定了货物运输合同权利义务的阶段性。

5. 铁路货运合同在违约归责时实行严格运输责任原则

所谓归责，是指在行为人的行为或物件致使他人损害的事实发生后，应依何种根据使其负责。在铁路货物运输中，托运人只要把货物交给承运人以后，承运人就要负责将货物运至目的地，交给收货人。在此过程中发生一切事故，承运人首先要按照严格责任原则承担运输责任，除非承运人证明属于免责范围。可见，铁路货运合同对承运人的约束比对托运人的要求要多。

二、铁路货运合同的订立

（一）铁路货运合同的订立程序

订立铁路货运合同一般要经过以下阶段：

1. 要约和承诺

铁路货运合同的订立过程也需要经过要约和承诺两个阶段。一般来说，托运人和承运人中的任何一方向对方发出订立合同的要约，经对方承诺后，铁路货运合同即告成立。

但是，在实务中，谁是要约人？谁又是承诺人？合同到底在什么时候成立？解决这些问题，需要具体分析铁路货运合同订立的实际过程。①

2. 履行必要的手续

根据有关规定，对于危险物品、长大笨重物品、国家限运物品以及需要办理检疫、商检、海关、公安、监理手续的货物，交运前，托运方应提供有关机关的准运证明。

铁路货运合同必须采用书面形式，即货物运输合同和货物运单。根据《铁路货物运输合同实施细则》的规定，铁路的货物运输合同和货物运单需要根据不同的情况办理：① 大宗物资的运输，有条件的可按年度、半年度或季度签订货物运输合同，也可以签订更长期限的运输合同。此类合同一般采用条文式书面合同形式。② 其他整车货物运输，应按月签订运输合同，并可用月度要车计划表代替合同。③ 零担货物和集装箱货物运输，以货物运单作为运输合同。④ 按年度、半年度、季度或月度签订的货物运输合同，经双方在合同上签认后，合同即告成立；零担货物和集装箱货物的运输合同，以承运人在托运人提出的货物运单上加盖车站日期戳后，合同即告成立。

货物运输服务订单作为目前铁路货运改进服务方式的一种表现形式，也是铁路货运合同或运输合同的组成部分。

（二）铁路货运合同的主要条款

货物运输合同和货物运单是铁路货运合同的两种形式。二者所要求的内容不完全一致。

1. 货物运输合同的主要条款

按年度、半年度、季度或月度签订的整车货物运输合同，一般应载明下列基本内容：① 托运人和收货人名称；② 发站和到站；③ 货物名称；④ 货物重量；⑤ 车种和车数；⑥ 违约责任；⑦ 双方约定的其他事项。

2. 货物运单的主要条款

铁路零担货物和集装箱货物运输以货物运单作为运输合同。一般情况下，货物运单应载明下列内容：① 托运人、收货人名称及其详细地址；② 发站、到站及到站的主管铁路局；③ 货物名称；④ 货物包装、标志；⑤ 件数和重量（包括货物包装重量）；⑥ 承运日期；⑦ 运到期限；⑧ 运输费用；⑨ 货车类型和车号；⑩ 施封货车和集装箱的施封号码；⑪ 双方商定的其他事项。

---

① 孙林：《铁路货运合同若干问题研究》，《铁道货运》，2005年第1期。

（三）货物的托运和承运

1. 货物的托运

（1）货物托运的性质。零担货物、集装箱货物运输，以货物运单作为运输合同，合同自托运人交付货物时生效。因此，对于零担货物、集装箱货物运输合同来说，托运是签订合同的重要阶段。

在签订了大宗货物运输合同的情况下，货物运单只是合同的组成部分。托运人交付货物和承运人接受货物的行为，是双方在履行合同的义务。

（2）货物托运的关键环节是交接与验收。交接要有记录，如果是整车运输的，则应按照规定进行交接。

验收的目的是明确责任，手段是检查，即检查货物的品名、数量和重量等是否与货物运单记载一致，货物的包装是否符合约定或规定的标准。

检查货物既是承运人的权利又是承运人的义务。承运人要对货物进行必要的检查，以确保货物运输及人民生命财产的安全。

2. 货物的承运

承运人承运货物，是承运人履行货物运输合同的开始。只有接受了货物，承运人才能履行运送的义务。因此，托运人与承运人交接运送的货物，实质上是在履行各自的运输合同义务。

承运人一旦接受了货物，承运人就要对货物的安全、完整等全部实际情况负责，并负有按照运单记载的情况向收货人交付货物的义务。所以，承运人承运货物时，以下两个工作内容最为重要：① 要验收货物。承运人验收货物，主要是按照托运人运单记载的内容进行核对，包括货物的包装是否符合规定；货物的品名、数量、件数是否一致；如果是整车交接，则要查验货物的装载是否符合运输安全的要求；等等。如果承运人不验收，则视为承运人对托运人申报内容的认可。② 要签发货票。承运人接受托运人填写的运单，并按照运单记载事项核对货物，在确认无误后，要签发货票。货票也是运输合同的书面凭证之一。承运人一旦签发，即可认为承运人接受了与运单记载相一致货物的初步证据。

（四）铁路货运合同的生效与无效

1. 铁路货运合同的生效

合同生效，即合同发生法律规定的效力，也就是双方当事人必须按照合同的约定履行各自的义务。铁路货运合同的生效，要遵从合同生效的一般规则，即自合同成立时起生效；当事人对生效有特殊约定的，从约定。但零担货物、集装箱货物运输合同，自托运人交付货物时生效。当事人约定生效条件的，自条件成立时起生效。这是因为，零担和集装箱运输货物要求托运人提交货物才生效，主要是考虑这类货物本身属于随到随办的，因此，承运车站在验货后直接签发承运凭证（货票），合同成立并生效。而对于整车货物、长期货物运输，则双方可以在签订书面合同后即成立，不需要立即交付货物。在托运每批货物时，货物运单是合同的组成部分。

2. 铁路货运合同的无效

合同无效，是指合同因欠缺一定生效要件而致合同自始、确定、当然不发生法律效力。铁路货运合同的无效大多数是部分条款无效而并不是整个合同无效，主要有以下三种情况：① 如果承运人的货物是国家禁止运输的货物，该合同因运送对象非法而无效。② 如果承运人违反国家规定，多收取运费的，运费条款无效，承运人应按规定重新计算运费。③ 如果是限制运输的货物，没有准运证的，此合同亦应为无效合同。

处理无效铁路货运合同的原则是回归到签订合同前的状况。部分无效的，双方当事人重新协商或者按照规定处理。运输行为违反法律规定的，还要承担法定的行政责任或者刑事责任。

三、铁路货运合同的履行

铁路货运合同要遵循实际履行的原则，双方当事人要按照合同约定或者国务院铁路主管部门规定，认真履行各自的义务。

（一）托运人的履行

托运人履行铁路货运合同的义务，主要有以下几个方面：

第一，按照货物运输合同约定的时间和要求向承运人交付托运的货物，并对其在货物运单和物品清单内所填记事项的真实性负完全责任，匿报、错报货物品名、重量时还应按照规定支付违约金。

第二，需要包装的货物，应当按照国家包装标准或部包装标准（专业包装标准）进行包装，没有统一规定包装标准的，要根据货物性质，在保证货物运输安全的原则下进行包装，并按国家规定标明包装储运指示标志，笨重货物还应在每件货物包装上标明货物重量。

第三，按规定需要凭证运输的货物，应按规定提出有关证明文件，并对其所提出证明文件的真实性负责。

第四，对整车货物，提供装载货物所需的货车装备物品和货物加固材料。

第五，托运人组织装车的货物，装车前应对车厢完整和清洁状态进行检查，并按规定的装载技术要求进行装载，在规定的装车时间内将货物装载完毕或在规定的停留时间内，将货车送至交接地点。

第六，在运输中需要特殊照料的货物，须派人押运。

第七，向承运人交付规定的运输费用。

第八，将领取货物凭证及时交给收货人并通知其向到站领取货物。

第九，货物按保价运输办理时，须提出货物声明价格清单，支付货物保价费。

第十，国家规定必须保险的货物，托运人应在托运时投保货物运输险，对于每件价值在 700 元以上的货物或每吨价值在 500 元以上的非成件货物，实行保险与负责运输相结合的补偿制度，托运人可在托运时投保货物运输险，具体办法另行规定。

(二) 承运人的履行

承运人履行铁路货运合同的义务，在过程上，分为承运、运送、交付三个阶段。承运阶段，承运人的履行就是接受运输货物、配备车辆、组织装车、验收货物的过程，接收和验收货物是其最重要的合同义务。运送阶段是承运人为履行交付义务而进行的内部准备活动。交付阶段是承运人与收货人交接货物的过程。

承运人履行铁路货运合同的义务，在内容上，主要有以下几个方面：

第一，按照货物运输合同约定的时间、数量、车种，拨调状态良好、清扫干净的货车。

第二，在车站公共装卸场所装卸的货物，除特定者外，负责组织装卸。

第三，将承运的货物按照合同规定的期限和到站，完整、无损地交给收货人。

第四，对托运人或收货人组织装车或卸车的货物，将货车调到装、卸地点或商定的交接地点。

第五，由承运人组织卸车的货物，向收货人发出到货催领通知。

第六，发现多收运输费用，及时退还托运人或收货人。

(三) 收货人的履行

收货人只有在行使权利的时候，承运人才有权要求其履行相应的义务。

收货人履行铁路货运合同的义务,主要有以下几个方面:

第一,缴清托运人未交或少交的运费以及运送期间由于托运人责任发生的其他费用。

第二,及时领取货物,并在规定的免费暂存期限内将货物搬出车站,逾期领取要承担保管费。

第三,收货人组织卸车的货物,应当在规定的卸车时间内将货物卸完或在规定的停留时间内将货车送至交接地点。

第四,由收货人组织卸车的货物,卸车完毕后,应将货车清扫干净并关好门窗、端侧板(特种车为盖、阀),规定需要洗刷消毒的应进行洗刷消毒。

如果收货人拒绝领取货物,铁路承运人应当及时通知托运人到站处理,则货物交付的权利义务由托运人承担。

四、铁路货运合同的变更和解除

依法成立的铁路货运合同,法律仍然允许当事人依法对其予以变更或解除。《民法典》第八百二十九条规定:"在承运人将货物交付收货人之前,托运人可以要求承运人中止运输、返还货物、变更到达地或者将货物交给其他收货人,但是应当赔偿承运人因此受到的损失。"这里的中止运输和返还货物是合同的解除,变更到站和变更收货人则是合同的变更。

(一)铁路货运合同的变更

1. 合同变更的概念

铁路货运合同的变更,是指在铁路货运合同成立后,尚未履行或尚未履行完毕以前,当事人就合同的内容达成修改和补充的协议。

合同变更以有效成立的合同为前提。合同变更的效力只是针对变更后未履行的部分有效,对已履行的部分无溯及力。

2. 变更范围和条件

当事人变更铁路货运合同,只能在法律规定的变更范围内办理。根据《民法典》第八百二十九条、《铁路货物运输合同实施细则》第十六条和《铁路货运规程》第三十八第一款的规定,当事人变更铁路货运合同,仅限于对"到站"和"收货人"这两项的变更。当事人能否就铁路货运合同中的"运输期限"和"运输标的物"协商变更,值得研究。

变更铁路货运合同的条件,可以由当事人在签订合同时约定,也可以根据法律的规定。实践中，当事人很少约定变更条件。根据《铁路货物运输合同实施细则》第十六条和《铁路货运规程》第三十八第二款款的规定，下列情况下不允许变更：① 违反国家法律、行政法规、物资流向或运输限制；② 变更后的货物运输期限，大于货物容许运送期限；③ 变更一批货物中的一部分；④ 第二次变更到站。

3. 变更提出

托运人可以提出变更货运合同，承运人也可以提出。收货人能否提出变更，有不同看法。有人认为，收货人如果有托运人的授权，也是可以提出的。[①] 在涉及多个铁路承运人时，托运人一般应向发站提出变更要求，因为发站是缔约承运人，应对全程运输负责。

4. 变更程序

合同是双方当事人意思表示一致的结果，如果要变更合同，也必然要求双方意思表示一致方能变更。所以，变更货运合同也要经过要约和承诺两个阶段。一方提出变更要求，经另一方同意，变更即为成立；反之，则合同的变更不能成立。

托运人或收货人向铁路承运人提出变更合同要求，承运人同意变更的，应当给对方作出书面回答；不能变更的，应当告知理由。经承运人同意变更的，对承运后的货物可以按批在货物所在的途中站或到站办理变更到站、变更收货人。

5. 变更手续

托运人或收货人变更货物运输合同时，应提出领货凭证和货物变更要求书，提不出领货凭证的，应提出其他有效证明文件，并在货物变更要求书内注明。申请变更货运合同发生的费用，应当由申请变更的一方承担。

托运人或收货人要求变更运输合同时，应提出领货凭证和货物运输变更要求书，提不出领货凭证时，应提出其他有效证明文件，并在货物运输变更要求书内注明。办理货物运输变更，托运人或收货人应按规定支付费用。

（二）铁路货运合同的解除

1. 合同解除的概念

根据《民法典》第八百二十九条的规定，在承运人未将货物运到终点之

[①] 孙林：《铁路货运合同若干问题研究》，《铁道货运》，2005 年第 1 期。

前的阶段，托运人随时可以解除合同。既可以在发站领回货物，取消托运；也可以在中途站领回货物，不再运输。也就是说，凡是要求取回货物的，都可以归为解除合同。因为取回货物，意味着运输不再进行，没有了合同标的，该合同自然应属于解除。所以，铁路货运合同的解除，是指合同有效成立后，基于当事人双方的意思表示，使特定的铁路货运合同托运人与承运人之间的运输权利义务关系归于消灭。

合同的解除以有效成立的合同为前提。合同解除原则上只有托运人可以行使，收货人无权解除合同。合同解除后，合同的权利义务终止，不再履行，但不影响双方当事人依据合同清算各自的债权债务。

2. 合同解除的提出

托运人可以提出解除，承运人也可以提出解除。在货物发送前可以提出，在货物发送后也可以提出。托运人提出解除运输合同，承运人必须接受。如果承运人有条件接受而不接受的，造成损失应由承运人负责；如果承运人没有条件接受的，应当书面告知托运人并说明理由。

承运人提出解除合同，必须有充足的理由。比如，洪水断道，无法继运到站，承运人就可以要求解除运输合同。承运人提出解除合同的，应当说明理由。因承运人的责任造成运输不能的，应当赔偿托运人为继续运输而多支出的运输费用。

3. 合同解除的责任

托运人提出解除的，应当赔偿承运人因此受到的损失，就是要支付承运人已经付出的各项费用，包括仓储费、已经发生的运费、搬运费、装卸费等，以及其他违约责任。

承运人提出解除的，则要承担退还未运输部分的运费，以及其他违约责任。

4. 合同解除后领货凭证的效力

货物运输合同解除后，领货凭证失去所规定的提取货物的证明作用。收货人凭领货凭证不能再主张领取货物。

承运人不向持有领货凭证人交付货物，应当负有举证责任。向收货人说明不能交付货物的正当理由。此种理由可以作为免除承运人责任的基本证据。

五、违反铁路货运合同的责任

违反合同的民事责任，也就是违约责任，是指合同当事人因不履行或不适当履行合同义务时对另一方当事人所应承担的法律责任。

违约责任是违约行为的法律后果，同时也是合同效力的表现。

（一）托运人的违约责任

托运人的违约责任主要表现在：

（1）托运人不按时支付运输费用的，从应收该项运杂费之次日起至付款日止，每迟延一日，承运人按运杂费（包括垫付款）迟交总额的3‰核收运杂费迟交金。

（2）托运人申报不实的责任。如实申报货物的实际状况是托运人的义务。托运人因申报不实而少交的运费和其他费用应当补交，并承担检查货物的费用；托运人故意隐瞒货物实际情况的，承运人除了补收运费外，还可以按照国务院主管部门的规定加收运费和其他费用。

托运人申报不实，主要表现在货物品名不实和货物重量不实两个方面：① 申报品名不实。根据《铁路货物运价规则》规定，托运人匿报、错报货物品名填写货物运单，致使货物运费减收时，按批核收全程正当运费二倍的违约金，不另补收运费差额。② 申报重量不实。根据《铁路货物运价规则》规定，整车货物超过规定允许的载重量，到站除补收全程正当运费的差额外，另对超载部分，核收其运费额五倍的违约金。但超载部分不足 2 吨的，不收违约金。

（3）造成财产损失的责任。《铁路法》规定："因旅客、托运人或者收货人的责任给铁路运输企业造成财产损失的，由旅客、托运人或者收货人承担赔偿责任。"托运人给铁路运输企业或者第三人造成财产损失的情况，主要有以下几种：① 匿报或错报货物品名或货物重量，致使承运人的运输工具、设备损坏的。② 货物中夹带危险品，导致运营事故，给运输工具、设备或第三人的财物造成损坏的。③ 因货物包装有缺陷产生货物破损，给运输工具、设备或第三人的财物造成污染和损坏的。④ 托运人组织装车的，加固材料不符合规定条件或违反装载规定，在交接时无法发现，致使承运人的运输工具、设备或第三人的货物损坏的，托运人应按实际损失承担赔偿责任。⑤ 托运人自派押运员押运货物，由于押运员的过错致使货物不能按期到达目的地并造成承运人运输工具、设备或第三人的货物损坏的，由托运人按实际损失赔偿。⑥ 罐车发运货物，由于托运人未随车附带规格质量证明或化验报告，致使收货方无法卸货的，托运人应偿付承运人卸车等费用及违约金。⑦ 在托运方专用线、专用铁路自营的货物，在到站卸货时发现货物损坏、短少，在车辆施封完好或无异状的情况下，托运人应赔偿收货人的损失。

（二）收货人的违约责任

收货人的违约责任主要表现在：

（1）不按时领取货物，要承担逾期领取的货物保管费。根据《铁路货运规程》和《铁路货物运价规则》规定，铁路运输企业组织卸车的货物，收货人应于铁路运输企业发出催领通知的次日起算，2日内将货物搬出。逾期领取的，核收保管费：普通整车货物每日每车5元；零担货物每百公斤0.05元；危险货物、易燃货物加倍核收。

（2）收货人要支付托运人未交或少交的运费，以及运输途中发生的应由收货人支付的其他费用。收货人不按时支付的，从应收该项运杂费之次日起至付款日止，每迟延一日，承运人按运杂费（包括垫付款）迟交总额的3‰核收运杂费迟交金。收货人拒绝补交的，铁路运输企业有权留置货物。

（3）收货人组织卸车，给运输工具、设备或第三者的货物造成损失的，应当按实际损失（即直接损失）赔偿。

（三）承运人的违约责任

承运人违反铁路货运合同的责任，是指承运人不履行合同义务或者履行合同义务不符合合同约定而应承担的违约责任。

1. 违约责任的构成要件

《民法典》第五百七十七条规定，当事人一方不履行合同义务或者履行合同义务不符合约定的，应当承担继续履行、采取补救措施或者赔偿损失等违约责任。这说明我国在违约责任的归责原则上采用的是严格责任原则，即除非存在免责事项，一方当事人不履行或不适当履行合同义务给另一方当事人造成损害，就应承担违约责任。

《民法典》第八百三十二条规定，除非承运人证明免责事项存在，承运人对运输过程中货物的毁损、灭失承担损害赔偿责任。这说明承运人承担违约责任的构成要件有二：一是承运人不履行合同义务或者履行合同义务不符合约定；二是承运人不能证明存在法定的免责事项。

2. 承运人的违约责任情形

承运人应当按照货物运单记载的内容履行货物运输合同的义务。这些义务包括按时、完整将货物运至到站并交给托运人指定的收货人。承运人不履行合同义务或者不适当履行合同义务都应当承担相应的法律责任。

（1）不按运输合同规定的时间、数量和要求配车发运的责任。承运人未按旬间日历装车计划及商定的车种、车型配够车辆（但当月补足或改变车种、车型经托运人同意装运者除外）；或者对托运人自装的货车，未按约定的时间送到装车地点，致使不能在当月装完；或者拨调车辆的完整和清扫状态，不适合所运货物的要求；或者由于承运人的责任停止装车或使托运人无法按计划将货物搬入车站装车地点的，承运人应按车向托运人偿付违约金50元。

（2）货物逾期运到的责任。铁路运输企业应当在合同约定的期限内或者在国务院铁路主管部门规定的期限内将货物运至目的站。逾期运到的，当然应当承担逾期违约责任。

铁路货运合同的违约金可以由当事人在合同中约定。没有约定的，按照《铁路货运规程》规定，货物实际运到日数，超过运到期限的，铁路运输企业按该批货物所收运费的5%至20%向收货人支付违约金。

从承运人发出催领通知的次日起（不能实行催领通知或会同收货人卸车的货物为卸车的次日起），如收货人于2日内未将货物领出，即失去要求承运人支付违约金的权利。

超限货物、限速运行的货物、免费运输的货物以及货物全部灭失，承运人不支付违约金。

货物在运输过程中，由于下列原因之一，造成的滞留时间应从实际运到日数中扣除：① 因不可抗力的缘故引起的；② 由于托运人责任致使货物在途中发生换装、整理所产生的；③ 因托运人或收货人要求运输变更所产生的；④ 运输活动物，由于途中上水所产生的；⑤ 其他非承运人责任发生的。

如果铁路运输企业逾期30日仍未将货物交付收货人的，托运人、收货人有权按货物灭失向铁路运输企业要求赔偿。

（3）承运人错运到站的责任。承运人应当将货物运至货物运单所记载的到站。错运到站是由于托运人填写不清，或者承运人在编组时挂错车而导致的，承运人应免费将货物运至合同规定的到站并交给合同指定的收货人。由此造成逾期交付的，承运人还要承担逾期交付的违约责任。

承运人因执行政府部门的分流措施而导致货物不能在货物运单规定的到站交付货物的，承运人应当承担责任。但承运人在承运时已经明示的，可以免除其责任。承运人在处理这类事故时，一是要通知托运人有分流之规定；二是如果不能通知，则要告知收货人及时取货，逾期领货的可以提高暂存费，但不应随意转移货物。

（4）误交付的责任。承运人应当向货物运单所记载的收货人交付货物。对于误交付，承运人首先负有将货物追回交付正当收货人的义务。承运人追回货物超过运到期限的,由承运人支付逾期违约金。不能交付或者交付有损失的,由承运人赔偿。铁路运输企业赔付后,再向有责任的第三者追偿。

(5)运输货物损毁的责任。铁路运输企业作为承运人,从承运货物时起,至货物交付收货人或依照有关规定处理完毕时止,货物发生灭失、短少、变质、污染、损坏,按下列规定赔偿:① 已投保货物运输险的货物,由承运人和保险公司按规定赔偿;② 保价运输的货物,由承运人按声明价格赔偿,但货物实际损失低于声明价格的按实际损失赔偿;③ 除上述①、② 两项外,均由承运人按货物的实际损失赔偿,但最高不超过国务院铁路主管部门规定的赔偿限额;如果损失是由于铁路运输企业的故意或重大过失造成的,不适用赔偿限额的规定,按照实际损失赔偿。

所谓实际损失,也即直接损失,是指因灭失、短少、变质、污染、损坏导致货物实际价值的损失。铁路运输企业对灭失、短少的货物,按照其实际价值赔偿;对变质、污染、损坏降低原有价值的货物,可按照其受损前后实际价值的差额或者加工、修复费用赔偿。货物的赔偿价格按照托运时的实际价值计算。实际价值中未包含已支付的铁路运杂费、包装费、保险费、短途搬运费等费用的,按照损失部分的比例加算。托运人根据自愿可以向保险公司办理货物运输保险,保险公司按照保险合同的约定承担赔偿责任。

3. 承运人的免责条件

承运人从承运货物时起(办理承运前保管的车站,从接收货物时起),至将货物交付收货人或依照规定移交给其他机关企业时止,对货物发生灭失、损坏负赔偿责任。但由于下列原因之一所造成货物灭失、短少、变质、污染、损坏,承运人不负赔偿责任:① 不可抗力。② 货物本身性质引起的碎裂、生锈、减量、变质或自燃等。③ 国家主管部门规定的货物合理损耗。④ 托运人、收货人或所派押运人的过错。⑤ 其他经查证非承运人责任造成的。不过,履行迟延后发生不可抗力的,不能免除承运人的赔偿责任;由第三人的过错造成的货损,也不能免除承运人的赔偿责任。

在发生上述情况时,应及时通知对方,并采取措施避免更大损失。因发生上述情况而造成一方不能完全履行合同时,解除违约方的违约责任,由此带来的损失由各方自己承担。

(四)货损赔偿、运费退补和违约金支付的请求时效

铁路货运合同纠纷,主要涉及货损赔偿、运输费用退补和违约金支付等内容。《民法典》第一百八十八条规定:"向人民法院请求保护民事权利的诉讼时效期间为 3 年。法律另有规定的，依照其规定。""诉讼时效期间自权利人知道或者应当知道权利受到损害以及义务人之日起计算。法律另有规定的，依照其规定。"因此，承运人同托运人或收货人相互间要求赔偿损失或退补运费和托运人或收货人要求承运人支付违约金，时效期间均适用前述民法典 3 年的规定。

第四节　国际铁路运输公约

一、国际铁路运输概述

（一）国际铁路运输的概念和种类

1. 国际铁路运输的概念

国际铁路运输，在我国，又可称为涉外铁路运输，是指将旅客、行李或货物从一国境内运送到另一国境内，由旅客或托运人支付运输费用。

简单地说，国际铁路运输，就是跨国境的铁路旅客、货物运输。始发站、经停站、到达站，三地不同在一国境内的，不管当事人是否为中国公民均称为国际运输，视情形分别适用中国法律、外国法律、国际条约或国际惯例。

根据《铁路法》第三十条的有关规定，国家铁路、地方铁路参加国际联运，必须经国务院批准；未经国务院批准，境内铁路不得从事国际运输。

2. 国际铁路运输的种类

国际铁路运输的种类，可以从对象和运输方式两个角度来考察。

国际铁路运输，也叫国际铁路联运，是指在两个或两个以上国家的铁路全程旅客或货物运送中，办理一次运送手续，使用一份运输票据，并以参加运送国家铁路连带责任办理的运输方式。所以，从对象上看，国际铁路运输可以分为国际铁路旅客运输和国际铁路货物运输。

从参加运输方式的多少上看，国际铁路运输可以分为国家或地区之间的单式联运和多式联运。国际铁路单式联运，参与的运输方式只有铁路这一种，实质上就是对旅客或货物的国际铁路相继运输。国际多式联运，参与的运输方式除了铁路运输外，还有公路、水路、航空等运输方式。

不过，国际铁路运输的这两种分类并不绝对，因为，不管是单式运输，还是多式联运，在运输对象上，都是旅客或者货物。实践中，国际多式联运，以国际货物运输为主。

因篇幅限制，本节在以下只论及国际铁路旅客与货物的单式联运，不涉及国际多式联运。

（二）国际铁路合作组织

国际铁路合作组织的主要任务是发展和协调国际铁路营运，共同解决运输中存在的经济、技术、商务及法律等方面的问题，判定和修改有关国际公约。

目前，比较活跃的国际铁路合作组织主要有以下四个：

1. 国际铁路协会

国际铁路协会（IRCA），简称国际铁协。国际铁协是一个纯学术机构，不制定任何要求其成员遵守的规程或标准，其宗旨是加强各会员之间铁路运输业务的经验交流，促进铁路运输的发展。

国际铁协创立于1885年，是历史最悠久的国际铁路组织，会址设在布鲁塞尔，其工作由管理委员会负责。目前，其成员包括29个政府、16个铁路组织和84个铁路管理机构。

2. 国际铁路联盟

国际铁路联盟（UIC），简称铁盟。铁盟是欧洲一些国家的铁路机构以及其他洲的铁路机构和有关组织参加的非政府性国际铁路联合组织，其宗旨是推动国际铁路运输的发展，促进国际合作，改进铁路技术装备和运营方法，开展有关问题的科学研究，实现铁路建筑物、设备的技术标准的统一。

铁盟成立于1922年12月1日，总部设在巴黎，其领导机构是全体成员铁路的代表大会。目前已拥有5大洲的200多个成员，其中活跃成员和协作成员各80多个，附属成员近40个。中国铁路于1979年6月在铁盟内恢复活动。

3. 铁路合作组织

铁路合作组织（OSJD），简称铁组，1956年6月28日成立于索菲亚，是由阿尔巴尼亚、保加利亚、匈牙利、越南、民主德国、中国、朝鲜、蒙古、波兰、罗马尼亚、苏联、捷克斯洛伐克等国家的铁路主管部门组成的政府间国际铁路合作组织。铁组的宗旨是发展国际货物和旅客运输，建立欧亚地区统一的铁路运输空间，提高洲际铁路运输通道的竞争能力，以及促进铁路运输领域的技术进步和科技合作。

铁组的最高领导机关是由各成员国铁道部部长参加的部长会议，执行机关是由各成员国铁道部部长委派代表所组成的铁组委员会，会址设在华沙。

截至 2011 年 8 月，铁组拥有 27 个成员国、6 个观察员。

4. 国际铁路运输政府间组织

国际铁路运输政府间组织（OTIF），是一个负责制定国际运输法的政府间国际组织，宗旨是通过制订统一的铁路交通管理规范，使欧洲、中东和北非地区的货物和人员实现顺畅流动。其成立于 1985 年 5 月 1 日，是以 1980 年 5 月 9 日签订的《国际铁路货物运输公约》为基础而建立的，总部设在伯尔尼，其前身则是成立于 1893 年的国际铁路运输中央事务局。目前，拥有成员国 48 个，分布在欧洲、亚洲和北非。

二、铁路旅客运输国际公约

（一）概述

国际铁路旅客联运业务开始于 20 世纪 20 年代，也是从那时起，国际上就已经着手通过双边或多边联运条约，协调和规范跨国铁路旅客联运业务。目前，涉及国际铁路旅客联运的国际公约主要有三个：

一是《国际铁路客运和行李运输统一规则》，简称《统一规则 CIV》。

《统一规则 CIV》最初由国际铁路运输中央事务局掌控。1924 年 10 月，国际铁路运输中央事务局的成员国的铁路代表在瑞士伯尔尼举行会议，修订《国际铁路货物运送规则》，并制定了《国际铁路旅客和行李运送公约》。1980 年 5 月 9 日在伯尔尼再次重订《国际铁路货物运输公约》时，决定将其与《国际铁路货物运输公约》合并为一个公约，形成了《关于铁路货物运输的国际公约》的合成本，于 1985 年 5 月生效。至此，《统一规则 CIV》实际上成了《国际铁路货物运输公约》的附件，并由国际铁路运输政府间组织（OTIF）掌控。

二是《国际铁路旅客运输合同的统一规则》，简称《国际客约》。

《国际客约》由铁盟（UIC）掌控。欧洲国际铁路商业运营成功，要求为国际铁路运输制定详细、可行的统一规则，使列车能在欧洲各国畅通无阻。经多次反复修改，铁盟制定的 1999 年版《国际客约》分为七大部分、共 64 条，内容涉及适用范围、运输合同、行李包裹运输、承运人责任、旅客责任、索赔和起诉等方面。

三是《国际旅客联运协定》，简称《国际客协》。

《国际客协》由铁组（OSJD）掌控。1951 年最初签字的有苏联、阿尔巴尼亚、保加利亚、匈牙利、民主德国、波兰、罗马尼亚和捷克斯洛伐克等 8 个国家，中国在 1953 年参加。至 2010 年，该协定的参加国共有 23 个，主要集中在亚洲和东欧地区。最新修订的《国际客协》由9章52条和两个附件组成,自2010年5月1日起生效。其内容包括总则,旅客运送,行李运送,包裹运送,运送费用,承运人的责任,旅客、行李和包裹发送人和领收人的责任,赔偿请求以及一般规定等方面。

上述国际铁路旅客运输国际法规的签订为促进国际交往、经济联系和文化交流,发展旅游事业提供了便利条件。

我国是《国际客协》的成员国,经由铁路运输的旅客进出境业务,需要按照《国际客协》的有关规定进行。因此,下面将着重介绍《国际客协》的主要内容。

(二)《国际客协》内容简介

1. 适用范围

《国际客协》对铁路承运人、旅客、行李和包裹的发货人和收货人、车辆经营人、基础设施管理者均有约束效力。但其不适用于下列情况下的旅客、行李和包裹运送:① 发、到站都在同一国内;② 发、到站都在同一国内,只是用发送国的列车、车厢过境另一国运送;③ 在两国车站间用发送国或到达国的列车、车厢过境未参加本协定的第三国的运送。

2. 运输参加者责任

运送过程参加者包括承运人、车辆经营人、基础设施管理者和代理处。

运送过程参加者有责任在运行途中和车站为旅客组织最便利的国际旅客联运。国际联运的旅客运送,应利用列车时刻表中规定的列车或车厢,或利用根据需要和可能而开行的专列和包车进行。承运人应向旅客提供根据本协定出行所乘列车和车厢的必要信息。

运送过程参加者应根据旅客或发货人要求,通过在乘车票据、行李票或包裹票上做相应记载以确认运输合同条件的变更。

运送过程参加者根据有关国家机关的指示,有权暂时全部或部分停运;有权暂时停止承运行李或包裹,或准许按一定的条件承运。此外,在出现运送过程参加者不能预防也无力消除的情况时,如有必要,运送过程参加者也有权采取上述措施。采取或取消上述措施国家的承运人,必须立即将此通知其他有关承运人。

3. 乘车票据

客票和补加费收据上应记载下列主要事项:① 发站和到站名称;② 运

合同的运行经路及接续承运人的规定代号；③ 车厢等级；④ 人数；⑤ 乘车票价；⑥ 有效期；⑦ 客票发售日期和地点、补加费收据填发日期和地点；⑧ 合同承运人（填发补加费收据的承运人）的规定代号。客票是证明缔结国际联运旅客运输合同的运送票据。补加费收据是运输合同条件变更的证明。

旅客乘坐卧车、座卧车，以及规定必须预留席位的座席车时，则除客票外，还应持有占用相应席位的卧铺票。

旅客应在乘车前购买本条款规定的必要乘车票据，并要检查其中所载事项是否正确。如果在列车（直通客车）运行经路上未实行自动化席位预留，则旅客可以在列车上购买卧铺票。乘车票据使用发送国文字及中文、德文、俄文中的一种办理。

对于团体旅客乘车，可以发售一张客票、一张补加费收据或多张客票、多张补加费收据。如果旅客已支付了所适用运价规程规定的最少成人旅客人数的乘车票价且在同一经路同一列车上（含不同等级的车厢）旅行，则该旅客出行属团体出行。

4. 携带品

携带品是旅客在车厢中免费携带且重量和尺寸不超过规定标准的物品。

禁止按携带品运送的物品，包括：① 能损坏或弄脏车厢，给其他旅客或其携带品带来损害的物品；② 易燃品、易发火品、自燃品、爆炸品、放射性物质、腐蚀性和毒害性的物品；③ 装有弹药的武器；④ 能造成感染或具有恶臭气味的物品；⑤ 三个方向长度总和超过 200 厘米的大件物品；⑥ 海关和其他规定禁止运送的物品。承运人有权检查携带品的内容；检查时，旅客应当在场。

不属于上述禁止情形的物品，旅客有权携带。旅客可以利用车内规定的地方，放置自己的携带品。免费运送携带品的总重量，对每张办理的客票，成人旅客不得超过 36 千克，未满 12 周岁的儿童不得超过 15 千克。折叠式儿童手推车或残疾人轮椅如属于乘车的儿童或残疾人，则允许超过规定的标准作为携带品运送。多余的携带品，旅客应作为行李托运。在运送时需要特别小心的物品，可计算在携带品的标准之内，放在客车中供旅客使用的位置运送。

国际联运车厢内禁止旅客随身携带动物，但室内动物（狗、猫、禽鸟）除外。在承运人不能提供单独包房运送动物的情况下，不准许此种运送。旅客对自己随身携带的动物或禽鸟违反卫生要求应负完全责任，并须保证相应地清扫车厢。

5. 行李运送

行李是承运人承运用旅客列车行李车运送的旅客物品。

凭一张客票托运的行李，总重量不得超过 100 千克。数名旅客凭一张客票乘车时，上述标准按该团体参加人数相应增加。承运外交人员行李，重量不受限制。一件行李的重量，不应少于 5 千克且不得超过 75 千克，并应能迅速和毫无困难地装入旅客列车的行李车内。

禁止按行李运送的物品，包括：① 一切易燃品、易发火品、自燃品、爆炸品、放射性物质、腐蚀性和毒害性物品、枪炮、弹药和能使其他旅客的行李或运送过程参加者受到损害的物品；② 能引起感染或具有恶臭气味的物品；③ 动物（狗、猫和禽鸟除外）；④ 属于参加运送承运人的任何一国邮政部门专运的物品；⑤ 易腐产品。承运人有权检查行李的内容；检查行李时，发送人应当在场。

行李应预先托运。旅客托运行李时，可声明行李的价格，并按规定支付杂费。

承运行李时，应发给旅客行李票。行李票上应载有下列主要事项：① 发站和到站名称；② 车次和发车日期；③ 运行经路。在收到行李票时，旅客应检查票面记载内容的正确性。行李的承运日，以发站在行李票上加盖的日期戳为准。承运的行李应随旅客所乘的列车发送。

行李在行李票所载的到站交付。行李的交付，应在运送行李的列车到达到站，并经过卸车和完成海关及其他规定手续所需要的时间以后办理。行李票提出人有权要求在发站或运行经路上某中途站交付行李。

行李应交付行李票提出人。交付行李时收回行李票。在不能提出行李票的情况下，承运人应仅在要求领取行李的人能证明其对行李的所有权时，才向其交付行李。在领取行李时，旅客应当支付在途中和该站所发生的一切费用，以及因违规而产生的罚款。收取上述款额应单独开具票据。

如因承运人的过失而致行李迟延到站，而旅客又不能等待行李的到达，旅客可提出声明：免费将行李返回发站；将行李转发送至另一到站；将行李转发送到适用的运价规程中规定的另一国家的新到站。车站应将上述声明的内容一起记入行李票。行李自应随的列车到达到站之日起，因承运人过失经过 10 日还不能交付旅客时，如行李的滞留同完成海关和其他规定的手续无关，即认为行李已经灭失。如果已经认为灭失的行李，从应运至到站之日起在一年内被发现，承运人如知晓或能确定旅客的住址，应将此事通知旅客。

6. 包裹运送

包裹是承运人按规定的办法从自然人或法人处承运，用旅客列车行李车运送的物品。

在行李车中有空闲地方且对行李和包裹的运送不至于有损害的情况下能迅速容易地装入并放置在行李车中的物品准许按包裹承运。每件包裹的重量应不少于 5 千克且不得超过 165 千克。

不准按包裹运送的物品，包括：① 一切易燃品、易发火品、自燃品、爆炸品、放射性物质、腐蚀性和毒害性物品、枪炮、弹药和能使其他旅客的行李或运送过程参加者受到损害的物品；② 能引起感染或具有恶臭气味的物品；③ 动物；④ 属于参加运送承运人的任何一国邮政部门专运的物品；⑤ 易腐产品。承运人有权检查包裹的内容；如在包裹发送人或领收人不在场的情况下进行检查，必须要有承运人的代表在场。

承运包裹不需提出客票。物品所有者如希望将准许按包裹运送的物品按包裹托运，应向承运人的代表提出书面申请书，承运人认为能够运送时，在申请书内注明包裹从发送人处承运的时间。

发送人除附出口许可证外，还应将履行海关和其他规定手续所必需的其他添附文件附在申请书上提交发站。如发送人未提出包裹出口许可证，或未指明该许可证已寄往哪一海关，发站应拒绝承运该包裹。发站应要求发送人在申请书中填写与出口许可证中记载相同的国境站。

承运人无义务检查发送人提交的随同包裹的各项添附文件是否正确和完备。为证明包裹的承运，应发给发送人包裹票。发送人在收到包裹票时，应检查票面记载事项的正确性。包裹的承运日，以发站在包裹票上加盖的日期戳为准。包裹票中应注明添附文件。发送人在托运包裹时必须声明包裹价格；否则，发站应拒绝承运。

包裹运到期限根据下列标准确定：发送计为 1 昼夜；每起始 300 运价公里计为 1 昼夜。运到期限自包裹承运日的次日零点起算；运到期限按发站至到站的运价里程计算。

包裹应在包裹票上所载的到站交付。到站在包裹运到后，应按照领收人所在国国内规章规定的办法立即通知领收人，最晚不得迟于 16 小时。包裹应交付给包裹运行报单上所载的领收人，领收人不必提出包裹票；包裹也可以交付给持有领收人委托书的其他人，但其所持委托书应符合领收人所在国国内规章规定的手续。在上述两种情况下，领取包裹的人均必须出示本人的身份证件。领收人在包裹运行报单背面签字作为领取包裹的凭证。

如已将包裹的到达事项通知领收人，而领收人在得到通知后 5 日以内未来领取，包裹即认为无人领取，并按领收人所在国国内规章予以变卖。但按包裹托运的家庭用品，如领收人不在或未来领取包裹，应自到达之日起 30 日后方可予以变卖。包裹变卖，应通知发送人。

7. 承运人责任

承运人，分合同承运人与接续承运人两种。合同承运人是与旅客（发送人）缔结运输合同的法人；接续承运人是从合同承运人处承担起将旅客、行李和包裹继续运送至到达地点，或将旅客、行李和包裹移交给接续承运人义务的法人。

（1）承运人的连带责任。合同承运人对旅客或发送人在运送全程（直至到达终到站、行李或包裹交付为止）承担履行运输合同的责任。每一接续承运人根据合同承运人与旅客、发送人所缔结合同的条件参与运输合同，并承担因此而产生的义务。

（2）对旅客人身损害的责任。旅客在列车上或上（下）车时，因发生不幸事故导致其死亡、受伤或其身体或心理状况受到损害时，承运人对旅客生命或健康遭受的与此相关的损害承担责任。如果损害是由于下列原因造成，则免除承运人的责任：由于运送过程参加者不能预防也无力消除的情况；由于旅客的过失；尽管运送过程参加者采取了各种预防措施，但仍不能避免或防止其结果的第三者行为。对旅客遭受损害赔偿的办法和款额，按照损害发生所在国的国内法规确定。

（3）对行李包裹的责任。行李包裹逾期到达的，承运人要按照逾期的日数向托运人或者收货人支付违约金：行李为运费的 5%，但赔款不得超过运费的 50%，且赔偿总额不得超过行李全部灭失时应赔偿的总款额；包裹为运费的 1.5%，但赔款不得超过运费的 30%，且赔偿总额不得超过包裹全部灭失时应赔偿的总款额。

行李包裹灭失、毁损的，除依法可免责外，一般按照实际损失赔偿。

8. 赔偿请求

旅客、包裹发送人或领收人有根据运输合同提出赔偿请求的权利。运送行李和包裹的赔偿请求，应使用书面形式向合同承运人或接续承运人提出；旅客根据乘车票据提出的赔偿请求应向合同承运人提出。退还按运输合同所付款额的赔偿请求，由原付款人或其授权人提出。如一张乘车票据或一批行李或包裹的赔偿请求款额少于与 1.5 瑞士法郎等值的款项，则不应提出赔偿请求。

提出赔偿请求，应出具以下票据和文件：请求赔偿对旅客生命或健康造成的损害时，应出具乘车票据和不幸事故记录；请求偿还乘车费用和卧铺票票价时，应出具乘车票据；请求赔偿行李或包裹运费时，应出具行李票或包裹票；行李或包裹全部或部分灭失、毁损时，应出具包裹票或行李票及商务记录；行李或包裹运到逾期时，应出具行李票或包裹票；确定运送费用过程中运价适用不当、确定重量出错、计算有误造成多收款额时，应出具乘车票据。

承运人应自赔偿请求书提出之日（该日以邮戳或赔偿请求书的签收日期为凭）起 180 日期限内，审查赔偿请求，给赔偿申请人以答复，并要在全部或部分承认赔偿的情况下向赔偿申请人支付应付的赔偿。承运人部分或全部被拒绝赔偿请求时，必须通知赔偿申请人并说明拒赔理由，同时退还赔偿请求书所附的文件。

承运人应在 9 个月期限内受理赔偿请求，但行李或包裹运到逾期的赔偿请求除外，该赔偿请求规定要在 30 日内提出。造成旅客人身损害的赔偿请求的受理不具有时效期限。

三、铁路货物运输国际公约

（一）概述

国际贸易中的铁路联运开始于 19 世纪中叶的欧洲，也是从那时起，国际上就已经着手通过双边或多边联运条约，协调和规范跨国铁路货物联运业务。目前，涉及国际铁路货运的国际公约主要有两个：

一是《国际铁路货物运输公约》(CIM)，简称《国际货约》。

《国际货约》源于奥地利、法国、德国、比利时、波兰等国 1890 年 10 月 14 日在伯尔尼签订、1893 年 1 月 1 日生效的《国际铁路货物运送规则》。该公约在历经 1924 年、1933 年两次修改后，在 1934 年的伯尔尼外交代表会议上得以重订，改称为《国际铁路货物运输公约》，简称《国际货约》，于 1938 年 10 月 1 日生效施行。当时参加《国际货约》的国家共有 24 个，包括瑞士、意大利、荷兰、芬兰、丹麦、英国等 17 个西欧国家和南斯拉夫、民主德国、保加利亚、匈牙利、罗马尼亚、波兰、捷克斯洛伐克等 7 个中东欧国家。此公约在历经多次修订后，1980 年 5 月 9 日在伯尔尼再次重订，决定将《国际铁路货物运输公约》与《国际铁路旅客和行李运输公约》合并为一个公约，形成了《关于铁路货物运输的国际公约》的合成本，于 1985 年 5 月生效，至今有效。目前，《国际货约》归国际铁路运输政府间组织（OTIF）掌控，参加国大约有 48 个，分布于欧洲、西亚和北非。我国目前还没有参加该公约。

1980 年重订的《国际货约》分七大部分共有 66 条，内容涉及公约的目的和适用范围，运输合同的格式、条件、履行和修改，铁路承运人责任与赔偿，索赔、诉讼、诉讼程序和时效，账目结算、铁路间的追索权，特殊规定等。《国际货约》适用于至少两个缔约国之间的铁路联运。铁路的运输单据称为运单，内容包括接货地点、日期和交货地点及货物质量情况、件数、标记等，是运输合同成立的证据。承运人对货物的灭失、残损或延误负责，但由索赔人的错误行为、货物的内在缺陷或承运人所不能避免的原因造成者除外，责任豁免的举证责任在于承运人。承运人货物灭失、损坏的责任限制为每公斤 50 金法郎，承运人延迟交付的责任限制为应付运费的 2 倍。对承运人的诉讼时效为 1 年，但涉及承运人欺诈或有意错误行为的案件，诉讼时效为 2 年。

二是《国际铁路货物联运协定》(CMIC)，简称《国际货协》。

《国际货协》由铁组（OSJD）掌控，是 1951 年 11 月由苏联、阿尔巴尼亚、保加利亚、匈牙利、民主德国、波兰、罗马尼亚和捷克斯洛伐克 8 国在华沙签订。中国、朝鲜和蒙古于 1953 年加入，越南于 1955 年加入，至此共有 12 个国家参加了《国际货协》。因德国统一，民主德国自 1990 年 10 月 3 日起退出；因东欧形势的变化，匈牙利、捷克等也自 1991 年 1 月 1 日起退出。苏联解体后其位置由俄罗斯继承，白俄罗斯、乌克兰、拉脱维亚、立陶宛等独联体国家也参加了《国际货协》。

《国际货协》先后经过七次修订，现行有效的是 1974 年 7 月 1 日起生效的文本。协定共分为 8 章 40 条，分别规定了总则，运输合同的缔结、履行、变更，铁路责任，诉讼、赔偿请求时效，各铁路间的清算及一般规定等。协定对运输双方当事人的权利和义务、发货人与收货人的权利与责任、承运人的责任等作了详细而具体的规定。

1980 年合成本《国际货约》的签订，缓解了其与《国际货协》的对立，许多原《国际货协》缔约国，如阿尔巴尼亚、保加利亚、匈牙利、捷克斯洛伐克、罗马尼亚都在 1985 年之前参加了《国际货约》，从而形成《国际货协》与《国际货约》的"融合"，为沟通国际货物铁路运输提供了更为有利的条件，即参加《国际货协》国家的进出口货物，可以通过铁路直接转运到的《国际货约》成员国。

我国是《国际货协》的成员国，经由铁路运输的进出口货物业务，需要按照《国际货协》的有关规定进行。因此，下面将着重介绍《国际货协》的主要内容。

(二)《国际货协》内容简介

1. 适用范围

《国际货协》适用于各缔约国之间的铁路货物运送，与铁路货物运送有关的铁路、发货人、收货人在办理国际铁路货物运送时必须遵守该协定规定的各项条件。

但下列三种情况下的货物运输不适用《国际货协》，而应根据各国有关铁路间签订的特别协定办理：① 发、到站在同一国内，用发送国铁路的列车只通过另一国家过境运送时；② 两国车站间，用发送国或到达国铁路列车通过第三国过境运送时；③ 两邻国车站间，全程都用一国铁路的列车，并按照该路现行的国内规章办理货物运输时。

2. 运输合同的订立与变更

（1）运输合同的订立。运单是指铁路的运输单证，是国际铁路货物联运的运输合同。发货人在托运货物时，应对每批货物按照规定的格式填写运单和运单副本，由发货人签字后向发站提出。从发站承运货物（连同运单一起）时起，即认为运送合同业已缔结。在发货人提交运单中所列的全部货物和按发送路国内规章付清所负担的费用后，发站在运单和运单副本上加盖发站日期戳记，以证明货物的接收和承运日期。运单一经加盖戳记，就成为缔结运输合同的凭证。运单随同货物从始发站至终到站全程附送，最后由终到站交给收货人。运单既是铁路承运货物的凭证，也是铁路至终到站向收货人核收运杂费用和点交货物的依据。但运单不是物权凭证，不能转让。运单副本在运送合同缔结之后，应退还发货人。运单副本不具有运单的效力，但按照我国同参加《国际货协》各国所签订的贸易发货共同条件的规定，铁路运单副本是卖方通过银行向买方结算货款的主要单证之一。

发货人应对他在运单中所填报和声明的事项的正确性负责，对于因记载或声明的事项不正确、不确切或不完备以及漏填所发生的一切损失，均由发货人负责。铁路有权检查发货人在运单中所记载的事项是否正确，但这种检查只限于在海关或其他规章有规定的情况下，以及为保证途中行车安全和货物完整时才得以在途中进行。发货人还必须在运单上附上货物运输全程中为履行海关和其他规章所需要的添附文件，如果发货人不附上这些添附文件，发站可以拒绝承运货物。铁路没有义务检查发货人在运单上所附的文件是否正确和是否齐全。对于因没有添附文件或文件不正确、不齐全所产生的一切后果，也由发货人承担。

（2）运输合同的变更。发货人和收货人都有权对运输合同作必要的更改。但都只能各自变更一次运输合同，而且在变更运输合同时，不准将一批货物分开办理。

发货人对运输合同可作下列变更：① 在发站将货物领回；② 变更到达站；③ 变更收货人；④ 将货物返还发站。

收货人对运输合同可作下列变更：① 在到达国范围内变更货物的到达站；② 变更收货人。

铁路在下列情况下，有权拒绝变更运输合同或延缓执行这种变更：① 应执行变更运输合同的铁路车站，接到申请书或发站或到站的电报通知后无法执行时；② 违反铁路营运管理时；③ 与参加运送的铁路所属国家现行法令和规章有抵触时；④ 在变更到站的情况下，货物的价值不能抵偿运到新到站的一切费用时，但能立即交付或能保证这项费用的款额时除外。

铁路对要求变更运输合同有权按有关规定核收各项运杂费用。

3. 运送费用的计算和支付

运送费用，包括货物运费、押运人乘车费、杂费和运送上的其他费用。成员国之间的国际铁路货物运输的运送费用的计算和支付等问题，按下列规定办理：

（1）发送国铁路的运送费用，按发送国的国内运价计算，在始发站由发货人支付；到达国铁路的运送费用，按到达国铁路的国内运价计算，在终点站由收货人支付；如果发站和到站是两个相邻的国家，而这个国家的铁路间定有直通运价规程时，则按运输合同订立当日有效的直通运价规程计算。

（2）货物需经第三国过境运输时，过境铁路的运输费用，应按运输合同订立当日有效的统一货价计算，可由始发站向发货人核收，也可以由到达站向收货人核收。但是，如果各过境铁路的运送费用必须由发货人支付时，则不许将这项运费转由收货人支付。

（3）货物运费，以发货人在运单中所记载的国境站为经路，按最短里程计算。如货物通过其他国境站运送而较发货人在运单中记载的经路更短时，应按通过这些国境站的最短里程计算运费。

（4）每一铁路在承运或交付货物时向发货人或收货人按合同规定核收运费和其他费用之后，必须向参加这次运输业务的各铁路支付各该铁路应得部分的运送费用。

4. 货物的交付和拒收

货物运抵到达站，在收货人付清运单所载的一切应付的运送费用后，铁路必须将货物连同运单一起交给收货人；收货人则应付清运送费用并领取货物。

收货人只在货物因毁损或腐坏而使质量发生变化，以致部分货物或全部货物不能按原用途使用时，才可以拒绝领取货物。即使运单中所载的货物部分短少时，也应按运单向铁路支付应付的全部款额。在这种情况下，收货人按赔偿请求手续对未付部分的货物，有权领回其按运单所付的款额。

如果铁路在货物运到期限期满后 30 日内,未将货物交付收货人或未交由收货人处理时,收货人可不提出证据,即认为货物已经灭失。但货物如在上述期限期满后到达到站时,则到站应将此事通知收货人。如货物在运到限期满后 4 个月内到达时,收货人应予领取,并将铁路所付的货物灭失赔款和运送费用退还给铁路。在这种情况下,收货人对货物的迟交或毁损,保留提出赔偿请求的权利。为保证核收运送合同中一切费用,铁路有货物留置权。留置权的效力,应根据货物交付地国家法令和规章确定。

5. 铁路的责任

(1)铁路的连带责任。按运单承运货物的铁路之间,相互间对货物负连带责任。按国际货协运单承运货物的铁路,应负责完成货物的全程运输,直到在到达站交付货物时为止;每一继续运送的铁路,自接收附有运单的货物时起,即作为参加这项运输合同,并承担由此而产生的义务。

铁路应从承运货物时起,至在到达站交付货物时为止,对于货物运到逾期以及因货物全部或部分灭失或毁损所发生的损失负责。同时铁路还应对发货人在运单内所记载并添附的文件,由于铁路的过失而遗失的后果负责,并应对由于铁路的过失未能执行有关要求变更运输合同的申请书的后果负责。

(2)铁路的免责事由。由于下列原因而发生的货损,铁路不负赔偿责任:① 由于铁路不能预防和不能消除的情况。② 由于货物的特殊自燃性质,以致引起自燃、损坏、生锈、内部腐坏和类似的后果。③ 由于发货人或收货人的过失或由于其要求,而不能归咎于铁路。④ 由于发货人或收货人装车或卸车的原因所造成。⑤ 由于发送路国内规章许可,使用敞车类货车运送货物。⑥ 由于发货人或收货人的货物押运人未采取保证货物完整的必要措施。⑦ 由于容器或包装的缺点,在承运货物时无法从其外表发现。⑧ 由于发货人用不正确、不确切或不完全的名称托运违禁品。⑨ 由于发货人在托运应按特定条件承运的货物时,未按本协定的规定办理。⑩由于货物在规定标准内的途耗。

由于下列原因而致逾期运达时,铁路亦可免除责任:① 发生雪(沙)害、水灾、崩陷和其他自然灾害,按照有关国家铁路中央机关的指示,期限在 15 日以内;② 发生其他致使行车中断或限制的情况,按照有关国家政府的指示。

(3)铁路的赔偿责任限额。铁路对货物赔偿损失的金额,在任何情况下都不得超过货物全部灭失时的款额。

赔偿额的具体计算方法是:① 货物发生全部或部分损失时,铁路应按外国售货者在账单上所开列的价格,计算货物的赔偿金额;如果发货人对货物的价格另有声明时,铁路应按声明的价格计算货物的赔偿金额。② 对于未声明价格的家庭用品，如发生全部或部分灭失时，铁路应按每公斤 2.70 卢布给予赔偿。③ 货物遭受损坏时，铁路只赔偿相当于货物价格减损金额的款额，对于其他损失则不予赔偿。④ 货物逾期运到而使收货人受损时，铁路以所收的运费为基础，根据逾期期限的长短，向收货人支付规定的逾期罚款。如果逾期不超过总运到期限 1/10 时，铁路支付相当于运费 6%的罚款；如果逾期超过总运到期限 4/10 时，铁路应支付相当于运费 30%的罚款。

6．索赔与诉讼

（1）索赔。发货人和收货人有权根据运输合同提出赔偿请求。提出赔偿请求，应附有相应根据并注明款额，以书面方式由发货人向发送路，或收货人向到达路提出。如果单张运单的赔偿请求额少于 2.25 卢布，则不得提出赔偿请求。

向铁路提出赔偿请求时，应按下列规定办理：① 货物全部灭失时，由发货人提出，同时须提出运单副本，或由收货人提出，同时须提出运单副本或运单。② 货物部分灭失、毁损或腐坏时，由发货人或收货人提出，同时须提出运单和铁路在到站交给收货人的商务记录。③ 货物运到逾期时，由收货人提出，同时还须提出运单。④ 多收运送费用时，由发货人按其已交付的款额提出，同时还须提出运单副本或发送路国内规章规定的其他文件；或由收货人按其所交付的运费提出，同时须提出运单。

铁路自收到赔偿请求之日起，必须在 180 日内审查这项请求，并答复赔偿请求人，在全部或部分承认赔偿请求时，支付应付的款额。如果部分或全部拒绝赔偿请求，铁路应当通知赔偿请求人并须说明拒赔理由，同时退还赔偿请求书所附的文件。

（2）诉讼。凡有权向铁路提出赔偿请求的人，即有权根据运送合同提起诉讼。但只有提出赔偿请求后，才可提起诉讼，即"先索赔后诉讼"。

根据运送合同向铁路提出的赔偿请求和诉讼，以及铁路对发货人或收货人关于支付运送费用、罚款和赔偿损失的要求和诉讼，可在 9 个月期间内提出；但货物运到逾期的赔偿请求和诉讼，应在 2 个月期间内提出。发货人或收货人向铁路提出赔偿请求时，时效期间即行中止。从收到铁路拒绝赔偿通知之日起，或自规定的 180 日期间期满时起，时效期间重新开始计算。

有关运输合同的诉讼只可向受理赔偿请求铁路的国家适当法院提出。凡时效期间已过的赔偿请求和要求，不得以诉讼形式提出。

第三章 公路运输法

第一节 公路运输法概述

一、公路运输的产生与发展

（一）公路运输的含义

公路运输的广义概念，指利用一定的载运工具（人力车、畜力车、拖拉机、汽车等）沿公路（一般土路、有路面铺装的道路、高速公路）实现旅客或货物空间位移的过程。

公路运输的狭义概念，由于汽车已成为现代公路运输的主要载运工具，因此，现代的公路运输即指汽车运输。

（二）世界公路运输发展

就狭义的公路运输（即汽车运输）而言，在19世纪末才兴起，其比铁路运输、水路运输起步晚。1886年，德国人卡尔·本茨（Karl Benz）发明了世界上第一辆四冲程三轮汽油机汽车，这种新型的交通工具经过不断的改进、发展，在社会生活中日益显示出其突出的优越性——机动、灵活、迅速、方便、直达，其发展远快于水运和铁路。据有关资料表明，每年公路运输承担着全世界货运总量的65%左右、客运总量的80%左右。

纵观公路运输的发展过程，大体经历了以下三个阶段：

1. 初期阶段（1886—1920年）

该阶段汽车数量少、载运能力小、行驶速度低，且公路密度也小、技术标准也低。公路运输只是水路和铁路运输的辅助手段。

2. 中期阶段（1920—1945年）

战争的需要，使公路建设发展迅速。欧美各国已初步形成了国家公路干线网，高速公路也是在这一时期的德国建成，尤其是交通工程学的出现为现代公路的发展奠定了理论基础。公路运输不仅在短途中发挥作用，而且在长途中也开始与铁路、水路运输竞争。

3. 近期阶段（1945至现在）

随着世界经济的恢复和发展，欧洲各国、美国、日本等发达国家先后建成了比较完善、高标准的国家公路网和高速公路网；汽车工业已形成了一个比较完整的体系，生产能力和技术水平大为提高，汽车的生产数量和保有量大幅度增加，小客车在汽车中的比例增大，货车的车型逐步向重型化、专用化、快速化和列车化方向发展。此外，不少国家更加重视原有公路的技术改造，强化干线公路系统的规划、建设和公路的环境保护，提高车辆的运用与管理水平，从而大大提高了公路运输的生产效率和经济效益。许多国家打破了一个多世纪以来以铁路为中心的交通运输局面，使陆上运输结构发生了显著变化，公路运输已在综合运输体系中起着主导作用。

（三）我国公路运输发展趋势

首先是公路建设加强，特别是高速公路的建设。广泛研究和应用道路建设新技术，如软土路基处理技术、土工合成材料及改性沥青材料的应用技术，使公路建设水平更加适应未来车辆及运输对道路的要求。新中国成立以来全国公路通车里程取得了重大进展。

其次是开展对汽车安全技术、节能和多种燃料技术与环保技术、舒适性技术和电子技术的研究和应用。这些措施不仅可以提高车辆的使用性能，而且还可以大大减少汽车带来的"公害"。此外，提升了重型车、轻型车、柴油车的载重，积极发展各种变形车、专用车，进一步发展拖挂运输，向汽车列车化方向发展。

最后是建立适应市场需求的管理体制。公路运输将按规模化要求建立集约化经营的运输企业，行政区域的界限趋于淡化；广泛开展公路快速客、货运业务；大力开展集中运输、集装箱运输、专业化运输等，公路货运业纳入物流服务业发展的系统中，更强调公路内部及不同运输方式之间的专业化合作；运输企业内部广泛建立和运用运输信息管理系统，采用车辆运行动态监控系统以及车辆运行自动记录仪（俗称汽车"黑匣子"）。"智能运输系统"是今后公路运输管理的发展趋势。

二、公路运输的特点及主要功能

(一) 公路运输的特点

1. 机动灵活,适应性强

由于公路运输网一般比铁路、水路网的密度要大十几倍,分布面也广,因此公路运输车辆可以"无处不到、无时不有"。公路运输在时间方面的机动性也比较大,车辆可随时调度、装运,各环节之间的衔接时间较短。尤其是公路运输对客、货运量的多少具有很强的适应性,汽车的载重吨位有小(0.25~1吨左右)有大(200~300吨左右),既可以单个车辆独立运输,也可以由若干车辆组成车队同时运输,这一点对抢险、救灾工作和军事运输具有特别重要的意义。

2. 可实现"门到门"直达运输

由于汽车体积较小,中途一般也不需要换装,除了可沿分布较广的路网运行外,还可离开路网深入到工厂企业、农村田间、城市居民住宅等地,即可以把旅客和货物从始发地门口直接运送到目的地门口,实现"门到门"直达运输。这是其他运输方式无法与公路运输比拟的特点之一。

3. 在中、短途运输中,运送速度较快

在中、短途运输中,由于公路运输可以实现"门到门"直达运输,中途不需要倒运、转乘就可以直接将客货运达目的地,因此,与其他运输方式相比,其客、货在途时间较短,运送速度较快。

4. 原始投资少,资金周转快

公路运输与铁、水、航运输方式相比,所需固定设施简单,车辆购置费用一般也比较低,因此,投资兴办容易,投资回收期短。据有关资料表明,在正常经营情况下,公路运输的投资每年可周转1~3次,而铁路运输则需要3~4年才能周转1次。

5. 掌握车辆驾驶技术较易

与火车司机或飞机驾驶员的培训要求来说,汽车驾驶技术比较容易掌握,对驾驶员的各方面素质要求相对也比较低。

6. 运量较小,运输成本较高

目前,世界最大的汽车是美国航天局专门用来运输和启动的专用超大型工程挂车，该车重达 2 721 吨，长 40 米，宽 35 米，高 8 米，全车一共有 8 个履带，由 456 片长 2.28 米、宽 0.45 米的钢制履板结合而成；由于汽车载重量小，行驶阻力比铁路大 9～14 倍，所消耗的燃料又是价格较高的液体汽油或柴油，因此，除了航空运输，汽车运输成本最高。

7. 运行持续性较差

据有关统计资料表明，在各种现代运输方式中，公路的平均运距是最短的，运行持续性较差。如我国 2019 年公路平均运距客运为 68 公里，货运为 174 公里，而铁路平均运距客运为 402 公里，货运为 688 公里。

8. 安全性较低，污染环境较大

据历史记载，自汽车诞生以来，已经有 3 000 多万人因其丧生，特别是 20 世纪 90 年代开始，死于汽车交通事故的人数急剧增加，平均每年达 120 多万。这个数字超过了艾滋病、战争和结核病人每年的死亡人数。汽车所排出的尾气和引起的噪声也严重地威胁着人类的健康，是大城市环境污染的最大污染源之一。

（二）公路运输的主要功能

（1）担负中、短途运输。公路运输通常可担负 50 千米以内及 50～200 千米左右的中短途运输任务。

（2）衔接其他运输方式。主要用于为铁路、水运、航空等其他运输方式接运或集散客货。

（3）独立担负长途运输。对于其他运输方式尚未充分发展的地区，公路运输也可独立担负长途运输任务，特别是在抢险救灾、开辟新的地区及战时是比较有效的运输方式。

三、公路运输法概述

（一）公路运输法的概念

公路运输法是指人们利用汽车等交通工具，在从事客货运输活动中形成的调整各种社会关系的法律规范的总称，以及有关公路运输的法律、法规和规章。目前，我国尚无形式统一的公路运输法。

（二）公路运输法的基本内容

公路运输法律制度主要有两部分内容：一是规范公路运输的主体即公路

运输企业的法律制度,包括公路运输企业的设立、变更和终止、经营权、组织机构以及公路运输企业与交通主管部门的关系等内容;二是规范公路运输行为的法律制度,主要是公路运输合同法律制度,如公路客运合同、货运合同、多式联运合同等,具体阐述每种合同的概念、特征、合同订立程序、合同当事人的权利义务等内容。

1. 公路运输的主体范围

根据《中华人民共和国公路法》(以下简称《公路法》)《民法典》《中华人民共和国道路运输条例》等有关规定,下列单位和个人可以从事公路交通运输。

(1)公路运输企业。公路运输企业即从事公路营业性运输、具有法人资格、能独立承担民事责任的专业性运输企业,如各种公路运输企业和客货运站等。公路运输企业必须具备三个特征:首先,它是一种具有法人资格的企业;其次,它是专门从事公路运输的企业;再次,它是以营利为目的而从事公路运输的营业性企业。公路运输企业是公路运输主体中重要的组成部分,是公路运输的支柱,也是公路运输承运人。

(2)公路运输服务企业。公路运输服务企业指为公路货物或旅客运输服务的各种具有法人资格的企业,如从事代办公路运输手续、代办旅客、货物中转、代办组织货源、货物包装、仓储理货、存车等,从广义上讲,还包括将货物搬运装卸、汽车维修、机动车驾驶员培训等。

(3)其他从事公路营业性运输的单位。这类主体不具备前述公路运输企业所应有的一些条件,往往是兼营或临时经营营业性运输业务的单位。这类主体也可以作为公路运输中的承运人。

(4)个人。在市场经济条件下,国家允许个人(包括农民个人或联户)从事公路营业性运输。个人可以直接从事货运或客运,也可以从事公路运输服务业务,但必须遵守国家法律、法规对此的规定,不得违法经营。个人直接从事公路货物或旅客运输时,可称为运输个体户或个体运输户;当从事公路运输服务业务时,可称为运输服务个体户。

2. 公路运输的开业、变更和终止

从事营业性公路客货运输的主体,必须经过交主管部门审批、工商行政管理部门登记,方可正式从业。目前,我国对公路运输实行经营许可证制度,即只有经过县级以上交通主管部门批准或许可的单位和个人,方能向工商行政管理部门申领营业执照,从事运输业务;未经许可的,不得从事运输业务。

实践中，企业、其他单位或个体户在筹划成立时就应事先到规定的交通主管部门申报并经其批准，待具备法定条件后再依法办理审批、登记手续。

开业后，公路运输企业、其他单位和个人，必须在核定的范围内从事经营活动。在经营中，如果运输经营者合并、分立、迁移以及改变经营范围，必须经原批准经营的交通行政主管部门批准，并到工商行政管理部门办理变更登记。

根据《道路货物运输及站场管理规定》第十七条规定：道路货物运输和货运站经营者需要终止经营的，应当在终止经营之日 30 日前告知原许可的道路运输管理机构，并办理有关注销手续。

根据《道路旅客运输及客运站管理规定》第三十三条规定：客运站经营者终止经营的，应当提前 30 日告知原许可机关和进站经营者。原许可机关发现关闭客运站可能对社会公众利益造成重大影响的，应当采取措施对进站车辆进行分流，并在终止经营前 15 日向社会公告。客运站经营者应当在终止经营后 10 日内将《道路运输经营许可证》交回原发放机关。

3. 公路运输法律适用

1997 年 7 月 3 日由第八届全国人大常委会通过，于 1998 年 1 月 1 日正式实施的《公路法》，是调整公路方面各种社会关系的基本法。从广义上讲，公路运输法律关系包含有两个基本关系，即横向和纵向关系。横向关系主要是指公路运输中平等的民事主体之间发生的财产关系、经济关系；而纵向关系是指国家或交通管理部门在管理公路运输、车辆中发生的管理与被管理关系。与这两种不同向度的关系相适应，公路运输法律也分为调整横向公路运输关系、车辆关系方面的法律和调整纵向管理运输关系、车辆关系两大类。

横向的公路运输关系，主要包括公路运输承运人与托运人、收货人或旅客之间，运输保险人同被保险人之间的关系，适用于这些关系的法律规范主要包括《民法典》《保险法》《公路法》《道路货物运输及站场管理规定》《道路旅客运输及客运站管理规定》等。横向的车辆关系，主要包括车辆所有人、经营人、出租人之间，车辆抵押权人同抵押人之间的关系等，适用于这方面关系的法律，主要是《民法典》。

纵向的公路运输关系、车辆关系，主要是交通管理部门同公路运输当事人、车辆当事人之间的关系，适用于这种关系的现行法律主要有《公路法》《道路交通安全法》《道路交通安全法实施条例》《机动车驾驶证申领和使用规定》《公路安全保护条例》及其实施细则以及一些地方性法规等。

为规范市场主体行为，避免恶性竞争，体现优胜劣汰的原则，适用这些关系的法律有《反不正当竞争法》等。除上述公路运输适用的法律法规外，从事国内综合运输和国际多式联运的企业，还应当适用有关国内法律、法规和国际条约的规定，如《民法典》《关于发展联合运输若干问题的暂行规定》《联合运输工作暂行条例》《国际集装箱多式联运管理规则》《联合国国际货物多式联运公约》等。

第二节 公路旅客运输合同

一、公路旅客运输合同概述

公路旅客运输是指利用汽车运输旅客的运输活动。汽车作为现代交通工具，具有"门到门"运输的方便优势。目前，我国公路运输事业有了长足的发展，四通八达的城乡公路交通运输网，纵横交错的城市运输，高速公路的快速发展，日益增多的汽车运输工具，使公路运输越来越成为人们生活的重要内容。

（一）公路旅客运输合同的概念和特点

公路旅客运输合同，是指公路运输的承运人以适合运送旅客的汽车，经公路将旅客及其所带物品从一地送至另一地，由旅客支付票款的协议。根据该协议，公路承运人有义务将旅客安全、准时运输到旅行目的地，旅客有义务支付相应的票款或者其他费用。

公路旅客运输合同的承运人是指取得国务院交通行政主管部门批准的运输许可证的法人单位或者个人，旅客是持有有效车票乘车的自然人，包括外国人和中国人。

公路旅客运输合同，除了具有一般运输合同的特点之外，还具有如下的特点：

（1）公路客运合同一般采用票证形式，如车票、包车票、行李票、包裹票等。但旅客也可以与承运人签订具体的书面旅客运输合同。

（2）公路客运合同的标的是运送旅客行为，旅客本身又是运输合同当事人的一方。即旅客既是运输对象，又是运输合同的主体。

（3）公路运输合同本身应包括对旅客行李运送的内容。承运人应当按照有关规定或约定运送旅客一定数量的行李。旅客行李分为自带行李和托运行李。自带行李由承运人无偿运送，托运行李由旅客支付一定的运输费用。

（4）公路旅客合同的成立时间一般是承运人向旅客支付车票时，但当事人另有约定或者交易习惯的例外。《民法典》第八百一十四条规定："客运合同自承运人向旅客出具客票时成立，但是当事人另有约定或者另有交易习惯的除外。"在实践中，客运合同成立有以下四种情况：① 在采用先购票的方式下，合同自承运人向旅客支付车票时成立；② 在采用先上车后购票方式下，合同自旅客登上车时成立；③ 在采用取票预定方式下，合同自承运人交付车票时成立；④ 在采用送票预定方式下，合同自旅客签收车票时成立。

（5）公路客运合同的生效时间不同于成立时间。客运合同自检票时生效，客票尚未检票的，合同并未生效，车票主体可以变更即车票可以转让。

（二）公路旅客运输合同的种类

公路旅客运输可以根据不同的方法划分为不同种类，公路运输合同也可以相应地划分为不同种类。其基本的划分方法是以运输方式为依据，划分为班车客运、旅客客运和包车客运合同三种。

1. 班车客运合同

班车客运合同是指旅客与班车客运经营者订立的运送合同。班车客运经营是指客运经营者定点、定线进行的旅客运送经营。班车客运实行"强制缔约"，即对符合规定的旅客购买车票订立合同的要约，旅客经营者不得拒绝。

2. 旅游客运合同

旅游客运合同是指旅游客运经营者以旅游旅客之间订立的运输合同。旅游客运是指以运送旅游者游览观光为目的，其路线必须有一端位于名胜古迹、风景区等旅游点的一种营运方式。

3. 包车客运合同

包车客运合同是指运送人与用户将客车全部包给用户（旅客），在用户的指示下进行运输的合同。包车客运是旅客运输的一种营运方式，其特点是运送人遵照用户的指示进行运输，或按照行驶里程或包用时间收取运费。

二、公路旅客运输合同的订立

公路旅客运输合同的签订，通常是以旅客购票、车站售票行为完成的。车站将合法有效的车票交付给旅客，合同即告成立，双方当事人都应自觉履行合同规定的义务。由于旅客运输涉及人身安全问题，因而，《道路旅客运输及客运站管理规定》《中华人民共和国道路运输条例》等法律法规规定了承运人的基本条件。

（一）承运人的基本条件

1. 汽车客运经营者

汽车客运经营者必须办理有关手续，取得合法资格后方准予参加营业性汽车客运。根据《中华人民共和国道路运输条例》第八条的规定，申请从事客运经营的，应当具备下列条件：

（1）有与其经营业务相适应并经检测合格的车辆。

（2）有符合本条例第九条规定条件的驾驶人员。

（3）有健全的安全生产管理制度。

申请从事班线客运经营的，还应当有明确的线路和站点方案。

申请从事客运经营的，如果从事县级行政区域内客运经营的，应向县级道路运输管理机构提出申请；如果从事省、自治区、直辖市行政区域内跨 2 个县级以上行政区域客运经营的，应向其共同的上一级道路运输管理机构提出申请；如果从事跨省、自治区、直辖市行政区域客运经营的，应向所在地的省、自治区、直辖市道路运输管理机构提出申请。

收到申请的道路运输管理机构，应当自受理申请之日起 20 日内审查完毕，作出许可或者不予许可的决定。予以许可的，向申请人颁发道路运输经营许可证，并向申请人投入运输的车辆配发车辆营运证；不予许可的，应当书面通知申请人并说明理由。

对从事跨省、自治区、直辖市行政区域客运经营的申请，有关省、自治区、直辖市道路运输管理机构依照本条第二款规定颁发道路运输经营许可证前，应当与运输线路目的地的省、自治区、直辖市道路运输管理机构协商；协商不成的，应当报国务院交通主管部门决定。

客运经营者应当持道路运输经营许可证依法向工商行政管理机关办理有关登记手续。

2. 客车

营运客车必须经车辆管理部门审验合格；保持良好的技术状况，制动、转向系统以及灯光、喇叭、刮水器齐全有效；保持车容整洁卫生；门窗、座椅、行李架（仓）、绳网、雨布符合使用要求；车内备有票价表和旅客意见簿；车外装置与营运方式、种类相符的标志，客运班车悬挂班车线路牌，旅游车悬挂旅游车标志牌，出租车安装出租标志灯。

营运客车分普通客车、中级客车、高级客车三类。每类分大型、中型、小型三种。

普通客车是指无特殊舒适装备或车内设置分隔货仓的客车。中级客车是指比同类普通客车座位减少，舒适性提高，备有宽、软座椅，寒冷地区有暖气设备的客车。高级客车是指舒适性高、密封性好，具有高级软座椅、空调等设备的客车。

小型客车是指横排最多只能装置 3 个座位，座位总数为 15 座及以下的客车（包括轿车）。中型客车是指横排（包括通道的可折式座椅）最多只能装置 4 个座位，座位总数为 16~30 座的客车。大型客车是指横排（不包括通道）可以装置 4 个及 4 个以上座位，且座位总数为 31 座及以上的客车。

3. 车站

车站设置应布局合理，便于旅客集散和换乘，有利于旅客运输事业的发展。班车客运车站，划分为一、二、三、四级车站和招呼站。站级的划分和建设，按中华人民共和国交通部部颁标准（JT/T 200—2020）《汽车客运站级别划分和建设要求》执行。旅游客运站可参照执行，也可与班车客运站一并设置。

各级客运车站都应设置售票处、候车区、厕所；配备时钟、座椅，供应饮用水，公布班次时刻表、里程票价表、营运线路图、旅客须知，张贴禁运、限运物品宣传图，设置旅客意见簿、旅客留言牌、公告栏等，并根据当地需要配备御寒降温设施。各级客运站都应配有危险品检查员，负责查堵危险品。招呼站要设置清晰醒目的站牌。

一、二级客运车站除具备一般车站的设施外，其售票厅、候车室、行包房、小件寄存处要分设，并设置问询服务处、值班站长室、民警值班室、广播室和公用电话等。

客运车站内外应经常保持整洁卫生，窗明地净，通风良好，各项服务设施醒目有效。

4. 客车驾驶员和站务人员

客车驾驶员必须持有相应准驾车类的驾驶证，乘务人员应具备一定业务知识。根据《中华人民共和国道路运输条例》第九条的规定，从事客运经营的驾驶人员，应当符合下列条件：

（1）取得相应的机动车驾驶证。

（2）年龄不超过 60 周岁。

（3）3年内无重大以上交通责任事故记录。

（4）经设区的市级道路运输管理机构对有关客运法律法规、机动车维修和旅客急救基本知识考试合格。

驾、乘人员须遵守下列规定：

（1）严格遵守交通规则和操作规程，精心保养车辆，出车前、行车中、收车后，应认真做好车辆的安全检查。

（2）客车驾驶员应合理安排作息时间，保证充足睡眠，行车途中思想集中，每天驾驶时间不得过长，确保行车安全。根据《中华人民共和国道路运输条例》第二十八条的规定，驾驶人员连续驾驶时间不得超过4个小时。

（3）遵守运输纪律，执行远行计划，服从调度和现场指挥，正点运行。

（4）客车行经险桥、渡口、危险地段和加油前，要组织旅客下车；事后以及中途就餐、停歇后均须核实人数，方能开车。途中遇非常情况或发生事故，应尽快呼救，抢救伤员，保护现场，必要时组织旅客疏散。

（5）讲究职业道德，文明服务，礼貌待客，重点照顾有困难的旅客。

站务人员应具备一定业务知识，讲究职业道德，上岗时着标志服，衣帽整洁，佩戴服务标记，认真履行岗位职责，遵章守纪，待客热情，态度和蔼，服务周到，经常对旅客进行客运安全、卫生宣传。

（二）公路旅客车票

1. 旅客车票概述

公路旅客车票是客票的一种，它是公路旅客运输合同的基本形式，也是旅客与承运人之间确定运输权利义务关系的基本凭证，是承运人与旅客之间存在运输合同关系的基本证明。客票具有如下法律特性：

第一，客票具有有价证券的性质。客票不仅表明旅客乘运的班次、时间，而且其中还表明了旅客旅行的费用。承运人出售客票，实际上是承认了这张客票具有相应的价值。因此，任何伪造客票行为都是侵害承运人合法权益的行为，都应受到法律的制裁。

第二，旅客客票具有旅客运输合同的性质。旅客购票，是一种向承运人提出要约的行为。承运人按照旅客的要求售出车票的行为，就是一种承诺。旅客付款取得客票就在旅客和承运人之间形成旅客运输合同关系。因此，一张小小的车票，就是一份法律文书，记载一定的权利义务，是承运人与旅客关系的证明。

一般情况下，车票具有始发站、到达站、发车时间、班次和发售日期以及票价等内容。旅客持有有效车票，即享有相应的运输权利，有权要求承运人提供票面规定的旅行服务。

车票按不同的营运方式分为班车客票、旅游客票、出租车客票和包车票。

发售客票的地点、时间应从方便旅客出发，可采取车站售票、站外设点售票、随车售票、上门售票、电话订票和网络订票等多种方式。

成人及身高超过 1.3 米的儿童购买全价票，持一张全价票的旅客可免费携带 1.1 米以下儿童一人乘车，但不供给座位；携带免费乘车儿童超过一人或要求供给座位时，须购买儿童票。身高 1.1 米至 1.3 米的儿童购买半价儿童票，供给座位。

旅客应按规定购买与所要乘坐的班车类别、客车类型相符的客票。

需要躺卧的伤、病旅客，应按实际占用的座位购票。

凡持有证明，执行防汛、抢险、救灾等紧急任务的人员、新闻记者、革命残废军人可优先购票。

客票以票面指定的乘车日期、车次，一次完毕行程为有效期限。旅客中途终止旅行，客票即行失效。旅客因急病、受伤或临产必须中途终止旅行时，凭医院诊断证明和原客票，退还未乘区段票款，免收退票费。

旅客无票或持无效客票、不符合规定的客票乘车，除补收始发站至到达站全程客票价款外，并处以 100% 的罚款。

2. 误乘和漏乘的处理

旅客不能按票面指定日期、车次乘车时，可在该班车开车两小时前办理签证改乘，改乘以一次为限。开车前两小时内不办理签证改乘，可作退票处理，按规定核收退票费。因车站或运方责任，造成旅客误乘或漏乘的，按以下规定处理：

（1）发车站以最近一次班车将旅客运至原车票指定的车站。

（2）旅客留在车上的自理行包和携带品如有灭失、损坏，由责任方赔偿。

（3）旅客的其他直接经济损失，由责任方赔偿，但赔偿金额最多不超过旅客购车票价款的 100%。

旅客误乘，由发车站指定车次免费送回原乘车站或衔接站签证改乘；如旅客自愿在发车站下车或在返回的中途站下车，退回原票价款，补收自愿乘车站至下车站的票价；旅客送回原乘车站后，要求退票时，免收退票手续费。

3. 旅客遗失车票的处理

旅客遗失客票，应另行购票乘车。如事先申报，事后找到原客票，在商定时间内，经验证无讹，退还原票款，免收退票费。途中遗失客票，能取得确实证明者，允许继续乘车至原票到达站。

4. 无票乘车的处理

在运输过程中，经查出旅客无票、持用无效车票或涂改车票乘车者，除补收从始发站起至到达站的票价外，公路承运人可以按规定加收一定数额的票款。

旅客要求越站乘车，事先申明并经驾、乘人员同意，补收加乘区段票款。如不事先申明，其越乘区段按无票乘车处理。

旅客在始发站无票乘车，上车后即向驾、乘人员申明的，允许补票乘车，并加收补票手续费。

（三）旅客行李、包裹运输

1. 旅客行李包裹的托运

旅客的行李、包裹运输，也是旅客运输合同的一个组成部分，属于旅客运输合同的范围。但旅客在托运行李、包裹时，应当与承运人订立合同，明确各自的权利和义务。

（1）旅客托运行李包裹（简称行包），由站方开具汽车旅客运输行包票。行包要包装严密，捆扎牢固，标志明显，适宜装卸。每位旅客随车托运行包总重量一般不能超过40千克。行包单件重量不得超过30千克，体积不得超过0.12立方米。每1千克行包的体积超过0.003立方米为轻泡行包，按体积每0.003立方米折合1千克的折算标准确定计费重量。旅客随车托运行包重量如超过40千克，在本次班车不超载的前提下或其他车次有运输能力时，也可以受理。

（2）危险品及政府禁运物品不得夹入行包托运。对有疑义的行包，由车站会同托运人开启查看。托运限运物品应持有关证明。

（3）邮件、图书、影片运输和旅客行包保价托运，按各省、自治区、直辖市规定办理。

（4）机密文件、贵重物品、易碎品、易污品、武器、精密仪器、有价证券等物品须旅客自行携带看管。

（5）旅客自行携带看管的物品超过规定重量和体积的为自理行包，按行包计费，如占用座位，须按实购买车票。

（6）旅客托运规定重量内的行包，一般应与旅客同车运达；旅客托运超过规定重量的行包或非旅客的托运物品。最迟运达期限为7天。行包运到后，立即通知收件人提取，无法通知的予以公告。到达站从通知或公告次日起负责免费保管 2 天，超过 2 天，按不同的件重核收保管费。

托运行包凭行包票提取，如票遗失，应向到达站说明登记，经车站确认后，可凭有关证明提取。如行包已被他人持票取走，车站应协助查询，但不负赔偿责任。

（7）行包自到达站发出通知或公告后 10 天内无人提取时，车站应认真查找使物归原主，超过 90 天仍无人提取的（鲜活易腐物品及时处理），即按无法交付行包处理。无法交付行包，报经交通主管部门批准后，向当地有关部门作价移交，所得价款，扣除应付的费用，余款立账登记。在 180 天内仍无人领取时，上缴国库。

2. 旅客随身携带物品

（1）旅客随身携带乘车的物品，每一张全票（含残废军人票）免费 10 千克，每一张儿童票免费 5 千克；体积不能超过 0.02 立方米，长度不能超过 1.8 米，并以能放置本人座位下或车内行李架上为限。超过规定时，其超过部分按行包收费；占用座位时，按实际占用座位数购票。

（2）为保障旅客生命财产安全和公共卫生，不能携带下列物品乘车：① 易燃、易爆等危险品；② 有可能损坏、污染车辆和有碍其他旅客安全的物品；③ 动物；④ 有刺激性异味的物品；⑤ 尸体、尸骨；⑥ 法律和政府规定的禁运物品。

（3）在保证安全、卫生的条件下，乘坐城乡公共汽车和普通客班车的每一旅客可携带少数的雏禽或小型成禽成畜乘车，但须装入容器。具体准带数量，由各省、自治区、直辖市交通主管部门规定。

（4）军人、民兵和公安人员随身佩带的枪支及配备的适量子弹，经出示持枪证，可以携带乘车。

（四）旅游客运

旅游客运是以运送旅游者游览观光为目的，其线路必须有一端位于名胜古迹、风景区等旅游点的一种营运方式。从性质上来说，旅游客运也是旅客运输的一种形式，因而也适用关于旅客运输的各项规定。不过，鉴于旅游客运的特殊性，某些地方性法规又对此做了特别的规定：

（1）旅游客运的发车站点除要符合车站的游区线路图、旅游名胜简介、公布旅游车型、导游服务项目、食宿地点和食宿标准。

（2）提供旅游综合服务的旅游客车上，应备有饮水、常用药等服务性物品，并根据实际需要，装配御寒或降温设备，随车配有导游人员。

（3）提供旅游综合服务的旅游客运使用旅游客票，按旅游要求发售直达旅游客票或往返旅游客票，如代办食宿和其他服务的款项单独列出，载入旅游客票票面一并计收。无旅游综合服务的旅游客运，可使用班车客票。

（4）提供旅游综合服务的旅游客运，退票须在开车前办理，退还原票款中运费部分，核收退票费，代办食宿和其他服务费用根据具体情况办理；对不予退还的，应在售票时公告。无旅游综合服务的旅游客运，退票按班车退票办理。旅客中途终止旅游的，不予退票。

（五）出租车客运

出租车客运是以轿车、小型客车为主，根据用户要求的时间和地点行驶、上下及等待，按里程或时间计费的一种营运方式。关于出租车客运有以下规定：

（1）出租车要装置经有关部门检验、合乎标准的计价器，备有收费标准、计费办法和带有照片的出租车驾驶员编号牌。

（2）出租车客运的计费方式分为计程和计时两种。随车载运携带物品以不超过车内及行李舱的容积和负荷为限，不另收费。

（3）空驶出租车受乘客招拦停车后，一般不得拒绝乘客租用；租用过程中应按乘客指定到达地点，选择最佳路线行驶，严禁故意兜圈绕道多收费用。

（4）出租车受雇期间，未经租用人同意，驾驶员不得再招揽他人同乘。

（六）包车客运

包车客运是将客车包租给用户安排使用，按行驶里程或包用时间计费的一种营运方式。用户包车一般应事先向运输经营者预约，并填写"汽车旅客运输包车预约书"办理包车手续。用户要求变更使用包车的时间、地点或取消包车，须在使用前办理变更手续。

运输经营者要求变更车辆类型、约定时间或取消包车，亦应事先与用户协商，经同意后，方能变更。运输经营者自行变更车辆类型或未按约定时间供车者，按违约或延误供车处理。包车在用户包用期间，要服从用户的合理安排，保证车辆正常使用。包车必须使用包车票，不得使用其他票种。

三、公路旅客运输合同的履行

公路旅客运输合同的当事人应当认真履行各自的义务，保证运输合同的顺利履行。

（一）承运人的基本义务

公路旅客运输合同的承运人应当按照合同的规定，认真履行自己的义务。根据《民法典》及有关法律法规的规定，公路旅客运输合同的承运人的基本义务包括：

1. 车辆必须处于适运状态

旅客运输车辆的状况是安全的基础。不符合安全条件的车辆是不允许进行旅客运输运营服务活动的。《道路旅客运输及客运站管理规定》对客车、驾驶员、车站、站务员、乘务员等都做了基本的要求。

2. 保证旅客旅行的生命财产的安全

这是承运人最基本的义务。首先，承运人提供的交通工具要符合适运的要求，这是保证旅客旅行安全的前提；其次，在运输途中，承运人要做好安全服务工作，引导旅客安全上下运输工具。

3. 为旅客旅行提供良好的服务

服务是承运人履行旅客运输合同的基本内容。承运人要完善服务设施，明确服务项目及其服务的标准，使旅客在旅行过程中能有一个舒适的环境和完善的服务。

4. 按照规定的期限、班次将旅客运送至旅行目的地

逾期到达要承担相应的违约责任。《民法典》第八百二十条规定："承运人应当按照有效客票记载的时间、班次和座位号运输旅客。承运人迟延运输或者有其他不能正常运输情形的，应当及时告知和提醒旅客，采取必要的安置措施，并根据旅客的要求安排改乘其他班次或者退票；由此造成旅客损失的，承运人应当承担赔偿责任，但是不可归责于承运人的除外。"

5. 及时披露信息的义务

《民法典》第八百一十九条规定："承运人应当严格履行安全运输义务，及时告知旅客安全运输应当注意的事项。旅客对承运人为安全运输所做的合理安排应当积极协助和配合。"

在旅客运输中，旅客一般处于被动状态。因此，作为承运人来讲，有义务向旅客披露与旅客运输有关的各种信息。《民法典》第八百二十条规定："承运人应当按照有效客票记载的时间、班次和座位号运输旅客。承运人迟延运输或者有其他不能正常运输情形的，应当及时告知和提醒旅客，采取必要的

安置措施，并根据旅客的要求安排改乘其他班次或者退票；由此造成旅客损失的，承运人应当承担赔偿责任，但是不可归责于承运人的除外。"

6. 救助的义务

《民法典》第八百二十二条规定："承运人在运输过程中，应当尽力救助患有急病、分娩、遇险的旅客。"根据本条规定，承运人应当尽力救助有危急情况的旅客。旅客在旅行途中遇到急病、分娩、危险等特殊情况，承运人应当全力救助。这不仅是法律上的要求，也是道义上的要求。因为，旅客在旅行途中，完全处于承运人的管理之下，所有乘客都要听从乘务人员的引导，乘务人员有义务为旅客提供服务；当遇有紧急情况时，乘务人员负有帮助和解决的责任。

（二）旅客的基本义务

旅客的基本义务包括：

1. 及时支付运费

《民法典》第八百一十五条规定："旅客应当按照有效客票记载的时间、班次和座位号乘坐。旅客无票乘坐、超程乘坐、越级乘坐或者持不符合减价条件的优惠客票乘坐的，应当补交票款，承运人可以按照规定加收票款；旅客不支付票款的，承运人可以拒绝运输。实名制客运合同的旅客丢失客票的，可以请求承运人挂失补办，承运人不得再次收取票款和其他不合理费用。"这是旅客的基本义务。旅客不付票款，是不能乘车旅行的。

2. 遵守承运人的规章制度，保障运输安全

运输安全一方面靠承运人提供的运输设施和乘务人员的精心安排，另一方面也要靠旅客自己的注意。而旅客对自身安全的关注主要就体现在遵守承运人的规章制度上。因此，这也是旅客的基本义务；乘车旅客须遵守下列规定：

（1）自觉维护乘车秩序，服从站务及驾、乘人员安排，爱护公共设施，保持清洁卫生，讲究文明礼貌。

（2）一切旅客都应无例外地接受车站值勤人员对危险品的检查。

（3）七岁以下儿童乘车应有成人旅客携带。

（4）乘车时，要坐稳扶好，头、手不得伸出车外，不得翻越车窗，车未停稳不准上下，不准随便开启车门。

（5）车内不准吸烟，不准随地吐痰，行车中不要与驾驶员闲谈及妨碍驾驶操作。

（6）不准从车窗向外扔东西。

有下列情形之一者不准乘车：

（1）不遵守汽车客运规章而不听劝告者。

（2）精神失常无人护送或虽有人护送仍可能危及其他旅客安全。

（3）恶性传染病患者。

这些义务性要求都是为了保证旅客运输安全所必须采取的措施。

3. 不得携带危险物品乘坐交通工具

《民法典》第八百一十八条规定："旅客不得随身携带或者在行李中夹带易燃、易爆、有毒、有腐蚀性、有放射性以及可能危及运输工具上人身和财产安全的危险物品或者违禁物品。旅客违反前款规定的，承运人可以将危险物品或者违禁物品卸下、销毁或者送交有关部门。旅客坚持携带或者夹带危险物品或者违禁物品的，承运人应当拒绝运输。"

（三）运输费用

1. 客票费

汽车旅客运输按不同客运种类、不同客车类型、不同营运方式、不同级别的线路，实行不同的运价。汽车旅客运价和收费，按交通部汽车运价有关规定和各省、自治区、直辖市核定的运价费率执行。各类汽车客票票面金额由运费、旅客保险费、过渡费、过桥费、过隧道费、过路费等构成。原则上实行一票制。旅客办理补票或电话订票实行送票的，分别按票数收取补票手续费或送票费。

2. 包车运杂费

包车运杂费按以下规定计收：

（1）计程包车：按车辆抵载客地点起至包用完毕地点止的实际里程、客车核定载客量和包用车型的车公里运价计算。实际里程不足 1 公里按 1 公里计。起码计费里程为 15 公里。

计程包车因用户责任使车辆停歇，核收车辆停歇延滞费。计程包车日计费里程为 120 公里以上时，每天累计停歇时间 2 小时以内的不收车辆停歇延滞费；超过 2 小时的，其超出部分核收车辆停歇延滞费。车辆停歇时间以半小时为计算单位，超过半小时以半小时递进计费。车辆停歇延滞费按客车核定载客量和计时包车小时运价的 50% 计算。

（2）计时包车：按车辆到达约定地点至包用完毕的实际包用时间、客车核定载客量和包用车型的小时运价计算。计费起码时间为1小时，超过1小时，尾数不足半小时，以半小时递进计费。承运人耽搁的时间应予扣除，整日包车按8小时计费，超过8小时按实际包用时间计算。

（3）用户要求从外地调来客车，或从车站驶抵包车使用地之间的往返空驶里程应核收调车费。调车费按包用客车调车行驶里程运价的50%核收。

（4）因用户原因，造成的客车空驶，核收车辆空驶损失费。车辆空驶损失费按实际空驶里程计程运价的50%核收。

（5）承运人未如期供车，付给用户供车延误费，延误时间以半小时为计算单位，超过半小时以半小时递进计费。供车延误费按计时包车运价的50%计算。

（6）用户在用车前一天取消包车，承运人按预定包用客车计时整日包车运价一天运费的5%向用户核收包车取消费，当天取消包车的按10%核收包车取消费。

承运人未征得用户同意，单方取消包车，用车前一天通知用户的，由承运人按预定包用客车计时整日包车运价一天运费的5%向用户支付包车取消费；用车当天取消包车按10%支付包车取消费，如在预定用车时间后通知用户，承运人还应支付供车延误费。

（7）承运人或用户变更原预定客车类型，应按原预定包用客车计时整日包车运价一天运费的3%向对方付给包车变更费。

3. 行包运杂费

行包运杂费按以下规定计收：

（1）行包按每100千克/公里折合1.5人/公里普通大客车运价计算。

（2）行包装卸费（一装一卸）按件计算。

（3）行包保管费按每天每件计算。

（4）行包变更或取消托运手续费均以每票计算，运费多退少补，装卸费不予退还。

四、公路旅客运输合同的变更和解除

（一）公路旅客运输合同的变更

因特殊情况的发生，旅客和承运人都可以要求变更或者解除客运合同。变更和解除运输合同的基本标志是客票的改签或者办理退票。

1. 因旅客的原因变更

《民法典》第八百一十六条规定："旅客因自己的原因不能按照客票记载的时间乘坐的，应当在约定的期限内办理退票或者变更手续；逾期办理的，承运人可以不退票款，并不再承担运输义务。"旅客要求变更合同，应当遵守有关规定。不同的运输方式、不同的承运人对变更的条件规定的可能不一样，旅客在购票时应当认真阅读旅客旅行须知，弄清自己的权利和义务。一般来说，承运人在旅客乘运站、港都要公布旅行须知，在售票地点也要公布。因此，旅客要办理变更手续的，都应按照规定进行。

2. 因承运人的原因变更

承运人售出客票，在持票人与承运人之间形成旅客运输合同关系。持票旅客有权要求承运人按照票面载明的日期、班次将其运送至旅行目的地。《民法典》第八百二十条规定："承运人应当按照有效客票记载的时间、班次和座位号运输旅客。承运人迟延运输或者有其他不能正常运输情形的，应当及时告知和提醒旅客，采取必要的安置措施，并根据旅客的要求安排改乘其他班次或者退票；由此造成旅客损失的，承运人应当承担赔偿责任，但是不可归责于承运人的除外。"根据这一规定，承运人应保证旅客按时乘坐交通工具。在因为承运人的原因发生变更时，根据有关规定：

（1）班车在始发站停开、晚点或变更车辆类别时须及时公告。旅客要求改乘，由车站负责签证。变更车辆类别，应退还或补收票价差额。班车中途发生故障，客运经营者应迅速派相同或相近类别车辆接运。接运车辆类别如有变更，票价差额概不退补。

（2）因路线阻滞，班车必须改道行驶时，票价按改道实际里程计收。按改道里程发售客票后，如班车恢复原路线行驶，发车前由始发站将票价差额退还旅客。班车行至途中临时需要改线或绕道，票价差额不退不补。如不能继续行驶，旅客自愿在被阻点或返回途中停止旅行，应退还未乘区段的票款，自愿返回始发站的免费送回，退还全部票款；自愿在被阻点等候乘车，经站、车人员在客票上签证，可继续乘车。中途退给旅客的票款，经办站可向原发站或运方收回。

（3）因班车停开或改道运行，行包运输参照上述（1）（2）条办理。

（二）公路旅客运输合同的解除

因特殊情况的发生导致公路旅客运输合同的履行不可能或者不必要的，当事人可以解除合同。解除合同的主要标志就是退票。公路旅客运输合同的解除,也可以分为因旅客原因解除和因承运人的原因解除。

1. 因旅客的原因解除

《民法典》第八百一十六条规定:"旅客因自己的原因不能按照客票记载的时间乘坐的,应当在约定的期限内办理退票或者变更手续;逾期办理的,承运人可以不退票款,并不再承担运输义务。"

根据这一规定,旅客在规定时间内办理退票的,承运人应当予以办理,并核收手续费;逾期办理的,承运人可以拒绝办理,旅客无权要求承运人退还票款,也无权要求承运人继续履行运输义务。这一规定的目的在于保证运输秩序。由于旅客运输是人的位移活动,如果没有期限限制,则承运人就无法安排运输计划,不能保证运输的有序进行,从而导致运输的低效和无序。因此,明确旅客退票的期限是十分必要的。

根据有关规定,旅客办理退票或者停止运送行李包裹时,按以下规则处理:

(1)旅客退票按以下规定办理:①应在当次班车规定开车时间2小时前办理,最迟在开车后1小时内办理;开车1小时后,不办理退票;②车上发售的客票和签证改乘的客票不办理退票;③属客运经营者责任造成的退票,不收退票费;④旅客因急病、伤或临产必须中途终止旅行时,凭医院诊断证明和原客票,退还未乘区段票款,免收退票费。

(2)行包在起运前,旅客要求取消托运,可予以办理,并核收手续费。因班车停开或改道运行,行包运输参照有关规定办理。旅客要求在中途站停运行包时,一般不予受理。如旅客因急病、伤或临产必须中途终止旅行时,退还所托运行包未运区段运费;如要求运回原起运站或运往其他到达站时,应重新办理托运。途中或车上办理托运的行包要求停运,不退还运费。

(3)旅客退票,按以下规定计收退票费:①班车开车时间2小时前办理退票,按票面额10%计收退票费,不足3角按3角计算;班车开车时间2小时以内办理退票,按票面额20%计收退票费,不足5角按5角计算;班车开车后1小时以内办理退票,按票面额50%计收退票费,不足1元按1元计算;②旅游客车开车24小时前办理退票,按票面额10%收取退票费,不足5角按5角计收;开车前24小时之内按50%收取退票费,开车后不办理退票。

2. 因承运人的原因解除

《民法典》第八百二十条规定:"承运人应当按照有效客票记载的时间、班次和座位号运输旅客。承运人迟延运输或者有其他不能正常运输情形的,应当及时告知和提醒旅客,采取必要的安置措施,并根据旅客的要求安排改乘其他班次或者退票;由此造成旅客损失的,承运人应当承担赔偿责任,但是不可归责于承运人的除外。"根据这一规定,因承运人的原因而导致不能按时运送的,旅客有权要求退票,承运人不能收取退票手续费。

《民法典》第八百二十一条规定:"承运人擅自降低服务标准的,应当根据旅客的请求退票或者减收票款;提高服务标准的,不得加收票款。"

五、违反公路旅客运输合同的责任

在履行旅客运输合同时,因承运人的责任而造成旅客运输事故时,或者因旅客的责任而造成承运人财产损失的,都应当根据过错大小承担违约责任。也就是说,在公路旅客运输合同中,违约责任采用的是过错责任原则。

(一)承运人违反客运合同的责任

承运人要及时、安全将旅客和行李运至目的地,并为旅客提供良好的旅行服务,这是承运人的基本义务,违反合同规定的义务,则要承担相应的法律责任。

1. 对旅客伤害的赔偿责任

承运人对旅客运输实行安全运输的原则。旅客在运输过程中发生死亡,除旅客自身原因外,都应当承担赔偿责任。《民法典》第八百二十三条规定:"承运人应当对运输过程中旅客的伤亡承担赔偿责任;但是,伤亡是旅客自身健康原因造成的或者承运人证明伤亡是旅客故意、重大过失造成的除外。前款规定适用于按照规定免票、持优待票或者经承运人许可搭乘的无票旅客。"

《民法典》的这一规定,包含两个方面的内容:

(1)承运人对于旅客运输损害赔偿实行的是推定过错责任原则,也就是说,除法律规定可以免责的情况外,承运人都要承担赔偿责任,包括第三人的责任造成的人身伤亡,承运人也仍然要首先承担赔偿责任,然后向有责任的第三者追偿。

(2)承运人对于因旅客自身的原因造成的损害,不承担赔偿责任。

所谓"旅客自身原因"主要包括三个方面:一是因旅客的故意行为造成的伤害。例如旅客不遵守承运人的运输安全规章制度,在车辆运行中擅自打开车窗跳车而造成人身伤亡的,应当由旅客自身负责,承运人不承担赔偿责任。但承运人负有举证责任。二是因旅客的重大过失而造成的伤害。重大过失与故意的区别在于前者自信能够避免危险的发生而做出某种行为,而后者则是明知可能发生某种危害后果而为之。不管是重大过失还是故意,都可以免除承运人的赔偿责任。但承运人负有举证责任。三是因旅客健康原因造成的伤亡。旅客健康原因就是旅客因病死亡或者伤残，这类情况承运人也不负赔偿责任。

承运人要免除自己的赔偿责任，负有举证责任。所谓举证责任，是指要提出证明自己不承担责任的理由和证据。如果承运人不能举证证明自己可以免责，则要承担赔偿责任。关于赔偿标准，一般都实行限额赔偿原则，限额由国务院或者国务院运输主管部门规定。

2. 变更交通工具的责任

旅客购买不同等级、座别的客票，就应当享受同样等级的服务。承运人不按照旅客所持票面安排旅客乘运，擅自降低旅客本应得到的服务标准，属于违约行为，当然应当承担违约责任。对于降低服务标准的，旅客有权要求承运人退还票款或者减收相应的票款。

承运人为了保证旅客的旅行，在没有相同等级的运输工具情况下，可以安排比旅客票面载明的等级较高的运输工具将旅客运送到目的地。在这种情况下，承运人不应加收票款。《民法典》第八百二十一条规定："承运人擅自降低服务标准的，应当根据旅客的请求退票或者减收票款；提高服务标准的，不得加收票款。"

3. 旅客行李的损害赔偿

对于旅客行李的运输，实行过错责任原则。也就是说在承运人有过错的情况下，才承担赔偿义务。《民法典》第八百二十四条规定："在运输过程中旅客随身携带物品毁损、灭失，承运人有过错的，应当承担赔偿责任。旅客托运的行李毁损、灭失的，适用货物运输的有关规定。"

所谓过错，是指当事人的故意和过失，是一种心理状态。只有在承运人故意或者过失造成旅客的行李损失的情况下，承运人才承担赔偿责任。如果承运人没有过错，而是由于非承运人原因造成旅客自带行李损失的，承运人不承担赔偿责任。但是，承运人负有提出证据证明自己无过错的举证责任。对于行李的损害赔偿，公路运输规定了限额赔偿制度，同时通过保价运输来补偿托运人的损失不足部分。

以上是《民法典》关于承运人责任的规定。原《汽车旅客运输规则》对于承运人和车站的责任也做了规定。

（1）旅客运输过程中发生下列情况，均由车站承担责任：① 由于车站在发售客票中填错发车的日期、班次、开车时间，造成旅客误乘或漏乘的；② 由于检票、发车、填写路单失误造成旅客误乘、漏乘的；③ 在车站保管、装卸、交接过程中造成旅客寄存物品和托运行包损坏、灭失或错运的；④ 由于不按时检票或不及时接车造成班车晚点运行的；⑤ 由于站方原因发生的其他问题。

（2）旅客运输过程中发生下列情况，均由运方承担责任：① 因客车技术状况或装备的问题，造成旅客人身伤害及行包损坏、灭失的；② 因驾驶员违章行驶或操作造成人身伤害及行包损坏、灭失；③ 因驾驶员擅自改变运行计划，如提前开车致使旅客漏乘等，造成的直接经济损失；④ 在行车途中发生托运行包灭失、损坏的；⑤ 不按运行计划或合同向车站提供完好车辆；⑥ 由于运方原因发生的其他问题。

（3）旅客运输过程中因下列情况造成损失，经营者不负赔偿责任：① 被有关部门查获处理的物品；② 行包包装完整无异，而内部缺损、变质；③ 旅客自行看管的物品非经营者责任造成的损失；④ 不可抗力。

4. 承运人赔偿限额

因车站或运方责任，造成旅客误乘或漏乘的并造成旅客的其他直接经济损失，由责任方赔偿，但赔偿金额最多不超过旅客购车票价款的 100%。因车站或运方责任造成的托运行包灭失、损坏的，按照全部损失全部赔偿，部分损失部分赔偿的原则，由责任方按下列规定赔偿：

（1）非保价行包每千克最高赔偿额一般不超过 10 元，如失主持有证明物品内容和价格的凭证，可按国家定价或比照当地国营商店同类商品价格赔偿。

（2）损坏物品能修复者，按修理费加送修运费赔偿；不能修复，但尚能使用者，按损失程度所减低的价值赔偿。

（3）保价行包灭失，按托运时申明的价格赔偿。部分灭失，按声明价格赔偿灭失部分。

（4）灭失行包的运杂费要全额退还。

因车站责任造成寄存物品损坏、灭失的按每千克最多不超过 20 元的金额赔偿。

（二）旅客违反客运合同的责任

旅客不履行合同规定的义务，要承担相应的法律责任。

1. 支付票款的责任

旅客支付票款一般在购票时完成，但也有在旅行中购票的，或者旅客超程乘运而导致票款未付的情况。因此，旅客要及时补交票款。如果不补交的，要承担违约责任。

2. 旅客对承运人的财产损害责任

旅客在旅行中，要遵守运输法律法规，遵守运输企业的规章制度，保证运输安全。因旅客的责任造成承运人财产损失的，也要承担相应的法律责任。例如，旅客故意损坏交通运输工具内部设施，要承担赔偿责任；旅客将他人的财物损坏，要照价赔偿；旅客携带危险品进入交通工具，造成承运人财产损失或者他人人身伤害的，除了要承担民事赔偿责任外，还要根据情节，追究其行政责任或者刑事责任；等等。

旅客运输过程中发生的下列情况，均由旅客承担责任：

（1）旅客无票、持无效客票或不符合规定的客票乘车的。
（2）隐瞒酒醉、恶性传染病乘车造成污染，危及其他旅客的。
（3）夹带危险品或其他政府禁运物品进站、上车、托运的。
（4）损坏车站客车设施和设备或造成其他旅客伤害的。
（5）自理行包和随身携带的物品丢失、损坏的。
（6）客车中途停靠不按时上车造成漏乘错乘的。
（7）旅客乘车途中自身病害造成的伤亡和损失。
（8）由于旅客原因发生的其他问题。

第三节　公路货物运输合同

一、公路货物运输合同的概念和内容

（一）公路货物运输合同的概念

公路货物运输合同是汽车承运人与托运人之间签订的明确相互权利义务关系的协议。根据该协议，承运人应当按照托运人的要求将货物按期运到指定的目的站，交给指定的收货人。承运人的基本权利就是收取运费，托运人的基本权利就是要求承运人及时将货物按时完整运至到站交给收货人。公路货物运输合同除具有一般运输合同的特点外，还有以下几个特点：

（1）承运人必须是经过交通行政主管部门批准并持有运输经营许可证的单位和个人。

个体汽车运输货物在农村运输市场中占有很大的份额，是一支重要的运输力量。为保证运输安全，国家的交通行政主管部门必须对运输工具、司机进行行业管理，明确职责，确保货物运输的安全。

（2）公路货物运输具有门到门的优势和特点，因此，公路货物运输合同可以是全程运输合同。

即交由公路承运人通过不同的运输工具一次完成运输的全过程。

（3）承运人许多义务是强制性的。

如定期检修车辆，确保车辆处于适运状态；运费的计算和收取必须按照有关部门的规定进行，不得乱收费等。

（二）公路货物运输合同的主要内容

公路货物运输合同的主要内容体现在合同的主要条款内。根据公路货物运输合同有关法规规章的规定，公路货物运输合同应当包括以下主要条款：

1. 运输货物的情况

合同中要对运输的货物作出明确的规定，包括货物的名称、性质、体积、数量及包装标准。这是公路货物运输合同的重要条款。一般来说，这些内容都是由托运人填写、经承运人确认后成立的。货物名称要按规范的要求填写，不能用通俗名称，货物的性质也要如实申明，避免因对货物性质的不同理解而导致在运输途中发生损失；包装标准应当注明采用何种包装、包装适用的标准名称等内容。

2. 运输条件

运输条件包括货物起运和到达地点、运距、收发货人名称及详细地址。这是保证货物能够安全、完整、及时运至到站并交付给收货人的重要前提。在实践中有的托运人不注意填写收货人准确的名称、地址和联系电话，导致货物运到后难以交付；有的则笔迹潦草，难以辨认，导致运错到站。因此，对这个条款，双方当事人一定要核对清楚，不能马虎。

3. 运输质量

运输质量要求包括安全、及时将货物运到目的地并交付给指定的收货人。在运输途中货物不能损坏、不能丢失，要保证运输中的安全。在公路货物运输有关规章中对此问题也有明确的要求。

4. 货物装卸

对货物装卸有特殊要求的，应在本条款中明确。装卸方法应当详细具体，便于操作。为保证安全装卸，应当对货物的装卸条件和装卸说明书之类的文件由谁提供作出规定。

5. 货物的交接手续

货物交接手续直接关系到责任。因此，托运人在托运货物时一定与承运人清点清楚，必要时，可以对货物的具体情况进行说明。承运人在到站交付货物时，也要向收货人清点。

6. 批量货物运输起止日期

年、季、月度合同的运输计划（文书、表格、电报）提送期限和运输计划的最大限量。

7. 运杂费计算标准及结算方式

一般来说，运杂费标准由国家有关部门规定。但随着市场的变化，公路货物运输费用当事人协商的成分要多一些。不少合同当事人在签订合同时对运费直接进行协商，一口价到底，包门到门运输。结算方式主要是银行结算，对于小额运费也可以用现金支付。

8. 变更、解除合同的规定

当事人可以约定变更和解除合同的条件。如果没有约定的，则依照法律的规定办理运输变更和解除合同的手续。

9. 违约责任

违约责任有法定责任和约定责任两种。法定责任即使当事人没有约定，一旦法定的情况出现，当事人也要承担法律责任。约定责任则由双方当事人在签订合同时明确。当约定的情况出现时，责任人要承担法律责任。对免责条款要在合同中明确。如果免责条款显失公平，不利于托运人的，托运人有权请求人民法院或者仲裁机构予以撤销。

10. 双方商定的其他条款

其他条款包括当事人认为必须在合同中明确的内容，也应当在合同中详细列明。

二、公路货物运输合同的签订和履行

（一）公路货物运输合同的签订

签订公路货物运输合同必须遵守平等互利、协商一致的原则，任何一方不得强迫另一方接受不平等的条款。

1. 公路运输的承运人必须符合规定的条件

承运人是指以自己的名义与委托人订立合同，并且以运送物品为营业而收取运费的人。公路运输承运人必须符合规定的条件。根据《中华人民共和国道路运输条例》第二十一条规定，申请从事货运经营的，应当具备下列条件：

（1）有与其经营业务相适应并经检测合格的车辆；

（2）有符合本条例第二十二条规定条件的驾驶人员；

（3）有健全的安全生产管理制度。

根据《中华人民共和国道路运输条例》第二十二条规定，从事货运经营的驾驶人员，应当符合下列条件：

（1）取得相应的机动车驾驶证；

（2）年龄不超过60周岁；

（3）经设区的市级道路运输管理机构对有关货运法律法规、机动车维修和货物装载保管基本知识考试合格，使用总质量4 500千克及以下普通货运车辆的驾驶人员除外。

根据《中华人民共和国道路运输条例》第二十三条规定，申请从事危险货物运输经营的，还应当具备下列条件：

（1）有5辆以上经检测合格的危险货物运输专用车辆、设备；

（2）有经所在地设区的市级人民政府交通主管部门考试合格，取得上岗资格证的驾驶人员、装卸管理人员、押运人员；

（3）危险货物运输专用车辆配有必要的通讯工具；

（4）有健全的安全生产管理制度。

依照前款规定收到申请的道路运输管理机构，应当自受理申请之日起20日内审查完毕，作出许可或者不予许可的决定。予以许可的，向申请人颁发道路运输经营许可证，并向申请人投入运输的车辆配发车辆营运证；不予许可的，应当书面通知申请人并说明理由。

使用总质量4 500千克及以下普通货运车辆从事普通货运经营的，无需按照本条规定申请取得道路运输经营许可证及车辆营运证。

2. 签订合同的程序

公路承运人、托运人双方根据需要，可订立年度、季度、月度货物运输合同，亦可按货物的批量订立运输合同。年、季、月度货物运输合同签订后，托运方应在合同商定的期限内，向承运方提送履行合同的月、旬、日运输计划。运输计划是货物运输合同的组成部分。年度、季度和月度货物运输合同，自双方当事人协商一致后生效，按批运输的合同则由托运人向公路承运人提出要约，填写托运单并向公路承运人交付运送的货物，经公路承运人签认后合同生效。

代订运输合同，要有委托单位证明。根据授权范围，以委托单位名义签订，对委托单位直接产生权利和义务。

3. 托运与承运

公路货物运输分整批与零担。托运人一次托运货物在2.5吨（包括2.5吨）以上为整批运输，不满2.5吨的货物，为零担运输托运货物，不论整批与零担，托运方均需向起运车站办理托手续。受理托运后，车站应坚持核实验货制度。零担货物应逐一系上格式统一的货签。

托运超限货物，托运方应提供该货物的说明书。鲜活物品，运方须向车站说明最长的允许运输期限。政府法令限运以及需要办理卫生检疫、公安监理等手续的货物，应随附有关证明。

托运方应按国家规定标准包装，没有包装标准规定的货物，应根据货物的重量、性质、运输距离等条件，按照运输需要，做好包装，保证货物安全。托运人根据货物性质，按照国家规定，在货物包装上做好运输包装指示标志。

4. 公路货物运输合同当事人的权利和义务

（1）托运人的权利和义务。

第一，准运证应由托运人提供。长大、笨重货物、危险品和国家限运以及需要办理检疫、商检、海关、公安、监理手续的货物，交运前，托运方应提供有关机关的准运证明。

第二，应当按规定支付运费。运输费用可由双方协商，但必须遵守国家关于运输费用的强制性的规定，不得乱收费。属于公共运输服务的，承运人应当公告运费表，运费的计算标准应按计算重量及计费里程确定。其他运费包括：调车费、延滞费、货物落空损失费、车辆货物处置费、装卸费、过渡口过路过桥费、保管费、变更运输费等。

第三，按合同约定时间准备好货物，在货物起运期内及时发货、收货，所装货物符合合同签订内容，装卸地点、货场具备承运方正常通车条件。

第四，负责装卸时，应准备相应的劳力和装卸机具，按约定时间和质量要求完成装卸。

第五，装运散装货物，应提供计量设备，按规定标准装载。需要包装的货物，必须符合国家或国家主管部门规定的包装标准；国家未规定包装标准的货物，应在保证运输安全的原则下进行包装。

第六，运输危险货物应当配备必要的押运人员，保证危险货物处于押运人员的监管之下，并悬挂明显的危险货物运输标志。托运危险货物的，应当向货运经营者说明危险货物的品名、性质、应急处置方法等情况，并严格按照国家有关规定包装，设置明显标志。

第七，托运超限货物，应事先向承运方提供货物说明书，需要特殊加固车厢时，应负担所需费用。

（2）承运人的主要权利和义务。

承运人的主要权利是收取运费，要求托运人、收货人赔偿损失。主要义务包括：

第一，按合同规定的期限、数量、起止点，合理调派车辆，完成运输任务。运输期限为承运人履行运输义务、承担承运责任的期限。运输期限一般由当事人协商确定。承运人应根据承运货物的需要，按货物的不同特质，提供技术状况良好、经济适用的车辆，并能满足所运货物重量的要求。承运特种货物的车辆和集装箱运输车辆，需配合符合运输要求的特殊装置或专用设备。

第二，负责装卸时，应严格遵守作业规程和装载标准，保证装卸质量。

第三，合理保管货物，保证货物安全。承运人的保管义务是指承运人在运输期间，应以善良管理人的注意，妥善保管所运送的货物，如安排装货的车辆，货箱要完整清洁，货物要捆扎牢固，苫盖严密。运输途中要定时检查，发现异常情况应及时采取措施，保证运输质量。在有押运人员的情况下，承运人应协助押运人员共同做好货物运输安全工作。

第四，承运人应采取必要措施，防止货物脱落、扬撒等。装运鲜活、易腐等有特殊要求的货物，应承担专门约定的义务。运输危险货物应当采取必要措施，防止危险货物燃烧、爆炸、辐射、泄漏等。

第五，按照托运人的指示而处分的义务。为保护托运人在交易上的安全，托运人可以指示承运人行使货物处分权。承运人尚未将货物送达给收货人时，托运人有权请求承运人中止运送、返还货物或其他处分的权利。

（3）收货人的权利和义务。

收货人的权利和义务主要表现为：当承运人将货物送达目的地后，收货人有根据相关收货凭证取得货物的权利；收货人验收货物时，若发现货物短缺或灭失，有请求承运人赔偿的权利。收货人的义务主要包括：收到提货通知单后，应按照规定时间验收和提取货物；支付有关运输费用等义务。

（二）公路货物运输合同的履行

公路货物运输合同一经成立，当事人双方都必须按合同的规定认真履行各自义务。

1. 承运人的履行

承运人要按照合同的规定，及时将货物安全、完整、及时运至目的地，交付给收货人。因承运人的责任造成货物损失的，要承担赔偿责任；逾期运到的，要承担违约责任。

《民法典》第八百三十条规定："货物运输到达后，承运人知道收货人的，应当及时通知收货人，收货人应当及时提货。收货人逾期提货的，应当向承运人支付保管费等费用。"

《民法典》第八百三十二条规定："承运人对运输过程中货物的毁损、灭失承担赔偿责任。但是，承运人证明货物的毁损、灭失是因不可抗力、货物本身的自然性质或者合理损耗以及托运人、收货人的过错造成的，不承担赔偿责任。"

2. 托运人的履行

在货物承运时，托运人应当履行的义务主要包括：① 及时提供运输的货物。② 按照包装的有关规定，对运输的货物进行包装，保证货物的包装符合运输安全的要求。需要凭证明文件运输的，应当提供完整的证明文件等。③ 按照规定及时支付运输费用。④ 对在运输中途需要饲养、照料的动物、植物、易腐货物、各种贵重物品以及军械、弹药、爆炸品和其他需要押运的物品，应由托运方派人押运。押运人免费乘车，负责运输途中货物保管、照料。押运人每车以一人为限，因货物性质需要增派押运人员时，在保证安全的情况下，经车站负责人签证，可适当增加押运人数。车站对押运人员应告知安全注意事项，并提供工作和生活上的便利条件。

《民法典》第八百二十五条规定："托运人办理货物运输，应当向承运人准确表明收货人的姓名、名称或者凭指示的收货人，货物的名称、性质、重量、数量、收货地点等有关货物运输的必要情况。因托运人申报不实或者遗漏重要情况，造成承运人损失的，托运人应当承担赔偿责任。"

《民法典》第八百二十八条规定："托运人托运易燃、易爆、有毒、有腐蚀性、有放射性等危险物品的，应当按照国家有关危险物品运输的规定对危险物品妥善包装，做出危险物品标志和标签，并将有关危险物品的名称、性质和防范措施的书面材料提交承运人。托运人违反前款规定的，承运人可以拒绝运输,也可以采取相应措施以避免损失的发生,因此产生的费用由托运人负担。"

3. 履行中的问题

(1)装车与卸车。货物装卸:站内由车站负责;站外,车站有装卸力量者,由车站负责,车站无装卸力量者,由托运方负责组织,随到随装卸。凡货物装运前、装运后的车辆需要特殊清洗消毒时,由托运方或收货单位负责。

(2)装载特种货物,所需的垫隔、加固材料、捆扎用铁丝、绳索等,均由托运方供给。运达后随货物交收货单位。装卸货物时,驾驶人员要负责点件交接并检查装载情况。运输途中,要定时检查,发现问题,及时采取措施,确保运输安全。

(3)到达与交付。整批货物运抵指定地点交付后,收货单位应在货票上签收,由驾驶员交到达站或带回起运站。零担货物由收货人向到达车站(仓库)凭货票提取。卸货时,如发现货损货差,车站应会同有关人员做好现场记录,收货单位不得拒收。

(4)在货物装卸和运输过程中,合同双方当事人都应按合同规定办好货物交接手续,做到责任分明。托运方应凭约定的装货手续发货。装货时,双方当事人应在场点件交接,并查看包装及装载是否符合规定标准,承运方确认无误后,应在托运方发货单上签字;货物运达指定地点后,收货人和承运方应在场点件交接,收货人确认无误后,应在承运方所持的运费结算凭证上签字。如发现有差错,双方当事人应共同查明情况,分清责任,由收货人在运费凭证上批注清楚。

(5)收货单位如货票遗失,应及时向车站说明登记,经车站确认后,可凭单位证明或其他有效证件提货。如收货单位向车站说明前,货物已被他人持票提走,车站协助查询,不负责赔偿。

(6)货物装车或运抵到达站交货时,承托双方对货物重量和内容如有疑义,均可提出查验与复磅,如有不符,各有关方协商处理。凡卸在车站(仓库)的货物,车站应即通知收货单位提货。一般货物,从通知提货的次日起,超过 3 个月无人提取者,车站按无法交付货物办理。对不易保管的货物,由车站根据情况请示上级主管部门及时处理。

(7)车站对无法交付的货物,经报请运输主管部门批准后,根据物资归口原则,向当地物资主管部门做有价移交,移交所得价款,扣除应付的各项费用外,余款应立账登记,在 6 个月内仍无人领取时,上缴国库。对军用品、违禁品、历史文物等应向国家指定的部门作无价移交。

三、公路货物运输合同的变更和解除

运输合同签订后，任何一方不得擅自变更或解除。如确有特殊原因不能继续履行或需变更时，需经双方同意，并在合同规定的时间内办理变更。如在合同规定的期限外提出，必须负担对方已造成的实际损失。涉及国家指令性计划的运输合同，在签订变更或解除协议前，须报下达计划的主管部门核准。

（一）公路货物运输合同的变更

托运人在办理托运手续后可以要求变更运输合同。变更运输合同可以是主体的变更，比如变更收货人，也可以是到站的变更。但不管是何种情况的变更，都要遵守以下程序：

托运方对已托运的货物，要求变更到达站、变更收货单位或取消托运，须向受理车站提出书面申请。承运人在接到申请后，应当认真审查，符合变更条件的，应当同意并办理相应的变更手续。

货物承运后，由于发生自然灾害，道路阻滞时，车站应及时与托运方协商处理。对已运至中途的货物，如就近卸存或接驳产生的费用，由托运方负责。如托运方要求运回起运站，运费照收，退回未完成部分，免费运回。如需绕道运送或变更到达站和收货单位，运费照实核收。由于上述原因存放在承运方仓库待运的货物，免收保管费。

（二）公路货物运输合同的解除

公路货物运输合同的解除，是指由于某种原因的发生，运输货物已经没有必要，双方协商终止履行合同的行为。合同解除的原因主要有：

（1）因自然灾害造成运输线路断阻；
（2）市场变化，托运人认为该批货物已经没有发运必要的；
（3）执行政府命令影响按时履行运输合同；
（4）双方商定的其他情况。

对于需要解除运输合同的情况发生时，一方应及时通知另一方提出处理意见。

（三）变更和解除的形式

变更或解除运输合同，应当以书面形式（包括公函、电报、变更计划表）提出或答复。

四、公路货物运输合同的违约责任

公路货物运输合同当事人不履行合同规定的义务，要承担相应的违约责任。违约责任既包括支付违约金，也包括因货物损失而产生的赔偿金。

（一）承运方责任

（1）由于承运方过错，造成货物逾期到达，应按合同规定支付对方违约金。

（2）从货物装运时起，至货物运抵到达地交付完毕时止，承运方应对货物的灭失、短少、变质、污染、损坏负责，并按货物实际损失赔偿。但有下列情况之一者除外：①不可抗力；②货物的自然损耗或性质变化；③包装不符合规定（无法从外部发现）；④包装完整无损而内装货物短损、变质；⑤托运方的过错；⑥有押运人且不属承运方责任的；⑦其他经查证非承运方责任造成的损失。

（3）货物错运到达地或收货人，由承运方无偿运到规定地点，交给指定的收货人，由此造成的货物逾期到达，向对方支付违约金。承运人和委托人双方对货物逾期到达、车辆延滞、装货落空都负有责任时，按各自责任所造成的损失相互赔偿。

（4）货物赔偿价格，按实际损失价格赔偿。如货物部分损坏，应按损坏货物所减低的金额或按修理费用赔偿。赔偿费用应专账支付，不得在运费内扣抵。

承运人的赔偿责任，分限额赔偿和实际损失赔偿两种。法律、行政法规对赔偿责任限额有规定的，依照其规定；尚未规定赔偿责任限额的，按货物的实际损失赔偿。

在保价运输中，货物全部灭失，按货物保价声明价格赔偿；货物部分损毁或灭失，按实际损失赔偿；货物实际损失高于声明价格的，按声明价格赔偿；货物能修复的，按修理费加维修取送费赔偿。保险运输按投保人与保险公司商定的协议办理。

（二）托运方的责任

（1）未按合同规定的时间和要求提供托运的货物，应按合同规定支付给对方违约金。

（2）由于托运人发生下列过错造成事故，致使车辆、机具、设备损坏、腐蚀或人身伤亡以及涉及第三者物质的损失，应由托运人负赔偿责任：①在普通货物中夹带、匿报危险品或其他违反危险品运输规定的行为；② 错报笨重货物重量；③ 货物包装不良或未按规定制作标志。

（3）货物包装完整无损而货物短损、变质，收货人拒收，或货物运抵到达地找不到收货人，以及由托运方负责装卸的货物，超过合同规定装卸时间所造成的损失，均应由托运方负责赔偿。

（4）由于托运方责任给承运部门造成损失，或因虚报而造成他人生命财产损失时，除由托运方负责赔偿外，必要时应交有关部门处理。

（5）托运方对承运方的赔偿要求，凡起运前发现而要求赔偿的，由起运车站负责处理，其他由到达站负责处理。但行车肇事所引起的货运事故，应由事故发生地的就近车站，会同当地监理部门和有关单位作出现场记录，由责任人承担赔偿责任。

（6）要求赔偿有效期限，从货物开票之日起，不得超过 6 个月。从提出赔偿要求之日起，责任方应在 2 个月内作出处理。

（三）收货人的责任

（1）收货人逾期领取货物要承担货物的仓储保管费。

（2）收货人应当补交托运人未交或者少交的运费，迟交的要承担滞纳金。

（3）因收货人的取货行为而造成公路承运人其他财产损失的，应承担赔偿责任。

（四）其他问题

（1）关于违约金、赔偿金。当事人可以约定违约金，但一般最高不应超过违约部分运量应计运费的 10%。

（2）货物的灭失、短少按灭失、短少货物的价值赔偿；货物的变质、污染、损坏按受损货物所减低价值或修理费赔偿。

（3）造成车辆、设备损坏或第三者物质损失，按损坏或损失部分的价值赔偿。

（4）造成车辆空驶损失或延误损失，按空驶损失费或延滞费赔偿。

（5）违约金、赔偿金应在明确责任后 10 日内偿付，否则按逾期付款处理；任何一方不得自行用扣发货物或扣付运费来充抵。

（6）时效。承、托双方彼此之间要求赔偿的时效，从货物运抵到达地点的次日起算，不超过 180 日。赔偿要求应以书面形式提出，对方应在收到书面赔偿要求的次日起 60 日内处理。

第四节 公路货物运输国际公约

为了统一公路运输所使用的单证和承运人责任起见,联合国所属欧洲经济委员会负责草拟了《国际公路货物运输合同公约》(Convention on the Contract for the International Carriage of Goods by Rode,CMR)(以下简称《公路货运公约》),并于1956年5月19日在日内瓦由欧洲17个国家参加的会议上一致通过签订。截至2019年9月,已有45个国家批准加入。该公约共有12章51条,就适用范围、承运人责任、合同的签订与履行、索赔和诉讼以及连续承运人旅行合同等都做了比较详细的规定。同年在欧洲经济委员会的成员国之间缔结了关于集装箱的关税协定,参加者有欧洲21个国家和欧洲以外的7个国家。协定的宗旨是允许集装箱免税进口,但必须在三个月内再出门。在这一协定基础上,又缔结《国际公路车辆运输规定》(Transport International Routier,TIR),允许集装箱的公路运输承运人,如持有TIR手册,可在海关签封下中途不受检查,不支付关税,也不提供押金,直接由发运地运至目的地。例如由意大利的米兰运至美国芝加哥,由米兰海关检查后加上签封,可不经检查通过意大利、瑞士、法国、卢森堡、比利时、荷兰等国到鹿特丹,再运至美国港口自由通过,直到芝加哥,海关才开箱检验,这使货运加速,节省在途时间和手续。这种TIR手册,由有关国家政府批准的运输者团体发行。但该团体要保证监督其所属企业遵守海关法及其他规则。

这些各国的运输团体都是国际公路联合运输协会(International Road Transport Union,IRU)的成员,TIR协定的正式名称是根据TIR手册进行国际货物运输的有关关税协定,截至2020年12月,该公约已有77个缔约方,包括76个国家和欧盟。

上述协定和公约,是当前国际公路运输重要的协定和公约,对今后的国际公路运输的发展具有一定的影响。

一、适用范围

国际公路货物运输公约适用范围:

首先,适用于由公路以车辆运输货物而收取报酬的运输合同,接受货物和指定交货地点依据合同的规定在两个不同的国家,其中至少有一国是缔约国。

其次,如车辆装载运输的货物在运输过程中经由海上、铁路、内陆水路或航空，但货物没有从车辆上卸下，公约仍对整个运输过程适用。但应证明以其他运输方法运输时所发生的有关货物的灭失，或损害并非系由于公路承运人的行为或不行为所致，而仅是由于其他运输方式或由于此种运输方式运输时才会发生的原因所致。若发货人与其他运输方式的承运人订立了仅是关于货物运输合同的，则公路承运人之责任不得依本公约予以确定，则应依照使用其他运输条件的承运人的责任规定予以确定。如没有这些规定的条件，公路承运人的责任仍依据本公约的规定予以确定。

另外，若公路承运人本人也为其他运输方式下的货物运送人，其责任也应依照上述规定予以确定，但在作为公路承运人和其他运输方式的承运人时，他则具有双重身份。

最后，公路承运人应对其受雇人、代理人或其他人为执行运输而利用其服务的任何其他人的行为或不行为一样承担责任。

二、运　单

在公路货运业务中，习惯认为运单的签发是运输合同的成立，因此，公路货运公约规定："运单是运输合同，是承运人收到货物的初步证据和交货的凭证。"

2008年2月，国际公路货物运输公约新增一项协议，要求CMR托运单可通过"e-CMR"以电子方式管理。此项协议于2011年6月5日生效，迄今已有17个国家认可新的电子系统。这些国家分别是保加利亚、捷克共和国、丹麦、爱沙尼亚、法国、伊朗、拉脱维亚、立陶宛、卢森堡、荷兰、摩尔多瓦、俄罗斯、斯洛伐克、斯洛文尼亚、西班牙、瑞士和土耳其。

e-CMR在2017年7月正式启动，在法国与西班牙边境实现了第一次电子CMR托运单的跨境使用，见证了该系统实践使用简易可行。

（一）运单应记载的主要内容

① 运单的签发日期和地点；② 发货人的名称和地址；③ 收货人的名称和地址；④ 承运人的名称和地址；⑤ 货物接管的地点、日期和指定的交货地点；⑥ 一般常用的货物名称、包装方式，如属危险货物，还应注明通常认可的性能；⑦ 货物件数、特性、标志、号码；⑧ 货物毛重，或以其他方式表示的数量；⑨ 与运输有关的费用（运输费用、附加费、关税以及从签订合同到交货期间发生的其他费用）。

此外，运单还应包括：① 是否允许转运的说明；② 发货人负责支付的费用；③ 货物价值；④ 发货人关于货物保险所给予承运人的指示；⑤ 交付承运人的单据清单；⑥ 有关履行运输的期限等。除此之外，缔约国还可在运单上列入他们认为有利的事项。

（二）运单的性质

长期的公路货运业务和公约对运单的性质一般归纳为：① 运单是运输合同；② 运单是货物的收据、交货的凭证；③ 运单是解决责任纠纷的依据；④ 运单不是物权凭证，不能转让买卖。

（三）运单的签发及证据效力

《公路货运公约》第四条规定："运输合同应以签发运单来确认，无运单、运单不正规或运单丢失不影响运输合同的成立或有效性，仍受本公约的规定约束。"运单签发有发货人、承运人签字的正本三份，这些签字可以是印刷的，或为运单签发国的法律允许，也可由发货人和承运人以盖章替代。第一份交付发货人，第二份应跟随货物同行，第三份则由承运人留存。

当货物准备装载不同车内，或在同一车内准备装载不同种类的货物，或多票货物时，发货人或承运人有权要求对使用的每辆车、每种货或每票发物分别签发运单。

如在运单中未包括任何相关条款，该运输未遵照公路货运公约各项规定的，承运人应对由于处置货物的行为或不行为而遭受的所有费用、货物灭失或损害负责。承运人在接收货物时应做到：① 查验运单中有关货物件数、标志、号码的准确性；② 检查货物的外表状况及其包装。

当承运人对货物检查而无合理的、准确的方法时，应将此种无合理、准确的检查原因记入运单内。同样，对货物的包装和外表状况也可作出保留理由，除非对此种保留发货人已在运单上明确同意受约束，否则此种保留对发货人不应有约束力。对此种检查发生的费用承运人有权提出索赔。

三、公路国际货运法律责任

（一）发货人责任

在公路货物运输全过程中，发货人的责任可归结为：
（1）没有准确提供自己的名称、地址。
（2）没有在规定的地点、时间内将货物交承运人。
（3）收货人的名称、地址有误，且由发货人提供。

（4）对托运的货物没有说明其准确名称。

（5）对托运的危险货物没有在运单中注明危险特性，以及一旦发生意外时应采取的措施。

（6）对运输要求没有作说明。

（7）没有提供办理海关和其他手续所必要的通知。

（8）货物包装不牢、标志不清。

（9）货物内在缺陷引起的货损。

（10）由于发货人的过失造成对第三方的损害。

特别应说明的是为了交付货物应办的海关或其他手续，发货人应在运单后附必需的单证，或将其交承运人支配和提供给承运人所需的全部情况。对承运人来说，没有责任调查单证情况的准确与否，除非是由于承运人的错误行为或过失。对于单证情况的缺陷所引起的损失，发货人应向承运人负责。

由于灭失或不当使用所产生的后果系承运人作为一个代理应负的责任过失所致的，承运人则应承担赔偿责任，但此种赔偿以不超过货物灭失所支付的全部赔偿为限。

（二）承运人责任和豁免

《公路货运公约》第十七条对承运人规定的责任期限为："承运人应对自货物接管之时起至货物交付时止所发生的全部或部分灭失、损害，以及由于运输延误而造成的损失承担责任。"此外，在运输过程中承运人因使用车辆不良状况，或由于承运人租用他人车辆，或其代理人的过失同样承担责任。

对于货物延误运输，则应区分分票运输，还是整票运输。习惯认为当货物未能在双方规定的时间内交货，或虽无此种规定，但考虑到实际情况后，在通常情况下货物所需要的运输时间超出了一个勤勉承运人的合理时间，则应视为延误运输，特别是分票运输的情况下，如在双方规定应交货的时间届满30天后，或无规定交货时间应从承运人接管货物60天后仍未将货交收货人，则应认为货物业已灭失。

如货物的灭失或损害系由于下述一种或一种以上情况下产生的，承运人应予免责：

（1）货物灭失、损害系由于使用无盖敞车引起，此种使用已在运单中明确规定和有所规定。

（2）货物的灭失、损害是由于无包装或包装不良所致。

（3）由于发货人、收货人或其代理人所从事的货物搬运、积载、卸载。

（4）由于包装上标志不清，号码不完整、不当、错误所致。

（5）承运活的动物。

（6）由于锈损、腐烂、干燥、渗漏、发霉、发潮系由于货物自然特性所致等。

尽管《公路货运公约》对承运人可享受的免责范围做了规定，但某些内容的免责承运人则负有举证之责任。如货物由装有特殊设备的车辆运输，以便保护货物不受热、冷、保温等要求，除非承运人证明他对此种货运设备，及其维修、使用已采取了所有合理措施，否则承运人对货损不能解除责任。

（三）交货责任

当货物运抵指定交货地点后，收货人有权凭货物收据要求承运人将第二份运单和货物交给他，如货物业已灭失或没有在规定时间或合理时间交货时，收货人对承运人有权以其名义免除运输合同的任何权利。但收货人在行使这一权利时，则应支付清运单中规定的所应支付的费用，一旦因此项费用没有支付产生争议，除非收货人已提供担保，否则，承运人对货物享有留置权。

此外，在货物运抵收货地点后因具体情况妨碍货物正常交付时，承运人应要求发货人给予指示，在收货人拒绝接货时，发货人有权处置货物而无须出示第一份运单。必须说明，收货人拒绝提货并不等于收货人无权提货，在承运人没有从发货人那里得到任何指示前，收货人仍享有货物的提货权。

收货人对货物的处理权利系从运单签发之时起、因而在当收货人指示承运人将货物交另一人时，原收货人则视如为发货人，而另一人为收货人。

（四）承运人赔偿责任限制

如果货物的灭失或损害发生在承运人责任期限内，且因承运人或其代理人过失所致，承运人对此项灭失或损害承担赔偿责任，其原则有：

（1）凡根据本公约所规定的内容进行货物运输时，承运人对全部或部分货物的灭失赔偿，并依照货物接运地点、时间的货物价值计算。

（2）有关货物的价值应根据货物交易价格，如无此项价格时则应根据当时市场价；如既无交易价格，又无当时市场价，则应依照同类、同品名货物的通常货价决定。

（3）货物毛重每千克的赔偿不超过2个金法郎。

（4）当货物发生全部灭失时，有关运输费用、关税，以及因货物运输发生的其他费用应全部偿还。如系部分货物灭失，则应按比例赔偿。

（5）在延误损失赔偿情况下，承运人承担的最高赔偿不超过全部运输费用的总和。

（6）只有在申报货物价值，并支付了附加运费的情况下，才能得到较高的赔偿。

如货物的灭失或损害系由于承运人或其代理人、受雇人的故意不当行为所致，或根据受理货损处理法院的法律认为相当于故意不当行为的承运人或其代理人、受雇人的过失引起，则承运人无权享受责任限制。

（五）连续承运人的责任

在公路货物运输过程中，如系由几个承运人共同完成货物全程运输，则每一承运人对全程运输负责，每一承运人即成为运单条款或运输合同的当事人一方。连续承运人，即从前一承运人那里接受货物的承运人应给前一承运人签署收据，并在运单上写上名字、地址。必要时他也有权在运单中对所接受的货物作出保留，对于运单的性质和作用同样适用于承运人之间的关系。有关运输过程中发生的货物灭失损害或延误运输，受损人可向第一承运人提起诉讼或者向最后一个承运人提起诉讼，也可以向造成货物灭失、损害的实际承运人提起。

但上述赔偿并不影响根据公路货运公约已赔偿的承运人有权从参加运输的其他承运人那里追偿已付的金额及其利息和出于索赔而发生的所有费用，并且：

（1）造成货物灭失或损害的承运人应单独承担责任，不管此项赔偿受损人已向其他承运人提出。

（2）当货物的灭失或损害系由两个或两个以上的承运人共同过失行为所致时，每一承运人应按其所负责的部分按比例支付费用，如不能划分责任，每一承运人则应按比例进行分摊，此项分摊应根据他收取的运费。

（3）如货物的灭失或损害无法确定属某一承运人责任时，则按上述（2）处理。

四、危险货物运输

当发货人将危险货物交由承运人运输时，则应将有关危险货物的种类、性质通知承运人，必要时还应说明应采取的预防措施，并将此种情况记入运单内。运输危险货所发生的有关货物的灭失或损害、发货人或收货人解除责任的唯一途径是举证说明承运人在接受危险货运输时业已了解该货物运输过程中有可能造成危险的事实。如在接受危险货运输时，承运人并不知道有关该类货物的性质，承运人有权随时随地将其卸载、销毁，或使之无害，并不承担任何责任。

五、索赔与诉讼

根据《公路货运公约》所提起的任何法律诉讼，原告可在双方协议中约定的缔约国的任何法院提起，也可在下列地点所属国家的法院提起：

（1）被告通常住所或主要营业所法院。

（2）合同订立地法院。

（3）承运人接管或交付货物地点法院。

习惯上理解，上述法院作出的裁决是终局性的，但并不妨碍因特殊原因对同一案件提起新的诉讼，但此项新的诉讼只有在第一次诉讼的法院所作出的裁决是无法在新提起诉讼的国家得以执行时。如果当一个缔约国的法院所作出的裁决能在该国执行而当事人又在其他任何一个缔约国办理有关手续后，并不妨碍该裁决也可在该缔约国执行。

有关货物灭失或损害提出的诉讼时效：

（1）根据《公路货运公约》国际货物运输正常提出的诉讼，其时效为1年。

（2）如货物的灭失或损害系由于承运人故意不当行为，或根据受理案件的法院的法律认为是与故意不当行为相等的其他过失，时效则为2年。

上述诉讼时效的计算为：

（1）如货物系部分灭失、损害，或延误运输货之日起算。

（2）如货物系全部灭失、损害，则以双方约定的交货日后满30天起算。如无约定的具体交货日期，则自承运人接管货物之日起60天起算。

（3）在所有其他情况下造成的货物灭失或损害，则在运输合向订立后90天起算。

但上述时效期限开始之日则不应计算在有效期限内。

第五节　公路运输保险与保价

一、公路货物运输保险

（一）公路货物运输保险概述

所谓公路货物运输保险是指托运人或货主（被保险人）将托运的货物向保险公司（保险人）投保并支付保险费用，由保险公司按约定赔偿因运输中发生保险责任范围内事故造成的货物损失的一种保险。根据《汽车货物运输规则》有关规定，汽车货物运输保险采取自愿投保的原则，由托运人自行确定。托运人可以办理运输保险，也可以不办理，但从货主利益出发，特别是因不可抗力造成货物损失、不应由承运人赔偿的情况下，托运人托运价值较高或大批货物时应积极投保货物运输保险。

货物运输保险属于损害保险的范畴，是有形财产险的一种，一般财产保险的法律原则同样适用于货物运输保险。货物运输保险与财产险的主要区别是：货物运输保险是对动态中的财产进行保险，而其他财产保险通常是对静态的财产进行保险。从期限上看，货物运输保险的期限比较短，一般是以一个运程来计算的，即从起点到终点，货物交付完毕则保险合同也就履行完毕。其他财产保险的期限一般比较长。

货物运输保险的标的是运输企业运送的货物。只要是装载在运输工具上的物资，都可以进行运输保险，但按照有关法律的规定，下列物资不能作为运输保险合同的保险标的：

（1）国家禁止运输或者限制运输的物品。

（2）托运人没有按规定进行包装的物品，以及缺乏保证货物运输安全的必要包装的物品。

（3）无法鉴定其价值的物品。

（二）公路货物运输保险具体规定

1. 公路货物运输保险合同

所谓公路货物运输保险合同，是指保险公司按照约定对被保险人遭受保险责任范围内的事故，造成货物的损失负责赔偿，而由被保险人支付保险费的合同。

办理公路货物运输保险时，托运人或货主作为被保险人应当在托运货物时事先与作为保险人的保险公司签订公路货物保险合同。合同的成立应以保险公司签发的保险单证或保险凭证为依据。在实践中，货主可直接与保险公司签订保险合同，也可以委托他人代办。对投保运输保险的货物，在托运、承运时，应按规定在货物运单上予以注明。

2. 公路货物运输保险标的范围

（1）凡在国内经公路运输的货物均为保险之标的。

（2）下列货物非经投保人与被保险人特别约定，并在保险单（凭证上）载明，不在保险标的范围以内：金银、珠宝、钻石、玉器、首饰、古币、古玩、古书、古画、邮票、艺术品、稀有金属等珍贵财物。

（3）蔬菜、水果、活牲畜、禽鱼类和其他动物不在保险标的范围内。

3. 公路货物运输保险责任范围

保险责任，也就是保险公司所负的赔偿责任。保险货物在道路运输过程中由于下列原因造成的损失，保险公司负赔偿责任。

（1）火灾、爆炸、雷电、冰雹、暴风、暴雨、洪水、海啸、地陷、崖崩、突发性滑坡、泥石流。

（2）由于运输工具发生碰撞、倾覆或隧道、码头坍塌，或在驳运过程中因驳运工具遭受搁浅、触礁、沉没、碰撞。

（3）在装货、卸货或装载时因意外事故造成的损失。

（4）因碰撞、挤压而造成货物破碎、弯曲、凹瘪、折断、开裂的损失。

（5）因包装破裂致使货物散失的损失。

（6）液体货物因受碰撞或挤压致使所用容器（包括封口）损坏而渗漏的损失，或用液体保藏的货物因液体渗漏而造成该货物腐烂变质的损失。

（7）符合安全运输规定而遭受雨淋所致的损失。

（8）在发生上述灾害事故时，因混乱造成货物的散失以及因施救或保护货物所支付的直接合理的费用。

4. 公路货物运输保险的责任免除

保险货物在公路运输过程中，对由于以下原因造成的损失，保险公司不负赔偿责任：

（1）战争、敌对行为、军事行为、扣押、罢工、暴动、哄抢。

（2）地震造成的损失。

（3）盗窃或整件提货不着的损失。

（4）在保险责任开始前，被保险货物已存在的品质不良或数量短差所造成的损失。

（5）该保险货物的自然损耗、本质缺陷、特性所引起的损失或费用。

（6）市价跌落、运输迟延所引起的损失。

（7）属于发货人责任引起的损失。

（8）投保人、被保险人的故意行为或违法犯罪行为。

（9）经国家有关部门认定的违法、非法货物的损失。

（10）其他不属于保险责任范围的损失。

5. 公路货物运输保险责任期限

公路货物运输保险合同一般是以一个运程为保险责任期限。保险责任的起讫期是自签发保险凭证后,保险货物运离起运地发货人的最后一个仓库或储运处所时起,至该保险凭证上注明的目的地的收货人在当地的第一个仓库或储存所时终止。但保险货物运抵目的地后,如果收货人未及时提货,则保险责任的终止期最多延长至保险货物卸离运输工具后的15天为限。

6. 公路货物运输保险价值和保险金额

保险价值按货价或货价加运杂费确定。保险金额按保险价值确定,也可以由保险双方协商确定。《国内公路货物运输保险条例》第九条:保险金额由投保人参照保险价值自行确定,并在保险合同中载明。保险金额不得超过保险价值。超过保险价值的,超过部分无效,保险人应当退还相应的保险费。

7. 投保人、被保险人的义务

被保险人如果不履行下述任何一条规定的义务,保险人有终止保险责任或拒绝赔偿部分或全部经济损失的权利。

(1) 告知义务。投保人、被保险人应当履行如实告知义务,如实回答保险人就保险标的或者投保人、被保险人的有关情况提出的询问。保险货物如果发生保险责任范围内的损失时,投保人或被保险人获悉后,除应迅速采取合理施救和保护措施外,还应立即通知保险人的当地机构(最迟不超过10天)。

(2) 交付保险费的义务。投保人在保险人或其代理人签发保险单(凭证)的同时,应一次缴清应付的保险费。

(3) 遵守有关规定、接受以及协助检查义务。投保人应当严格遵守国家及交通运输部门关于安全运输的各项规定,还应当接受并协助保险人对保险货物进行的查验防损工作,货物运输包装必须符合国家和主管部门规定的标准。

(4) 申请索赔时,提供各种单证的义务。被保险人向保险人申请索赔时,负有提供下列有关单证的义务:

① 保险单(凭证)、运单(货票)、提货单、发票(货价证明)。

② 承运部门签发的事故签证、交接验收记录、鉴定书。

③ 收货单位的入库记录、检验报告、损失清单及救护保险货物所支付的直接合理的费用单据。

④ 其他有利于保险理赔的单证。

8. 公路货物运输保险赔偿处理

(1) 对投保公路货物运输保险的货物在运输中发生的损失,应按下列原则划分被保险人、保险公司和承运人的赔偿责任:

① 如果损失既属于保险责任范围,又属于承运人应赔偿的范围,则由保

险公司、承运人按规定赔偿。

② 如果损失仅属于保险责任范围，而不属于承运人责任范围（即免责范围）的，由保险公司单独赔偿。

③ 如果损失仅属于承运人责任范围，而不属于保险责任范围，由承运人单独赔偿。

④ 如果损失不属于保险责任，又属于承运人免责范围的，则由被保险人自负。

（2）赔偿金赔付的规定：

① 保险货物发生保险责任范围内的损失时，按保险价值确定保险金额的，保险人应根据实际损失计算赔偿，但最高赔偿金额以保险金额为限；保险金额低于保险价值的，保险人对其损失金额及支付的施救保护费用按保险金额与保险价值的比例计算赔偿。保险人对货物损失的赔偿金额，以及施救或保护货物所支付的直接合理的费用，应分别计算，并各以不超过保险金为限。

② 保险货物发生保险责任范围内的损失，如果根据法律规定或有关约定，应当由承运人或其他第三者负责赔偿一部或全部的，被保险人应首先向承运人或其他第三者提出书面索赔，直至诉讼。被保险人若放弃对第三者的索赔，保险人不承担赔偿责任；如被保险人要求保险人先予赔偿，被保险人应签发权益转让书和应将向承运人或第三者提出索赔的诉讼书及有关材料移交给保险人，并协助保险人向责任方追偿。

由于被保险人的过错致使保险人不能行使代为请求赔偿权利的，保险人可以相应扣减保险赔偿金。

③ 保险货物遭受损失后的残值，应充分利用，经双方协商，可作价折归被保险人，并在赔款中扣除。

（3）保险理赔时效：被保险人从获悉保险货物遭受损失的次日起，如果经过 2 年内不向保险人申请赔偿，不提供必要的单证，或者不领取应得的赔款，则视为自愿放弃权益。

（4）保险人在接到上述索赔单证后，应当根据保险责任范围，及时核定应否赔偿。赔偿金额一经保险人与被保险人达成协议后，应在 10 天内赔付。

（5）保险纠纷的处理：如被保险人与保险人发生争议时，可以协商解决；双方不能达成协议时，可以提交仲裁机构或法院处理。

二、公路旅客意外伤害保险

公路旅客意外伤害保险，是指在发生保险责任范围内事故造成旅客人身伤亡的，由保险人（即保险公司）向旅客（或其他继承人）负责赔偿的一种保险，它也是分散风险减少损失的一个重要办法。中国人民保险公司发布的《公路旅客意外伤害保险条款》对乘长途汽车的旅客意外伤害保险做了规定，乘短途汽车的旅客只要投保了公路旅客意外伤害保险，也可参照这一规定适用。

（一）保险办理

凡持票搭乘长途汽车的旅客，包括免票的儿童，均可向保险公司投保公路旅客意外伤害保险；其手续由公路客运部门办理，不另签发保险凭证。

（二）保险期间

保险有效期间规定自旅客验票进站或中途上车购票后开始，到达旅程终点站为止。旅客所乘的汽车，在中途因故停驶或改乘公路客运部门指定的其他车辆者，在继续旅程中，保险仍属有效。旅客在旅程中途自行离站不再随同原车旅行者，其保险责任于离站时起即告失效。但经公路客运部门签字证明原票有效者，其保险责任于离站时即告失效。但经公路客运部门签字证明原票失效者，从旅客重新验票进站后，保险效力即行恢复。

（三）保险金额和保险费

旅客的保险金额无论是全票、半票、免票一律相等。旅客的保险费包括在票价内，一律按票价的 2% 收费。由公路客运部门代收汇缴保险公司。

（四）保险金的申请和给付

1. 保险金的申请

（1）申请人。被保险人死亡的，由受益人作为申请人向保险人申请保险金；被保险人伤残的，由被保险人向保险人申请保险金。

（2）申请保险金应提交的文件。被保险人或受益人向保险人申请保险金应提交的证明有：

① 保险单或其他保险凭证及出事当次的车票。

② 县级以上（含县级）医院、公安部门以及人民法院的证明文件。

③ 受益人或被保险人所能提供的与确认保险事故的性质、原因等有关的其他证明和资料。

④ 受益人或被保险人的户籍证明或身份证明。

⑤ 被保险人死亡的，受益人还需提供被保险人的户籍注销证明等。

2. 保险金的给付

保险金的给付，应当在保险人与申请人达成有关给付保险金额的协议后10天内办理完毕。

（五）除外责任

因下列情形之一，造成被保险人死亡、残疾或者支出医疗费用的，保险人不负给付保险金的责任：

（1）投保人、受益人对被保险人的故意杀害、伤害。
（2）被保险人故意犯罪或者拒捕。
（3）被保险人殴斗、醉酒、自杀、故意自伤及服用、吸食、注射毒品。
（4）被保险人受酒精、毒品、管制药品的影响而导致的意外。
（5）被保险人流产、分娩。
（6）被保险人因整容手术或其他内、外科手术导致医疗事故。
（7）被保险人未遵医嘱，私自服用、涂用、注射药物。
（8）战争、军事行动、暴乱或者武装叛乱。
（9）核爆炸、核辐射或者核污染。
（10）被保险人健康护理等非治疗性行为。
（11）被保险人以家庭病床、挂床治疗等。
（12）被保险人洗牙、洁齿、验光、装配假眼、假牙、假肢或者助听器。
（13）被保险人投保前已有残疾的治疗和康复。
（14）未经保险人同意的转院治疗。
（15）爬、跳交通工具等违反客运规章的行为。
（16）当地社会医疗保险主管部门规定不可保险的费用。

（六）处理

（1）旅客遭受意外伤害时，公路客运部门应采取紧急措施施救并立即报告当地的公安、交通部门处理。

（2）旅客遭受意外事故以致残废或丧失身体机能者，应由本人或其指定代理人持县级以上医院及交通监理、治安部门的证明文件，确定给付保险金。

（3）旅客遭受意外事故以致死亡者，应由其配偶、子女、父母或完全依赖该旅客供养者，依据公路客运部门的证明文件，必要时并须持其居住地政府的户籍证明，向保险公司申请给付保险金。

（4）申请领取保险金，应自意外事故发生之日起一年内办理，过期丧失申请的权利。

（5）保险金的给付，应由保险公司自接到申请之日起，于15天内办理。

（6）旅客或其家属对保险公司的给付数额发生争执时，应由双方协商解决，协商不成，可依法申请仲裁或向法院起诉。

三、公路货物保价运输

公路货物保价运输，是指公路货物托运人在托运货物时声明其价格并向承运人支付保价费用，由承运人在货物损失时按声明价格赔偿的一种货物运输。货物保价运输同保险运输一样，目的是保护托运人或收货人的正当利益不受损害，一般适用于非国家定价的货物。

（一）保价运输的原则

道路货物运输实行自愿保价原则。也就是说，对托运的货物是否保价完全取决于托运人的自愿，托运人可以办理保价运输，也可以在办理保价运输的同时投保货物运输险，还可以不办理保价运输。包括承运人在内的其他任何人不得以任何方式强迫托运人办理保价运输。

（二）托运承运的办法

（1）一张托运单托运的货物只能选择保价或不保价中的一种。也就是说，对一批办理托运的货物，不得只保价其中一部分而不保价另一部分。

（2）声明价格和填制货运单。货物的价格包括税款、包装费用和已发生的运输费用，由托运人托运时自己声明，这种价格即为货物的保价金额。托运人在办理保价运输时，应在货物运单价格栏内准确注明全批货物总的声明价格。对不具备"三同"（同品种、同规格、同包装）条件的计件货物，还应向承运人提交货物单件价格的"物品清单"。

（3）保价费的缴付。按保价运输的货物，除运杂费外，托运人还应缴付保价费。货物的保价费按声明价格乘以适用的保价费率计算。保价费率不同的货物合并填写时，适用于其中最高的保价费率。对于有稳定性运输条件的大宗货物，承运人与托运人协商，可实行定期（日、旬、月）清算保价办法。

（4）承运人应在运单上加盖"保价运输"戳记。

（三）保价运输的变更和解除

保价运输货物变更到站后，保价运输继续有效。承运人承运货物后，在发送前取消托运的，货物保价费应全部退还托运人。

（四）保价运输的赔偿处理

对办理保价运输的货物在运输过程中因承运人责任造成的货物灭失、短少、变质、污染或损坏的，根据《汽车货物运输规则》的规定，承运人应按声明价格赔偿，实际损失低于声明价格的，按实际损失赔偿。如果经核实，损失是因承运人的故意行为造成的，当声明价格低于实际损失时，承运人不受声明价格的限制，而应按照规定赔偿货物实际损失，并由有关部门追究其他责任。

第四章　国内水路运输法

第一节　国内水路运输法概述

一、国内水路运输概述

我国幅员辽阔，河流众多。流域面积 50 平方千米及以上河流 45 203 条，总长度为 150.85 万千米；流域面积 100 平方千米及以上河流 22 909 条，总长度为 111.46 万千米；流域面积 1 000 平方千米及以上河流 2 221 条，总长度为 38.65 万千米；流域面积 10 000 平方千米及以上河流 228 条，总长度为 13.25 万千米。这些河流大多水量丰富，冬季不冻，具有发展内河水路航运的良好条件。

水路运输是利用船舶和其他浮运工具，在海洋、江河、湖泊、水库及人工水道上运送旅客和货物的一种运输方式。水上运输既是一种古老的运输方式，也是一种现代化的运输方式。在出现铁路、航空以前，水上运输同以人力、畜力为动力的陆上运输工具相比，在运输能力、运输成本和方便程度等方面都处于优势地位。因此，资本主义国家早期的工业大多沿通航水道的两岸设厂，形成沿着江、河布局的所谓"工业走廊"。在历史上，水运的发展对工业的布局产生了很大影响。

正因为水上运输有载量大、成本低的特点，所以直到今天大宗物资的运输仍依靠水路，或者说只要有水路，就尽量利用水路，诸如我国海上的"北煤南运""南粮北调"，以及长江流域各省市的物资调运等。这些畅通的水运路线常被人们誉为"黄金水道"。

水路运输，又称水上运输，有广义和狭义之分。我国的水路运输从广义上讲，是指一切可通航水域的水上运输，包括我国水域港口之间的国内水路运输和我国境内港口与境外港口之间的国际海上运输。由于国内水路运输与国内海上运输不同，难以用统一的法律来调整。因此，我国目前仍把它们作为两种运输，用不同的法律规范来进行调整。本章所称国内水路运输，是指始发港、挂靠港和目的港均在中华人民共和国管辖的通航水域内的经营性旅客运输和货物运输。国内水路运输辅助业务，是指直接为水路运输提供服务的船舶管理、船舶代理、水路旅客运输代理和水路货物运输代理等经营活动。

国内水路运输，可以根据不同的标准，从不同的角度进行划分，主要有以下几种：

（1）以水域来划分，主要分为沿海运输、江河运输、湖泊运输、运河运输。

（2）以运输对象划分，可分为水路货物运输和水路旅客运输。

（3）以是否以盈利为目的划分，可以分为水路营业性运输和水路非营业性运输。

（4）以运输主体划分，可分为单位运输和个人（或联户）运输。前者主要指专门的水路运输企业从事的运输和其他单位从事的水路运输；后者指个体船民（或联户）从事的水路运输。

（5）以参加的运输方式多少划分，可分为水路单一方式运输和水路多式联运。水路的多式联运是指多种运输方式参加，其中至少一种是水路运输方式的运输。

（6）以营运方式划分，可分为班轮运输和航次租船运输。班轮运输是指在特定的航线上按照预定的船期和挂港从事有规律水上货物运输的运输形式；它是定期航线的运输，其航行日期、航线等事先已由承运人按照有关规定确立，不能由有关当事人自由协商，且班轮运送众多人的货物或众多不相关的旅客。航次租船运输是指船舶出租人向承租人提供船舶的全部或者部分舱位，装运约定的货物，从一港（站、点）运至另一港（站、点）的运输形式；它是不定期不定航线的运输，其航行期限、航线等由船舶出租人和承租人自由协商。

二、国内水路运输的法律适用

国内水路运输法律是指调整发生在国内水路运输过程中形成的运输关系和船舶关系各种法律规范的总称。无论是运输关系还是船舶关系，都包括两个基本的关系，即横向关系和纵向关系。所谓横向关系，主要是指国内水路运输中平等的民事主体之间发生的财产、经济关系；所谓纵向关系，是指国家或国内水路运输有关主管部门在管理国内水路运输、船舶中发生的管理与被管理关系，即不平等的主体之间的关系，在这种关系中一方为管理者，另一方为被管理者。与这些关系相适应，国内水路运输法律也划分为两大类，即调整横向水路运输、船舶关系方面的法律和调整纵向水路运输、船舶关系方面的法律。

横向的水路运输关系，主要包括水路运输承运人同托运人、收货人或旅客之间，拖航中的承拖方和被拖方之间，保险人同被保险人等之间的关系。这方面的法律规范主要有：《民法典》《水路货物运输合同实施细则》和《水路旅客运输规则》等。横向的船舶关系，主要包括船舶所有人、经营人、出租人、承租人之间，抵押权人同抵押人之间，船舶遇难救助时救助方与被救助方之间的关系。调整横向船舶关系的法律，主要在《民法典》的物权编、合同编及侵权责任编中体现。

纵向的水路运输关系、船舶关系主要是指交通运输主管部门同水路运输当事人、船舶当事人之间的关系，调整这些关系的法律主要有《国内水路运输管理条例》《国内水路运输管理规定》《船舶登记条例》《海上交通安全法》及《内河交通安全管理条例》等。

另外，《海商法》除了我国港口间沿海货物运输关系外，其他许多规定适用于沿海海上发生的其他横向运输关系、船舶关系。我国港口之间的货物运输不适用于《海商法》关于海上运输合同的规定，而适用于本部分关于国内水路货物运输及其合同的规定。

应当指出的是，国内水路运输方面迄今为止仍没有一部统一的法律（即基本法），只有一些具体的行政法规和部门规章，它们分别调整国内水路运输中涉及的不同关系，其中，有的法律规定还分散在其他部门法律之中。随着社会经济的不断发展以及我国综合运输体系格局的不断完善，国内水路运输由于其大运量、低成本、少污染的运输优势，使其正成为可持续发展型交通运输体系中不可或缺的重要组成部分。尽快制定和实施《水运法》，以调整水路运输中的各种社会关系，发挥水路运输作为天然运输的巨大优势已经成为社会发展的需要。

第二节　国内水路客运合同

一、国内水路客运合同的概念、标的和特征

（一）国内水路客运合同的概念

国内水路旅客运输合同是指承运人以适合旅客运送旅客的船舶经国内水

路将旅客及其所带行李从一港运送到另一港,由旅客支付票款的合同。广义的国内水路旅客运输合同包括国内水路旅客运输合同、国内水路行李运输合同和国内水路港口作业服务合同。其中,国内水路行李运输合同,是指承运人收取费用,负责将旅客托运的行李经国内水路由一港运送至另一港的合同。国内水路港口作业服务合同,是指港口经营人收取港口作业费,负责为承运人承运的旅客和行李提供候船、集散服务和装卸、仓储、驳运等作业的合同。

承运人是指本人或委托他人以本人名义与旅客签订国内水路旅客运输合同和国内水路行李运输合同的人。旅客是指根据国内水路旅客运输合同运送的人;经承运人同意,根据国内水路货物运输合同,随船护送货物的人,视为旅客。行李是指根据国内水路旅客运输合同或国内水路行李运输合同由承运人载运的任何物品和车辆,包括自带行李和托运行李两种。

(二)国内水路客运合同的标的

合同标的是合同的权利义务所指向的对象。国内水路旅客运输合同中权利义务所指向的对象是承运人的运送行为,就是将旅客及其行李由国内水路从起始港运送至目的港的行为。运送的对象是与承运人订立合同的旅客及其行李,旅客及其行李就是国内水路旅客运输合同中的标的物。

(三)国内水路客运合同的特征

国内水路旅客运输合同作为客运合同的一种,具有客运合同的一般特征。

首先,客运合同中的一方当事人旅客本身就是合同的标的物。货物运输合同的标的物是托运人托运的货物,而客运合同中的标的物是旅客自己的人身及其行李。承运人运送的对象不同,所以对船舶的要求不同,从事旅客运输的船舶必须是适客的船舶,也就是适于运送旅客的船舶,从对船舶安全性要求上来看,船舶适客的标准要高于船舶适航的标准,因为客船的安全性关系到船上旅客的人身安全,船舶要在开航之时符合安全性标准,是承运人承担的一种合同义务。不仅如此,客船所配备的设施、器具、服务人员以及船舶的构造都应当符合运送旅客的需要。由于旅客运输的运送对象是自然人及其行李,旅客在船上期间有食宿和娱乐等需求,承运人在船上应当为旅客提供食物、住宿条件和一定的娱乐设施,还应当有足够的服务人员为旅客提供服务。

其次,承运人的缔约权受到一定限制,承运人对旅客发出的合理的、一般的要约只能承诺,不能拒绝旅客合理的购票要求,而且旅客有任意解除客运合同的权利。国内水路旅客运输合同中,由于承运人从事的是公共运输,法律对公共运输合同的缔结进行了特殊规定。《合同法》规定："从事公共运输的承运人不得拒绝旅客、托运人通常、合理的运输要求"。这与一般民事合同的缔约过程不一样，要约人发出要约后，受要约人可以承诺也可以拒绝。但是在公共运输中，承运人作为受要约人对要约人发出的合理的要约就只能接受而不能拒绝。而且，在客运合同成立以后，旅客可以通过退票自行解除运输合同，而无须承运人同意。在一般的民事合同中，合同的解除需要双方当事人达成一致，但是在公共运输合同中，旅客享有单方解除合同的权利。

最后，客运合同是一种格式合同。格式合同，又称为标准合同、定式合同，是指合同条款由当事人一方为重复使用而预先拟定，相对方只能对该拟好的合同概括地表示同意或者全部予以接受，而不能讨价还价进行协商的合同。国内水路旅客运输合同的内容由承运人事先规定并公布于众，并且相对稳定，旅客对于合同的权利义务内容不能与承运人协商，要么订立合同要么不订立合同，合同的内容完全由承运人决定。

除了旅客运输合同的一般特征之外，国内水路旅客运输合同由于其运输方式的特殊性，与公路客运和航空客运相比，还具有以下的特征：

首先，运输工具客船的航行能力和安全性能受到严密监管。客船的安全证书具有严格的签发程序和签发条件，有效期也短，而且必须配备医疗、救生甚至是饮食娱乐设施或服务条件。这是由于随着人类的发展，人的价值日益受到重视，人本主义的影响越来越大，以至于立法者在制定法律的时候规定为承运人规定支付较高的成本以期更好地保护旅客的人身安全。

其次，由于承运人在运输过程中面临特殊风险，承运人的义务和责任基础与一般的在陆地上经营旅客运输的承运人不同，承运人甚至对旅客人身伤亡和行李的灭失损坏还享有在限额内承担赔偿责任的权利。国内水路旅客运输承运人面临的特殊风险不仅包括海上特殊风险，也包括在内河或其他可航水域内航行的风险，无论是在海上、内河或是其他可航水域，承运人承担的风险都比在陆地上要大得多。这也是海商法领域中很多特殊制度存在的根本原因。

最后，国内水路旅客运输合同与国内水路货物运输合同有很大的关联性，各国大多规定，法律、法规对水上旅客运输没有特殊规定的适用有关水路货物运输的法律规定。水路运输最早源于人类的自身运输阶段，然后发展到以货物运输为主搭运旅客，进而旅客运输与货物运输逐渐分离。至此，旅客运输才从货物运输中发展出了独自的法律规则。法律关于水路旅客运输合同有特殊规定的适用特殊规定，没有特殊规定的，仍然要适用有关货物运输合同中的法律规定。

二、国内水路客运合同的成立、生效、解除和无效

（一）国内水路客运合同的订立与成立

合同的订立和合同的成立是两个紧密联系的概念。合同的订立是指缔约主体为意思表示并达成协议的状态，是动态行为与静态协议的统一体。合同的成立则是合同订立以后当事人各方意思表示一致的静态的状态。可以说合同的成立是合同订立的一个方面。合同订立的动态过程包括缔约各方的要约邀请、要约、反要约、承诺等活动，是合同当事人各方为了达到合同成立的静态结果而进行的一系列的行为。而合同的成立则是这一系列行为的结果。合同自承诺生效时成立。

对于合同成立的要件，学术界众说纷纭，有两要件说，有三要件说，其中三要件说还分为多种观点，但是究其根本就是多方当事人以订立合同为目的的意思表示达成一致。国内水路旅客运输合同的成立就是指承运人和旅客就运送旅客及其行李为意思表示并达成一致的状态。国内水路旅客运输合同的订立过程十分简单，在一般情况下，旅客向承运人支付票价的行为为要约，承运人发售客票的行为为承诺。客票一经交付，水路旅客运输合同即告成立。

（二）国内水路客运合同成立的时间

一般情况。我国《民法典》第八百一十四条规定："客运合同自承运人向旅客交付客票时成立，但当事人另有约定或者另有交易习惯的除外。"《水路旅客运输规则》第六条规定："旅客运输合同成立的凭证为船票，合同双方当事人——旅客和承运人买、卖船票后合同即成立。"所以，一般情况下，合同双方当事人——旅客和承运人买、卖，即旅客在客运站直接购票的情况下，国内水路旅客运输合同自承运人向旅客交付客票时成立。

特殊情况。除了国内水路旅客运输合同成立的特殊情况，包括旅客提前向客运站或其代售点预订客票和旅客无票登船后在船上向承运人补票两种情况。

在第一种情况下，旅客向客运站或代售点预订客票，对于国内水路旅客运输合同自何时成立，存在两种观点。一种观点认为，在旅客预订成功后，合同即告成立。另一种观点认为，在这种情况下，合同仍然在承运人向旅客交付客票时成立。因为，旅客预订客票，承运人接受预订的行为虽然也订立了一个合同，但是订立的是一个预约合同，而不是国内水路旅客运输合同本身。预约合同是指当事人之间约定将来订立一定合同的合同，将来应当订立的合同称为"本约"或"本合同"。前一种观点没有注意到预约合同与本合同

之间的区别。预约合同的成立和生效仅赋予当事人将来按照预约合同的规定订立本合同的义务，并不直接使当事人负有本合同的权利义务。所以，在旅客预订客票的情况下，预订行为成立了一个预约合同，旅客支付票款承运人交付客票时成立了客运合同。所以，在旅客向承运人或其代售点预订客票的情况下，国内水路旅客运输合同也于承运人交付客票时成立。

在旅客无票登船后在船上向承运人补票的情况下，对于客运合同何时成立，学者们也有不同的观点。通说认为自旅客登船时成立。但是，这种情况下，应当以承运人对旅客无票上船是否明知而区别对待。如果承运人明知旅客无票上船而未加以拒绝，在旅客登船时，合同即告成立。旅客登船的行为是要约，承运人接受其登船为承诺。承运人的承诺是以被动接受的行为表现出来的。如果旅客无票登船而承运人并不知晓，那么水路旅客运输合同在旅客补票的时候才成立，因为在此之前，即使旅客有补票的意思但是并没有表示出来，所以，双方没有达成意思表示的一致。在船上补票的时候，旅客支付票款是要约，承运人交付客票是承诺，此时国内水路旅客运输合同方告成立。

（三）国内水路客运合同的生效

1. 国内水路客运合同的生效及其要件

合同的生效是指已经成立的合同在当事人之间产生了一定的法律拘束力，也就是通常所说的法律效力。合同的效力只存在于当事人之间，由于合同当事人的意志不违反国家意志和公共利益，所以法律对当事人之间一致的意思表示加以保护，从而赋予其拘束力。合同的生效和合同的成立之间存在因果关系，合同的成立是前提，合同的生效是结果。当事人是为了让合同规定的权利义务关系生效才订立合同的，只有已经成立的客观存在的合同，才能发生法律效力。合同的生效要件分为一般生效要件和特殊生效要件。我国《民法典》第一百四十三条规定："具备下列条件的民事法律行为有效：（一）行为人具有相应的民事行为能力；（二）意思表示真实；（三）不违反法律、行政法规的强制性规定，不违背公序良俗。"这是民事合同的一般生效要件，已经成立的合同只有符合上述条件才能取得法律效力。对于一些特殊的合同，法律规定只有履行一定的批准登记手续才能生效，比如说对外合作开采石油合同需要经过国家有关部门的批准才能生效，这就是合同的特殊生效要件。而法律对国内水路旅客运输合同的生效并没有做出任何特殊规定，所以国内水路旅客运输合同只要满足合同的一般生效要件即可生效。

2. 国内水路客运合同生效的时间

我国《民法典》的总则编和合同编对合同的生效时间做出了规定，大意是一般合同自成立时起生效，法律规定应当办理批准登记手续的依法律规定，附生效条件的合同自条件成就时起生效，附生效期限的合同自期限届满时生效。但是，对于客运合同的生效时间，学者们有不同的看法。通说认为自检票时起，客运合同在旅客和承运人之间发生法律效力。他们将客运合同理解为一种附期限的合同，自"旅客检票"这一期限到来时生效。另有观点认为，客运合同应自合同成立时生效，属于合同生效的一般情况，"不能认为在检票之时真正接受运输服务的旅客才能确定，此时客运合同才能生效，也不能认为因为旅客在约定的或者规定的期限内可以自由退票，所以此时合同尚未生效，旅客退票是客运合同作为特殊的消费合同由法律规定的对购票人提供的一种特殊的保护措施，退票就是解除客运合同"。本书同意第二种观点，客运合同自成立时生效。检票前旅客退票的行为当然是对客运合同的解除，而合同的解除是指合同有效成立后，当具备合同解除的条件时，因当事人一方或双方的意思表示而使合同关系自始消灭或向将来消灭的一种行为。能解除的合同必须是合法有效的合同。旅客在检票前可以随意退票的权利是源于因为客运作为公共运输的垄断性，法律对处于弱势的合同相对方旅客给予的保护，是法律对合同双方利益进行平衡的结果。所以本书同意第二种观点，水路旅客运输合同的生效时间和一般的民事合同没有区别，应当自合同成立时生效。

（四）国内水路客运合同的解除

合同的解除是指合同有效成立后，当具备合同解除的条件时，因当事人一方或双方的意思表示而使合同关系消灭或将来消灭的一种行为。合同的解除分为当事人各方协议解除、约定解除和法定解除。协议解除是指合同成立以后，在未履行或未完全履行之前，当事人双方通过协商解除合同使合同效力消灭的行为。约定解除是指当事人在合同中约定，在合同成立后，合同履行过程中出现了约定解除的情形，由当事人一方在约定解除合同条件成就时享有的解除权，并可以通过行使合同解除权使合同关系消灭。合同的法定解除，是指在某种法定情形出现或法定的条件成就时，合同一方当事人可以依法单方解除合同。

国内水路旅客运输合同解除的几种情况：

1. 旅客与承运人协议解除国内水路客运合同

旅客在船舶开航前可以与承运人达成协议，退票而解除合同。旅客退票的原因多种多样，只要承运人同意退票即可，但是承运人要收取一定的手续费。旅客退票属于合同的协议解除，由承运人和旅客双方当事人达成一致而解除合同。各国法律对允许退票解除合同的时间有所限制，并规定支付一定的费用，以补偿承运人的损失。《民法典》第八百一十六条规定："旅客因自己的原因不能按照客票记载的时间乘坐的，应当在约定的期限内办理退票或者变更手续；逾期办理的，承运人可以不退票款，并不再承担运输义务。"客票上一般也会规定："在客船规定开航时间 24 小时之前办理退票，并按《水路旅客运输规则》的规定收取退票手续费。"《水路旅客运输规则》第五十七条规定："在乘船港退票的时限规定为：（一）内河航线在客船开航以前；沿海航线在客船规定开航时间 2 小时以前；（二）团体票在客船规定开航时间 24 小时以前。"第一百二十一条规定："退票、退包费规定为：（一）退票费，散席按每人每张每 10 元票价核收 1 元，不足 10 元按 10 元计算；卧席按每人每张 10 元票价核收 2 元，不足 10 元按 10 元计算。（二）包房、包舱的退包费，按包房、包舱运价的 10%计算，尾数不足 1 元的按 1 元计收。（三）包船的退包费，在客船计划开航 72 小时以前退包，为包船运价的 10%；在 72 小时以内、48 小时以前退包，为包船运价的 20%；在 48 小时以内、24 小时以前退包，为包船运价的 30%。"

2. 旅客行使解除权而解除国内水路客运合同

在客运合同没有履行或没有完全履行之前，如果旅客由于身体原因无法按照客票规定登船，可以向承运人办理退票手续。有的客票或承运人规定的合同关系中会有类似内容，此时旅客所享有的就是约定解除权。如果客票和承运人都没有类似规定，那么旅客所享有的就是法定的解除权，因为《民法典》第八百一十六条规定："旅客因自己的原因不能按照客票记载的时间乘坐的，应当在约定的期限内办理退票或者变更手续；逾期办理的，承运人可以不退票款，并不再承担运输义务。"《水路旅客运输规则》第四十九条也规定："旅客因病或临产必须在中途下船的，由承运人填写客运记录，交旅客至下船港办理退票手续，将旅客所持船票票价与旅客已乘区段票价的差额退还旅客，并向旅客核收退票费。患病或临产旅客的护送人，也可按前款规定办理退票。"在这种情况下，旅客行使解除权解除合同要支付费用。可见只要是由于旅客的原因解除客运合同，旅客就应该支付手续费。

此外，还有在承运人迟延运输或擅自改变运输工具而降低服务标准时，旅客还可以行使法定的解除权而退票解除合同。《民法典》第八百二十条规定："承运人应当按照有效客票记载的时间、班次和座位号运输旅客。承运人迟延运输或者有其他不能正常运输情形的，应当及时告知和提醒旅客，采取必要的安置措施，并根据旅客的要求安排改乘其他班次或者退票；由此造成旅客损失的，承运人应当承担赔偿责任，但是不可归责于承运人的除外。"《民法典》第八百二十一条规定："承运人擅自降低服务标准的，应当根据旅客的请求退票或者减收票款；提高服务标准的，不得加收票款。"可见在这种情况下，旅客享有法定的解除合同的权利，一旦行使解除权合同即告解除，而且承运人还不得收取费用。

3. 由于不可抗力导致的国内水路客运合同的解除

此处的不可抗力是指船舶在开航前灭失或被征用、因军事行动船舶有被捕获或劫夺的危险、起运港或目的港被宣布封锁、船舶因与合同双方无关的原因被政府扣押等情况，此时由于上述不可抗力导致合同履行不能，合同当事人都享有解除权，承运人和旅客双方都可以行使解除权而解除国内水路旅客运输合同，而承运人应当退还全额票款不收取手续费。

（五）国内水路旅客运输合同条款的无效

国内水路旅客运输合同是格式合同，合同条款由承运人事先拟定，旅客没有机会就合同中格式条款的内容与承运人协商，但是法律对于格式条款的效力进行了限制。我国《民法典》第四百九十七条规定："有下列情形之一的，该格式条款无效：（一）具有本法第一编第六章第三节和本法第五百零六条规定的无效情形；（二）提供格式条款一方不合理地免除或者减轻其责任、加重对方责任、限制对方主要权利；（三）提供格式条款一方排除对方主要权利。"水路旅客运输合同中承运人如果在其制定并公之于众的规章中如果有条款不合理地免除或者减轻自己责任或加重对方责任排除对方权利的，该条款无效，即使该条款作为格式条款并入客运合同，也不能约束承运人和旅客之间的合同关系。《民法典》第五百零六条还规定："合同中的下列免责条款无效：（一）造成对方人身损害的；（二）因故意或者重大过失造成对方财产损失的。"如果水路旅客运输合同中规定承运人对旅客的人身伤亡或由于承运人故意或重大过失造成的旅客财产损失不承担赔偿责任，此类免责条款也无效。

三、承运人对旅客人身伤亡及其行李灭失损坏的赔偿责任

（一）承运人对旅客及其行李的运送期间和责任期间

1. 旅客及其自带行李的运送期间

承运人对于旅客及其自带行李的运送期间包括从旅客登船到离船的时

间,如果登船或离船必须经水路由轮渡或客驳过载,而旅客在客票中已经支付了过载费用,那么承运人的运送期间也包括过载的期间,因为这些都属于承运人履行运送行为的期间。对于沿海旅客运输承运人的运送期间,《海商法》第一百一十一条规定:"海上旅客运输的运送期间,自旅客登船时起至旅客离船时止。客票票价含接送费用的,运送期间并包括承运人经水路将旅客从岸上接到船上和从船上送到岸上的时间,但是不包括旅客在港站内、码头上或者在港口其他设施内的时间。"对于内河以及其他可航水域内的旅客运输,《水路旅客运输规则》第八条规定:"旅客运输的运送期间,自旅客登船时起至旅客离船时止。船票票价含接送费用的,运送期间并包括承运人经水路将旅客从岸上接到船上和从船上送到岸上的期间,但是不包括旅客在港站内、码头上或者在港口其他设施内的时间。"《雅典公约》中对承运人运送期间的规定则更为严密,即"运输包括下列期间对旅客及其自带行李而言,运输包括旅客及或其自带行李在船舶上的期间,或登、离船舶期间,和旅客及其自带行李从岸上水运至船舶上或从船舶上水运上岸的期间,但以该种运输费用已包括在客票票价之内或用于此种辅助运输的船舶已由承运人交旅客支配为条件"。但对旅客而言,运输不包括旅客在海运港站或码头上或在其他港口设施之中或之上的期间对自带行李而言,如该行李已由承运人或其雇用人或代理人接受但尚未交还旅客,则运输也包括旅客在港站或码头上或其他港口设施之中或之上的期间。

可以看出,现有的法律、法规以及国际公约规定与承运人对旅客及其自带行李的运输期间的规定基本一致,均指旅客从起始港岸上至目的港岸上之间的期间,不包括旅客在港站内的时间。

2. 非自带行李的运送期间

承运人对旅客非自带行李的运送期间应当自旅客将其交付承运人时起至承运人交还旅客时止。《海商法》第一百一十一条规定:"旅客自带行李以外的其他行李,运送期间自旅客将行李交付承运人或者承运人的受雇人、代理人时起至承运人或者承运人的受雇人、代理人交还旅客时止。"《水路旅客运输规则》第十一条规定:"旅客的托运行李的运送期间,自旅客将行李交付承运人或港口经营人时起至承运人或港口经营人交还旅客时止。"《雅典公约》规定:"对自带行李以外的其他行李而言,期间从承运人或其岸上或者船上的雇佣人或代理人在岸上或在船上接管行李时起开始,至承运人或其雇用人或代理人将该行李交还之时止。"

所以承运人对旅客非自带行李的运送期间应当自其接受交付时起至其交

还旅客时止。但是，通常旅客并不是在登船以后将非自带行李直接交付承运人本人，而是在起始港的客运站将履行向客运站的工作人员办理托运手续，在目的港当旅客下船时，通常也是在客运站领取非自带行李，托运的行李通常是由客运站交还旅客的。客运站是作为承运人的委托代理人来接受旅客交付并向旅客交还行李的，客运站的交付和交换就视为承运人的交付和交还。

3. 运送期间与责任期间

在上面所说的承运人的运送期间内，承运人当然对旅客的人身及其财产安全承担责任，但是承运人的责任期间不等于承运人的运送期间，客运合同的履行不仅仅包括承运人履行运送义务，还应当包括一些辅助义务的履行，在实践中通常由港站经营人尤其是客运站履行这些辅助义务，但是由客运站辅助义务履行的期间也应当属于承运人的责任期间。由客运站履行的辅助运送行为主要是指在起始港为旅客提供候船服务、组织旅客检票、为旅客办理托运手续和将旅客托运行李运至船上，以及在目的港检票并将托运行李各自交还旅客。客运站履行这些辅助运送行为期间也应当属于承运人的责任期间，因为这些行为是辅助运送行为，在旅客运输合同中，应当由承运人履行这些行为。承运人的责任期间应当自客运合同开始履行时起至客运合同履行完毕时止，即从持票旅客在始发港的客运站候船时起至旅客在目的港步出出站口之时止。

4. 延伸服务中的运送期间和责任期间

在实践中，很多客运站向旅客提供延伸运送服务，客运站在火车站或机场设立班车站点，客运站提供班车往返于客运站和其他交通枢纽比如火车站和机场之间。这种情况下，虽然客运站是延伸服务的实际提供者，但是在有关客运站的法律地位的讨论中会得出结论，在水路旅客运输中客运站是承运人的委托代理人，而客运站提供的延伸服务往往都是免费的，旅客乘坐客运站班车的费用已经包括在船票的价款中，即使客运站对于延伸服务另外收取费用，这种延伸服务也是承运人向旅客提供的运送服务的附随服务。所以在延伸运输中，客运站也是作为承运人的委托代理人向旅客提供客运服务，客运站延伸运输中产生的法律责任由承运人承担，承运人的运送期间和责任期间应当包括持票旅客接受延伸运送的部分，即始于旅客登上客运站班车之时，至旅客步下客运站班车之时止。事实上，由于延伸服务是以汽车为运送工具，所以包含延伸服务的水路旅客运输构成了旅客多式联运，承运人成为旅客多式联运经营人，客运站受联运经营人委托进行延伸服务而成为区段运输经营人。

（二）承运人对旅客及其行李的赔偿责任基础

1. 我国法律对责任基础的规定

《海商法》和《水路旅客运输规则》中对承运人责任基础的规定大体相同，也就是说对国内水路旅客运输而言，虽然受不同的法规调整，但是承运人的赔偿责任基础是一般过失责任。承运人对旅客的人身伤亡或自带行李的灭失、损坏承担过失责任。

2. 推定过失责任

在船舶的沉没、碰撞、搁浅、爆炸、火灾所引起或者船舶的缺陷引起的旅客人身伤亡的情况下，推定承运人对旅客的人身伤亡负有过失，无论任何原因导致旅客非自带行李的灭失、损坏的情况下，均推定承运人对旅客非自带行李的灭失、损坏负有过失，除非承运人提出反证。

3. 共同过失责任

经承运人证明，旅客的人身伤亡或行李的灭失、损坏，是由于旅客本人的过失和承运人的共同过失造成的，可以免除或相应减轻承运人的赔偿责任。

（三）责任除外

承运人对旅客自行保管的货币、金银、珠宝、有价证券或其他贵重用品的灭失、损坏，不负赔偿责任。但是上述物品如果交由承运人保管的，则视为一般行李，由承运人在责任限额内承担灭失、损坏的赔偿责任。

（四）承运人对旅客人身伤亡的精神损害赔偿

1. 法律依据

最高人民法院公布的《最高人民法院关于审理人身损害赔偿案件适用法律若干问题的解释》中已经明确受害人有权请求加害人对其精神损害进行赔偿，而对于国内水路旅客运输中发生的旅客人身伤亡精神损害赔偿则主要应当适用2020年最高人民法院公布的《关于确定民事侵权精神损害赔偿责任若干问题的解释》。该解释第一条规定："因人身权益或者具有人身意义的特定物受到侵害，自然人或者其近亲属向人民法院提起诉讼请求精神损害赔偿的，人民法院应当依法予以受理。"在水路旅客运输中旅客发生人身伤亡，其生命权、健康权和身体权等人身权益受到了损害，承运人应当对因此造成的精神损害进行赔偿。

2. 精神损害赔偿请求人

精神损害赔偿的权利人应当是受害的自然人，但是如果受害人因为承运人的侵权行为死亡，那么死者的遗属有权对承运人请求精神损害赔偿。关于死者遗属的范围，《关于确定民事侵权精神损害赔偿责任若干问题的解释》第一条规定死者的近亲属向人民法院提起诉讼请求精神损害赔偿的，人民法院应当依法予以受理。

3. 赔偿数额

根据《关于确定民事侵权精神损害赔偿责任若干问题的解释》，确定精神损害赔偿数额应当考虑以下几个因素，首先是侵权人的过错程度。这是确定赔偿数额的时候应当考虑的因素。在损害后果大体相同的情况下，故意致人损害的承运人承担的赔偿数额比过失致人损害的承运人的赔偿数额要高，重大过失者也比一般过失者承担的赔偿数额要高。

4. 人身伤害事故的具体情节

在确定精神损害赔偿的数额时，还应当考虑承运人侵权行为的手段、场合、具体的行为方式等因素，这些因素的不同对受害人所带来的心理和生理痛苦可能有很大的区别。

5. 侵权行为造成的后果

这里的后果既包括直接后果也包括间接后果，因承运人的侵权行为致人死亡、精神失常、伤残、丧失劳动能力等严重后果，其精神损害赔偿数额应当较大。

6. 承运人能担赔偿责任的经济能力

精神损害赔偿具有补偿性、抚慰性和处罚性，确定赔偿数额的时候还应当考虑承运人的赔偿额能力，不仅体现了补偿性和抚慰性，也体现了处罚性。

第三节 国内水路运输保险与保价

一、国内水路旅客意外伤害强制保险

所谓水路旅客意外伤害强制保险，是指水路旅客乘船时，必须向保险公司投保旅客意外伤害保险，在保险期限内因发生意外事故导致死亡或伤害的，

由保险公司负责赔偿。这种保险的手续由承运人办理，不另由保险公司签发保险单证；被保险人旅客应支付的保险费，包括在票价之内。所谓意外事故，主要是外来的自然灾害和其他不可抗力造成的事故。保险公司仅对旅客因意外事故遭受的伤亡负赔偿责任，因承运人过错造成旅客伤亡的应由承运人负责赔偿。

（一）保险期限

保险公司承担责任的有效期间，为自旅客持票离岸上船开始，至到达港旅客下船着陆时为止，包括搭乘承运人免费接送旅客的其他船舶在内。旅客所乘轮船，在中途因故停航或改乘承运人指定的其他轮船的，在中途停航或者继续旅程中，保险仍然有效；旅客在旅程中途自行离船不再随同原船航行的，其保险于下船着陆时起即宣告失效，但经承运人签字证明原票有效的，在重新离岸上船时起，保险效力即行恢复。在上述有效期间，一旦发生意外事故造成旅客伤亡，保险公司就应承担赔偿责任。

（二）除外责任

保险公司在下列情况下不负赔偿责任：
（1）因疾病、自杀、殴斗或犯罪行为而致死亡或伤害者。
（2）失踪者（但因船只事故或意外事故而致失踪者，不在此限）
（3）有欺诈行为意图骗领保险金或医疗津贴者。

（三）医疗津贴的给付

旅客遭受意外事故伤害须予治疗的，应由承运人会同出事地点的当地有关机关，按照当时实际情况代理保险公司负责处理，医疗津贴由保险公司或其特约代理机构根据制定医院或医师出具的证明确定后，按实际情况给付医疗津贴，其数额不超过保险金额的全数。

（四）保险金的给付

当发生意外事故致旅客死亡、残废或丧失身体机能的，旅客或其家属应要求保险公司支付保险金。保险公司按伤亡情况，支付规定的保险金。

二、国内水路货物运输保险

所谓水路货物运输保险是指托运人或货主（被保险人）将托运的货物向

保险公司（保险人）投保并支付保险费用，有保险公司按约定赔偿因运输中发生保险责任范围内事故造成的货物损失的一种保险。由此而签订的合同，即为水路货物运输保险合同，这种合同以保险公司向被保险人签发的保险单证为证明。

有关国内水路货物运输保险的主要内容与第五章"铁路货物运输保险"部分的内容相类似，这里不再赘述。

三、国内水路货物运保险与责任运输相结合的补偿制度

所谓水路货物运输保险与责任运输相结合的补偿制度是指对投保货物运输保险的货物，由于承运人责任所造成的损失，由承运人在限额以内按照实际损失负责赔偿，超过限额的部分由保险公司在保险金额内给予补偿。不属于承运人责任而属保险责任范围内的损失，由保险公司按照实际损失，在保险金额内给予赔偿。

（一）水路货运限额赔偿规定

海事赔偿限制是指对一次事故引起的各类债务赔偿总额的限制，是水路运输中的一项重要制度。我国在《海商法》等法律、法规及规章中分别规定了海事赔偿责任限制制度。就水路货物运输合同而言，其主要的规定有：

1. 赔偿限额

（1）水路货运赔偿限额规定。交通部《关于不满 300 总吨船舶及沿海运输、沿海作业船舶海事赔偿限额的规定》规定，从事中华人民共和国港口之间货物运输或沿海作业的船舶，其非人身伤亡的赔偿请求的赔偿限额是：超过 20 总吨、21 总吨以下的船舶，赔偿限额为 13 750 计算单位；超过 21 总吨的船舶，超过部分每吨增加 250 计算单位；300 总吨以上的，其赔偿限额依照《海商法》第 210 条规定的赔偿限额的 50% 计算。

（2）水路客运赔偿限额规定。根据《中华人民共和国港口间海上旅客运输赔偿责任限额规定》第 3 条的规定，承运人在每次海上旅客运输中的赔偿限额，旅客人身伤亡的，每名旅客不超过 4 万元人民币。

（3）行李赔偿责任限额规定。根据《中华人民共和国港口间海上旅客运输赔偿责任限额规定》第 3 条的规定，旅客托运的行李发生灭失或者损坏，承运人的责任限额是每千克不超过 20 元人民币。若旅客自带行李灭失或者损坏的，每名旅客不超过 800 元人民币。

2. 赔偿责任限制权的丧失

交通部《关于不适航船舶发生海损事故和船舶沉没的"海损的最高赔偿额"问题的复函》（交安港〔62〕字第119号）规定，不适航船舶发生海损事故和船舶沉没的，船舶所有人和承运人不适用"海损的最高赔偿额"的限制。《海商法》第209条规定，经证明，因其赔偿请求的损失是由于责任人的故事或者明知可能造成损失而轻率地作为或不作为造成的，责任人无权依照本章规定限制赔偿责任。可见，承运人因故事或者重大过失而导致承担违约责任时，不适用赔偿责任限制的规定。

（二）水路货运保险与责任运输相结合的补偿制度

托运人托运货物时，应在货物运单"货物价值"栏内准确地填写该批货物的总价值。对不具备"三同"（同品名、同规格、同包装）条件的计件货物，还应向承运人递交货物单件价值清单。

承运人从承运货物时起，至将货物交付收货人或者按照规定处理完毕时止，对按本规定已投保货物险的货物发生灭失、短少、变质、污染、损坏，由承运人和保险公司按下列规定赔偿，但属于《水路货物运输合同实施细则》规定的非承运人责任原因造成的，以及规定由托运人负责赔偿和自行负责处理的，承运人不承担赔偿责任。

（1）人对每件货物价值在700元以上（含700元）的，赔偿金额按实际损失最多不超过人民币700元（含700元）计算赔偿；对每吨货物价值在500元以上（含500元）的，赔偿金额按实际损失最多不超过500元（含500元）计算赔偿。但责任海损事故造成的货物损失，按上述规定计算的赔偿总额，不应超过海损赔偿最高限额的规定。

（2）物的实际损失超过承运人责任赔偿（即每件700元和每吨500元）的部分，均由保险公司在保险金额内给予补偿。

托运人或收货人按本规定投保货物运输险的货物发生货运事故的索赔案件，应在规定的索赔期限内按下列两种情况办理：

① 对每件货物的实际损失超过700元或者每吨货物的实际损失超过500元的，按规定的手续直接向当地保险公司索赔，再由保险公司向承运人追偿应由承运人负责赔偿的部分。

② 对每件或每吨货物的实际损失未超过上述①款规定标准的，按规定的手续，直接向承运人提出索赔。

下列货物不适用这一补偿制度：

① 个体（联户）船舶承运的货物，按国务院规定已投保承运货物险的，以及航行国际航线、香港、澳门航线的船舶及所载货物，在我国港口作业中发生的船体、船具或者货物的灭失、损坏事故，均不适用本规定，而按有关国内货物运输保险、国际海上保险或其他保险的规定办理。

② 每件货物价值在 700 元以下或每吨货物价值在 500 元以下的货物，不适用本规定。

按《水路货物运输合同实施细则》第二十一条规定，如果托运人或收货人证明损失的发生确属承运人的故意行为，则承运人除按规定赔偿实际损失外，由合同管理机关处其造成损失部分 10%～50%的罚款。

需要说明的是，投保货物运输险的货物在损失时，应按照前述一般水路货物运输保险的规定处理；没有投保的货物，保价运输的按保价规定办，未保价的则应依据有关规定按直接实际损失处理。

四、国内水路货物保价运输

交通部发布的《水路货物保价运输规定》（以下简称《规定》）对水路货物保价运输做出了专门规定。

（一）关于保价运输的适用范围

根据《规定》第 2 项规定，水路运输执行国家定价的货物不适用保价运输，凡执行国家指导价格或市场价格的货物均可按本规定办理。

（二）关于托运、承运的手续

1. 声明价格和填制货运单

根据《规定》第 5 项规定，托运人确定采用保价运输的，应在货物运单"货物价值"栏内准确地填写该批货物的总价值。对不符合"三同"条件的货物，除按上述规定办理外，还应向承运人提交货物单件价值清单。

2. 有关费用的缴付

按保价运输的货物，除运杂费外，托运人还应缴付保险费。承运人按有关保价费率的规定核收保价费后，在货物运单上加盖"保价运输"的红色戳记。

另外，由于个人生活用品和搬家物品比较杂，难以使用统一价格，因此托运时应提出物品清单，并逐项声明价格，将总价格填入运单"货物价值"栏内。

(三) 关于承运人赔偿办法

对办理保价运输的货物，在运输过程中发生货运事故，造成直接损失时，应按下列原则赔偿：货物全部灭失时，应按托运人声明价格赔偿；货物部分灭失、短少或残损时，应按实际损失结合声明价格（即按比例）赔偿，但不能超过声明价格。

除上述外，《规定》对保价运输没有规定的其他事项，均按有关水路运输的规定办理。

第四节　国内水路运输的行政监管

一、《国内水路运输管理条例》的调整范围

《国内水路运输管理条例》适用于经营中华人民共和国国内水路运输以及水路运输辅助业务的单位和个人。载客12人以下的客运船舶以及乡、镇客运渡船运输的管理办法，由省、自治区、直辖市人民政府另行制定。

二、国内水运行政法律关系主体

国内水运行政法律关系主体是指享有国内水运行政法律权利，承担国内水运行政法律义务的行政管理机关和相对人。

（一）国内水运行政法律关系主体中的行政管理机关

根据《国内水路运输管理条例》第四条："国务院交通运输主管部门主管全国水路运输管理工作。县级以上地方人民政府交通运输主管部门主管本行政区域的水路运输管理工作。县级以上地方人民政府负责水路运输管理的部门或者机构（以下统称负责水路运输管理的部门）承担本条例规定的水路运输管理工作。"其职责是：

（1）贯彻执行国家关于水路运输的方针、政策、法规，负责水运行政法律的具体实施。

（2）负责对水路运输企业、各种运输船舶开业审批、经营活动的检查和奖惩。

（3）检查水路运输企业、各种运输船舶对国家和省级人民政府下达的运输计划的执行情况，协调运输合同执行中发生的问题。

（4）对主管范围内水路运输情况进行调查研究，定期发布水运情况分析报告规定的运输统计报表。

（5）及时汇集和发布水运技术、经济信息，为水路运输企业和各种运输船舶提供咨询服务，组织培训水路运输管理专业人员。

（6）运输秩序，协调各种水运业之间、运输船舶和港埠企业之间的平衡衔接，处置纠纷；督促提高运输、服务质量，查处重大客、货运输事故；组织交流先进运输经验，提高水运管理水平。

（7）运输管理费的计收和使用管理。

（二）国内水运行政法律关系主体中的相对人

国内水运行政法律关系主体中的相对人是指一切从事国内水路运输以及水路运输辅助业务的企业、其他单位和个人。包括：

（1）水路运输业（水路客、货运）：从事水路运输业必须依法获得许可，获得资格方可经营。

（2）水路运输服务业：指接受旅客、托运人、收货人以及承运人的委托，以委托人的名义，为委托人办理旅客或货物运输、港口作业以及其他相关业务手续并收取费用的行业，分为船舶代理业和客货运输代理业。其中船舶代理业务包括接受承运人委托，为其代办承揽货源或客源（含旅游客源）；安排和联系货物配积载、船舶半年或旅客乘降以及传播作业所需拖轮、浮吊等；办理旅客中转、货物中转或储存；代售客票或签订运输合同，缮制运输单证、票据；结算、交付票款或运杂费；通报船期和货物到岗情况，办理承运验收、货物交付手续；联系船舶修理和船舶燃物料以及其他物品供应；协助自理属于承运人责任事宜和客货运事故；办理承运人委托的其他事项。客货运输代理业务包括接受旅客和托运人、收货人委托，为其代办联系船舶，确定舱位，签订运输合同，代订客票；联系货物装卸、储存或驳运，签订装卸合同；办理货物提取、交付手续；结算缴纳运费票款和港口费；办理货物运输所需证明；协助处理旅客或托运人、收货人责任事宜和客货运事故；办理旅客或托运人、收货人委托的其他事项业务。从事水路运输服务业必须依法获得许可，取得资格方可经营。

（3）上海航运交易所：是不以营利为目的，为航运业务提供交易场所、设施、信息的事业法人，国务院交通主管部门和上海市人民政府对航运交易所进行管理和监督。

① 航运交易所的组织机构。航运交易所实行理事会领导下的总裁负责制。理事会是航运交易所的权力机构。理事会有理事长1人、副理事长1~2人和理事5~7人组成，总人数为单数。理事会应当有2~3名会员理事。理事长、副理事长由上海市人民政府和国务院交通主管部门共同任命。理事由理事长提名，上海市人民政府批准。

② 航运交易所理事会的职权。制定行业交易所章程、交易规则及其他有关规定；审议航运交易所的工作计划和工程报告；决定、处理航运交易所运作中的重大问题；聘任、解聘航运交易所总裁、副总裁；决定取消会员资格。理事会会议由理事长召集；理事长因故不能召集会议室时，由其指定的副理事长代为召集。理事会会议的决议必须经理事会2/3以上成员表决同意。

③ 航运交易所的总裁。航运交易所设总裁1人、副总裁若干人。总裁由理事长从理事中提名，理事会聘任。总裁是航运交易所的法定代表人、主持航运交易所的日常工作，对理事会负责。

④ 会员的资格。凡具有中国法人资格的经营水路货物运输业务、水路货物运输代理业务、船舶代理业务和港口业务的企业及其他有关企业；遵守航运交易所章程；有良好的商业信誉，均可申请取得会员资格。经航运交易所审查批准，并按照航运交易所章程办理退会手续。

会员分为正式会员和临时会员。会员资格期限3个月以上的为正式会员，会员资格期限不超过3个月的为临时会员。

⑤ 会员的权利与义务。会员的权利：有对航运交易所的工作提出批评和建议；推荐会员理事和被推荐为会员理事（不适用于临时会员）；在场内进行交易；使用航运交易所提供的设施；获取航运交易所提供的信息。会员的义务：遵守航运交易所章程和交易规则；按时缴纳会费；如实向航运交易所提供本企业与航运交易有关的价格及其他信息；不得向新闻媒介及公众泄露或者传播从航运交易所获取的航运信息；在航运交易中接受航运交易所的管理和监督。

三、国内水运行政许可

国内水运行政许可是《国内水路运输管理条例》授权交通主管部门的一种市场准入权利，为了保障该权利的正确行使，《国内水路运输管理条例》严格规定了其条件、程序及法律救济。

（一）经营国内水路运输业务的条件

1. 国内水路运输企业必须具备的条件

（1）具备企业法人条件。

（2）有符合本条例第十三条规定的船舶，并且自有船舶运力符合国务院交通运输主管部门的规定。

（3）有明确的经营范围，其中申请经营水路旅客班轮运输业务的，还应当有可行的航线营运计划。

（4）有与其申请的经营范围和船舶运力相适应的海务、机务管理人员。

（5）与其直接订立劳动合同的高级船员占全部船员的比例符合国务院交通运输主管部门的规定。

（6）有健全的安全管理制度。

（7）法律、行政法规规定的其他条件。

2. 个人经营普通货物运输业务，必须具备的条件

个人可以申请经营内河普通货物运输业务。申请经营内河普通货物运输业务的个人，应当有符合下列本条件：

（1）与经营者的经营范围相适应。

（2）取得有效的船舶登记证书和检验证书。

（3）符合国务院交通运输主管部门关于船型技术标准和船龄的要求。

（4）船舶吨位不超过国务院交通运输主管部门规定的自有船舶。

（5）有健全的安全管理制度。

（6）法律、行政法规规定的其他条件。

3. 水路运输经营者投入运营的船舶，必须具备的条件

（1）与经营者的经营范围相适应。

（2）取得有效的船舶登记证书和检验证书。

（3）符合国务院交通运输主管部门关于船型技术标准和船龄的要求。

（4）法律、行政法规规定的其他条件。

（二）申请经营国内水路运输业务的程序和审批时间

1. 申请经营国内水路运输业务的程序

水路运输经营者新增船舶投入运营的，应当凭水路运输业务经营许可证件、船舶登记证书和检验证书向国务院交通运输主管部门或者设区的市级以

上地方人民政府负责水路运输管理的部门领取船舶营运证件。从事水路运输经营的船舶应当随船携带船舶营运证件。

海事管理机构办理船舶进出港签证，应当检查船舶的营运证件。对不能提供有效的船舶营运证件的，不得为其办理签证，并应当同时通知港口所在地人民政府负责水路运输管理的部门。港口所在地人民政府负责水路运输管理的部门收到上述通知后，应当在24小时内作出处理并将处理情况书面通知有关海事管理机构。

经营水路运输业务，应当按照国务院交通运输主管部门的规定，经国务院交通运输主管部门或者设区的市级以上地方人民政府负责水路运输管理的部门批准。申请经营水路运输业务，应当向负责审批的部门提交申请书和证明申请人符合法定条件的相关材料。

2. 申请经营国内水路运输业务的审批时间

负责审批的部门应当自受理申请之日起30个工作日内审查完毕，作出准予许可或者不予许可的决定。予以许可的，发给水路运输业务经营许可证件，并为申请人投入运营的船舶配发船舶营运证件；不予许可的，应当书面通知申请人并说明理由。

3. 经营国内水路运输业务的审批效力

取得水路运输业务经营许可的，持水路运输业务经营许可证件依法向工商行政管理机关办理登记后，方可从事水路运输经营活动。

外国的企业、其他经济组织和个人不得经营水路运输业务，也不得以租用中国籍船舶或者舱位等方式变相经营水路运输业务。香港特别行政区、澳门特别行政区和台湾地区的企业、其他经济组织以及个人参照适用前款规定，国务院另有规定的除外。

依法取得许可的水路运输经营者终止经营的，应当自终止经营之日起15个工作日内向原许可机关办理注销许可手续，交回水路运输业务经营许可证件。

（三）经营水路运输辅助业务的条件和审批

运输船舶的所有人、经营人可以委托船舶管理业务经营者为其提供船舶海务、机务管理等服务。

1. 申请经营船舶管理业务的条件

申请经营船舶管理业务，申请人应当符合下列条件：

(1)具备企业法人条件。
(2)有健全的安全管理制度。
(3)有与其申请管理的船舶运力相适应的海务、机务管理人员。
(4)法律、行政法规规定的其他条件。

2. 申请经营船舶管理业务的审批

经营船舶管理业务，应当经设区的市级以上地方人民政府负责水路运输管理的部门批准。

申请经营船舶管理业务，应当向设区的市级以上地方人民政府负责水路运输管理的部门提交申请书和证明材料。

受理申请的部门应当自受理申请之日起 30 个工作日内审查完毕，作出准予许可或者不予许可的决定。予以许可的，发给船舶管理业务经营许可证件，并向国务院交通运输主管部门备案；不予许可的，应当书面通知申请人并说明理由。取得船舶管理业务经营许可的，持船舶管理业务经营许可证件依法向工商行政管理机关办理登记后，方可经营船舶管理业务。

(四)行政许可的法律救济

申请人对不允许许可或逾期不予答复的，可依法提起行政复议或行政诉讼。

四、国内水路运输业务的经营义务

水路运输经营者应当在依法取得许可的经营范围内从事水路运输经营。

水路运输经营者应当使用符合法律、法规等规定条件、配备合格船员的船舶，并保证船舶处于适航状态。水路运输经营者应当按照船舶核定载客定额或者载重量载运旅客、货物，不得超载或者使用货船载运旅客。

水路运输经营者应当依照法律、行政法规和国务院交通运输主管部门关于水路旅客、货物运输的规定、质量标准以及合同的约定，为旅客、货主提供安全、便捷、优质的服务，保证旅客、货物运输安全。水路旅客运输业务经营者应当为其客运船舶投保承运人责任保险或者取得相应的财务担保。

水路运输经营者应当依照法律、行政法规和国家有关规定，优先运送处置突发事件所需的物资、设备、工具、应急救援人员和受到突发事件危害的人员，重点保障紧急、重要的军事运输。出现关系国计民生的紧急运输需求时，国务院交通运输主管部门按照国务院的部署，可以要求水路运输经营者优先运输需要紧急运输的物资。水路运输经营者应当按照要求及时运输。

水路运输经营者应当按照统计法律、行政法规的规定报送统计信息。

(一) 国内水路客运业务经营者的法定义务

旅客班轮运输业务经营者应当自取得班轮航线经营许可之日起 60 日内开航，并在开航 15 日前公布所使用的船舶、班期、班次、运价等信息。旅客班轮运输应当按照公布的班期、班次运行；变更班期、班次、运价的，应当在 15 日前向社会公布；停止经营部分或者全部班轮航线的，应当在 30 日前向社会公布并报原许可机关备案。

(二) 国内水路货运业务经营者的法定义务

水路运输经营者运输危险货物，应当遵守法律、行政法规以及国务院交通运输主管部门关于危险货物运输的规定，使用依法取得危险货物适装证书的船舶，按照规定的安全技术规范进行配载和运输，保证运输安全。

货物班轮运输业务经营者应当在班轮航线开航的 7 日前，公布所使用的船舶以及班期、班次和运价。货物班轮运输应当按照公布的班期、班次运行；变更班期、班次、运价或者停止经营部分或者全部班轮航线的，应当在 7 日前向社会公布。

(三) 国内水路运输辅助业务经营者的法定义务

船舶管理业务经营者接受委托提供船舶管理服务，应当与委托人订立书面合同，并将合同报所在地海事管理机构备案。船舶管理业务经营者应当按照国家有关规定和合同约定履行有关船舶安全和防止污染的管理义务。

水路运输经营者可以委托船舶代理、水路旅客运输代理、水路货物运输代理业务的经营者，代办船舶进出港手续等港口业务，代为签订运输合同，代办旅客、货物承揽业务以及其他水路运输代理业务。船舶代理、水路旅客运输代理业务的经营者应当自企业设立登记之日起 15 个工作日内，向所在地设区的市级人民政府负责水路运输管理的部门备案。

船舶代理、水路旅客运输代理、水路货物运输代理业务的经营者接受委托提供代理服务，应当与委托人订立书面合同，按照国家有关规定和合同约定办理代理业务，不得强行代理，不得为未依法取得水路运输业务经营许可或者超越许可范围的经营者办理代理业务。

五、法律责任

(一) 法律责任的种类

主要是行政责任和刑事责任,其中行政责任包括行政处罚和行政处分。

1. 行政处罚

《国内水路运输管理条例》确定的行政处罚类型包括:①责令改正;②责令限期整改;③责令停止经营;④没收违法所得;⑤罚款;⑥撤销许可;⑦吊销许可证。

2. 行政处分

《国内水路运输管理条例》第43条规定:"负责水路运输管理的国家工作人员在水路运输管理活动中滥用职权、玩忽职守、徇私舞弊,不依法履行职责的,依法给予处分。"的规定,确定了行政处分。

3. 刑事责任

《国内水路运输管理条例》第44条规定:"违反本条例规定,构成违反治安管理行为的,依法给予治安管理处罚;构成犯罪的,依法追究刑事责任。"

(二) 违法行为的具体处罚

(1) 未经许可擅自经营或者超越许可范围经营水路运输业务或者国内船舶管理业务的,由负责水路运输管理的部门责令停止经营,没收违法所得,并处违法所得1倍以上5倍以下的罚款;没有违法所得或者违法所得不足3万元的,处3万元以上15万元以下的罚款。

(2) 水路运输经营者使用未取得船舶营运证件的船舶从事水路运输的,由负责水路运输管理的部门责令该船停止经营,没收违法所得,并处违法所得1倍以上5倍以下的罚款;没有违法所得或者违法所得不足2万元的,处2万元以上10万元以下的罚款。从事水路运输经营的船舶未随船携带船舶营运证件的,责令改正,可以处1 000元以下的罚款。

(3) 水路运输经营者未经国务院交通运输主管部门许可或者超越许可范围使用外国籍船舶经营水路运输业务,或者外国的企业、其他经济组织和个人经营或者以租用中国籍船舶或者舱位等方式变相经营水路运输业务的,由负责水路运输管理的部门责令停止经营,没收违法所得,并处违法所得1倍以上5倍以下的罚款;没有违法所得或者违法所得不足20万元的,处20万元以上 100 万元以下的罚款。

（4）以欺骗或者贿赂等不正当手段取得本条例规定的行政许可的，由原许可机关撤销许可，处 2 万元以上 20 万元以下的罚款；有违法所得的，没收违法所得；国务院交通运输主管部门或者负责水路运输管理的部门自撤销许可之日起 3 年内不受理其对该项许可的申请。

（5）出租、出借、倒卖本条例规定的行政许可证件或者以其他方式非法转让本条例规定的行政许可的，由负责水路运输管理的部门责令改正，没收违法所得，并处违法所得 1 倍以上 5 倍以下的罚款；没有违法所得或者违法所得不足 3 万元的，处 3 万元以上 15 万元以下的罚款；情节严重的，由原许可机关吊销相应的许可证件。伪造、变造、涂改本条例规定的行政许可证件的，由负责水路运输管理的部门没收伪造、变造、涂改的许可证件，处 3 万元以上 15 万元以下的罚款；有违法所得的，没收违法所得。

（6）水路运输经营者有下列情形之一的，由海事管理机构依法予以处罚：① 未按照规定配备船员或者未使船舶处于适航状态；② 超越船舶核定载客定额或者核定载重量载运旅客或者货物；③ 使用货船载运旅客；④ 使用未取得危险货物适装证书的船舶运输危险货物。

（7）水路旅客运输业务经营者未为其经营的客运船舶投保承运人责任保险或者取得相应的财务担保的，由负责水路运输管理的部门责令限期改正，处 2 万元以上 10 万元以下的罚款；逾期不改正的，由原许可机关吊销该客运船舶的船舶营运许可证件。

（8）班轮运输业务经营者未提前向社会公布所使用的船舶、班期、班次和运价或者其变更信息的，由负责水路运输管理的部门责令改正，处 2000 元以上 2 万元以下的罚款。

（9）旅客班轮运输业务经营者自取得班轮航线经营许可之日起 60 日内未开航的，由负责水路运输管理的部门责令改正；拒不改正的，由原许可机关撤销该项经营许可。

（10）水路运输、船舶管理业务经营者取得许可后，不再具备本条例规定的许可条件的，由负责水路运输管理的部门责令限期整改；在规定期限内整改仍不合格的，由原许可机关撤销其经营许可。

第五章 海商法

第一节 海商法概述

一、海商法的概念及调整对象

（一）海商法的概念

海商法既是一门古老的法律，也是一门新兴的法律。对海商法的定义因广义和狭义的角度不同而有所不同。广义的海商法常常是从海商法这一法律部门对海商法进行定义，而狭义的海商法则常常指海商法典。也有从海商法的调整对象上区别广义和狭义的海商法，广义海商法所调整的范围，既有私法内容，也有公法内容，甚至包含一定范围的国际法内容（如船舶航行权、国有船舶豁免权等）。[1]

狭义海商法是调整平等主体间海上运输关系和船舶关系的法律规范的总称。本教材凡没有特别说明的均指狭义海商法。

（二）海商法的调整对象

法的调整对象是指法律所调整的特定社会关系。在我国《海商法》正式颁布之前，学界对海商法的调整对象可谓众说纷纭，有人说海商法的调整对象是围绕船舶而发生的关系，有人说是海上运输中发生的关系，也有人认为两者兼而有之。对于海商法调整对象的性质，有人认为是平等主体之间在海商活动中发生的权利义务关系，也有人认为除了平等主体之间的关系之外，还应该包括基于国家对海运的管理而发生的行政关系。[2]

《海商法》颁布以后，这一争论便宣告结束。我国《海商法》第一条规定：

---

[1] See Thor Falkanger, Hans Jacob Bull, Lasse Brataset: *Scandinavian Maritime Law*, Universitets for Laget, 2008, p.23.
[2] 傅廷中：《海商法》（第二版），法律出版社 2017 年版，第 1 页。

"为了调整海上运输关系、船舶关系,维护当事人各方的合法权益,促进海上运输和经济贸易的发展,制定本法。"由这一规定可以看出,我国《海商法》的调整对象包括"海上运输中发生的社会关系"以及"与船舶有关的特定社会关系"两大部分。"海上运输关系"主要指承运人、实际承运人和托运人、收货人或旅客之间,船舶出租人和承租人之间有关船舶运输的法律关系。"船舶关系"指船舶所有人、船舶经营人、出租人与承租人之间、船舶抵押人之间、保险人和被保险人之间、救助人与被救助人之间、海上侵权行为所涉及的当事人之间以船舶作为财产形成的法律关系。

二、海商法的适用范围

作为法律部门,海商法调整的内容众多,既有私法的内容,又有公法的内容;既有民商法的内容,又有航港行政的内容,很难在性质上将其归入传统法律部门的某一类中。海商法实际上已发展形成一个独立的法的部门。若从法典的角度来分析海商法,其调整的范围限于横向的民事关系,其性质也基本能统一到民事特别法上来。海商法作为一个法典是具有较强国际特征的民法特别法。

海商法的范围有广义和狭义之分,广义的海商法包括有关航海的法律及习惯的总和,且不限于商事,公法和私法的内容均包括在内。狭义的海商法范围主要包括海上商事法。下面拟从"水域""船舶""事项"三个方面来界定海商法的范围。

(一)适用的水域

海商法适用的水域是指海商法适用的水上地理范围,也就是海商法适用的空间效力,具体表现为一国的海商法在多大的水面范围内具有适用效力。我国《海商法》借鉴了各国海商法的立法体例,结合现代海上运输业发展的情况和我国海上运输市场的实际需要,明确规定,本法适用于"海上货物运输和海上旅客运输,包括海江之间、江海之间的直达运输"(《海商法》第二条)。但是,我国港口之间的海上货物运输,不适用该法(《海商法》第二条第二款)。

结合我国有关法律法规规定,我国《海商法》有关货物运输的规定仅适用于国际海上货物运输,而不适用于沿海货物运输。其他各项海商制度则对于国际海上运输和沿海运输均适用。但是,有关不满 300 总吨船舶和沿海运输、沿海作业船舶,以及旅客运输的赔偿责任限额则不适用于《海商法》规定的海事赔偿责任限制制度。

由于立法中不可能为水域界定具体的地理范围，故在最高人民法院于1984年11月28日颁布的《关于设立海事法院几个问题的决定》中，就各个海事法院管辖海事案件的区域作出了规定，其中包括对相关海事法院管辖海事案件所涵盖的江河水域。2015年12月，为了推进"一带一路"建设，实施海洋强国战略、"京津冀一体化"以及"长江经济带"的建设规划，促进海洋经济发展，保证海事法院正确行使海事诉讼管辖权，最高人民法院颁布了《关于海事诉讼管辖问题的规定》，对海事法院的管辖区域进行了调整，其中，将某些海事法院管辖的江河水域加以进一步的延展。例如，大连海事法院管辖的江河水域不仅包括鸭绿江，而且包括吉林省的松花江、图们江，以及黑龙江省的黑龙江、松花江、乌苏里江等通海的可航水域及港口；武汉海事法院的管辖水域则包括四川省宜宾市合江门至江苏省浏河口之间的长江干线及支线水域。从上述意义上讲，实际上，最高人民法院是通过为海事法院确定管辖水域的方式，进一步明确了海商法中所指的"与海相通的可航水域"的地理范围。

（二）适用的船舶范围

海商法适用的船舶是指一国海商法对哪些船舶具有约束力的问题。"船"是从事海上活动的必要物，海商法中的"船"不是一般意义上的船舶，依我国《海商法》第三条的规定："本法所称船舶，是指海船和其他海上移动装置，但是用于军事的、政府公务的船舶和20总吨以下的小型船艇除外。"

依《海商法》的规定，有三种不属于海商法意义上的船舶：一种是总吨位未满20吨的船舶为小船，由于此类小型船舶不适宜在海上航行，因此不足上述吨位的船舶不适用《海商法》。另一种是用于军事目的的船舶。军用船舶是供作战用途的船舶，不论是从事军品运输，还是进行军事训练或是执行勤务，即使与商船之间发生纠纷（如发生碰撞），也不适用《海商法》的规定。此外，还有一种是用于政府公务的船舶。公务船舶指专用于公务目的的船舶，如渔政、海关、海事、海警、海巡主管机关所有的船艇，此类船舶的使用不是以营利为目的，其地位也与商用船舶不同，因此也不适用《海商法》的规定。对于第二类和第三类船舶，法律中使用了"用于军事目的"和"用于政府公务"的表述方式，意在强调船舶的实际用途，而不是船舶的身份和地位。换言之，如果船舶用于军事和执行公务的目的，即不适用《海商法》的规定；但是，若以军用船舶或公务船舶从事商业化运输，则应按商船进行登记并适用《海商法》的规定。

（三）适用的事项范围

海商法的适用事项，是指"海商法调整的具体事件"。在事件上，适用于海商法的"事件"要求是与船舶航行、经营和管理等法律活动有关的事件，主要属于"商事"，但又不限于商事。并非发生在海上的事件就一定由海商法调整，如在公海上的船舶上发生的犯罪则视为陆上的犯罪，应由刑法来调整；在船上发生的事件也并不一定适用海商法，如在海上航行中的船舶上订立的婚约不是海上契约，仍应适用婚姻法的有关规定。而一些不是发生在海上的事件，如船舶登记、船舶检验、船员雇用、海上商业事件、航海商务等，虽然没有发生在海上或与海相通的水域，却仍应适用海商法，因为这些"事件"是海商法调整范围之内的事件。

三、海商法的要素

（一）船舶

1. 船舶的定义

在我国法律中，船舶一词的使用有广义与狭义之分。依我国《海商法》第三条规定："本法所称船舶，是指海船和其他海上移动式装置，但是用于军事的、政府公务的船舶和 20 总吨以下的小型船艇除外。前款所称船舶，包括船舶属具。"这里的船舶是狭义的船舶。从该定义可以看出，我国海商法从下列四个方面界定了适用于该法的船舶：

第一，可航性。海上航行能力是指海船或海上移动装置应具有海上航行能力或海上自航能力。第二，吨位。《海商法》适用总吨位是在 20 吨以上的船舶。第三，目的。《海商法》意义上的船舶应用于商业或民用目的，军事的、政府公务的船舶不适用海商法的规定。第四，区域。在区域上，适用于《海商法》的船舶须在海上及与海相通水面或水中航行。

2. 船舶的法律特征

第一，船舶是动产，但其具有不动产属性。船舶是发展海上运输业的物质基础，各国海商法都对其进行严格的管理，进行特殊的法律处理。船舶是可以移动的物，因此，在一般意义上船舶应属于动产。然而，由于船舶本身和航海的一些特点，一些国家对待船舶与一般的动产不同。根据《海商法》第九条的规定，船舶的不动产性主要表现在船舶所有权及抵押权均以登记为对抗要件："船舶所有权的取得、转让和消灭，应当向船舶登记机关登记；未经登记的,不得对抗第三人。"同时,按照担保法的一般理论,对不动产可以设定抵押权,而对动产可以设定质权,但是对于包括船舶在内的一些交通工具来讲,如果对其设定担保物权,就需要将其转移给质权人占有,由此便出现了无法克服的矛盾。

通常,船舶所有人之所以要对船舶设定担保物权,无非是为了筹措资金以保持船舶的正常运营,如果在担保期间内将船舶转移给债权人占有,船舶所有人将无法使用船舶,更谈不上船舶的运营,其融资行为将变得毫无意义。正是由于这个原因,各国在立法或司法实践中都普遍将船舶作为特殊的动产处理,可以对其设定抵押权,而不必转移船舶的占有。《民法典》第三百九十五条规定了债务人或者第三人有权处分的财产可以抵押,其中也包括交通工具(船舶)。①

第二,船舶具有人格化特征。船舶是产权的对象,但人们在法律上常常将船舶视同自然人或法人,学者称其为船舶的"人格化"。因为船舶在很多方面具有自然人的特征,如船舶有名称、船籍、船籍港、船龄,如同自然人有姓名、年龄、国籍和户籍所在地一样。由于船舶具有这些特征,可以像对待自然人那样通过登记对其加以识别和辨认。船舶的人格化所强调的是船舶的法律属性,人格化使船舶从客体的地位上升为船舶自然人的地位。

第三,船舶是合成物。船舶是由本体、设备与属具等独立物结合而成的合成物。船舶这一合成物主要分为三大部分:

(1)船体,即船舶本体,包括龙骨、甲板、船壳和轮机构成。

(2)设备,指船舶上的一切设施。

(3)船舶属具,是指航行上及营业上必需的附属于船舶的能移动的各种用具或机械,如锚、罗经、绞盘、探测仪、海图等。船舶设备与属具的区别是在于前者为船舶的一部分,而后者则具有相对的独立性,但两者有时很难区分。

依民法中有关"主物的处分及于从物"的原则,船舶的处分也应及于船舶设备及属具,因此,船舶设备和属具应与船舶本体共命运,具有不可分割性,否则将会失去其应有的使用价值。所以,有关船舶所有权、海事优先权、船舶保险、船舶委付、船舶抵押等的效力应及于船舶设备和船舶属具。但该原则也可以通过约定加以限制,如约定其处分不及于从物。这也体现了从物

---

① 参见《民法典》第三百九十五条:"债务人或者第三人有权处分的下列财产可以抵押:(一)建筑物和其他土地附着物;(二)建设用地使用权;(三)海域使用权;(四)生产设备、原材料、半成品、产品;(五)正在建造的建筑物、船舶、航空器;(六)交通运输工具;(七)法律、行政法规未禁止抵押的其他财产。抵押人可以将前款所列财产一并抵押。"

的可分性。我国《海商法》也将属具认定为船舶不可分割的组成部分。即使是在船舶保险中可将船体、船机和属具分别投保，也不能否认船舶属具与船舶不可分离的性质。

3. 船舶的种类

船舶按其性质、功能及用途的不同分类，在不同程度上影响到其法律地位：依国籍不同可将船舶分为本国船和外国船；依登记形式不同可将船舶分为海船和非海船；依船舶功能不同可将其分为客船和非客船；依船舶用途不同可将其分为商业船舶、用于政府公务的船舶、用于军事目的的船舶和其他专用船舶；依所有人不同可将船舶分为国有船舶和非国有船舶；等等。

4. 船舶的吨位

《海商法》的规定不适用于总吨位 20 吨以下的船舶，此点是从船舶的重量上界定了《海商法》的适用范围。船舶的重量可依不同的标准来表示，各种吨位的表示均有不同的用途和法律意义，如：

总吨位。总吨位是船上所有围蔽空间以 100 立方英尺为一个吨位的丈量总和。总吨位反映船舶的建造规模。港口费及码头停泊费的计算一般依据总吨位。

净吨位。净吨位是衡量船舶营运能力的数值，一般指船内能够运载旅客或货物的空间总和。海关吨税的收取一般依据净吨位来计算。

排水吨。排水吨是船舶满载时的排水重量。船舶满载的标志是船舶载货吃水至载重线。载重线是船舶在当时所处的区带、区域和季节的情况下，最大程度装载时所达到的吃水线。如载货吃水没过了载重线，就会使船舶的航行安全受到威胁，船东和船长会因此而受到处罚。

载重吨。船舶满载排水吨与空载排水吨的差额是载重吨。船体、机器和船上设备的重量称为空载排水吨。由于空载排水吨不包括燃油、消耗品、淡水等的重量，因此，上述消耗性供应品的重量应计入载重吨。所以载重吨并不表示船舶能够运输货物的重量。货物的载重吨应以载重吨减去燃油等消耗品的重量计算。

巴拿马运河吨和苏伊士运河吨。巴拿马运河吨和苏伊士运河吨是分别指巴拿马运河和苏伊士运河管理局所丈量的船舶吨位。运河吨位是收取运河费的依据。

5. 船舶登记与船舶国籍

我国《海商法》第五条规定："船舶经依法登记取得中华人民共和国国籍，有权悬挂中华人民共和国国旗航行。"船舶登记是确定船舶所有权及船舶国籍的必经程序，只有取得某一国国籍并悬挂该国国旗的船舶才能取得海上的航行权。

关于船舶登记的法律效力集中规定在我国《海商法》第九条和第十三条。《海商法》中采取了登记对抗模式，即"船舶所有权的取得、转让和消灭，应当向船舶登记机关登记；未经登记的，不得对抗第三人"（第九条第一款）。"设定船舶抵押权，由抵押权人和抵押人共同向船舶登记机关办理抵押权登记，未经登记的，不得对抗第三人。"（第十三条第一款）这一立法不仅与大多数国家的立法实践相同，也符合船舶本身特性，更能够适应我国海运市场的实践和海事司法的需要。因为，依据上述立法规定精神，船舶的所有权和抵押权的登记是作为船舶所有权和抵押权的公示办法，成为确权的依据，但不是唯一的依据。它强调的是当事人转移船舶所有权或者设立抵押权的意思表示。只要双方当事人形成上述意思表示，就发生物权变动的法律效果，但是，在转移船舶所有权或者设立船舶抵押权进行登记之前，该物权变动的事实不能对抗第三人。

对于通过船舶登记取得船舶国籍的条件，各国有宽严之分，一些国家采用限制登记的政策，这些限制包括船舶所有人须为本国人或在本国有住所等。另一些国家则采用开放登记政策，规定即使是外国人所有的船舶也可以在该国登记。

"方便旗船"又称开放登记船，是战后发展起来的一种经营不定期货物运输的船舶。"方便旗船"的产生是因为战时对敌船判断的依据主要是船舶所悬挂的船旗。交战各方为了避免自己的船舶遭受敌方的袭击，于是悬挂别国国旗在公海上航行以保护自己。当时加入协约的美国船队就是采用了此种方法在公海上航行，从而减少了德国军舰对美国船队的进攻。二战后，随着国际贸易的发展，商船的竞争也日益显著。一些国家的船队为了增强自己的竞争能力，降低成本，转而到其他国家进行登记。

案例

1999年，法国海警捕获一艘名为Camouco的巴拿马籍渔船，因其在克洛泽群岛附近非法捕捞巴塔哥尼亚齿鱼。后经巴拿马政府要求，国际海洋法庭将该渔船释放。随后，该渔船改名为Arvisal，并改挂乌拉圭国旗。2002年1月，一艘澳大利亚籍考察船发现该渔船在南极洲东部的普里兹湾附近非法捕鱼，此时的该渔船宣称其为毛塔利尼亚籍的Kambott号。2003年7月，该渔船因为在法国专属经济区的凯尔盖朗岛附近非法捕捞巴塔哥尼亚齿鱼而再次被捕，当时，该渔船名为Eternal，悬挂荷兰安的列斯旗。可见，该渔船利用方便旗国的开放登记制度，改头换面，多次实施非法捕捞。[①]

我国规定的船舶登记应具备的法定条件比较严格。依1995年1月1日起实施的《中华人民共和国船舶登记条例》（以下简称《船舶登记条例》），在中国登记的船舶须由中国人（包括法人和自然人）拥有，中国企业法人的注册资本中有外商出资的，中方投资人的出资额不得低于50%。此外，中国籍船舶上的船员应当由中国公民担任，确需雇用外国籍船员的，应当报国务院交通主管部门批准。

6. 船舶检验

船舶检验依其性质可分为法定检验、入级检验和公证检验。

法定检验。法定检验是由国家主管机关或经其授权的船舶检验机构依船旗国的法律及其参加的国际公约的规定对船舶实施的强制性技术监督检验。

入级检验。入级检验是船舶所有人为了使其所有的船舶获得船级而向船级社提出申请，并由船级社对船体、船机、设备等进行的检验。

公证检验。公证检验是证明船舶当时状况或在发生海损后的状况的检验。

7. 船舶所有权

我国《海商法》第七条规定："船舶所有权，是指船舶所有人依法对其船舶享有占有、使用、收益和处分的权利。"《海商法》第九条规定："船舶所有权的取得、转让和消灭，应当向船舶登记机关登记；未经登记，不得对抗第三人。船舶所有权的转让，应当签订书面合同。"船舶所有权的适用，在海运市场中具有重要意义。海上运输经营活动是以船舶的使用为核心的，因而，船舶是海上运输的首要条件。相应地，船舶所有权是确定船舶归属的法律依据，据此使船舶的依附关系明确，能够充分实现船舶在海上运输中的功能，提高船舶经营的经济效益。同时，随着海上运输市场的发展，从事海上运输的企业日益增多，用于海上运输的船舶数以千计，尤其是船舶的经营权经常与船舶所有人分离开来，而由船舶经营人独立运用船舶从事海运活动。因此，必须借助船舶所有权，才能正确认定船舶与海上运输参与者之间的法律关系，区分各自的权利与义务，依法追究当事人的法律责任，建立正常的海上运输秩序。此外，船舶所有权也是各个船籍所属国进行船舶管理、征收有关税费的法律前提。

船舶所有权的取得可以分为原始取得和继受取得。制造船舶、国家没收、

[①] 贾林青：《海商法》（第五版），中国人民大学出版社2017年版，第58页。

捕获等，都是船舶所有权的原始取得方法。而船舶所有权的继受取得，则包括船舶的买卖、继承、赠与、委付等方式。通过这些方式转让船舶所有权时，应当采用要式法律行为。我国《海商法》第九条第二款规定："船舶所有权的转让，应当签订书面合同。"

船舶共有是船舶所有权的一种特殊形式。由于经营船舶的投资较大，因而往往会产生多人投资的情况，形成对一船的共有关系。《海商法》第九条规定的船舶共有可以是两个以上的法人共有，也可以是两个以上的自然人共有。《海商法》第十条规定，船舶共有的亦应进行登记，否则不能对抗第三人。《船舶登记条例》第十四条规定："船舶为数人共有的，还应当载明船舶共有人的共有情况。"有关船舶共有的具体内容，我国《海商法》没有具体规定，应依《民法典》的有关规定。依我国《船舶登记条例》第二十条规定，船舶共有人就共有船舶设定抵押权的，应当提供 2/3 以上份额或者约定份额的共有人的同意证明文件。

《海商法》第九条规定，船舶所有权的消灭在实践中的原因是多种多样的。诸如船舶沉没、拆解或船舶在海难事故中实际全损或推定全损等，均属于船舶所有权的绝对消灭。而基于买卖、赠与、委付等行为转移船舶所有权的，则是该项所有权的相对消灭。与船舶所有权的取得相同，该权利的消灭也应当依法进行船舶登记才产生法律效力。

8. 船舶抵押权

船舶抵押权，是指抵押权人对于抵押人提供的作为债务担保的船舶，在抵押权人不履行债务时，可以依法拍卖，从卖得的价款中优先受偿的权利。船舶抵押是一种债的担保方法，属于一种从债。同时，船舶抵押权又是财产抵押权的一种具体形式。因而，它具有财产抵押权的从属性、不可分性、物上代位性、公示性等特点。

船舶抵押权的标的，是指船舶抵押权的主体享有的权利和承担的义务所指向的对象。作为抵押权标的的船舶，应包括三种情况：运营中的船舶、建造中的船舶和可以打捞的沉没船只。其中，关于对建造中的船舶是否能设定抵押权的问题，存在着不同的观点。[①]

[①] 我国《海商法》在"船舶抵押权"一章第十四条规定："建造中的船舶可以设定船舶抵押权。建造中的船舶办理抵押权登记，还应当向船舶登记机关提交船舶建造合同。"然而，这仅仅是原则性地规定建造中船舶可以设定抵押，并未规定如何抵押、用何物进行抵押。有观点认为可以借鉴英美法中浮动抵押（floating charge，也有译为浮动押记）制度来确定抵押权价值，即将建造中船舶抵押权从性质上视为一种浮动抵押。参见高翔：《建造中船舶抵押权相关法律问题探》，《中国海事》，2007 年第 3 期。

《海商法》第十三条规定:"设定船舶抵押权,由抵押权人和抵押人共同向船舶登记机关办理抵押权登记;未经登记的,不得对抗第三人。"抵押权的生效不以登记为条件,登记只涉及抵押人和抵押权人与第三人之间的效力。

船舶抵押权的受偿顺序涉及船舶抵押权与其他权利的受偿顺序和各船舶抵押权之间的受偿顺序。各国的海商立法对船舶抵押权都遵循按登记受偿的原则。我国《海商法》为船舶抵押权规定的受偿顺序包括两种情况:一种是在不同日期登记的情况下,应按登记顺序依次受偿;另一种是在同日登记的情况下,不分先后,按同一顺序受偿。

9. 船舶优先权

关于船舶优先权的法律性质在国内外颇有争议,有人认为它是一种程序性权利,英国的某些案例即采取该主张。有的认为它是一种实体性权利,加拿大即主张该观点。在认为它是一种实体权利的国家中,一些大陆法系国家认为它是担保物权,而另一些国家则认为它是一种特殊的债权。国内学者的观点也不尽相同,有的认为它是一种优先的债权,有的认为它是一种担保物权,还有的认为它是一种海商法中的特殊权利。一般认为,船舶优先权是指海事请求人向船舶所有人、光船承租人、船舶经营人提出海事请求,对产生该海事请求的船舶具有优先受偿的权利。[①]

从上述定义以及有关的著述中,可以看出船舶优先权的下列特点:

第一,船舶优先权具有法定性,即船舶优先权是法律规定的,属于法定权利。只有法律规定范围内的债权才能享有以船舶优先受偿的权利。同时,当事人不得通过协议创设船舶优先权。

第二,船舶优先权是一种担保物权。通说认为,船舶优先权是一种担保物权,因此,享有船舶优先权的人对船舶具有优先受偿的权利。船舶优先权的优先性主要表现在:受船舶优先权担保的债权先于一般债权受偿;船舶优先权担保的债权在清偿时先于受普通担保物权担保的债权受偿。

第三,船舶优先权具有从属性。一方面,船舶优先权依附于船舶所有权而存在,不因船舶所有权的转移而消灭;另一方面,船舶优先权随着海事请求权的转移而转移。

第四,船舶优先权应通过法院扣押船舶而行使。

我国《海商法》第二十二条规定,具有船舶优先权的海事请求包括:

船长、船员和在船上工作的其他在编人员根据劳动法律、行政法规或者

[①] 参见谌瑜:《船舶优先权法律性质探析——兼谈民法典制定中的船舶优先权问题》,《财贸研究》,2003年第6期。

劳动合同所产生的工资、其他劳动报酬、船员遣返费用和社会保险费用的给付请求；在船舶营运中发生的人身伤亡的赔偿请求；船舶吨税、引航费、港务费和其他港口规费的缴付请求；海难救助的救助款项的给付请求，即船舶在营运中因侵权行为产生的财产赔偿请求。《海商法》第二十四条规定，应当先从船舶拍卖所得的价款中先行拨付下列费用：因行使船舶优先权产生的诉讼费用；保存、拍卖船舶和分配船舶价款产生的费用；为海事请求人的共同利益而支付的其他费用。

关于受优先权担保的债权与其他债权之间的受偿顺序，我国《海商法》第二十五条规定：首先为船舶优先权，其次是船舶留置权，最后为船舶抵押权。我国《海商法》第二十二条所排列的顺序反映了确定受船舶优先权担保的各类债权之间的受偿顺序的基本原则为：因船员雇佣合同产生的债权优先于其他债权受偿；因侵权产生的债权优先于因合同产生的债权受偿；人身伤亡的债权优先于财产损害的债权受偿；为其他债权的受偿创造条件的债权优先于其他债权受偿。我国《海商法》第二十二条所排列的顺序即反映了上述原则。同时，第二十三条又规定，第四项海事请求后于第一项至第三项发生的，应先于第一至第三项受偿。之所以有这样的规定，是因为如果没有后发生的第四项救助款项，船舶就会因未得到救助而灭失，第一项至第三项船舶优先权也得不到受偿。因此，它属于为其他债权的受偿创造条件的债权，应优先受偿。

关于船舶优先权的行使。船舶优先权是依附在船舶之上的，故此种权利只能针对船舶来行使。在英美法系国家，可以通过对物诉讼的方式主张船舶优先权，即把船舶作为诉讼的对象。而在大陆法系国家一般采取对人诉讼的方式，如此一来会使权利的行使出现困难。因为按照民事诉讼法的规定，提起诉讼必须有明确的被告。但是，在国际海运事务中，当事方错综复杂，例如船舶所有人以光船租赁的形式将船舶租给了承租人，该承租人又以定期租船的形式将船舶租给了另一人，另一人又以航程租赁的形式承运了他人的货物，在运输货物的过程中，由于该船船员的过失碰撞了另一艘船，当受害方申请扣押该船时不可能在短期内查清谁是真正的责任人。为此，在我国《海事诉讼特别程序法》中做了变通处理，当海事请求人申请扣押船舶时，如果不能立即查明被请求人的名称，也不影响申请的提出，只需在扣船申请中注明"××轮的所有人"即可。[①]这些都是在考虑到船舶特点的基础上而实行的特殊制度。

---

① 参见《海事诉讼特别程序法》第十五、二十五条。

关于船舶优先权的消灭。基于物权法定的原则，船舶优先权非因法定的原因不能消灭，这里说的法定原因，概括而言包括四种情况：因担保债权的消灭而消灭；因法律规定的时效届满而消灭；因船舶被法院强制出售而消灭；因发生海事请求的船舶灭失而消灭。

（二）船员与船长

1. 船员的概念

从各国法律规定来看，船员有广义与狭义之分。我国《海商法》第三十一条规定，船员是指包括船长在内的船上一切任职人员。该定义中的"船员"采用了比较宽泛的概念，包括了船长及其他一般船员。

海商法意义上的船员必须具备两个要件：

（1）服务于船上。船员必须是在船上工作的人员。船舶修理人、船舶代理人、验船师等虽然也为船舶服务，但不是在船上工作，因而不是船员。有些国家船员的定义要宽一些，例如，依美国法，在岸上任搬运劳务的工人也被视为船员。旅客虽然在船上，但不工作，因而也不是船员。

（2）取得船员资格。这些人员首先必须具有船员证书；其次还应与船舶所有人签订船员雇佣合同，因为具有船员证书只是任职的资格，受人雇佣才能称为任职。

我国的船员依职务可分为干部船员和一般船员：干部船员指船长、驾驶员、轮机长、轮机员、电机员和报务员。一般船员指除干部船员以外的其他在船上服务的人员，按业务部门可分为驾驶部船员、轮机部船员和事务部船员。

2. 船员的资格

为保证船舶的航行安全，各国法律通常对船员的资格进行严格的管理。《海商法》第三十二条规定，需要进行考试取得适任证书的人员包括船长、驾驶员、轮机长、轮机员、电机员和报务员，相应的《考试发证办法》将船员考试分为驾驶、轮机、电机、报务四大部分。考试的形式分为以书面答题为主的陆上考试和以实际操作为主的随船考试。考试为两级考试制，一类为一般船员申请领取三副、三管轮职务证书的考试，条件是申请人已具备三年或三年以上海上的资历。负责船员考试的机构为各级港务监督机构，考试合格者，由港务监督签发船员职务证书。

除了职务证书外，《海商法》还规定，从事国际航行的船舶的中国籍船员，必须持有中国港务监督机构颁发的海员证。海员证是证明船员国籍和身份的重要证件，依各国法律，船员持海员证在进出国境时可免办签证。

3. 船员的任用

在船员的任用上，各国的方式不同，主要有雇用制和聘任制两种形式。采用雇用制的国家，需由船舶所有人或其代理人与船员签订船员雇用合同。依英美法，船员雇用合同为一种集体签名的文书，但在法律上仍为分别的契约。这种合同的一方当事人为船舶所有人或其代理人船长，另一方当事人为特定的船员，合同在船长签字以前，已签字的海员仍能自由退出，只有在合同双方均签字后，合同才能生效。如果船员是在航行中或中途港被雇用的，其待遇及雇用条件与在出发港雇用的船员相同。

我国船员的任用主要采用聘任制，即对普通船员采取直接聘任，对干部船员则由船舶所有人依其需要委任具有相应适任证书的人员。随着改革开放的进行，我国也有部分船员采用了雇用制的做法。我国的船员雇用合同具有一定的从属性，一般是由船员向劳动服务机构提出申请，再由劳动服务机构与船舶所有人或经营人签订。

4. 船员的权利和义务

我国《海商法》并没有对船员的权利和义务进行具体的规定，仅规定有关问题适用有关法律、行政法规的规定。关于船员的权利各国有关法律的规定一般包括下列几项：取得工资报酬；受伤、疾病、残废、死亡的补助金；遣返；保险利益。

5. 船长

船长是指依法取得船员资格，取得适任证书并受船舶所有人雇佣或聘用，主管船上的行政和技术事务的人。船长是一种特殊职务，其法律地位既不同于一般船员，又不同于船舶所有人的一般雇员。在一定程度上，船长兼具指挥、安保、公证、代理人等多重身份。船长的职责和权利是相辅相成的。我国《海商法》第三章第二节对船长的职责进行了专门的规定，概括如下：

其一，指挥驾驶和管理船舶的职能。我国《海商法》第三十五条规定，船长负责船舶的管理和驾驶。船长在其职权范围内发布的命令，船员、旅客和其他在船人员都必须执行。此项职能是船长的基本职责。船上的航行命令由船长发布，船员必须执行。如船长不能自行决定，可召集船员会议决定，但执行命令的全部责任仍由船长承担。

其二，负责全船生命及财产的安全。船长应采取必要的措施，保护船舶和在船人员、文件、邮件、货物及其他财产的安全。

其三，具有一定的准司法权。船舶是一个相对封闭的小社会，法律赋予船长一定的准司法权。这种权利表现在:在民事方面,船长应对在船上发生的人员出生或死亡事件进行证明;在刑事方面,船长有责任维持船上的治安,为了保障在船人员和船舶的安全,船长有权对在船上进行违法、犯罪活动的人采取禁闭或其他必要措施,并防止其隐匿、毁灭、伪造证据。

其四,具有代理权限。在航行途中及没有船舶所有人的港口,船长须作为船方和货方的代理,处理船舶及货物在航行途中发生的有关事宜。在船舶所有人方面,船长须在船舶航行中作为船舶所有人的代理人管理航行事务,签发提单,订立船舶拖带合同等。在航行中,为了航海的需要,船长可出售船上多余的船舶用品。当船舶遭遇海难时,船长可以代表船货双方与救助人签订救助合同等。

此外,船长与引航员的关系也值得探讨:为了保证在港区、狭窄水道、法律规定的其他区域的安全航行,在上述区域内的船舶航行有时需要有引航员证书的人员的引领。①

四、海商法法律关系

海商法法律关系是指海商法法律规范作用于其调整对象所形成的具有权利义务内容的具体社会关系。海商法法律关系是一种具体社会关系,其中三个必不可少的要素分别为:主体、内容和客体。

(一)海商法法律关系的主体

海商法中民事法律关系的主体,就是海事民事法律关系的参与人,即法定权利、义务的享受者和承担者。海商法法律关系的主体主要是自然人、法人、国家和国际航运组织。

自然人是海商法法律关系的主体。《民法典》第五十四条规定:"自然人从事工商业经营,经依法登记,为个体工商户。"《中华人民共和国外商投资法》第二条第二款规定:"本法所称外商投资,是指外国的自然人、企业或者

---

① 引航包括强制引航和非强制引航两种:强制引航是依法律规定对于进入强制引航区的船舶,不论其船长是否提出引航的申请,均予以强制引领的引航;非强制引航是船长在认为必要时,自愿招请引航员引领的引航。当引航员上船引航时,就会出现船长与引航员的分工问题。《海商法》第三十九条规定,船长管理船舶和驾驶船舶的责任,不因引航员引领船舶而解除。船舶在进入引航区时,需要引航员的引领。船长应服从引航员的决定,但引航员不享有独立的指挥权。在引航过程中,不解除被引船长驾驶和管理船舶的责任。对于因引航员的过失造成海损事故的责任问题,国际上的惯例是引航员不负经济责任,但应承担行政或刑事责任。(参见袁发强:《试析引航过失中的赔偿责任》,《航海技术》,1997年第4期。)

其他组织直接或者间接在中国境内进行的投资活动。"上述规定说明，无论是中国的自然人，还是外国的自然人，都可以作为海商法法律关系的当事人，成为海商法的主体。

法人是海商法所调整的特定社会关系的主体的主要部分。随着国际、国内航运经济的发展，法人在海商法法律关系中占有越来越重要的地位。

国家作为海商法的主体，是指以国家的名义参加或干预海事活动的国家代表和政府机关。例如，国家作为国际法主体签署、批准和参加各种有关通商航海方面的国际条约，成为国际海商法法律关系的主体。

国际航运组织也是海商法法律关系的主体。国际航运组织是根据国家之间的条约或民间的协议而成立的、具有某种航运职能、参加国际航运经济活动的常设机构，如国际运输工人联合会、波罗的海船舶所有人协会、国际船东保赔协会等。

（二）海商法法律关系的内容

海商法中民事法律关系的内容同民法中民事法律关系的内容一样，都是民事权利和民事义务。在海商法民事法律关系中，民事权利的享有标志着权利主体能够凭借法的强制力或合同的约束力，在法定限度内自主为或不为一定行为和要求义务主体为或不为一定行为，以实现其实际利益。民事义务的承担，则表示义务主体必须在法定限度内为或不为一定行为，以协助或不妨碍权利主体实现其利益。

（三）海商法法律关系的客体

海商法法律关系的客体，是指海事法律关系中权利义务所指向的对象，具体而言，应当包括物和行为。

物，在海商法法律关系中表现为船舶、货物或其他财产。其中，船舶由船壳、船舶机器和船舶附属器具（又称船舶属具）组合而成，在航海活动中，这些部分缺一不可，故船舶在法律上属于不可分物，在进行船舶买卖时，应将船舶视作一个整体，除非在合同中另有约定。所谓货物，则是指由海运船舶所载运的货物，在海商立法中特别强调这一点，例如，我国《海事诉讼特别程序法》关于扣押与拍卖货物的规定中就特别使用了"船载货物"的表述方式。[①] 至于海商法律行为，是指海商法律关系权利人行使权利和义务人履行义务的活动。例如，承运人根据合同履行海商货物运输义务，海难救助人对海商遇险的船舶和财产实施救助的行为等。

---

① 参见《海事诉讼特别程序法》第三章"海事请求保全"第三节"船载货物的扣押与拍卖"。

五、海商法的历史沿革

任何法律都是由经济基础决定的,而不是由时空的变换而自然形成的。换言之,有什么样的经济基础,就有什么样的法律,海商立法也必须遵循这样的规律。考察海商法的历史沿革,不仅要遵循史学的方法,而且要结合在不同时期生产关系的特征,从而科学地分析海商法在不同历史时期的特征与表现形式。

(一)古代——海商法萌芽时期

有关海商法的规定,最早在公元前18世纪的《汉漠拉比法典》中就有关于造船、船舶租赁、船舶碰撞等内容的记载。根据有关历史资料记载,海商法产生于地中海一带。公元前9世纪,罗得人和腓尼基人已开始在欧、亚、非三洲从事海上贸易,其在航海活动中形成的习惯经日久的积累即形成了后人称为"罗德法"的习惯法。《罗德海法》上承古代两河流域和希腊文明等文明发达地区的海商法,并在此基础上对查士丁尼《学说汇纂》中的海商法做了重要继承和发展,下启中世纪的《奥列隆海法》《康索拉度海法》《维斯比海法》等。《罗德海法》对保存和发展古代海事法律文明做了重要贡献,其所确立的船舶碰撞、海难救助、共同海损等方面的制度,影响着中世纪的海事立法,以致一直持续到现在。因此,《罗德海法》具有承前启后的重要历史地位,是世界海商法史链条上不可或缺的重要一环。[①]

(二)中世纪——私人编纂海事惯例时期

在中世纪,随着航海贸易的不断发展,在地中海、大西洋和北海沿岸的几个中心港口,海商法进入了私人编纂海事惯例时期。在欧洲相继编纂了适用于不同区域的三大海事法规:"奥列龙法""维斯比法"和"康苏拉地法"。中世纪海商法的明显特点是:① 它与当时欧洲城市经济发展相适应,只适用于某一地区的若干城市,尚未形成国家统一的法律;② 当时通行的海事法集,都是私人对航海贸易惯例和海事判例编纂的汇集;③ 海商法调整的范围是广泛的,集海事民事、行政、刑事于一体,有别于我国现行海商法。[②]

---

① 参见王小波:《罗德海商法研究》,中国政法大学出版社2011年版,第5页。
② 中世纪三大海商法介绍分别参见《中国海商法研究》2016年第3期,2017年第1、2期。

(三)近代——国家制定海商法时期

进入近代,欧洲的海商法有了重大发展,主要表现在世界海运发达国家为了适应航海贸易的需要,根据较为通行的习惯法,相继制定了本国的海商法。近代第一部海商法是法国国王路易十四于1681年颁布的《海事敕令》。1808年的《法国商法典》又将该敕令的内容收入,成为商法典的第二编。此后许多国家都制定颁布了海商法。

(四)现代——海商法国际统一化时期

海商法成为独立的法律部门,促使国际海商法从国际法中分立出来。鉴于海商法的特殊性和国际统一的要求,1897年在国际法学会中成立了国际海事委员会。该委员会成立后,为海商法在国际上的统一先后制定了《1910年碰撞公约》《1910年救助公约》《1924年海牙规则》等。1948年联合国国际海运会议上决定成立政府间海事协商组织(IMCO),现称国际海事组织(IMO)。该组织下设法律委员会,负责研究有关海商安全和防止船舶污染海洋方面的法律问题,并制定相应的国际公约以及其他海事法律。当然,目前为各国普遍承认和接受的公约、规则,不少是技术性较强的法规,如避碰规则、载重线公约、海上人命安全公约、船员培训、发证和值班标准公约及防止船舶油污公约等。

(五)我国海商法立法进程

我国海商立法始于近代。1840年以来,随着华洋贸易的频繁、民族航运业的发展,产生了对海商法的需求。1866年《华商买用洋枪火轮夹板等项船只章程》,是近代第一部含有海商法内容的法规,其中涉及船舶抵押、船舶所有权、海员等相关制度,不过该章程制定于晚清航运业方兴之时,其目的是规制乃至限制华商购买外国轮船。国民党政府曾于1929年制订了《海商法》,于1930年公布了《海商法施行法》。

1949年新中国成立以来,我国颁布了一系列海商单行法规,并批准参加了一些国际公约。1993年正式实行的《海商法》第一次创造了在我国立法上将国际立法融入国内立法,并将国际惯例引入国内立法的做法。其具体表现为:

第一,以国际条约为基础。在海上旅客运输合同一章,《海商法》基本上是参照1974年《海上旅客及其行李运输雅典公约》而制定的。"船舶碰撞"一章是参照1910年《统一船舶碰撞某些法律规定的国际公约》而制定的。在海事赔偿责任限制上,《海商法》是参照1976年《海事赔偿责任限制公约》

而制定的。结合中国的国情，选择引入国际公约的规定这一特点在海上货物运输合同一章中表现最为突出。关于国际海上货物运输，国际上有三个现行有效的公约。关于承运人的责任期间，《海商法》结合《海牙规则》和《汉堡规则》的规定进行了规定。对于集装箱货物，《海商法》采用了《汉堡规则》的规定，即承运人的责任从装货港接收货物时起至卸货港交付货物时止；对于非集装箱货物，《海商法》采用了《海牙规则》的规定，即承运人的责任从货物装上船时起至卸下船时止，货物处于承运人掌管之下的全部期间。关于承运人对单件货物灭失和损坏的赔偿限额，《海商法》则采用了《维斯比规则》的规定。关于承运人迟延交货的责任，《海商法》在部分引入《汉堡规则》的基础上对此做了规定。

第二，以国际惯例为基础。我国《海商法》的"共同海损"一章是以我国有关共同海损的实践为基础，参照 1974 年的《约克-安特卫普规则》制定的。该章有关共同海损的构成要件、共同海损的牺牲和费用、共同海损的分摊、共同海损的理算等方面均采用了《约克-安特卫普规则》的规定。我国《海商法》不但具有较强的国际性，而且在吸收国际立法方面还具有一定的超前性，吸收了国际立法、国际惯例和国际海运实践相关成果：在国际立法上，《海商法》吸收了一些我国尚未加入或尚未生效的公约，表现了一种将国际立法纳入国内法的超前意识。例如，在海上救助方面，吸收了在我国海商立法当时尚未生效的 1989 年《国际救助公约》的内容（1989 年《国际救助公约》于 1996 年 7 月生效）；在海事索赔责任限制方面，吸收了我国尚未加入的 1976 年《海事索赔责任限制公约》的内容；在海上货物运输方面，采用了我国未加入的《汉堡规则》的某些规定；在有关租船合同的实践方面，《海商法》关于光船租赁合同的规定则参考了 1989 年的光船租赁标准合同的内容。

第三，采用强制性条款和非强制性条款相结合的方法调整合同关系。我国《海商法》中有关合同关系的规定共有 130 个条款，其中强制性的规定有 16 条，当事人不得以协议加以变更。

第二节 海上旅客运输合同

一、海上旅客运输合同概述

海上旅客运输合同指承运人以适合运送旅客的船舶经海路将旅客及其行

李从一港运送至另一港，由旅客支付票款的合同。"承运人"指本人或委托他人以本人的名义与旅客订立海上旅客运输合同的人。"旅客"指根据海上旅客运输合同运送的人。此外，经承运人同意，依海上货物运输合同，随船护送货物的人，也视为旅客。"行李"指依海上旅客运输合同交承运人载运的任何物品和车辆，这种行李需由旅客凭客票向承运人办理行李托运手续，在运送期间由承运人保管。

"从一港至另一港"既包括中国港口和外国港口之间的旅客运输，也包括中国港口之间的旅客运输。旅客的客票是海上旅客运输合同成立的凭证，而不是海上旅客运输合同本身。

（一）海上旅客运输合同的订立

我国《民法典》第八百一十四条规定，客运合同自承运人向旅客出具客票时成立，但是当事人另有约定或者另有交易习惯的除外。《海商法》第一百一十条规定，旅客客票是海上旅客运输合同成立的凭证。因此，原则上承运人或者代其出售客票的客运站或者其他单位向旅客出售客票后，合同即告成立。国内海上旅客运输的客票上一般载明旅客姓名、船公司（承运人）名称、船名、航次、开航日期、起运港、目的港、客舱等级、铺（座）号、票价等。国际海上旅客运输的客票上，通常还载明船舶抵达目的港日期、海上客运条件或者旅客须知以及合同适用的法律等事项。载明旅客姓名的客票是记名客票，不能任意转让，只供记名的旅客本人使用。没有载明旅客姓名的客票是不记名客票，此种客票可以转让。

海上旅客运输票款中通常包含旅客在海上运输中因海上风险而发生人身意外伤害保险的保险费。各国法律普遍规定，这种保险属于强制保险，由承运人代旅客进行投保。

（二）海上旅客运输合同的变更

海上旅客运输合同的变更，是指基于当事人的意愿而更改海上旅客运输合同内容的行为，其表现形式是对客票的改签，如更改乘船时间、乘船班次、客票等级或目的港。旅客变更海上旅客运输合同的权利应该在条件许可的情况下行使，而且还要按照规定向承运人支付一定的手续费。

（三）海上旅客运输合同的解除

海上旅客运输合同的解除，是指合同当事人自愿终止合同效力的行为，其表现形式是退票。

旅客退票有三种情况：第一种情况是因旅客自身原因而取消旅行计划，此种退票不得超过法定或约定的期限，一般是在开航前若干小时内进行，而且还要按照办理退票与船舶开航之间的时间长短支付一定的手续费。另一种情况是承运人违反了合同约定，例如船舶不按时开航、船方擅自更改班次、船方提供的服务达不到约定的标准等。在承运人违约的情况下，并不必然导致合同的解除，旅客也可以在采取相应的救济手段的前提下不解除合同，例如请求降低票价或请求提高服务标准等。还有一种情况是发生了不可抗力。如果事件发生在船舶开航之前使合同无法履行，双方当事人均可无偿解除合同并退还票款；如果事件发生在开航之后，承运人应将旅客运送至附近的安全地点，并按全程票价减去已经完成的运输里程的票价，将余额退还给旅客。如果原定目的港无法挂靠，船方又将旅客运回始发港，承运人应退还全部票款。

二、海上旅客运输合同当事人的权利与义务

海上旅客运输合同有关当事人权利和义务的规定，是合同的核心内容，表现为承运人和旅客各自的权利和义务。

（一）承运人主要的权利和义务

1. 承运人的主要权利

在海上旅客运输合同中，承运人主要享有以下权利：① 收取票款的权利；② 留置权；③ 按时开航权；④ 维持船舶上秩序和安全的权利；⑤ 免责的权利和享受责任限制的权利。

2. 承运人的主要义务

与其享有的权利相对应，承运人在海上旅客运输合同中承担着如下义务：① 提供适航船舶并保持船舶的适航状态的义务；② 提供适当的舱位和服务的义务；③ 按时开航，合理尽速，直达目的港的义务；④ 为旅客提供生活必需品的义务；⑤ 免费运送旅客携带的儿童和一定的行李的义务；⑥ 将旅客及其行李安全运送至目的港的义务；⑦ 对旅客的人身伤亡或者行李的灭失或者损坏的赔偿责任。

（二）旅客主要的权利和义务

1. 旅客的主要权利

与承运人的义务相对应，旅客在海上旅客运输合同中享有如下的权利：

① 凭客票乘船并安全到达目的港的权利；② 享受规定的免费和优待的权利；③ 提取行李的权利；④ 损害赔偿请求权。

2. 旅客的主要义务

旅客在享受权利的同时，也必须承担一定的义务：① 支付票款的义务；② 不得随身携带或者在行李中夹带违禁品或危险品的义务；③ 遵守客运规则，服从船长的指挥和管理；④ 及时向承运人发出行李灭失或者损坏的通知义务。

三、承运人的赔偿责任

承运人的赔偿责任就是指对运送期间造成的人身伤亡或行李灭失、损坏的，承运人依法予以赔偿的法律责任。

（一）承运人的责任期间

海上旅客运输承运人的责任期间包括承运人对旅客运输的责任期间和对旅客自带行李及自带行李以外的其他行李承担责任的期间。《海商法》第一百一十一条对这几种情况分别进行了规定：

（1）对于旅客运输的责任期间，自旅客登船时起至旅客离船时止。

（2）旅客自带行李的运送期间与旅客的运送期间相同。旅客自带行李是随旅客而行的，因此其运送期与旅客的运送期间相同。

（3）自带行李以外的其他行李的运送期间自旅客将行李交付承运人或承运人的受雇人、代理人时起至承运人或承运人的受雇人、代理人交还旅客时止。

《海商法》第一百零七条要求承运人应以适合运送旅客的船舶运送旅客，这里"适合运送旅客的船舶"指承运人必须提供适航的船舶，而且，海上旅客运输比海上货物运输在适航上的要求要高，海上货物运输仅要求在开航前和开航时适航，而海上旅客运输要求船舶在整个运输过程中均须适航。

（二）认定赔偿责任的规则原则及责任减免

关于承运人在海上旅客运输合同中的赔偿责任，各国海商法和有关的国际公约普遍实行完全过错责任原则，并且在一定范围内实行推定过错。我国《海商法》也采取了同样的归责原则。依《海商法》第一百一十四条的规定，海上旅客承运人的责任基础为完全的过失责任。同时，第一百一十四条第三款和第四款还规定了承运人的推定过失责任。根据《海商法》第一百一十四条第一款的规定，在法定的旅客及其行李的运送期间，因承运人或者承运人的受雇人、代理人在受雇或者受委托的范围内过失引起事故，造成旅客人身伤亡或者行李灭失、损坏的，承运人应当负赔偿责任，由此确立了完全过失责任原则，而且，没有过失免责的规定。

当然，在完全过失责任原则适用的过程中，请求人对承运人或者承运人的受雇人、代理人的过失，应当负举证责任（《海商法》第一百一十四条第二款）。同时，《海商法》第一百一十五条和第一百一十六条对承运人责任的免除或减轻作了如下的规定：

（1）经承运人证明，当旅客本人有过失或旅客和承运人有共同过失时，因此而造成的旅客的人身伤亡或行李的灭失，承运人可以免除或减轻其赔偿责任。

（2）经承运人证明，当旅客的人身伤亡或行李的灭失或损坏是由于旅客本人的故意造成的时，承运人不负赔偿责任。

（3）承运人对旅客的货币、金银、珠宝、有价证券或其他贵重物品所发生的灭失、损坏，不负赔偿责任。

（4）对于旅客违反规定随身携带或在行李中夹带违禁品或易燃、易爆、有毒、有腐蚀性、有放射性以及有可能危及船上人身和财产安全的其他危险品，承运人可以在任何时间、任何地点将其卸下，销毁或使之不能为害，或交有关部门，不负赔偿责任。

可见，完全过失责任原则和法定范围内的推定过失责任的适用加重了承运人在海上旅客运输合同中的赔偿责任，目的是督促承运人恪尽职守，切实保障旅客的人身安全和财产安全。

（三）承运人的责任限额

我国《海商法》有关承运人责任限额的规定是根据《1974年海上旅客及其行李运输雅典公约》（以下简称《雅典公约》）及其1976年议定书制定的。依该法第一百一十七条的规定，承运人在每次海上旅客运输中的赔偿责任限额为：

（1）旅客人身伤亡，每名旅客不超过46 666计算单位；

（2）旅客自带行李灭失或者损坏的，每名旅客不超过833计算单位；

（3）旅客车辆包括该车辆所载行李灭失或者损坏的，每一车辆不超过3 333计算单位；

（4）上述以外的旅客其他行李灭失或损坏的，每名旅客不超过1 200计算单位。

当然，承运人和旅客可以约定，承运人对旅客车辆和旅客车辆以外的其他行李损失的免赔额。但是，对每一车辆损失的免赔额不得超过 117 计算单位，对每名旅客的车辆以外的其他行李损失的免赔额不得超过 13 计算单位。在计算每一车辆或者每名旅客的车辆以外的其他行李的损失赔偿数额时，应当扣除约定的承运人免赔额。不过，承运人和旅客可以书面约定高于法定的赔偿责任限额（《海商法》第一百一十七条第二款和第三款）。

第三节 海上货物运输合同

一、海上货物运输合同概述

《海商法》第四十一条规定，海上货物运输合同是指承运人收取运费，负责将托运人托运的货物经海路由一港运至另一港的协议。合同的当事人为承运人和托运人。海上货物运输合同具有以下特征：

（一）双务性、有偿性

海上货物运输合同的当事人法律地位平等，双方当事人均享有权利，但此种权利的取得必须有一定的对价。在合同之下，承运人享有收取运费的权利，但负有将货物安全运抵目的港的义务；货方享有请求签发提单和请求交付货物的权利，但负有支付运费的义务。

（二）涉他性

涉他合同是指为第三人设定权利或义务的合同。涉他合同包括两种类型：一种是为第三人订立的合同；另一种是由第三人履行的合同。海上货物运输合同具有明显的涉他性。

（三）风险性

作为运输合同的具体种类，海上货物运输合同的目的在于，通过海路将所承运的货物送达目的地。为此，承运人不仅要付出其劳务和费用，而且应当自行承担海上风险来履行运输义务。由于海上风险大于陆上风险，现有的科学技术又决定了从事海上运输的船舶抵御海上风险的能力是有限的，所以，海上货物运输合同的风险性大于陆上货物运输合同的风险性。

(四)要式性

根据我国《海商法》第四十三条的规定,海上货物运输合同可以是书面形式,也可以采用口头形式,而航次租船合同应当是书面形式。在海上货物运输的实践中,当事人一般都采用书面形式订立海上货物运输合同。不仅如此,经营海上货物运输的船舶公司还普遍事先拟定海上货物运输合同的标准格式,供托运人使用。相应地,为了维护承托双方当事人的平等法律地位,国家对于海上货物运输活动予以较多干预。

二、海上货物运输合同的订立与解除

(一)海上货物运输合同的订立

各国根据其具体国情规定海上货物运输合同的订立形式,一般都要求采用书面形式。我国《海商法》第四十三条就规定:承运人或者托运人可以要求书面确认海上货物运输合同的成立。但是,航次租船合同应当书面订立。电报、电传和传真具有书面效力。这涉及三个要点:

(1)除了航次租船合同以外的其他海上货物运输合同的形式可以是口头或书面的。但一方当事人要求书面确认的海上货物运输合同则必须以书面形式予以确认才成立。

(2)航次租船合同必须采用书面形式。

(3)电报、电传和传真等具有书面形式的效力。

依照我国《民法典》的规定,海上货物运输合同依法成立的,自成立时生效。

作为民事合同的一种,海上货物运输合同的有效条件当然要符合《民法典》的统一规定,还必须与《海商法》中的特殊规定保持一致。因此,并非所有的海上货物运输合同成立后都能够生效。其具体表现为《海商法》第四十四条的两种情况:其一是海上货物运输合同和作为合同凭证的提单或者其他运输单证中的条款,违反《海商法》有关海上货物运输合同规定的无效。当然,此类无效条款不影响该海上货物运输合同中其他条款的效力。其二是将货物的保险利益转让给承运人的条款或者类似条款无效,以免损害海上货物运输合同以外的第三人(海上保险人)的合法利益。

(二)海上货物运输合同的解除

依《海商法》的规定,海上运输合同须在下列情况下解除:

1. 在开航前的合同解除

（1）开航前的任意解除。船舶在装货港开航前，托运人可以要求解除合同，但是，除合同另有规定外，托运人应向承运人支付约定运费的一半；货物已经装船的，并应当负担装货、卸货和与此有关的费用。（《海商法》第八十九条）

（2）开航前因不可抗力而解除。船舶在装货港开航前，由于不可抗力或者其他不能归责于双方当事人的原因致使合同不能履行而解除合同的，双方均可解除合同，并互相不负赔偿责任。除合同另有约定外，运费已支付的，承运人应将运费退还给托运人；货物已装船的，托运人应负担装卸费用；已签发提单的，托运人应将提单退回给承运人。（《海商法》第九十条）

2. 开航后的合同解除

在开航后，由于不可抗力或其他不能归责于承运人和托运人的原因使船舶不能在合同约定的目的港卸货的，除合同另有约定外，船长有权在邻近的安全港口或地点卸货，视为合同已履行。船长决定将货物卸载的，应当及时通知托运人或者收货人，并考虑托运人或者收货人的利益。（《海商法》第九十一条）

三、海上货物运输合同中的责任关系

（一）承运人的责任

我国《海商法》有关承运人责任的内容主要是以海牙－维斯比体系为责任基础，同时，结合我国的实际情况，适当引入了《汉堡规则》的某些内容。

1. 承运人的责任期间

《海商法》第四十六条区别两种情况规定了承运人的责任期间：对于非集装箱装运的货物，该条采用了《海牙规则》规定的责任期间，即承运人的责任期间为从货物装上船时起至卸下船时止，货物处于承运人掌管下的全部期间，也就是通常所说的"钩至钩"原则；对于集装箱装运的货物，《海商法》采用了与《汉堡规则》基本相似的规定，即承运人的责任期间从装货港接收货物时起至卸货港交付货物时止，货物处于承运人掌管下的全部期间。

2. 承运人的基本责任

（1）适航义务。依《海商法》第四十七条有关适航的规定："承运人在船舶开航前和开航当时，应当谨慎处理，使船舶处于适航状态，妥善配备船员、装备船舶和配备供应品，并使货舱、冷藏舱、冷气舱和其他载货处所适于并能安全收受、载运和保管货物。"依上述规定，承运人的适航责任可概括为下列几点：① 在适航的程度上，上述规定采用标准的是相对适航。② 在适航的时间上，《海商法》只要求承运人在开航前和开航时使船舶适航，而不是整个的运输期间。③ 在适航的内容上，可以概括为适航、适员和适货。④ 在适航的主体范围上，谨慎处理使船舶适航不仅是对承运人本人的要求，承运人的受雇人、代理人也应做到谨慎处理。如因为承运人的受雇人、代理人未能做到谨慎处理使船舶适航致使货物受损，承运人仍应承担赔偿责任。

（2）管货义务。依《海牙规则》和《海商法》第四十八条有关管理货物义务的规定为："承运人应当妥善地、谨慎地装载、搬移、积载、运输、保管、照料和卸载所运货物。"承运人管理货物的义务贯穿于装载、搬移、积载、运输、保管、照料和卸载七个环节。这七个环节包括了货物从装船到卸船的整个过程。

"妥善地和谨慎地"是对承运人管货义务主观上的要求。"妥善"具有技术的意义，指承运人及其受雇人在履行管货的义务时应发挥其通常管理货物的技能，在货方对所运货物有特别要求的情况下，应依其要求采取相应的管货技能。"谨慎"通常指在履行管货义务时主观的认真程度。

（3）不得进行不合理绕航。《海商法》第四十九条规定："承运人应当按照约定的或者习惯的或者地理上的航线将货物运往卸货港。"依该条规定，承运人首先应依双方约定的航线航行；在没有约定的情况下，依两港之间习惯的航线；在没有习惯航线的情况下，则采用地理上最近的安全航线。

3. 承运人的迟延交货责任

《海商法》第五十条规定，货物未能在明确约定的时间内，在约定的卸货港交付的，为迟延交付。对承运人迟延交付货物造成的经济损失，收货人应自承运人向收货人交付货物的次日起连续60日内，向承运人提交书面通知。否则，承运人在此时间内未收到收货人的此类书面通知的，依《海商法》第八十二条规定，不负赔偿责任。

4. 承运人的免责

《海商法》第五十一条规定，在责任期间货物发生的灭失或者损坏是由于下列原因之一造成的，承运人不负赔偿责任：

（1）船长、船员、引航员或者承运人的其他受雇人在驾驶船舶或者管理船舶中的过失。

（2）火灾。但是由于承运人本人的过失所造成的除外。
（3）天灾、海上或者其他可航水域的危险或者意外事故。
（4）战争或者武装冲突。
（5）政府或者主管部门的行为、检疫限制或者司法扣押。
（6）罢工、停工或者劳动受到限制。
（7）在海上救助或者企图救助人命或者财产。
（8）托运人、货物所有人或者他们的代理人的行为。
（9）货物的自然特性或者固有缺陷。
（10）货物包装不良或者标志欠缺、不清。
（11）经谨慎处理仍未发现的船舶潜在缺陷。
（12）非由于承运人或者承运人的受雇人、代理人的过失造成的其他原因。

承运人享有上述免责的前提是承运人已尽了其"适航"和"管理货物"的责任。如果发现造成意外的原因是承运人未尽到适航的责任，则承运人就不能依《海商法》享有免责的权利。在免责的举证上，《海牙规则》未作明确规定，我国《海商法》采用了《汉堡规则》的规定，即承运人在主张免除由上列原因造成的赔偿责任时，应负举证责任，只有火灾一项的举证责任在于索赔人。依《海商法》第五十八条的规定，有关货物损失的诉讼无论是依合同还依侵权行为而提起的，均可以适用限制赔偿责任的规定。承运人的雇用人或代理人经证明其行为是在受雇或受委托范围之内的，也享有限制赔偿责任的权利。

5. 承运人对活动物和舱面货的责任

《海牙规则》的货物不包括活动物和舱面货，但我国《海商法》中的货物采用了《汉堡规则》的概念，包括了这两种货物。依《海商法》第五十二条有关活动物的规定，在运输活动物时，只要承运人能证明其已履行了托运人有关运输活动物的特别要求，且活动物的损害或灭失是由于特殊风险造成的，则承运人即可免除其损失赔偿责任。

《海商法》第五十三条规定承运人依协议、惯例和有关法律可以在舱面装载货物，且对因此种装载造成的损害或灭失不负赔偿责任。但如承运人擅自决定在舱面装载货物的，承运人应对此造成的损失负赔偿责任。

6. 承运人的责任限额

在承运人的责任限额上，我国《海商法》采用了 1979 年《海牙-维斯比规则》议定书的规定，即承运人对货物的灭失或者损坏的赔偿限额，按照货物件数或者其他货运单位数计算，每件或者每个其他货运单位为 666.67 计算单位，或者按照货物毛重计算，每公斤为 2 计算单位，以二者中赔偿限额较高的为准。

7. 实际承运人的责任

《海牙规则》中没有实际承运人的概念，以致在订约承运人委托他人运输的情况下，常常出现订约承运人以自由转船条款对转船后发生的货损不负责任，而受委托的承运人又以非订约承运人为理由而不受理货方的索赔的情况。其结果是货主的损失无从得到赔偿。

我国《海商法》参照《汉堡规则》的规定，引入了实际承运人的概念。《海商法》第四十二条第二款规定，实际承运人指接受承运人委托，从事货物运输或者部分运输的人，包括接受转委托从事此项运输的其他人；第六十条规定，在订约承运人将运输的全部或部分委托给实际承运人时，订约承运人仍应对运输的全程负责；第六十三条规定，如承运人和实际承运人均有责任的，二者负连带责任。

（二）托运人的责任

（1）托运人应保证其提供的货物资料的正确性。《海商法》第六十六条规定，托运人对由于包装不良或所提供的货物资料不正确而造成的承运人的损失应负赔偿责任。

（2）托运人应及时办理货物运输所需的各种手续，包括港口、海关、检疫、检验等方面。如因办理上述手续不及时、不完备或不正确而使承运人的利益受到损害的，托运人应负赔偿责任。

（3）关于危险品的运输。《海商法》第六十八条规定，托运人有将危险品的名称、性质及应采取的措施正确地通知承运人的义务，如托运人隐瞒了货物的危险性，承运人可以在任何时间、任何地点依情况需要将货物卸下、销毁或使之无害而不负赔偿责任。在托运人已表明了货物的危险性的情况下，在货物危及船舶、人员或其他货物时，承运人仍然可以将其卸下、销毁或使之无害而不负赔偿责任。

（4）关于托运人支付运费的义务。《海商法》第六十九条规定，托运人应当按照约定向承运人支付运费。托运人与承运人可以约定运费由收货人支付，但此项约定应在运输单证中载明。在运费到付的情况下，运费由收货人支付，此项支付应在提单中载明，否则就是运费不由收货人支付的初步证据。

四、海上货物运输合同中的货物交付

（一）货损索赔通知

货物到达目的港，承运人应依运输单证的记载将货物交付给提单的持有人。如货物有损坏或灭失或迟延的情况，依《海商法》第八十一条和第八十二条的规定，收货人应在下列期间内提交索赔通知：

（1）如在交付发现有货损，应在交付当时向承运人提出索赔通知。

（2）当货物的灭失或损坏非显而易见时，在货物交付的次日起连续7日内提出。

（3）集装箱货物自货物交付的次日起连续15日内提出。

（4）迟延交付的，自货物交付次日起连续60日内提出。货物由实际承运人交付的，收货人向实际承运人提交的书面通知与向承运人提交的书面通知具有同等效力。

（二）迟延提取货物

在实践中，常常有收货人迟延提取货物的现象，以致造成堵港和承运人的船期损失。为此，《海商法》第八十六条规定，在卸货港无人提货或收货人迟延提货或拒绝提货的，船长可将货物卸在仓库或其他适当场所，由此产生的费用和风险由收货人承担。

（三）对货物的留置权

留置权是承运人合同或法律的规定所具有的对其在运输中合法占有的货物，在货方未支付应付费用时，不交付其货物，并加以处置，并从所得价款中优先受偿的权利。《海商法》第八十七条规定，当向承运人支付的运费、共同海损分摊、滞期费和承运人垫付的必要费用未付清，又没有提供适当担保的，承运人可在合理的限度内留置其货物。

五、海上货物运输合同中的提单

（一）提单的概念与特征

《海商法》第七十一条规定，提单是指用以证明海上运输合同的订立和货物已经由承运人接收或者装船，以及承运人保证据以交付货物的单据。提单中载明的向记名人交付货物，或者按照指示人的指示交付货物，或者向提单持有人交付货物的条款，构成承运人据以交付货物的依据。从上述定义中可以看出，提单具有下列法律特征：

1. 提单是海上运输合同的证明

所谓海上货物运输合同的证明，是指用以表明承、运双方之间存在运输合同关系的文件。关于提单是海上运输合同本身还是运输合同的证明颇有争议，但多数的意见认为，提单只是运输合同的证明。现代海运中所使用的提单一般都记载了海上货物运输合同的条款，故各方当事人应予以遵守。但提单本身并不是海上货物运输合同。因为，提单是承运人在接收货物之后签发的，而在此之前，承运人与托运人已经在订舱之时就有关海上货物运输的条件达成了运输合同。但提单可以证明当事人之间的权利义务关系。在海运实践中，海上货物运输合同的条款就表现为提单的条款。除非承运人与托运人另有约定，应以提单记载为准。但是，提单条款与运输合同内容相抵触时，则以后者为据。

为了维护提单的可流通性，保护善意的提单受让人的利益，我国《海商法》第七十八条规定，承运人同收货人、提单持有人之间的权利、义务关系，依据提单的规定确定。这意味着承运人与托运人在提单所记载的内容以外达成的协议，不对提单善意受让人（包括收货人在内的第三人）产生约束力。

2. 提单是承运人出具的接收货物的收据

提单是在承运人收到所交运的货物后向托运人签发的，表明其已接管了提单项下所记载的货物，并基于海上货物运输合同而掌管了该货物（或在承运人指定的仓库或地点接收，或者已将货物装船完毕）。因此，提单具有货物收据的作用。

提单的正面记载了许多收据性的文字，如货物的标志、包装、数量、重量及货物的表面状况等。如运输合同在开航前解除或于中途终止合同，托运人可依提单的记载领回货物。不过，我国《海商法》第七十七条规定，对托运人来讲，承运人签发的未作批注的提单是承运人已经按照提单所载状况收到货物或者货物已经装船的初步证据——如果承运人实际收到的货物的状况与提单记载不符的，可以向托运人提出反证予以证明。但是，对接受提单转让的善意第三人（包括收货人或提单持有人）来讲，提单则是承运人按其记载收到货物的最终证据——即使承运人收到货物确与提单的记载不符是由于托运人申报错误导致，承运人也不得以此对抗该善意第三人，而只能就货物的灭失或损坏，在向该第三人予以赔偿之后，再向托运人追偿。

3. 提单是承运人交付货物的具有物权特性的凭证

提单的流通性决定了提单所具有的物权凭证的特性。远途海上货物运输的时间长，提单持有人为了资金的需要，往往会在货物的运输途中将提单项下的货物出卖，这时提单原持有人不可能向受让人交付运输途中的货物。依商业惯例，提单的转让就表明了货物所有权的转移，提单的持有人就是货物的所有人。如承运人向非提单持有人交付货物，则须承担因此而产生的赔偿责任。当然，也有人反对提单是物权凭证的观点，认为只能将提单视为承运人提取货物的凭证，而不能称其为物权凭证。因为提单持有人并不是因为持有了提单才成为提单项下货物的所有人。[①]

（二）提单的签发与种类

我国《海商法》第七十二条规定："货物由承运人接收或者装船后，应托运人的要求，承运人应当签发提单。提单可以由承运人授权的人签发。提单由载货船舶的船长签发的，视为代表承运人签发。"可见，提单可以由承运人签发，也可以由承运人授权的人签发，或者由船长签发。

从不同的角度可以对提单进行不同的分类：根据货物是否已装船可将提单分为已装船提单和备运提单；根据收货人的抬头可将提单分为记名提单、不记名提单和指示提单；根据提单有无批注可将提单分为清洁提单和不清洁提单；根据运输方式可将提单分为直达提单、转船提单和联运提单；根据是否已付运费可将提单分为运费预付提单和运费到付提单；根据提单背面是否有条款可将提单分为全式提单和简式提单；根据提单与货物批次的关系可将提单分为并提单和分提单；等等。

案例

1996 年 9 月，厦门贸易股份有限公司（以下简称厦门贸易公司）将其卖给香港富乐门针织有限公司（以下简称富乐门公司）的价值 69 000 美元的服装，通过海丰船务公司（以下简称海丰公司）装载于"开元"轮。根据厦门贸易公司的要求，厦门集装箱海运公司签发了收货人为"凭香港浙江兴业银行指示"的提单一式三份。该提单抬头为福建省轮船总公司，并载明托运人为厦门贸易公司，通知人为富乐门公司。"开元"轮启航后，富乐门公司以安排下一航程运输为由，要求厦门汽车公司将一份正本提单寄交于它。同年 10 月 10 日，富乐门公司凭此份未经开证行香港浙江兴业银行背书的正本提单，

---

① 参见陈小曼：《试论提单的法律性质》，《学术交流》，2008 年第 6 期。

从海风公司处提取了上述货物，致使厦门贸易公司被香港浙江兴业银行以单证不全为由拒绝付款，遂生纠纷。经法院查证，"开元"轮原为福建省轮船总公司下属的福建省厦门轮船公司所有，后变更所有权人为厦门集装箱海运公司，而厦门轮船公司使用的是福建省轮船总公司的提单。本案中所签发的提单系厦门轮船公司出借给海丰公司的，而海丰公司则是厦门集装箱海运公司的船务代理人。①

分析本案案情，可以看到承运人为厦门集装箱海运公司，它签发了指示提单。但是，其代理人没有遵守指示提单的规则，凭未经提货指示人香港浙江兴业银行背书的提单放货，侵犯了提单收货人的提货权，应当由厦门集装箱海运公司承担主要责任。不过，厦门贸易公司作为海上货物运输的托运人和国际贸易中的卖方以及信用证的权利人，违背信用证的要求，将一份未经指示人背书的无效提单寄给提单通知人富乐门公司，不仅不能更改提单的性质，而且应当对于本案的结果承担次要责任。

（三）提单的内容

提单分正反两面。提单的内容包括正面条款所规定的内容和背面条款所规定的内容。提单正面是提单记载的事项及一些声明性的条款，提单的背面为关于双方当事人权利和义务的实质性条款。

1. 提单正面的记载事项

我国《海商法》第七十三条规定："提单内容，包括下列各项：货物的品名、标志、包数或者件数、重量或者体积，以及运输危险货物时对危险性质的说明；承运人的名称和主营业所；船舶名称；托运人的名称；收货人的名称；装货港和在装货港接收货物的日期；卸货港；多式联运提单增列接收货物地点和交付货物地点；提单的签发日期、地点和份数；运费的支付；承运人或者其代表的签字。提单缺少前款规定的一项或者几项的，不影响提单的性质。"

2. 提单背面的记载事项

在不违反所适用的国际公约或国内法的前提下，提单背面的条款就是承运人和托运人所签订的货物运输合同内容的证明，是确定各方当事人的权利和义务的依据。虽然各船舶公司所制作的提单背面条款不尽相同，但主要是涉及承运人和托运人双方权利和义务，以及具体业务的处理和费用负担等内容。

---

① 贾林青：《海商法》（第五版），中国人民大学出版社2017年版，第144-145页。

提单的背面一般包括：管辖权条款；法律适用条款；承运人责任和免责条款；责任期间条款；责任限额条款；货物条款；置权条款；熏蒸条款；共同海损和新杰森条款；①双方有责碰撞条款。

以上是提单中的主要条款。此外，提单中还有关于战争、检疫、冰冻、罢工、拥挤、转运等内容的条款。

第四节　船舶租用合同

一、船舶租用合同概述

船舶租用合同，是指船舶出租人向承租人提供约定的、由出租人配备船员或者不配备船员的船舶，由承租人在约定的期间内按照约定的用途使用并支付租金的合同。根据我国《海商法》第一百二十八条规定，船舶租用合同包括定期租船合同和光船租赁合同两种形式，即船舶租用合同是船舶定期租船合同和光船租赁合同的统称。

二、定期租船合同的主要格式和条款

《海商法》第一百二十九条规定，定期租船合同（time charter）是指船舶出租人向承租人提供约定的由出租人配备船员的船舶，由承租人在约定的期限内按约定用途使用，并支付租金的合同。关于定期租船合同的性质，在海商法理论上存在着不同观点。一种观点认为，定期租船合同具有财产租赁合同的性质，②其理由是承租人在支付租金后即取得了船舶的使用权，船舶的经营权在承租人，承租人负责船舶的调度和营运及船舶的营运费用；另一种观点认为它具有财产租赁和运输合同的双重属性；③还有一种观点认为它具有财产租赁和劳务合同的双重属性。④

---

① 1910 年美国联邦最高法院在"杰森"一案中裁定提单中规定共同海损疏忽条款（即规定承运人提供适航船舶，则因其雇用人员的过失导致的共同海损，货主应当分摊）为有效，故称此类条款为"杰森条款"。1936 年各船舶公司纷纷对提单上的此类条款加以修改和补充，称为"新杰森条款"。
② 参见司玉琢等：《海商法详论》，大连海事大学出版社 1995 年版，第 252 页。
③ 参见张湘兰等：《海商法论》，武汉大学出版社 1996 年版，第 148 页。
④ 参见於世成等：《海商法》，法律出版社 1997 年版，第 187 页。

（一）定期租船合同的主要格式

目前，国际上常用的定期租船合同格式主要有：

1. 统一定期租船合同

租约代号为"BALTIME"（巴尔的摩），全名为 Baltic and International Maritime Conference Uniform Time Charter，是由波罗的国际航运公会（BIMCO）制定的，该租约当今很少用。BIMCO 全称为 The Baltic and International Maritime Conference，是国际性的商业航运组织，该组织成立于 1905 年，由于是船东的组织，因此，也比较倾向于保护船东利益，其制定的标准合同也较偏向船东。由于自 1973 年后租船市场对船东不利，因此使用 BALTIME 标准合同的逐渐减少，即使使用也会进行较大的修改。

2. 定期租船合同

租约代号为"Produce Form"（土产格式），该格式由美国纽约土产交易所（New York Produce Exchange，NYPE）制定，因此又被称为纽约土产格式（以下简称纽约土产）。纽约土产是目前使用最为广泛的定期租船标准合同，有 90%的定期租船合同使用的是纽约土产合同。[①]

此外，还有租约代号为"SINOTIME 1980"（中租 1980）并由中国租船公司制订的《定期租船合同》。

（二）定期租船合同的主要条款

在上述定期租船合同格式中，纽约土产是采用最为广泛的一种，该标准合同最初是由美国纽约土产交易所于 1913 年制定的，并先后于 1921 年、1931 年、1946 年和 1993 年被修订。下面结合"纽约土产"的内容介绍定期租船合同的主要内容。

1. 船舶规范

在定期租船合同中，船舶规范主要包括下列内容：船舶名称；船籍；船级；吨位和容积；航速和燃油消耗；有关船舶的其他描述。

---

① 航运市场上所说的标准租船合同，通常指由英国航运公会（British Chamber of Shipping）、波罗的海国际航运公会（Baltic International Maritime Conference）、纽约土产交易所（New York Produce Exchange）等公共机构确认或制订的、被广泛采用的标准合同格式。在航运市场上流行的租船合同范本，大约有 100 种，中国海事仲裁委员会也公布了自己的标准租船合同。

2. 交船

交船指出租人将处于适航状态的船舶交给租船人使用的行为。出租人应在租船合同中规定的期间内将船舶交给租船人使用，否则租船人有解除合同的权利。交船上的纠纷主要表现在交船的地点、交船时的船舶状态及交船的时间等几个方面。

3. 交船的地点

合同规定的交船地点不明确或双方对交船的地点理解有不同，均可能导致双方的争议。

4. 交船时的船舶状态

依租船合同，船方除了要按时将船舶交租方使用外，船舶的状态还应符合租船合同的规定，否则，租方可以不接受该船。

5. 交船的日期和时间

1993修改的"纽约土产"（以下简称"纽约土产93"）增加了预计交船日期的通知的规定。

6. 租期

租期是租船人使用船舶的期限。租期可以用日、月或年来表示。由于租期届满很难与租船人安排的最后航次的结束相吻合，常常会出现"超期"还船的现象。如果最后航次是最后不合法航次，船方可以拒绝执行。

7. 租船人指示条款

租船人指示条款又称"受雇及赔偿条款"（employment and indemnity clause），依该条款，船长在合同期间应听从租船人的指示。船长在定期租船合同中扮演着双重角色，一方面他是船舶所有人的雇员，另一方面他又是租船人的代理人。因此，船舶所有人和租船人均会对船长发出指示。租船人的指示只能是在合同规定的范围内发出的与船舶营运有关的指示。我国《海商法》第一百三十六条规定，承租人有权就船舶的营运向船长发出指示，但是不得违反定期租船合同的约定。[①]

[①] 一般而言，租船人不得发出下列指示：与合同无关的指示；违反合同的指示；有关航行及船舶安全方面的指示；不合理的指示。例如，租船人命令船长进行不合理绕航等。

8. 租金支付与撤船条款

依以前的纽约土产，租金是按月结算的，但若已订明租金可按日或按月结算，由双方选择一种计算方式。如果租约没作出选择的话，收取租金应按日历月计算。如最后一期租金不是足一个月，则以每日结算租金。

出租人如果错误撤船，例如过早发出撤船通知等，租船人可请求法院发出禁止令阻止出租人撤船，同时还可以就出租人的错误撤船向其提出损害赔偿请求。在下列情况下，出租人的撤船是无效的：出租人未正式发出撤船通知；未在合理的时间内发出撤船通知；暂时性地撤船。

9. 停租条款

定期租船合同的时间损失在租船人，租船人是按时间交付租金的，而不是按航次交付租金的，如果租船人将船舶搁置不用，他仍需向船方支付租金。但有时船舶不能使用并非租船人的原因，租船人为了保障自己的利益，就要订入停租条款，规定在发生某些影响租船人使用船舶的情况时，租船人可以停付租金。①关于停租，我国《海商法》第一百三十三条做了规定，依该规定："船舶在租期内不符合约定的适航状态或者其他状态，出租人应当采取可能采取的合理措施，使之尽快恢复。船舶不符合约定的适航状态或者其他状态而不能正常营运连续满二十四小时的，对因此而损失的营运时间，承租人不付租金，但是上述状态是由承租人造成的除外。"该规定只在合同对停租没有约定时适用。出租人在租期内有义务使船舶处于适航状态，当出租人违反上述义务时，租船人无权解除合同，但可以停付租金的形式得到补偿。该条规定的停租期间的起算是在停租事项发生后二十四小时而不是在事项发生的当时。

10. 转租条款

转租条款是定期租船合同中规定租船人在合同期间可以将船舶转租他人的条款。我国《海商法》第一百三十七条对转租进行了规定，依该规定，承租人可以将租用的船舶转租，但是应当将转租情况通知出租人，租用的船舶转租后，原租船合同约定的权利和义务不受影响。

11. 运送合法货物条款

定期租船合同中规定可以装运的货物被称为合法货物。不准装运的货物通常由双方在合同中列明除外。关于运送合法货物，我国《海商法》第一百

---

① 可以停付租金的事项由双方协商决定，通常包括下列事项：船体、机器及设备的故障或损坏；因碰撞、搁浅等海损事故而引起的延滞；船员或物料不足，等待补充船长或船员或物料的期间；船舶入坞修理；其他事项。

三十五条规定承租人应将船舶用于运输约定的合法货物，如承租人将船舶用于运输活动物或危险货物的，应事先征得出租人的同意，否则承租人应对违反上述规定而使出租人遭受的损失负责。

12. 航区条款

定期租船合同的经营权在租船人，如合同中没有限制性的规定，租船人是可以环球航行的。船舶所有人排斥的航行区一般有：战区、类似战区及双方有敌意行为的地区；冰封区；不合法贸易区；ITF 地区。[①]我国《海商法》第一百三十四条规定，承租人违反有关航区的规定的，出租人有权解除合同，并有权要求赔偿因此受到的损失。

13. 留置权条款

纽约土产第十八条规定："船舶所有人为了得到本租船合同规定应付的任何款项，包括共同海损分摊，对所有货物和所有转租船舶的运费享有留置权。"我国《海商法》第一百四十一条规定，承租人未向出租人支付租金或者合同约定的其他款项的，出租人对船上属于承租人的货物和财产以及转租船舶的收入有留置权。

14. 还船

租船人应到期将船舶以良好状态交还出租人。"良好状态"指除自然损耗以外的与交船时基本相同的良好状态。除了上述条款以外，定期租船合同中还有法律适用条款、仲裁条款、共同海损条款、新杰森条款、双方互碰责任条款、佣金条款、战争条款等条款。此外双方当事人在谈判中还可以另行附加其他的条款。

三、光船租赁合同

光船租赁合同又称"空船租船"或"船壳租赁"，它是由船舶出租人向承租人提供不配备船员的船舶，在约定期限内由承租人占有、使用和营运，并向出租人支付租金的合同。我国《海商法》第六章第三节对光租赁合同进行

---

① ITF（国际海运劳工联盟）地区：该组织在某些港口会上船（主要对挂方旗的船）来调查船员的待遇是否低于该组织认定的最低标准，若低于此标准，它们会要船东补发船员工资与改善待遇，否则会采取些措施，甚至会影响到船期。经常出现这些事件的地区称为 ITF 地区，但合同没明确地指明是哪些港口属 ITF 地区，一般来说芬、英、挪、瑞典、澳等处 ITF 的活动较频繁。有的条款虽订明不去 ITF 地区，若指明要去而又受 ITF 阻挠，则租金照付，但是租家不可能代船东给船员补薪加工资。

了专门规定。我国《海商法》有关光船租赁的规定基本上与国际上常用的标准格式合同相一致,且有关规定均属非强制性条款,只在当事人之间的租赁合同没有约定或者没有不同约定的情况下才适用。

光船租赁合同通常是在事先拟订的格式基础上达成的。目前,国际上比较常用的光船租赁合同格式由波罗的国际航运公会制定的《标准光船租赁合同》(Standard Bareboat Charter),该格式具有 A、B 两种格式:A 格式适用一般光船租赁,B 格式用于通过抵押融资的新建船舶的租赁。我国《海商法》第一百四十五条规定的光船租赁合同的主要内容应包括:出租人和承租人的名称、船名、船籍、船级、吨位、容积、航区、用途、租船期间、交船和还船的时间和地点以及条件、船舶检验、船舶的保养维修、租金及其支付、船舶保险、合同解除的时间和条件,以及其他有关事项。在这些内容中,有关船舶规范、航区、运送合法货物、还船时的良好状态及最后航次的规定与定期租船合同基本相同。

现就与定期租船合同不同的内容,对光船租赁合同 A 格式的内容,并结合我国《海商法》有关光船租赁合同的规定进行介绍和评述。[①]

(一)交船

在光船租赁合同中,船东的基本义务就是在约定的地点和时间将适航船舶交给承租人。适航指船舶的技术状况适于通常的海上航行,船舶应符合船旗国有关航行安全的规定,并具备各项有效合格的证书。光船租船中的适航不包括适员,因为船员是由租方雇用的,适航也不包括适当地配备船上供应品,因为这也是由租方承担的。

(二)检验与保养

交船和还船时,船东和租船人各指定验船师对船舶的状况进行检验。起租检验的费用和时间损失由船东负担,退租检验的费用和时间损失由承租人负担。在租期内,船舶处于租船人的占有和完全控制下,租船人应对船舶、船机、锅炉、装置和备件进行良好的维修、保养,使之在各个方面均处于良好的状态,并应保持船级和其他必需的证书的有效性。在船舶受损时,租船人应在合理时间进行修理,否则,船东有权撤船,并向租船人提出索赔。

---

① 相关内容参见傅廷中:《海商法系列讲座(四十)——光船租赁的法律问题与实务》,《世界海运》,2001 年第 3 期。

（三）船舶的使用

在光租期间，承租人负责雇用船员，承担燃料、物料及供应品的费用、修理费用，以及与船舶营运有关的税款。未经船东同意，租船人不得改变船舶的结构或对机器、装置或备件进行变动。如由于船级方面有新要求，或由于实施强制性法规而必须对船舶进行改进或结构变化时，该项费用由租船人承担，但当该项费用超过船舶水险价值 5%时，须由仲裁重新谈判本租船合同，确定该项费用在有关各方之间分担的比例。

如租船人租用的是油轮，租船人须对可能产生的污染责任安排必要的财务保证，如租船人未做出有关的安排，则应赔偿船东因此受的损失。

（四）租金与保险

租金由租船人按双方约定的每日历月的包干金额向船东支付，租金一般按夏季载重吨位和租期计算。如租船人迟延支付租金超过七个连续日，船东即有权撤船，对于延付的租金，船东有权按年息 10%收取利息。在船舶灭失或失踪的情况下，租金从船舶灭失或最后一次收到船舶电讯之日起停止支付，如租金已付，则应作相应的退还。光船租船应由承租人负责为船舶投保水险、战争险和保赔保险，但保险单的被保险人则以船舶所有人和承租人共同署名，在船舶全损或推定全损时，保险赔偿应付给船舶所有人，由船舶所有人依船舶所有人和租船人的利益多少分配。

此外，光船租赁合同 A 格式还规定了有关保险的选择权。A 格式第十二条规定，由船舶所有人负责为船舶投保水险和战争险，由租船人投保保赔责任险。第十二条选择由船舶所有人投保的原因，主要是由于期间较短的光租。如光租船舶只是为了四至六个月的夏季摆渡，这时，由船舶所有人自费保险。

（五）无船舶留置的保证

由于租方与船舶供应有关的债项可能引起船舶留置，这种留置权又具有优先性，可能对船舶所有人造成损害，所以光船租赁合同 A 格式第十四条规定了有关无船舶留置的保证，声明租船人或船长均无权招致或允许任何留置强加于本船。如船舶由于租船人营运产生的索赔或留置而被扣留，租船人应安排保释金使船舶获释，并负担有关费用。

（六）还船

在较长的租期届满后，船舶所有人要为船舶的回归做准备，如为船舶入坞、检查等做出安排。因此，光船租赁合同 A 格式第十三条规定，租船人应提前 30 日给船舶所有人初步通知，提前 14 日确切通知，告知其还船日期和还船港。如船舶安排的最后航次超过租期，租船人仍可使用船舶以完成航次，但超出的时间应合理。除此之外，第十三条还规定，最后航次应与结束租船合同差不多的时间完成。船舶应以与交船时同样的良好状态还船，正常损耗除外。否则，船舶所有人可以向租船人索赔。

第五节 海上拖航合同

一、海上拖航合同的概念及性质

海上拖航又称海上拖带，是指一船利用自己的动力将另一船或其他漂浮的物体从一地拖至另一地的航行。需要拖航的情况有下列几种：

（1）非机动船，如驳船、挖泥船、吊杆船等非机动船在进行航行时，帆船在需要加速航行时均需要他船的拖带。

（2）漂浮物体，如平台、浮动船坞、浮动码头、木排等物体在移动时均需他船的拖航。

（3）机动船在进出港口、靠离码头、移泊时，机动船在失去自航能力时，均需要他船的拖带。拖航按地区的不同可分为港区拖带、沿海拖带和远洋拖带，按拖航的形式分可分为一列式拖带、傍拖和顶推。一列式拖带的拖船在前，被拖船在后，两船用缆绳连接。傍拖的拖船在被拖船的侧面，采用并连方式连接，主要用于港口浮吊的拖带。顶推的被拖船在前，多用于拖船协助大船靠离码头或调头。

进行海上拖航应该由拖方和被拖方签订海上拖航合同，海上拖航合同是指承拖方用拖轮将被拖物经海路从一地拖至另一地，而由被拖方支付拖航费的合同。我国《海商法》第一百五十五条第二款明文规定，有关海上拖航合同的规定不适用于港区内对船舶提供的拖轮服务。海上拖航合同依拖船费计收方式的不同可分为日租型海上拖航合同和承包型海上拖航合同，前者的拖航费按约定的日租金计收，后者的拖航费不是按每天的租金率计收，而是以双方约定的一笔金额计收。

理解海上拖航合同的法律性质，关键是确认其属于独立的合同类型，还是依附于海上运输而属于海上运输合同关系。概括各国的海商立法和海商法理论，20世纪60年代之前，均将海上拖航关系视为海上运输合同关系而适用海上运输合同的法律规定。究其原因，是在于当时的海上拖航还主要用于港区内和沿海范围，尚未形成独立的海上作业活动。如今，与日益发达的海上拖航实践相适应，海商法理论一般都认为海上拖航合同是自成一体的合同类型，既独立于海上运输合同，也不同于海难拖航救助合同。

二、海上拖航合同的主要格式

我国《海商法》第一百五十六条规定，海上拖航合同应当以书面订立，各海上拖航公司一般都有自己的格式合同，双方在订立海上拖航合同时，一般以格式合同为基础，经双方协商在格式合同上签字后，该合同就成了约束双方当事人的书面拖航合同了。采用较多的及我国海上拖航公司使用的拖航合同格式主要有：

（1）国际远洋拖航协议（日租）格式，代号为"TOWHIRE"，由欧洲拖轮船东协会、波罗的国际航运公会和国际救助同盟联合推荐。

（2）日本航运交易所（JAPAN SHIPPING EXCHANGE INC.）拖航合同格式，代号为"NIPPONTOW"。

（3）中国拖轮公司拖航合同（日租）格式。

（4）中国拖轮公司拖航合同（承包）格式。

（5）中国海洋工程服务有限公司拖航合同（承包）格式，代号为"CHINATOW"。

三、海上拖航合同基本内容

虽然海上拖航合同的格式多种多样，但其主要内容是基本一致的，我国《海商法》第一百五十六条规定的海上拖航合同的内容主要包括：承拖方和被拖方的名称和住所、拖轮和被拖物的名称和主要尺度、拖轮马力、起拖地和目的地、起拖日期、拖航费及其支付方式，以及其他有关事项。现结合我国《海商法》的规定，就拖航合同的主要内容进行介绍。

（一）拖航装备和准备完毕的通知

承拖方应提供一般必需的拖航装备或设备，拖轮船长应在起拖前双方约定的若干小时（如二十四小时）向被拖方或其代理人提交准备完毕的通知。依"NIPPONTOW"第七条的规定，如拖轮未在双方约定的日期前做好准备，则被拖方有权解除合同。

（二）适航性

适航性包括两方面的内容，一是指被拖物的适航性，二是指拖轮的适航性。[①]

（三）拖航费和租金

承包型的拖航费为双方协商的一笔数额，通常由双方约定分期支付，例如，第一期在签字时支付，第二期在起拖时支付，第三期在到达目的港时支付。

日租型的拖轮租金按双方约定的日租费率支付，通常承租人须在签订拖航合同时预付给拖轮船舶所有人约定的数额，然后，自起租之日起承租人每月按照日租费率预付30天租金一次，拖航终了两周内，按照合同条款结算。如承租人不按期交付租金，拖船船舶所有人有权撤回船舶，并对由此而产生的损失向承租人提出索赔。

（四）延滞费

起拖的延误和目的港的延误均可能导致延滞费的支付。延滞费的具体事项由双方约定。

（五）拖航作业和航线

双方可以约定拖航作业由何方指挥，一般来说，拖航由承拖方指挥，只有在拖轮协助大船离靠码头或移泊等少数情况下，才由被拖船船长指挥。

（六）救助不索取报酬

依合同的规定，一般在拖航中，被拖物自拖轮脱离，拖轮应守护并提供一切合理的服务，救助被拖物，并重新接上拖缆，此项服务是属于拖航合同范围内的，因此，合同一般约定提供此种救助不索取救助报酬，但拖轮进行的是超出拖航合同预期范围以外的救助性质的特殊服务则不在此限。

（七）随船船员

如因政府部门要求或拖轮船长或保险人或验船师认为有必要在被拖物上配备随船船员时，应由被拖方对随船船员进行安排并承担其费用。如被拖方

[①] 关于拖轮，《海商法》第一百五十七条规定，承拖方在起拖前和起拖当时，应当谨慎处理，使拖轮处于适航、适拖状态，妥善配备船员，配置拖航索具和配备供应品以及该航次必备的其他装置和设备。承拖方必须提供适航的合同中约定的拖船，合同双方也可以对拖轮的替换进行约定。

要求，在拖轮船长的同意下，被拖方也可以在拖轮或被拖物上安排随船船员并承担其费用。随船船员须服从拖轮船长的指挥。

（八）费用

对于在拖航中发生的各种有关费用的承担，双方可以在拖航合同中进行约定。

（九）安全港口

被拖方应保证起拖港、与拖航合同有关或应被拖方的请求拖轮需挂靠的中间港和目的港，对拖轮的进港、操作、停泊和出港及在潮汐所有阶段永远漂浮等方面的安全。指定安全港口是被拖方的义务，因指定的港口不安全而受到的损害由被拖方承担。

（十）双方的责任

在拖航中发生的责任有两种，一种是拖轮与被拖物之间的合同内责任，另一种是拖轮和被拖物对第三方的合同外责任。关于合同内的责任，我国《海商法》第一百六十二条采用了过错原则，规定在海上拖航过程中，承拖方或者被拖方遭受的损失，由一方的过失造成的，有过失的一方应当负赔偿责任；由双方过失造成的，各方按照过失程度的比例负赔偿责任。

合同外的责任为侵权责任，依《海商法》第一百六十三条的规定，在海上拖航过程中，由于承拖方或者被拖方的过失，造成第三方人身伤亡或者财产损失的，承拖方和被拖方对第三方负连带赔偿责任。除合同另有约定外，一方连带支付的赔偿超过其应当承担的比例的，对另一方有追偿权。在实践中，拖航格式合同一般规定，对第三方的损害赔偿责任由被拖方承担。这种约定是有效的，但当第三方向承拖方索赔时，承拖方不能以此约定为由对抗第三方，承拖方只能在向第三方赔偿以后，再依合同向被拖方追讨。

（十一）承拖方的免责

《海商法》第一百六十二条规定，经承拖方证明，被拖方的损失是由于下列原因之一造成的，承拖方不负赔偿责任：

（1）拖轮船长、船员、引航员或者承拖方的其他受雇人、代理人在驾驶拖轮或者管理拖轮中的过失；

（2）拖轮在海上救助或者企图救助人命或者财产时的过失。

（十二）留置权

如果被拖方未依合同约定支付拖航费及其他合同费用，承拖方对被拖物有留置权。此种留置权属于占有留置权，如承拖方已交付了被拖物，即等于放弃了其留置权。该留置权必须是在合同约定的期限已届满，被拖方仍未支付合同约定的款项时才能行使。

四、海上拖航合同的订立

基于海上拖航合同的诺成性，承拖方和被拖方就有关海上拖航事宜的主要条款达成协议的，海上拖航合同即告成立。因很多国家（尤其是英美法系各国）的海商立法对于海商拖航合同的形式未适用强制性规范，当事人可以协商确定其所采用的形式。

根据我国《海商法》第一百五十六条规定，海上拖航合同应当书面订立。实践中，海上拖航合同的书面形式，可以是书面合同，也可以是电报、电传、传真、信函等文件。海上拖航合同自双方当事人在书面合同文本或文件上签字或签署确认书时成立。

五、海上拖航合同的解除

海上拖航合同一旦有效成立，便对双方当事人具有法律约束力。各方均应当依约行使权利和履行义务，不得擅自解除合同。不过，海上拖航作为一种独立的海上作业，其面临的风险大于海上运输。因此，在遭遇当事人不可抗拒的意外风险，致使合同无法履行或不能继续履行时，就需要解除海上拖航合同。为此，各国海商立法或者海上拖航合同赋予了当事人解除合同的权利。

依《海商法》第一百五十八条和第一百五十九条的规定，拖航合同可以在下列情况下解除：

（一）因一方当事人违约而解除合同

一般情况下，双方当事人只有按照海上拖航合同的约定行使权利、履行义务，才是实现合同目的的保证。因此，海上拖航合同通常都将一方当事人违约使合同不能履行或不能继续履行的情况规定为另一方解约的事由。当一方当事人因对方违约而行使解约权时，因此而遭受的损失，除了法律或合同规定免责以外，违约方应承担赔偿责任。

（二）因法律规定的原因而解除合同

我国《海商法》针对海上拖航，分别对起拖前解除和起拖后解除两种情况加以规定：

在起拖前，因不可抗力或其他不能归责于双方的原因致使合同不能履行的，双方均可以解除合同，并互相不负赔偿责任。除合同另有约定外，拖航费已经支付的，承拖方应当退还给被拖方。

在起拖后，因不可抗力或其他不能归责于双方的原因致使合同不能继续履行的，双方均可以解除合同，并互相不负赔偿责任。该条没有关于拖航费应如何处理的规定，一般认为，拖航费与运费一样，一经收取在起拖后的风险由被拖方承担，一般不予退还。

案例

1998 年 5 月 29 日，甲船务有限公司所属的"胜风"轮因辅机故障导致丧失动力而泊在 A 港，该公司派出其员工赵乙到 A 港处理修船事宜。因需将"胜风"轮拖往 B 地进行修理，赵乙向丙海上救助打捞局的经办人杨丁询问拖航事宜，经过协商，赵乙和杨丁分别以各自所在单位的名义签订了《拖航合同》，约定：拖航费 168 000 元，起拖时支付 10 万元，到达目的港时支付所余 68 000 元，被拖方承担本拖航合同内所发生的一切费用。赵乙和杨丁均在该合同上签了名，但皆没有加盖单位公章。

6 月 8 日，甲船务有限公司将 10 万元拖航费汇入丙海上救助打捞局的账户。次日，丙海上救助局派出"黎明"号拖轮承载着"胜风"轮，并在"胜风"轮船长的配合下，将该船舶从 A 港内锚地拖往 B 地。18 日，两船抵达 B 地锚地后，交由 B 地造船厂的拖轮拖到该厂的船坞。丙海上救助打捞局为此垫付了拖航辅助费 2 500 元。但就该拖航辅助费和所剩的 68 000 元拖航费，甲船务有限公司则拖欠未付。

于是，丙海上救助打捞局向海事法院提起诉讼，要求被告甲船务有限公司支付拖欠的拖航费和为其垫付的拖航辅助费以及利息。被告辩称：本案所涉及的《拖航合同》约定的 168 000 元拖航费过高，显失公平，被告是在与 B 地造船厂约定了修船事宜，并约定了船坞期而又没有其他拖轮可供选择的情况下，为减少船坞期损失，不得已接受了原告的拖航费报价；加之，合同上签字的赵乙并非被告的法人代表，其未经授权而与他人签订的《拖航合同》应当属于无效合同。

海事法院经过审理,认为:被告员工赵乙与原告签订的《拖航合同》并没有违背被告要把"胜风"轮拖至 B 地的真实意愿,且该合同签订后,被告亦按照其约定实施了交付 10 万元拖航费的部分履行行为,表明被告已经同意赵乙代表其与原告签订《拖航合同》的行为,因此,应当认定该合同对于被告具有法律约束力。至于被告所提该合同的拖航费条款显失公平的主张,因其没有证据,故不能成立。①

第六节　碰撞、海损与赔偿责任

一、船舶碰撞

(一)船舶碰撞概念

1. 传统的船舶碰撞概念

船舶碰撞概念在不同的历史发展阶段,具有不同的外延与内涵。传统海商法认为,船舶碰撞有广义和狭义之分。广义的船舶碰撞,是指两艘或两艘以上船舶的某一部位同时占据同一空间,致使一方或几方发生损害的物理状态。它必须满足以下几个要件:

(1)须要有船舶接触。

(2)船舶碰撞必须要造成损害,损害范围包括一方或几方的船舶、船上的货物、人身或其他财产所遭到的损失或伤亡。

(3)碰撞必须发生在船舶间。

狭义的船舶碰撞,又称海商法上的船舶碰撞,是指对碰撞的船舶性质给予特别限定的碰撞。

2. 船舶碰撞概念的新发展

随着海上运输业的日益发展,船舶碰撞的概念也有了新的变化。国际海事委员会于 1987 年在里斯本拟订了《船舶碰撞损害赔偿国际公约草案》(Preliminary Draft International Convention on the Assessment of Damages in Maritime Collision),简称里斯本规则草案。该规则对船舶碰撞草拟了两个新的定义:其一,"船舶碰撞系指船舶间,即使没有实际接触,发生的造成灭失或损害的

---

① 贾林青:《海商法》(第五版),中国人民大学出版社 2017 年版,第 218-219 页。

任何事故";其二,"船舶碰撞系指一船或几船的过失造成两船或多船间的相互作用所引起的灭失或损害,而不论船舶间是否发生接触"。同时还规定"船舶系指碰撞中所涉及的不论是否可航行的船只、机器、井架或平台等,它们相互间发生的碰撞,均构成船舶碰撞。"

3. 我国有关船舶碰撞的概念

我国《海商法》第一百六十五条规定:"船舶碰撞,是指船舶在海上或者与海相通的可航水域发生接触造成损害的事故。"所称船舶,"包括与本法第三条所指船舶碰撞的任何其他非用于军事或者政府公务的船舶"。根据我国《海商法》规定,构成船舶碰撞必须具备以下要件:

(1)船舶必须符合我国《海商法》的要求。
(2)船舶碰撞必须发生在船舶之间。
(3)船舶之间必须有接触。
(4)必须有损害后果。
(5)碰撞必须发生在海上或者与海相通的可航水域。

(二)船舶碰撞损害责任构成要件

船舶碰撞作为一种民事侵权行为,其构成必须满足:主观上有过失;客观上有碰撞和损害的事实;过失与损害事实之间存在因果关系。只有这三个要件同时得到满足,才能发生船舶碰撞损害赔偿问题。

第一,主观要件。从国内有关法律规定以及国际公约和国际惯例看来,船舶碰撞责任原则都是以过失为基础而要求赔偿的过失责任原则。换言之,在船舶碰撞中,当事人有过失才承担赔偿责任,没有过失则不承担赔偿责任。当事人的过失是构成船舶碰撞民事责任的主观要件。

第二,客观要件。碰撞及损害事实的存在,是构成船舶碰撞损害赔偿责任的客观要件。

第三,过失和损害事实之间的因果关系。过失和损害事实之间的因果关系是指他们之间的必然联系,即碰撞损害事实是过失行为的必然结果。

(三)船舶碰撞损害赔偿及范围

根据海商惯例和各国的法律与实践,船舶碰撞及其损害赔偿主要有以下几种情形:

1. 无过失的船舶碰撞

无过失的船舶碰撞指碰撞完全是因为客观原因或者原因不明造成的,不存在任何人为因素。我国《海商法》第一百六十七条规定:"船舶发生碰撞,是由于不可抗力或者其他不能归责于任何一方的原因或者无法查明的原因造成的,碰撞各方互相不负赔偿责任。"无过失碰撞具体有以下几种情形:不可抗力;意外事故;原因不明。

2. 过失碰撞

船舶碰撞事故的发生,大多是由于一方或双方的过失,如操作不当、违反航行规则和避碰规则或疏忽大意等原因引起的。因责任人的不同,过失碰撞可以分为:

第一类,单方过失造成的船舶碰撞。我国《海商法》第一百六十八条规定:"船舶发生碰撞,是由于一船的过失造成的,由有过失的船舶负赔偿责任。"

第二类,互有过失造成的船舶碰撞。双方互有过失造成的船舶碰撞,一般原则是根据各船舶的过失程度,按比例分担。如果双方过失程度相当或无法判定时,则平均分担责任。

第三类,多方过失的船舶碰撞。多方过失是指船舶碰撞事故因多方的过失所致。各方对由此而造成的损失按过失程度比例分担,如果过失责任无法确定,则损失由各方平均分担。

我国《海商法》对船舶碰撞损害赔偿的范围及计算方法等具体问题均未作规定。在目前的情况下,解决有关的问题主要适用专门法规、司法解释等。根据最高人民法院《关于审理船舶碰撞和触碰案件财产赔偿的规定》,我国在审判实践中有关船舶碰撞损害赔偿的范围主要包括:船舶的损害赔偿;船上财产的损失;运费、营业收入及捕捞利益等间接损失;利息损失人身伤亡的损害赔偿。

二、共同海损

(一)共同海损的概念与要件

1. 共同海损的概念

海损是指船舶、货物等遭遇海上风险而造成的损失。海损有单独海损和共同海损之分。单独海损是指由于不可抗力或意外事故而直接造成的船舶或货物的损害。共同海损,是指在同一海上航程中,船舶、货物和其他财产遭遇共同危险,为了共同安全,有意地合理地采取措施所直接造成的特殊牺牲、支付的特殊费用。

2. 共同海损与单独海损的区别

共同海损和单独海损的主要区别是：

首先，共同海损所涉及的海上危险应该是共同的，必须涉及船舶及货物共同的安全；而单独海损中的危险只涉及船舶或货物中一方的利益。其次，共同海损有人为的因素，是明知采取措施会导致标的的损失，但为了共同的安全仍有意采取该措施而引起的损失；而单独海损则纯粹是偶然的意外事故造成的标的的损失，无人为的因素。再次，共同海损的损失由于是为大家的利益而牺牲的，所以应由受益的各方来分摊，而单独海损的损失则由一方承担。

3. 共同海损的构成要件

从上述有关共同海损的定义中可以看出，共同海损具有以下几个特征，这些特征也正是共同海损的构成要件，只有符合这些要件的部分损失，才能构成共同海损，其损失才能由受益各方来承担：

（1）海上危险必须是共同的。即船舶、货物和其他财物须属于两个以上的不同主体所有。

（2）海上危险必须是真实的。即危险必须是已经发生的或者虽然没有发生，但客观上不可避免要发生的，而且这种危险必须是不可预测的。

（3）共同海损的措施必须是有意的、合理的和有效的。凡不是有意采取措施而出现的损失，均不能列入共同海损。并且，在当时的条件下所采取的措施既符合航海习惯，又损失最小。

（4）共同海损的损失必须是特殊的和直接的。该项损失是为共同利益所做出的牺牲，它最终发挥了效果，即使部分财产获救。

4. 共同海损的宣告

当船舶为了船货的共同安全而采取措施使船舶及货物受损后，一般是由船舶所有人或船舶所有人授权船长在事故发生后的第一个卸货港宣布共同海损，并通知船舶所有人的代理分别通知各收货人。在无特别授权的情况下，国际上一般也承认船长宣布共同海损的有效性，在这种情况下，实际上是将船长的此项权力看作是行使法定代理的一部分。

（二）共同海损的牺牲与费用

共同海损的牺牲和费用也就是共同海损的损失范围。在共同海损案件确立后首先要确定的就是哪些损失及费用可以列入共同海损。共同海损可以是特殊的直接物质上的损失，也可以是特殊的费用支出。除了共同海损的牺牲和费用支出外，其他间接的损失，如船舶或货物因迟延所造成的损失，包括船期损失和行市损失以及其他间接损失，均不得列入共同海损。

1. 共同海损的牺牲

共同海损的牺牲指在船货面临危险的情况下，为了船舶及货物的共同安全而采取措施导致的船舶或货物的损失。这种牺牲包括船舶的损失、货物的损失和运费的损失。依约克安特卫普规则及北京理算规则的规定，共同海损的牺牲一般包括下列几项：

（1）船舶的损失。船舶的牺牲包括船舶本身的损失及船上所载物料及燃料的损失。

（2）货物的损失。货物的损失可以由于各种共同海损措施而引起，抛弃货物是最古老的共同海损牺牲方式。

（3）运费的损失。依《2016年约克-安特卫普规则》规则十五的规定："如果货物的损失是共同海损行为所造成的，或者已作为共同海损受到补偿，则由于货物损失所引起的运费损失也应作为共同海损受到补偿。"

2. 共同海损的费用

共同海损的费用指为了船舶及货物的共同安全而采取共同海损的措施支付的额外的费用。能够认作共同海损的费用主要包括下列几种：

救助费：在船舶遇难而不能成功地自救时，一般会请第三方进行救助，由此而发生的支付给第三方的救助报酬可以列入共同海损。

避难港费用：避难港指离难船距离较近，且便于避难解除危险进行修理的港口。避难港费用涉及下列多项内容：

（1）驶入驶出避难港的费用。

（2）搬移、卸载、重装船上货物、燃料或物料的费用。

（3）船员工资、给养和其他费用。

（4）港口费用。

（5）为了防止或减轻环境损害采取措施产生的费用和代替费用。[①]

搁浅船舶减载费用以及因此而受到的损害费用：如果因船舶搁浅而将货物、船用燃料和物料或其中任何一项，作为共同海损措施而被卸下，则减轻货载、租用驳船和重装（如曾发生）等额外费用以及由此所遭受的灭失或损

[①] 代替费用须是因合理采取的措施而产生的，代替费用应在整体上较被代替的费用为节省。如果代替费用超过了被代替的费用，则除非船舶及货物各方另有协议，可列入共同海损的部分应只限于被代替的费用。超过部分由采取措施的一方自行承担。在实践中，经常发生的代替费用主要有：拖带费、临时修理费、货物转运费、加班费等。

害，均应认作共同海损。

修理费用：船舶因发生共同海损而进行修理时所支付的修理费用，可列入共同海损。船舶修理有两种形式，一种是永久性修理，即对受损船舶按照技术规范的要求而进行的恢复船舶永久性适航能力的修理；另一种是临时性修理，这是指对受损船舶进行最低限度的以保持其在一定期限内适航性的修理。

案例

某一货轮装载着椰干和木薯淀粉从印尼经南非好望角运往鹿特丹和汉堡两港，该船 5 个舱位中均是底部装载汉堡港的货物，上部装载鹿特丹港的货物。当该船还在南半球航行时，二号舱货物发生自燃起火，船长立即采取注入二氧化碳灭火剂和封舱措施，并将船驶往好望角避难。此后连续10天注入灭火剂，舱内温度逐渐下降，直至检验师登船检验确认可以安全续航时，该船方继续航行。

当该船即将驶抵鹿特丹港时，二号舱温度回升，火灾重起，危及船货安全，遂又注入灭火剂将火扑灭。该船抵达鹿特丹港后，船长决定继续封闭二号舱，该舱内装载的鹿特丹港的货物也不卸载，而只卸下了其他 4 个舱内装载的鹿特丹港的货物。然后，该船继续驶往汉堡港。到达汉堡港进行卸载过程中，二号舱启封后，流入的空气重新引起燃烧，只得灌水灭火，舱内货物也被淹没。

在处理事故后果过程中，对于为灭火而被水淹没货物的损失，如果认定共同海损的分摊范围出现争议。一种意见是所有在启运港装上该船的货物都参与分摊；另一种意见是参与分摊的货物应当限于灌水灭火时存留在二号舱内的货物部分。最终，法院按第二种意见予以裁判处理。①

（三）共同海损的理算

共同海损的理算，是指由国家认可的具有一定资格的专业机构或人员，按照理算规则，对共同海损的损失和费用、各受益方的分摊价值以及各方应分摊共同海损的数额所进行的审核和计算工作。共同海损理算的依据：如合同中没有对共同海损的理算进行约定，则应依冲突规范的规定确定共同海损理算应适用的法律。我国《海商法》第二百七十四条规定："共同海损理算，适用理算地法律。"

进行海损理算，首先要确定共同海损损失金额（因共同海损行为而作出

---

① 贾林青：《海商法》（第五版），中国人民大学出版社 2017 年版，第 297 页。

的特殊牺牲和支付的额外费用的总额）和共同海损分摊价值（因采取共同海损措施而受益的财产价值的总额），再确立各方应摊付的金额和结算办法，最后编制出共同海损理算书。

共同海损的理算人通常为提单或租船合同中指定或委托的海损理算机构或理算人。由理算人对与海损有关的各种文件进行必要的审核，确定共同海损损失金额，计算共同海损分摊价值，为共同海损的理算编制共同海损理算书。①

三、海事赔偿责任限制

（一）海事赔偿责任限制的概念

海事赔偿责任限制最初是为保护船舶所有人的利益而设立的，故有些国家称为船舶所有人责任限制。但是随着海运事业的发展，海事赔偿责任限制适用对象已不再限于船舶所有人。因此，船舶所有人责任限制也就演变成现代的海事赔偿责任限制。

海事赔偿责任限制（Limitation of liability for maritime claims）是指当船舶在因航行事故或船长、船员的行为产生海事赔偿请求时，船舶所有人等限制主体在自身无过错、或不知情、或未参与的情况下，将其承担的损害赔偿责任限制在法律规定的限度之内的制度。这是海商法中特有的并区别于民法中的损害赔偿的一项特殊法律制度。

（二）海事赔偿责任限制的种类

由于各国历史传统、政治制度、经济体制及航运政策的不同，关于海事赔偿责任限制的立法也有所差异。从历史和现状看，海事赔偿责任限制的方式主要有以下几种：

1. 执行制

执行制指船舶所有人对因船舶产生的债务，仅以其海上财产为限，即以船舶和运费承担赔偿责任，并且债权人只能通过对船舶和运费的强制执行而获得赔偿。也就是说，船东不履行债务，法院只能就他的海上财产强制执行。如债权人对海上财产强制执行后，仍不能满足清偿债务时，船舶所有人不再负责。

---

① 办理共同海损理算需要的文件有：（1）海事声明书，依惯例，在船舶遭遇意外事故后，船长应在到达港向公证人递交海事声明书，海事声明书应由公证机关办理公证；（2）海事报告，在船舶发生海损事故后，船长应在进入第一个到达港四十八小时内向港口主管机关递交海事报告；（3）航海日志摘录；（4）船舶检验证书和货物检验证书。此外，还有提单、租船合同、配载图、救助合同、各种费用单证等。

2. 委付制

委付制指船舶所有人将其海上财产，如船舶及其收益（包括本航次运费及其他分摊所得）委付给受害人，即可免除责任。如不委付则负无限责任。在上述两种制度下，船舶所有人均是以船舶承担赔偿责任，受害人直接得到的赔偿是船舶和运费而非金钱。如果肇事船灭失和损坏，受害人将得不到赔偿或得不到充分赔偿，因此有人将这两种制度称为"物的有限责任制度"。

3. 船价制

船价制指船舶所有人对因船舶产生的债务，以船舶发生海损事故的航次终了时肇事船舶的价值为限。因此船价制与委付制有相同之处。如果船东将船舶委付给债权人，即可免除赔偿责任。如果船舶灭失或损坏，受害人便得不到赔偿或得不到足额赔偿。但二者仍有本质差别：在委付制下，如果船东不将船舶委付给受害人，就要负无限责任；在船价制下，船东只要将与船舶（和运费）等值的金钱支付给债权人，即可免除责任。

4. 金额制

金额制指船舶所有人对因船舶一次事故而产生的债务，按肇事船舶吨位乘以每一吨的限额承担赔偿责任。这一制度目前在国际上被广泛采用。

5. 并用制

并用制指并用船价制与金额制，对某些债务，船东按船价制限制责任，而对另一些债务，船东按金额制限制责任，美国和苏联均采用并用制。

6. 选择制

选择制指船东有权在不同的责任限制制度中，选择对自己最有利的制度以限制自己的赔偿责任。

（三）海事赔偿责任限制的内容

1. 海事赔偿责任限制的主体

海事赔偿责任限制的主体是指应对海事赔偿请求负有责任，但根据海事赔偿责任限制法律规定，有权限制其海事赔偿责任的人。根据我国《海商法》的规定，责任限制主体主要包括：

（1）船舶所有人、救助人。船舶所有人并不仅限于实际的船舶所有人，也包含船舶承租人和船舶经营人。

（2）船舶所有人、救助人的受雇人或代理人。

（3）责任保险人。

2. 海事赔偿责任限制的条件

责任限制的条件,是指责任主体限制其责任所必须具备的条件。《海商法》第二百零九条规定,经证明,引起赔偿请求的损失是由于责任人的故意或者明知可能造成损失而轻率地作为或者不作为造成的,责任人无权依照本章规定限制赔偿责任。

3. 限制性债权

限制性债权,是指责任主体根据海事赔偿责任限制法律的规定可以限制其赔偿责任的海事赔偿请求权。根据我国《海商法》第二百零七条规定,对以下海事请求,无论赔偿责任的基础有何不同,责任主体均可依法限制赔偿责任:

(1) 在船上发生的或者与船舶营运、救助作业直接相关的人身伤亡或者财产的灭失、损坏,包括对港口工程、港池、航道和助航设施造成的损坏,以及由此引起的相应损失的赔偿请求。

(2) 海上货物运输因迟延交付或者旅客及其行李运输因迟延到达造成损失的赔偿请求。

(3) 与船舶营运或者救助作业直接相关的,侵犯非合同权利的行为造成其他损失的赔偿请求。

(4) 责任人以外的其他人,为避免或者减少责任人依照本章规定可以限制赔偿责任的损失而采取措施的赔偿请求,以及因此项措施造成进一步损失的赔偿请求。

4. 非限制性债权

与上述限制性债权相对应,习惯上将责任人根据海事赔偿责任限制的法律规定不能限制其赔偿责任的债权称为非限制性债权。我国《海商法》第二百零八条规定,本章规定不适用于下列各项:

(1) 对救助款项或者共同海损分摊的请求。

(2) 中华人民共和国参加的国际油污损害民事责任公约规定的油污损害的赔偿请求。

(3) 中华人民共和国参加的国际核能损害责任限制公约规定的核能损害的赔偿请求。

(4) 核动力船舶造成的核能损害的赔偿请求。

(5) 船舶所有人或者救助人的受雇人提出的赔偿请求,根据调整劳务合同的法律,船舶所有人或者救助人对该类赔偿请求无权限制赔偿责任,或者该项法律作了高于本章规定的赔偿限额的规定。

5. 海事赔偿责任限额

责任限额，即责任主体对所有限制性债权的最高赔偿额。对此，各国分别采用了金额制、船价制、委付制和执行制等。但从发展趋势来看，越来越多的国家采用了金额制。

我国《海商法》对责任限额的规定采用的是金额制，即海事赔偿责任限额的确定按船舶吨位分级计算，人身伤亡的赔偿请求分五个等级，非人身伤亡的赔偿请求分四个等级。

6. 责任限制基金的设立

责任限制基金是指责任人要求限制其赔偿责任的申请，一经被法院认可，就可向法院提交一笔与责任限额及其利息之和等值的款项，作为赔偿给所有债权人的基金。利息从责任产生之日计算至基金设立之日。

对此，我国《海商法》第二百一十条不仅规定当"人身基金"不足以清偿全部人身伤亡的索赔时，不足部分可与非人身伤亡的赔偿请求按比例分配"财产基金"，同时还规定，在不影响人身伤亡的赔偿请求的情况下，就港口工程、港池、航道和助航设施的损害提出的赔偿请求，应当较其他财产赔偿请求权优先受偿。此外，《海商法》第二百一十四条更进一步规定："责任人设立责任限制基金后，向责任人提出请求的任何人，不得对责任人的任何财产行使任何权利；已设立责任限制基金的责任人的船舶或者其他财产已经被扣押，或者基金设立人已经提交抵押物的，法院应当及时下令释放或者责令退还。"

第七节　海上运输相关国际公约

一、有关船舶抵押权和船舶优先权的国际公约

（一）《1926年统一船舶优先权和抵押权某些法律规定的国际公约》

《1926年统一船舶优先权和抵押权某些法律规定的国际公约》是1926年4月10日在布鲁塞尔签订的海事公约。公约的主要内容有：

（1）缔约国之间抵押权及质权等登记的相互确认。公约第一条规定："根据船舶所属缔约国的法律正式设定的，并且在船籍港或中央机关的公共登记处登记的船舶抵押权、质权或该船承担的其他类似义务，应在所有其他缔约

国视为有效,并且受到尊重。"

(2)对船舶、运费以及航次开始以来船舶和运费的附属权利可实行优先请求权的各种项目。

(3)明确了船舶优先权的受偿顺序。

(4)船舶优先权的时效。公约第九条规定,除各国国内法另有规定外,优先权的时效为一年。

(二)《1967年统一船舶优先权和抵押权某些规定的国际公约》

《1967年统一船舶优先权和抵押权某些规定的国际公约》是1967年5月27日在布鲁塞尔签订的条约,于1987年4月起生效。该公约共25条,其主要内容为:

(1)可以通过对船舶行使优先请求权而得到保证的债权。船长、高级船员及其他船员的工资及其他款项;港口、运河及其他水道费用以及引航费用;直接涉及船舶营运而发生的财物灭失或损害,而向船舶所有人提出的请求;与船舶营运有关的财产灭失或损害,根据侵权行为而不可能根据契约向船舶所有人提出的请求;救助报酬、清除船舶残骸的费用以及共同海损的分摊。

(2)船舶优先权和船舶抵押权的受偿顺序。船舶优先权在船舶抵押权之前,船舶抵押权在一般债权之前,船舶优先权各债权项目之间的受偿顺序依公约第四条在列举各债权项目时的顺序,有关救助、清除船舶残骸和共同海损的债权,应以后发生者优先受偿,造船厂、修船厂的占有留置权或滞留船舶权应排列在所有船舶优先权之后,但可列在登记的抵押权之前。

(3)船舶优先权的时效。公约第八条规定,优先请求权自其所担保的债权发生一年后即告消失,该一年期限不得中断或中止,但行使留置权的人依法被阻止扣押该船的期间,不计算在内。

(4)明确了船舶强制出售程序。

(三)《1993年船舶优先权和抵押权国际公约》

1993年4月19日至5月6日,联合国贸易与发展会议在日内瓦同国际海事组织召开外交大会,通过了《1993年船舶优先权和抵押权国际公约》。该公约共22条,其对前述公约的修改表现在:

(1)关于船舶优先权的项目和顺序。公约遵循减少优先权项目、为船舶融资提供更好的法律条件的原则,减少了船舶优先权的项目,取消了《统一船舶优先权和抵押权某些法律规定的国际公约》中第二条第五款中列明的请求项目和对货物、行李灭失和损坏的赔偿。

（2）关于船舶优先权的时效。公约规定船舶优先权的时效为1年。

（3）关于转让和代位。公约增加一项内容，规定保险赔偿金不得由优先权索赔人代位求偿，即抵押权人可据此优先受偿，以保护其利益。

（4）关于强制出售的通知。公约规定的被通知方增加了船舶所有人。

（5）关于价款支付。公约明确了出售所得的价款的支付。

二、有关旅客运输的国际公约

为了保证海上旅客的人身安全，明确海上客运承运人的责任，适应现代海上旅客运输的发展，国际海事委员会先后草拟并制定了一系列有关海上旅客运输的公约，包括《1961年布鲁塞尔旅客行李运输公约》《1969年有关统一海上旅客及其行李运输若干规定的国际公约》。由于赔偿责任限额偏低及其他种种原因，上述公约均未生效。1974年联合国政府间海事协商组织在上述公约及公约草案的基础上制定了《1974年海上旅客及其行李运输雅典公约》（以下简称《雅典公约》）。该公约于1987年4月28日生效。

我国已于1994年3月5日经第八届全国人大常委会第六次会议通过决定加入了《雅典公约》及其议定书。该公约共28条，其主要内容有：

（一）适用范围

公约适用于船旗国为缔约国或在缔约国登记的船舶进行的海上旅客运输，或旅客运输契约在缔约国订立，或起运地或目的地位于缔约国的旅客运输。

（二）承运人的责任与限制

公约采用了推定过失责任制，即如果旅客的伤亡或自带行李的灭失或损坏是由于船舶失事、碰撞、搁浅、爆炸或火灾，或由于船舶缺陷引起的，则应推定承运人或其雇用人或代理人有过失或疏忽。

承运人对自带行李的灭失或损坏的赔偿，每一旅客每次运输不超过833特别提款权。承运人对车辆的灭失或损坏包括车上所载行李的灭失或损坏的赔偿，每一车辆每次运输不超过3 333特别提款权。对其他行李的灭失或损坏应承担的责任，每名旅客每次运输不超过1 200特别提款权。承运人可就其赔偿责任与旅客商定免赔额，但每一车辆的灭失或损害的免赔额，不得超过117特别提款权，其他行李的灭失或损害的免赔额不超过13特别提款权。1990年雅典公约议定书提高了上述责任限额，规定承运人对每名旅客的人身伤亡的赔偿责任限额为175 000特别提款权；对旅客自带行李及车辆和其他行李的赔偿限额分别为 1 800 特别提款权、10 000 特别提款权和 2 700 特别提款权。承运人对旅客每一车辆和车辆以外的其他行李的免赔额，分别为 3 000 特别提款权和 135 特别提款权。

如经证明，旅客的人身伤亡或行李的损坏是由承运人、其雇用人或其代理人故意造成的，则承运人无权享受责任限制的利益。

（三）承运人的免责

如承运人能证明，旅客的伤亡或其行李的灭失或损坏是由于该旅客的过失或疏忽造成的，则可以全部或部分地免除其责任。此外，承运人对货币、艺术品或其他贵重物品的灭失或损害不予负责，除非双方商定将这种贵重物品交由承运人保存。

（四）诉讼时效与管辖

公约规定对旅客人身伤亡或行李的灭失或损坏的诉讼时效为两年。

公约规定原告有权选择向下列法院之一提起诉讼：被告的永久居住地或主要营业所所在地法院；运输合同规定的起运地或到达地法院；原告国籍国或永久居住地国法院，如被告在该国设有营业所；运输合同订立地法院，如被告在该国设有营业所。

此外，公约第 17 条还对协议管辖作了规定，该条规定在造成损坏的事故发生后，双方可协议将争议提交任何法院或提交仲裁。

三、有关船舶碰撞的国际公约

（一）《1910 年统一船舶碰撞某些法律规定的国际公约》

《1910 年统一船舶碰撞某些法律规定的国际公约》（以下简称《1910 年碰撞公约》），是有关船舶碰撞中法律问题的最重要的国际公约。该公约是于 1910 年在布鲁塞尔第三次海洋法外交会议上签订的，自 1913 年 3 月 1 日起生效。该公约共 17 条，主要内容包括：规定船舶碰撞的定义、确定船舶碰撞损害赔偿的责任、诉讼时效、碰撞后的救助责任以及公约的适用范围等，最重要的是关于船舶碰撞的责任划分原则。尤其是两艘或两艘以上船舶均犯有过失时，每一艘船舶应按照各自的过失程度按比例分担责任的规定，具有重大的突破意义。该公约得到了世界上很多国家的承认和接受，许多国家据此制订国内法律，对于碰撞责任的确定、碰撞后的救助责任等，均与之保持一致。

《1910 年碰撞公约》在很大程度上统一了各国海商法中有关船舶碰撞的法

律规定。我国于 1994 年 3 月正式参加了该公约。在此之前,我国通过的海商法中关于船舶碰撞的条款实际上是参照该公约制定的。

(二)《1952 年统一船舶碰撞中民事管辖权方面若干规定的国际公约》

国际海事委员会于 1952 年 5 月 10 日在比利时布鲁塞尔召开第九届海洋法外交会议上主持通过了《1952 年统一船舶碰撞中民事管辖权方面若干规则的国际公约》,简称《1952 年民事管辖权公约》。

公约共有 16 条,主要内容包括:

(1)对于碰撞案件有管辖权的法院,根据公约第 1 条的规定,关于海船与海船、海船与内河船舶发生的碰撞,只能向下列法院诉讼:被告经常居住地或营业所在地的法院;扣押过失船舶或依法扣押属于被告的任何其他船舶的法院,或者为避免扣押而提供保证金或其他保证的地点的法院;碰撞发生于港口或内河水域以内时,碰撞发生地点的法院。

(2)公约确定了原告对法院的选择权。

(3)公约承认协议管辖和协议仲裁的效力。

(4)为了避免在管辖权方面产生不必要的法律冲突,公约第 3 条就要求同一碰撞案件提出的反诉,得向根据公约第 1 条规定对本诉具有管辖权的法院提出。如果同一碰撞案件涉及几个请求人,任一请求人都可将其案件向已受理就同一碰撞案件控告同一当事人的法院提起诉讼。

(5)公约适用于间接碰撞引起争议的管辖。公约第 4 条规定,本公约亦适用于一船因执行或不执行某项操作,或因不遵守航行规则而造成的对另一船或该船所载货物或人身的损害所引起的诉讼;即使未曾发生实际碰撞,亦得适用。这跟《1910 年碰撞公约》中有关间接碰撞的规定相吻合。

(6)关于军用船舶或由国家所有或为国家使用的船舶发生碰撞的管辖权问题,《1952 年民事管辖权公约》显然采取了与其他海事公约相同的态度,即将此问题留给各国国内法解决。

(7)关于公约的适用范围,公约第 8 条规定,任何案件中所涉及的一切船舶,如果都属于缔约国所有,本公约的规定应适用于全体利害关系人。

(三)《1952 年统一船舶碰撞或其他航行事故中刑事管辖权方面若干规定的国际公约》

《1952 年统一船舶碰撞或其他航行事故中刑事管辖权方面若干规定的国

际公约》,简称《1952年刑事管辖权公约》,1955年11月20日正式生效。公约共有12条,其主要内容包括:

(1)发生船舶碰撞或任何其他航行事故时,涉及船长或船上任何其他工作人员的刑事或纪律案件,仅能向当事船舶所悬挂旗帜国家的司法或行政机关提出。

(2)在前条所述情况下,除船舶所悬旗帜国家以外,任何当局都不得下令扣押船舶,即使作为调查手段也不例外。

(3)任何国家都可以允许该国有关当局在发生碰撞或其他航行事故时,就该国所发权限证书或许可证问题采取任何措施,或对其本国人民在悬挂另一国旗帜船上的犯法行为提出控告。

(4)本公约不适用于在港区范围内或在内河水域发生的碰撞或其他航行事故。

(5)缔约国在签署、批准加入本公约时,得保留对在其本国领海以内发生的刑事案件采取措施的权利。

值得注意的是《1952年刑事管辖权公约》并没有得到广大海运国家的认同,因此该公约对船舶碰撞和其他航行事故的刑事管辖权问题产生的影响甚微。

(四)《1972年国际海上避碰规则》

《1972年国际海上避碰规则》,简称《1972年避碰规则》,截至1997年2月,世界上已有128个国家参加了该公约。我国政府于1980年1月5日正式加入该公约,但作出一项保留:"属于中华人民共和国的非机动船舶不受海上避碰规则的约束。"

四、有关海事赔偿责任的国际公约

(一)《统一海上船舶所有人责任限制若干规则的国际公约》

该公约于1924年8月25日在比利时布鲁塞尔通过。公约采用船价制与金额制并用制度。这个公约虽然有法、比、荷、丹麦、挪威、瑞典、芬兰、意、西、葡和巴西等十一国批准,却未能被英、美、德、日等主要海运国家所接受。由于内容不全和采取并用制等缺点,各国对责任限制和赔偿金额的计算未能统一,有关争议仍得不到解决。

(二)《1957年船舶所有人责任限制公约》

这个公约由国际海事委员会于1955年在马德里起草,1957年10月10

日在布鲁塞尔第十届海洋法外交会议上通过,是国际上有关责任限制方面第一个生效的国际公约。

公约采用事故制度,即责任限制不以航次为标准,而以事故次数为标准,一次事故一个限额。采用单一的金额制,并以金法郎作为计算单位。对于用于计算责任限额的船舶吨位作了特殊规定,即"公约吨",是指净吨加上为确定净吨而从总吨中减去的机舱所占空间。公约的主要内容有:

1. 适用的船舶

公约适用的船舶是海船,同时还规定,300"公约吨"以下的船舶以300"公约吨"为基数。允许缔约国对300"公约吨"以下的"海船"以及其他种类的船舶是否适用该公约的问题作出保留。

2. 责任限制主体

公约规定下列两类人有权享受责任限制。第一类:船舶所有人、承租人、管理人及经营人;第二类:船长、船员及其他受雇于第一类责任主体的人员。同时还规定,当以船舶本身为被告时,责任主体也可引用公约的规定。

3. 责任限制的条件

公约对两类责任主体,分别规定了不同的条件,即如果导致损害发生的事故是由于第一类责任主体的"实际过失或参与"所引起的,则责任主体不得限制责任;当导致损害发生的事故是由于第二类责任主体的"实际过失或参与"所引起时,责任主体仍可限制责任。

4. 限制性债权

公约规定的限制性债权有三大类,并允许缔约国对第三类作出保留。这三类限制性债权为:

(1)船上所载人员的人身伤亡及船上所载财产的灭失或损坏。

(2)由于船舶所有人对其行为、疏忽或过失负责的船上或不在船上的任何人的行为、疏忽或过失引起的陆上或水上任何其他人的死亡或人身伤害,以及任何其他财物的灭失或损害,或任何权利的侵犯。

(3)有关清除残骸的法律所规定的以及因起浮、清除或销毁沉船、搁浅船或弃船(包括船上的任何物品)所产生的任何义务或责任,以及因损坏港口工程、港池及航道所产生的任何义务或责任。

公约规定的不能限制责任的债权有:救助报酬或者共同海损分摊的债权;根据调整船舶所有人与其受雇人之间的雇佣合同的法律规定,船舶所有人不得限制责任或虽可限制责任但限额高于本公约规定的。由于油污及核损害的赔偿及责任限制问题,是在 1957 年公约通过之后才出现的新问题,因此,1957 年公约不适用于此类损害的赔偿及责任限制问题。

关于责任限额及基金分配,公约采用单一的金额制,对于单纯的人身伤亡赔偿,责任限制金额为每公约吨 3 100 金法郎;对于单纯的财产损害赔偿,责任限额为每公约吨 1 000 金法郎;当两种损害同时发生时,则分别按"每公约吨 2 100 金法郎和 1 000 金法郎建立人身伤亡基金和财产损害基金。如人身伤亡基金不足以清偿实际发生的人身伤亡索赔时,不足部分与实际发生的财产损害索赔按比例分配财产损害基金"。此外,公约还规定,要求责任限制的行为并不构成对于责任的承认。

(三)《1976 年海事索赔责任限制公约》

《1976 年海事索赔责任限制公约》采用了"事故制度"及超额递减的"金额制度",并以"特别提款权"作为计算单位,以《1969 年船舶吨位丈量公约》确定的总吨作为计算责任限额的吨位。此外,公约还包括以下主要内容:

1. 适用的船舶

公约适用的船舶为"海船"。公约不适用于气垫船以及用于勘探或开采海底自然资源或底土的浮动平台。此外,公约还有两项特别规定:第一,对于内河船及 300 吨以下的船舶,缔约国可在国内法中另行规定;第二,对于钻井船或用于从事钻井的船,如果缔约国在其国内法中规定了高于公约的责任限额或者该国已成为有关此类船舶责任限制的公约的缔约国,则本公约不适用。

2. 责任限制的主体与条件

除了 1957 年公约规定的责任限制主体,即船舶所有人、承租人、船舶经营人、管理人之外,增加了救助人及其受雇人员和责任保险人。

公约规定,如经证明,损害是由于负有责任的人有意造成或明知可能造成,但轻率的行为或不行为所致,他便无权限制其赔偿责任。

3. 限制性债权与非限制性债权

公约规定可以享受责任限制的债权有:

(1)因发生在船上或船舶营运或救助作业直接造成的人身伤亡及财产损害灭失(包括对港口工程、港池、航道及助航设施的损坏)及其间接损失。

(2)海上货物、旅客或其行李的延误造成的损失。

(3)与船舶营运或救助作业直接相关的侵犯除合同权利之外的权利引起

的其他损失的债权。

（4）为使沉船、残骸、搁浅或被弃船舶（包括船舶上的任何物件）的起浮、清除、毁坏或使之变为无害的债权。

（5）有关船上货物的清除、毁坏或使之变成无害的债权。

（6）有关责任人以外的任何人，为避免或减少责任人按公约规定可限制其责任的损失所采取的措施，以及该措施而引起的进一步损失的债权。

该公约规定，对下列债权不得限制责任：

（1）救助报酬或共同海损分摊。

（2）有关1969年国际油污损害民事责任公约及其生效的修订或议定书规定油污损害。

（3）根据调整或禁止核损害责任限制的国际公约或国内法提出的债权。

（4）有关核能船舶所有人提出的核能损害债权。

（5）根据调整船舶所有人或救助人与其受雇人之间合同的法律规定，船舶所有人不得限制责任或虽可限制，但限额高于本公约规定的。

4. 责任限额与基金分配

（1）对于一般情况下发生的索赔，按船舶吨位分级计算。

（2）如果救助人在实施救助作业造成损害时，是在救助船上，则其责任限额按救助船的实际吨位计算；如果救助人没有使用救助船进行救助，如在飞机上或水中实施救助作业，或者只是在被救助船上实施救助作业，则其责任限额按总吨位 1 500 吨的船舶计算。

（3）对于旅客人身伤亡索赔的责任限制，公约规定，按船舶载客定额计算，每位旅客赔偿额为 4 666 特别款权乘以旅客定额，所得的数额即为赔偿限额，但最高不得超过 2 500 万特别提款权。

值得一提的是，现在国际上使用较多的是 1957 年公约和 1976 年公约。我国虽未加入 1976 年公约，但我国的海事赔偿责任限制移植了 1976 年公约的实质性规定（除个别地方外）。

海事赔偿责任限制制度作为海商法所特有的制度，在促进航运业及海上保险业的发展、鼓励海上救助等方面发挥着重要作用。[1]

---

[1] 尽管近来要求废除该制度的呼声不断，但鉴于其存在的必要性，如何使之更加完善，以保持各利益主体之间的平衡，合理分担海上特殊风险，仍是国际社会的主流和各国努力的方向。法律价值应然性和实然性的统一，是价值的理想状态。然而从我国现行的海事赔偿责任限制制度来看，二者还是分离的。如何根据航运业的发展和社会经济条件的变化来完善该制度，以发挥其最大价值，是我国修改海商法时必须予以关注的问题。参见郭明明：《我国海事赔偿责任限制制度的完善》，《水运管理》，2006 年第 1 期。

第六章　公共航空运输法

第一节　公共航空运输法概述

一、航空活动与航空法

航空活动是人类征服空气空间、凭借飞行工具,从出发地通过天空到达目的地的实践活动。要实施航空活动,通常必须具备四个基本要素:一是有赖以活动的场所,即空气空间;二是有适合于飞行的工具,即航空器;三是有操控飞行器的合格人员,即航空人员;四是有地面保障的设施,即机场和空中交通管制、导航设施等。

以人类应用航空活动的目的为标准,航空活动可以分为民用航空与非民用航空两大类。民用航空,指除军用航空和公务航空以外的一切航空活动,分为公共航空运输和通用航空,前者是指向公众开放的、使用民用航空器在区域之间进行位置移动的活动,包括定期航空运输(定机航班)和不定期航空运输(主要是包机运输);后者是指公共航空运输以外的一切民用航空活动,包括航空作业、急救飞行、航空训练、航空体育、其他通用航空等项。非民用航空包括军用航空与公务航空,军用航空是指军事部门使用航空器为军事目的进行的航空活动;公务航空是指国家机关使用航空器执行公务而进行的航空活动,如海关缉私等。

要保证航空活动的正常、安全、有效益、有秩序地进行,除具备前述物质要素外,人们还必须调整好由航空活动产生的各种社会关系,把调整这些社会关系的手段制度化,就形成了航空法。航空法是规定空中主权、管理空中航行和民用航空活动的法律规范的总称。航空法主要以民用航空活动中的社会关系为调整对象,同时还协调民用与非民用航空活动中相关联的社会关系。

依据航空法的性质,航空法可以划分为国内航空法与国际航空法两大部分,二者分属于不同的法律体系。国内航空法是一个国家内国法的组成部分,涉及领空主权的宣告及其空域管理制度、规范民用航空行政管理行为、调整民用航空活动产生的民商法律关系，采用刑法手段保护民用航空安全等问题。国际航空法是国际法的组成部分，主要调整国家之间开展民用航空活动所产生的社会关系。因此，航空法在本质上属于民用航空法。

航空法具有独立性、综合性、国际性和平时性的特点。航空法的独立性是指航空法以特定社会关系为调整对象，是一个独立的法律部门；航空法的综合性是指由于航空法所调整的民用航空及其相关领域中产生的社会关系具有多样性的特点，航空法所采用的调整方法和手段也具有多样性，包括行政、民事和刑事等多种法律手段；航空法的国际性是由民用航空具有国际性所决定的，该特点要求国际上应有统一的航空技术标准和统一的航空法，决定了国内航空法具有很强的涉外性质，国内航空法与国际航空法存在着密切的联系。航空法的平时性是指航空法仅调整和平时期民用航空活动及其相关领域所产生的社会关系，如遇战争或国家处于紧急状态，民用航空要受战时法令或紧急状态下的非常法的约束。

航空法的法律渊源即航空法的具体表现形式。由于航空法有国内法与国际法之分，其具体表现形式也有国内航空法渊源与国际航空法渊源之别。

我国国内民用航空法的渊源由以下几个部分组成：国家关于民用航空专门颁布的法律；国家颁布的其他法律中与民用航空相关的法律规范；全国人大常务委员会在需要时就民用航空事项作出的决议和决定；国务院发布的有关行政法规及其民用航空主管部门发布的民用航空规章。

我国关于民用航空的专门法律是1995年10月由第八届全国人大常务委员会第16次会议通过，于1996年3月1日起施行的《中华人民共和国民用航空法》（以下简称《民用航空法》），全国人大常务委员会于2009年8月、2015年4月、2016年11月、2017年11月、2018年12月和2021年4月对该法进行了五次修改。其包括"总则""民用航空器国籍""民用航空器权利""民用航空器适航管理""航空人员""民用机场""空中航行""公共航空运输企业""公共航空运输""通用航空""搜寻救援和事故调查""对地面第三人损害的赔偿责任""外国民用航空器的特别规定""涉外关系的法律适用""法律责任"和"附则"16章，共215条，是我国宣告国家领空主权，调整民用航空及其相关领域产生的行政关系、民商关系以及进行行政处罚和刑事处罚最基本、最重要的法律。

国际航空法是包括国际航空公法与国际航空私法，其法律渊源主要表现为国际条约、国际惯例和司法判例等，其中，国际条约占最重要的地位，具体表现为关于国际民用航空的世界性多边条约，关于国际民用航空的地区性多边或双边条约，其他国际条约中关于国际民用航空的规定等。

国际航空法的现行条约主要有：《国际民用航空公约》（以下简称《芝加哥公约》）、《国际航班过境协定》（通称《两种自由协定》）、《国际航空运输协定》（通称《五种自由协定》）、关于统一国际航空运输规则的公约（包括8个文件）、关于国际民用航空安全保卫的公约（包括《关于在航空器内犯罪和某些其他行为的公约》等五大条约）、《关于外国航空器对地（水）面第三人造成损害的公约》（以下简称《罗马公约》）、《国际承认航空器权利的公约》等。

其中，1944年在美国芝加哥签订的《国际民用航空公约》，分为"序言""空中航行""国际民用航空组织""国际民用航空运输""最后条款"五个部分，经修订后共22章99条，是国际航空法最基本的公约。中国是该公约的签字国，中华人民共和国政府于1974年2月15日承认了该公约。

二、公共航空运输与公共航空运输法

公共航空运输指向公众开放的、使用民用航空器在一定的区域之间进行运送旅客、行李、货物和邮件的活动。航空运输的生产过程是航空器场所的变动，其产品是"服务"——使用民用航空器运送旅客、行李、货物、邮件在不同区域间作位置移动的行为，可以作为商品在服务贸易中进行交换。航空运输与铁路、公路、水上和管道运输，是人类的五大运输方式，组成了整个运输业。

（一）公共航空运输的分类

以所使用的民用航空器位置移动的区域，是否限于一国领空内为标准，公共航空运输可以分为国内航空运输和国际航空运输[1]。依据《民用航空法》第九章第一百零七条的规定，所谓国内航空运输，是指根据当事人订立的航空运输合同，运输的出发地点、约定的经停地点和目的地点均在中华人民共和国境内的运输；所谓国际航空运输，是指根据当事人订立的航空运输合同，无论运输有无间断或者有无转运，运输的出发地点、目的地点或者约定的经停地点之一不在中华人民共和国境内的运输。

---

[1] 国内航空运输与国际航空运输在公法上和私法上的划分标准是不一致的。公法上的定义参见《国际民用航空公约》的规定，即我们通常意义上的"国内航班"与"国际航班"，前者指在本国领土之上的空气空间，以航空器运送旅客、行李、货物和邮件的公共航空运输；后者指经过一个以上国家领土之上的空气空间，以航空器运送旅客、行李、货物和邮件的公共航空运输。私法上的定义参见1955年《海牙议定书》修正的1929年《华沙公约》的规定。《中华人民共和国民用航空法》第八章所使用的这两个概念，是公法意义上的概念，而第九章则是私法意义上的概念。

一国国内的公共航空运输完全适用该国的国内法的规定。国际航空运输除应适用国内法的有关规定，还应适用国际法的有关规定。当国内法与国际法有不同的规定时，在我国，应适用我国缔结或参加的国际条约的规定；国内法和国际法都没有规定时，可以适用国际惯例。

公共航空运输还可以划分为定期运输和不定期运输。定期运输一般称"定期航班"或"定期飞行"，是指按照公布的时刻由预定的飞行实施、对公众开放的收费航班；不定期运输又称"不定期航班"或"不定期飞行"，是指飞行时间不固定、时刻不予公布、公众可以乘坐的收费航班。定期运输和不定期运输在管理方式和法律适用上有所不同。①

（二）公共航空运输的意义

公共航空运输和其他运输方式一样，是社会生活的一部分。与其他的运输方式相比较，航空运输具有安全、迅速、舒适、方便的优越性，不仅能满足社会公众的需要，而且是发展旅游业和促进对外交往的工具，因此，航空运输在整个国家的运输业中，占有特殊的地位。作为现代化运输方式，航空运输的发展程度如何，反映了一个国家的经济发达水平。

公共航空运输是空中桥梁，不受地理自然条件的影响，它可以将一个幅员辽阔的国家紧密联系在一起，将世界各国紧密联系在一起。因此，各国发展航空运输，都具有特殊的政治意义，飞机的表面绘有国旗，在世界各国翱翔，显示飞机国的政治声望。

发展公共航空运输还具有特殊的军事意义，民用航空是军事后备力量，在和平时期，发展民用航空，让航空公司拥有庞大的机群，可以成为不花国防军费的军事后备力量。

我国历来重视发展公共航空运输事业。《民用航空法》规定："国家扶持民用航空事业发展，鼓励和支持发展民用航空的科学研究和教育事业，提高民用航空科学技术水平。""国家扶持民用航空制造业的发展，为民用航空活动提供安全、先进、经济、适用的民用航空器"，同时，该法对加强公共航空运输的管理作了明确的规定。

（三）公共航空运输法的渊源

公共航空运输法是航空法的一个组成部分，是调整公共航空运输管理关系和在公共航空运输中产生的民商事关系的法律规范的总称，其调整对象主

---

① 张望平：《论国际航空旅客运输若干核心术语的识别》，《甘肃社会科学》，2015年第5期。

要涉及国家对公共航空运输市场参与人的管理关系、承运人及其代理人和托运人或消费者之间的合同关系，包括国内法和国际法两类不同的法律渊源。

我国的公共航空运输的国内法渊源有普通法与特别法两种。普通法的渊源主要包括规范一般市场主体的普通法律如《中华人民共和国公司法》等，处理承运人与旅客或托运人之间合同关系的普通法律，如《中华人民共和国民法典》（以下简称民法典）《消费者权益保护法》等。其中，《民法典》第十九章关于典型合同"运输合同"的规则内容，是签订和履行公共航空运输合同要遵守的基本规范。特别法的渊源一是民用航空基本法律规范中有关公共航空运输的法律规定，主要指《民用航空法》中的第八章、第九章对公共航空运输企业、公共航空运输的规定；二是专门调整公共航空运输的法律规范，如《中国民用航空旅客行李国内运输规则》（以下简称《民用航空旅客运输规则》）等。

我国公共航空运输法的国际法渊源主要有：1929年的《统一国际航空运输某些规则的公约》（《华沙公约》）及1999年的《统一国际航空运输某些规则的公约》（《蒙特利尔公约》），其主要内容将在下文详细介绍。

三、公共航空运输合同

公共航空运输是在航空承运人与旅客或货主之间进行一种商品（服务）交换活动，其采取的法律形式是双方之间签订的公共航空运输合同。在这个合同关系中，公共航空运输企业向旅客或货主提供并完成运输服务，旅客或货主向其支付票款或运费。

（一）公共航空运输合同的概念

所谓运输合同，即承运人将旅客或者货物从起运地点运输到约定地点，旅客、托运人或者收货人支付票款或运输费用的合同。公共航空运输合同是航空承运人与旅客、货主（托运人、收货人）或邮政机构之间，依法就提供并完成以民用航空器运送服务达成的协议。

公共航空运输合同的主体，一方是承运人，即公共航空运输企业，另一方是旅客或者托运人、收货人，在邮件运输中，邮政机构成为另一方当事人。其中，承运人包括缔约承运人和实际承运人，前者指以本人名义与旅客或者托运人，或者与旅客或托运人的代理人，订立航空运输合同的人；后者指根据缔约承运人的授权，履行全部或者部分运输的人。缔约承运人对合同约定的全部运输负责,实际承运人对其履行的运输负责。[①]承运人是公共航空运输的经营主体,在公共航空运输合同中占据着主导地位,法律对公共航空运输企业进行了特别的规定,这些规定是调整其与公共航空运输合同相对方之间法律关系的重要依据,下文将予以详细介绍。

公共航空运输合同的客体是承运人的运输行为,旅客及其随身行李物品、货物是运送行为的对象;公共航空运输合同的内容是当事人之间的权利和义务,这些权利和义务内容多由法律直接规定。一般情况下,承运人的相对方仅持有旅客客票及行李票或货物运单,这些票据或运单是双方间存在公共航空运输合同的证据而非公共航空运输合同本身。

(二)公共航空运输合同的特征

公共航空运输合同属于民事合同中的运输合同,与其他方式的运输合同既有共性,又有差异。根据特别法优于普通法的原则,对公共航空运输合同有特别规定时,应适用特别法,无特别规定的情况下,应适用民事法律的相关规则。

作为一种民事合同,公共航空运输合同的主体地位平等,以各方当事人意思表示一致为成立要件;以设立、变更、终止民事权利义务关系为内容。公共航空运输合同是民事合同中的有名合同,即法律(如我国的《民法典》《民用航空法》)对该合同的类型与内容已经做出了明确的规定,并且赋予其特定的名称,合同当事人必须对法律规定的要素做出约定;公共航空运输合同是双务合同,即合同当事人享有对等的权利和义务;公共航空运输合同是有偿合同,即一方当事人履行其义务,另一方当事人要给付相应的对价;公共航空运输合同具有标准性,是采用格式条款即标准合同格式订立的格式合同,即合同的内容是由一方当事人(即承运人)事先拟订的,相对方只有对合同内容表示是否承诺的选择,不能协商变更合同。格式合同有利于提高承运人的效率,但是却可能损害公平,因此,法律为格式合同规定了一些特别的原则,如在解释格式合同时,应当有利于相对人等。

作为一种特殊的民事合同,公共航空运输合同的主体、承运的标的及双方之间的权利和义务,除了遵守一般的民事法律规则外,还必须符合并遵守公共航空运输法的特殊规定。

[①] 刘胜军:《论实际承运人的法律地位——从"指导案例 51 号"切入》,《法商研究》,2017年第 5 期。

(三) 公共航空运输合同的分类

依据不同的标准，可以对公共航空运输合同进行不同的分类。人们一般将其分为国内与国际航空运输合同两大类。以运输对象为标准，国内、国际航空运输合同可分别分为旅客运输、旅客行李运输、货物运输、邮件运输四种合同；以是否定期为标准，国内、国际航空运输合同所分别包括的前述四种合同，又可分别分为定期、包机两类航空运输合同。下文将着重介绍公共航空运输合同中的公共航空旅客及行李运输合同与货物运输合同的主要内容。

(四) 公共航空运输合同的法律适用

对于某个具体的国家而言，由于国际航空运输合同具有涉外性质，适用该合同的法律就不仅有该国的国内法，同时还可能涉及国际公约、国际惯例等，因此，有必要通过法律对公共航空运输合同的法律适用问题进行专门的规定。

在我国，对于公共航空运输合同，中华人民共和国缔结或者参加的国际条约同《民用航空法》有不同规定的，适用国际条约的规定；中华人民共和国法律和中华人民共和国缔结或者参加的国际条约没有规定的，可以适用国际惯例。同时，公共航空运输合同当事人可以选择合同适用的法律，但是法律另有规定的除外；合同当事人没有选择的，适用与合同有最密切联系的国家的法律。

当然，依法对公共航空运输合同适用外国法律或者国际惯例时，不得违背中华人民共和国的社会公共利益。

第二节 公共航空运输合同的承运人

公共航空运输合同是由公共航空运输企业制定的格式合同。作为企业法人，公共航空运输企业的组织形式、组织机构等与一般企业法人一样，适用我国公司法的规定；作为公共航空运输的承运人，法律对其还有特别的规定。法律关于公共航空运输企业的特别规定，构成公共航空运输企业在公共航空运输合同中对相对人应该承担的法定义务的依据。

一、公共航空运输企业的设立

依据《民用航空法》第九十一条规定，所谓公共航空运输企业，是指以营利为目的，使用民用航空器运送旅客、行李、邮件或货物的企业法人。由此可看出，公共航空运输企业具有如下特征：

（1）公共航空运输企业属于按照《公司法》等成立的企业法人组织，具有企业法人资格，符合法律规定的作为企业法人应当的基本条件，受《公司法》等相关法律规则的调整。

（2）公共航空运输企业是向公众开放提供服务的企业法人，公共航空运输企业的"公共"，意味着对公众开放，为一切中外旅客、货主提供运输服务，因此，公共航空运输企业应当保证飞行的安全和航班正常，提供良好的服务。

（3）公共航空运输企业以营利为目的，以营利为目的是企业的本质属性，公共航空运输企业应当以提高经济效益为中心。

（4）公共航空运输企业以民用航空器运送旅客、行李、邮件或货物为经营方式，以民用航空器运送旅客、行李、邮件或货物为经营方式，是公共航空运输企业区别于其他交通运输企业，如海上运输、铁路运输等企业的主要标志，如果不拥有民用航空器，就不属于公共航空运输企业。

（一）设立公共航空运输企业的特殊条件

公共航空运输企业属于企业法人，设立公共航空运输企业首先应当符合《公司法》关于设立企业法人的一般条件，由于公共航空运输企业的特殊性，各国通常还通过航空法为设立公共航空运输企业规定了一系列特殊条件。根据《民用航空法》第九十三条的规定，在我国设立公共航空运输企业，应当具备以下条件：

（1）有符合国家规定的适应保证飞行安全要求的民用航空器。民用航空器是公共航空运输企业从事航空运输的必备工具。为了保证所使用的民用航空器适应飞行安全的需要，各国对民用航空器的适航管理均有严格的规定。我国对民用航空器及其发动机、螺旋桨及其他设备的设计、生产、维修、进口、使用等全过程都进行了监督和控制。具有中华人民共和国国籍的民用航空器，除向民用航空主管部门办理航空器登记外，应当持有民用航空主管部门颁发的民用航空器的适航证书，方可飞行。对于租赁外国民用航空器的，应当经民用航空主管部门对其原登记国发给的适航证书审查认可或另行颁发适航证书后方可飞行。

（2）有必需的依法取得执照的航空人员。航空人员主要是指民用航空器驾驶员、领航员、飞行机械员、飞行通讯员、乘务员、民用航空器维修人员、飞行签派员。拥有必需数量的、种类齐全的航空人员，这些航空人员拥有依法取得的、有效的相应执照，是公共航空运输企业安全营运的基本保证。

（3）有不少于国务院规定的最低限额的注册资本。企业的注册资本是企业开展经营活动、对外承担法律责任的物质基础。各国对不同企业的最低注册资本大多有严格的具体规定。我国《公司法》规定，股份有限公司注册资本的最低限额为 500 万元，有限责任公司，视经营范围不同，最低限额有所不同。民用航空运输企业属于高投入、高风险的行业，规定公共航空运输企业最低限额的注册资本，有利于保证其正常开展经营活动和对外承担债务。但是，《民用航空法》没有直接规定其最低限额注册资本的具体数额，而是授权国务院具体规定。

（4）具备法律、行政法规规定的其他条件。这些条件包括具备民用航空经营许可证规定的资质审查的法定要求，按经营许可所规定的条件、手续，办理经营所需的各项手续，审查、批准企业制定的有关飞行安全、空防安全以及其他经营所需的措施、预案、操作规范和手册等。这些营运资质的审查与批准，使公共航空企业具备保障安全营运的基本要求，目的在于保障社会公众利益。

（二）设立公共航空运输企业的程序

《民用航空法》第九十二条规定，设立公共航空运输企业，应当向国务院民用航空主管部门申请领取经营许可证，并依法办理工商登记；未经取得经营许可证的，工商行政管理部门不得办理工商登记。结合《公共航空运输企业经营许可规定》（交通部 2018 年修订）等行政规章的规定，在我国设立公共航空运输企业，要由申请设立公共航空运输企业的主体，即申请人按下列程序办理：

（1）向国务院民用航空主管部门提出书面申请。应当提交的文件包括：设立公共航空运输企业的申请报告；设立公共航空运输企业的可行性研究报告；申请设立公共航空运输企业负责人的任职批件、履历表以及是否具备筹办公共航空运输企业组织能力的评价；资金资信证明和其他规定的文件、资料。

（2）初步审查。国务院民用航空主管部门对接到的申请文件将进行初步审查，对具备设立公共航空运输企业可行性和必要条件要求的，批准其筹建；对不具备或不能满足相应条件的，不予批准筹建。

（3）企业筹建工作。申请人在获准筹建后，将依法主要进行以下筹建工作：申请办理有关购机、租机申报手续；申请办理有关民用航空器国籍登记证、适航证、维修许可证、维修人员执照及企业标志；申请办理飞行员体格检查合格证和执照；申请办理地面和机载无线电台执照及通信人员、飞行签派人员执照；申请办理运输人员上岗合格证书；申请办理所使用基地机场的适用和规划许可证明，并与该机场签订使用协议；按规定拟订本企业的飞行管理航空安全管理、飞行签派、飞机最低放行设备清单、适航管理、运输业务、安全保卫、运营管理等规定的操作规范或手册；申请办理企业运行规范和运行合格的审定手续。

公共航空运输企业的筹建期为两年，在两年内没能完成筹建工作的，申请人自动丧失筹建资格。

（4）申请经营许可证。筹建工作完毕，具备正式开办公共航空运输企业条件时，申请人将向国务院民用航空主管部门申请《航空运输企业经营许可证》，作为申请人从事航空运输的资格凭证和依法办理工商登记的依据。

申请人申请"航空运输企业经营许可证"时，除要提交筹建期间所取得的相关证明和文件外，还应提交以下文件：筹建工作情况报告及申请经营许可证的申请书；经企业主管部门或董事会批准的企业章程；企业法定代表人及主要负责人的任职证明、法定代表人基本情况表；资金资信证明；民用航空器投保证明；拟经营的航线及航线维修所采取的方式以及其他根据规定所应提供的文件、材料；等等。

第五，办理工商登记。申请人获得"航空运输企业经营许可证"后，按照工商登记管理的规定向企业所在地工商行政管理机关办理登记注册手续，经工商管理机关核发企业法人营业执照后，企业即可正式投入运营。

（三）设立公共航空运输企业之销售代理企业的条件和程序

航空运输销售代理业是指接受公共航空运输企业的委托，在约定的授权经营范围内，以委托人的名义代为处理航空客货运输销售及其相关事务的营利性行业。从事该行业的人为公共航空运输企业的销售代理企业，即空运销售代理人，应依法取得中华人民共和国企业法人资格。

为了拓展市场，为旅客和货主提供方便，公共航空运输企业委托他人代理其与旅客或货主签订公共航空运输合同，已经成为一种普遍现象，是航空运输商品经济发展的产物。我国的公共航空运输销售代理企业，除遵守公司法的规定外，其设立的条件和程序还必须遵守特殊的法律规则——国务院发布的《民用航空运输销售代理业管理规定》。

（1）注册资本的特殊要求：经营一类空运销售代理业（即经营国际航线或我国香港、澳门、台湾地区航线的民用航空销售代理业务）的，注册资本不少于150万元人民币；经营二类空运销售代理业（一类航线以外的其他航线）的，注册资本不少于50万元人民币。

（2）销售代理人应当具备的营业条件：有固定的独立营业场所；有电信设备和其他必要的营业设施；有民用航空运输规章和经营销售代理业务相适应的资料；有至少3名取得航空运输销售人员相应的业务合格证书的从业人员。

（3）外国法人或者外国人依照中华人民共和国有关法律设立中外合资经营企业、合作经营企业，并具备本规定各项设立条件的，可以在中国境内经营一类空运销售代理业务。但是，该类企业要在中国境内经营二类空运销售代理业的货运销售代理业务，需要经民航地区行政管理机构的批准。

此外，该管理规定还专门规定了经营航空运输销售代理业具体的审批程序和对航空运输销售代理业的管理规则。

二、公共航空运输承运人的法定义务

由于公共航空运输合同是公共航空运输企业单方制定的格式合同，为了维护公平原则，保护相对方尤其是消费者的权利，国家通过专门的法律，对公共航空运输企业进行特殊的管理，这些管理规范构成了公共航空运输企业在公共航空运输合同中法定义务的来源。

（一）公共航空运输企业在航线及航空运力方面的法定义务

所谓空中航线，指航空运输的空中走向，通常由始发地点、经停地点、目的地点和延伸地点相连接的航迹构成。作为一种航空资源，航线构成了航空运输市场。航空运力是指在一定航线上所提供的运输能力，涉及所使用的航空器大小（业载能力）和飞行的次数（航班次数）。航空运力与航线密切相关，提供的运力应当与航空运输市场相适应。

公共航空运输企业要进入航线经营航空运输业务，应首先获得运营权。对怎样获得该运营权，不同的国家有不同的规定，《民用航空法》第九十六条、九十八条规定了我国公共航空运输企业在航线及航空运力方面的法定义务：

（1）公共航空运输企业经营定期航班的航线，暂停、终止经营定期航班的航线，应当报经国务院民用航空主管部门批准；从事不定期的航空运输，除应当报经国务院民用航空主管部门批准外，不得影响定期航班运输的正常经营。

（2）公共航空运输企业经营定期航班运输，应当公布班期时刻。

（二）公共航空运输企业在航空运价方面的法定义务

航空运价分为客运价和货运价，依据国际民用航空组织理事会1978年的《双边协定标准运价条款》的规定，航空运价"是指旅客、行李和货物运输的价格（或应付的款额）和适用这些运价（或应付款额）的条件，包括代理服务和其他辅助服务的价格（或应付的款额）和条件，但邮件运输的报酬和条件除外。"邮件运输的报酬和条件由航空承运人与邮政机构的协议确定，国际邮件的运输的报酬和条件还应受国际邮政公约的约束。

根据《民用航空法》第九十七条规定，公共航空运输企业的营业收费项目，由国务院民用航空主管部门确定。国内航空运输的运价管理办法，由国务院民用航空主管部门会同物价主管部门制定，报国务院批准后执行。国际航空运输运价的制定，按照中华人民共和国政府与外国政府签订的协定、协议的规定执行；没有协定、协议的，参照国际航空运输市场价格制定运价，报国务院民用航空主管部门批准后执行。

依据原中国民用航空总局[①]《维护航空运输市场公平竞争暂行规定》，公用航空企业不得违反国家民航总局有关国内航空运价管理规定和权限，擅自提高或削低航空运价，损害旅客、用户的权益。

（三）公共航空运输企业在保障航空安全方面的法定义务

公共航空运输企业在保障航空安全方面的法定义务，涉及保障营业安全、飞行安全等多方面，具体包括：

（1）公共航空运输企业有义务确保其具备法律规定的必备条件和承担风险责任的能力。在我国，设立公共航空运输企业，首先要获得中国民用航空总局颁发的"经营许可证"，并经工商登记获得"企业法人经营执照"方可进行营业。同时，法律强制要求公共航空运输企业投保运输责任险，以增强企业承担风险责任的能力。

（2）公共航空运输企业有义务保障飞行安全。在我国，法律要求公共航

---

① 我国公用航空运输企业的行政主管部门，即原中国民用航空总局于2008年被并入交通运输部，在交通运输部下设国家民用航空局。

空运输企业在设立时,必须拥有一定数量适航的航空器、合格的航空人员及必备的安全保障设施;在营业中,必须保持航空器的适航性、航空人员执照的有效性,各种设施运转的正常性。

(3)公用航空企业在安保方面的法定义务。公共航空运输企业有义务依法采取有效措施,防止非法干扰民用航空活动的发生,制定安全保卫方案,切实保护旅客、货主的人身和财产安全。

(4)公用航空企业在保障货物物品安全运输方面的法定义务。我国民用航空法将运输的物品分为四大类,对不同种类的物品,公共航空运输企业承担不同的法定义务。

第一类为禁止运输的物品。对此,公共航空运输企业一律不得运输,旅客亦不得随身携带禁运物品乘坐航空器。

第二类为批准才能运输的物品。对此,只有经过国务院民用航空主管部门批准后,公共航空运输企业才能运输。

第三类为危险物品。危险物品品名由民用航空主管部门规定并公布,公共航空运输企业运输危险物品应严格遵守危险品运输规则,禁止以非危险品品名托运危险品,禁止将危险品作为托运行李运输,禁止旅客携带危险品乘坐民用航空器,除因执行公务并按照国家规定经过批准外,禁止旅客携带枪支、管制刀具乘坐民用航空器。

第四类是经过安全检查之后才能够运输的物品。除根据规定办理并有免检手续可以免检的以外,旅客乘坐民用航空器和运输行李、货物都必须经过安全检查。公共航空运输企业不得运输拒绝安全检查的旅客,不得违反国家规定运输未经过安全检查的行李,对承运的货物必须按照规定进行安全检查或者采取其他保证安全的措施。

(四)公共航空运输企业其他法定义务

《民法典》第四百九十四条规定,依照法律、行政法规的规定负有作出承诺义务的当事人,不得拒绝对方合理的订立合同要求,而《民法典》第八百一十条规定,从事公共运输的承运人不得拒绝旅客、托运人通常、合理的运输要求。因此,公共航空运输的承运人在订约过程中负有强制缔约的法定义务。

《民用航空法》规定,公共航空运输企业应当以保证飞行安全和航班正常、提供良好服务为准则,采取有效措施,提高运输质量;应当教育和要求本企业职工严格履行职责,以文明礼貌、热情周到的服务态度,认真做好旅客和货物运输的各项服务工作。

第三节　公共航空旅客运输合同

一、公共航空旅客运输合同的订立

公共航空旅客运输合同是公共航空旅客及行李运输合同的简称，根据国际公约以及各国航空法的规定，本为两个合同，即旅客运输合同与行李运输合同，实践中为了简化手续，提高效率，通常将旅客客票与该旅客的行李票合为一体，因此，旅客一票在手，导致了旅客运输合同与行李运输合同的有机结合，即国际通行的旅客及行李运输合同。所谓公共航空旅客运输合同，是旅客与航空承运人达成并确立的，关于双方分别享有的运输权利和各自应承担的运输义务的协议，是双方就运输地点、时间、价格等运输内容达成的合意。除具有一般运输合同的特点外，公共航空旅客运输合同是记名合同，旅客在购票时要出示本人的身份证，如实填写《旅客定座单》，并且旅客的姓名和身份证号码等个人信息会记入运输合同中，在已购客票上也会记载旅客的姓名；公共航空旅客运输合同的内容受到航空运输安全要求的限制比其他运输方式更为严格，每一位旅客必须遵守相关的安全管理规定，承运人也应遵守安全规定保证运输的安全。这些安全规定构成双方应承担的有关安全方面的法定义务的依据。

传统的民用航空旅客运输合同的订立一般经过了要约邀请、要约与承诺三个阶段。航空承运人公布航班价目表、时刻表等行为，属于承运人发出的要约邀请，属于订约的预备行为；旅客在购票时对航空承运人发出明确而具体的订约的意思表示为要约；承运人对于旅客购票活动中的具体的要约作出明确的接受，并按旅客的要求填开相应的客票，填开客票的业务单据即构成承诺。一般情况下，承运人向旅客出具客票即意味着其相互之间的公共航空运输合同成立，因为，《民法典》第八百一十四条规定，客运合同自承运人向旅客出具客票时成立，但是当事人另有约定或者另有交易习惯的除外。同时，根据《民法典》第四百九十一条规定，航空公司及其代理人通过互联网等信息网络发布的机票服务信息符合要约条件的，对方选择该机票服务并提交订单成功时合同成立，但是当事人另有约定的除外。

二、公共航空旅客运输合同的形式及主要内容

从形式上看，旅客及行李运输合同采取了分离的书面形式。旅客客票和

行李票作为证据，证实了旅客及行李运输合同的依法成立及客观存在。旅客及行李运输合同在形式上一般由旅客客票及行李票、行李牌、逾重行李票、承运人旅客运价规则中的相关部分、承运人的旅客一般运输条件、承运人公之于众的其他旅客运输规章、国际条约或国内法规定的合同条款、各承运人依法达成的特别协议，以及可以作为相反证据取代旅客客票及行李票部分内容的其他书面凭据等组成，具体内容如下。

（一）旅客客票及行李票、行李牌、逾重行李票等上载明的内容

承运人通过旅客客票和行李票中的旅客及行李运输分类列举项目和合同条件，扼要地列举了旅客及行李运输合同的基本内容。这些通常列举的内容包括：旅客客票及行李票号码，通知，合同条件，缔约承运人名称，出票承运人或缔约承运人代理人名称，旅客姓名，运输始发地、经停地、目的地、航班号、座位等级、运输日期及时刻、定座情况、票价级别，旅客随身携带行李的件数、重量航程种类（即单程、或来回程等），旅客客票及行李票的有效期，票价的计算方法，票价总额，实付等值货币，税款，票款与税款总额，连续运输客票号码，旅客客票及行李票换开记录，签注（对旅客客票及行李票的使用限制），托运行李号码，逾重托运行李的重量及加收费用，登机地点，办理登机手续的时间等。

作为旅客及行李运输合同的组成部分，上述内容阐明了旅客及行李运输合同的主体，标的与价款，运输的性质，合同的生效日期与地点，实际履行合同的时间与地点，承运人及其受雇人、代理人承担损害赔偿责任适用的法律及限额，出票承运人与订约承运人的代理关系，行李损害或延误后旅客的索赔期限，价款的变更，承运人及实际履行合同日期的变更，订约人与旅客就损害赔偿金额达成的特别协议，旅客及行李运输合同的有关定义，合同条件的适用范围，合同基本构成及其内容，合同的准据法等。

（二）承运人的旅客运价规则

在承运人的旅客运价规则中，一般均包含旅客一般票价的适用；旅客票价的折扣；旅客客票及行李票的填制、签转、变更、退票、遗失；旅客登机手续的办理；旅客行李托运手续的办理；连续运输；各项税费的收取；特殊旅客的运送，特殊行李的运送等方面的规定。

作为旅客及行李运输合同的合同条件，上述规定阐明了旅客及行李运输合同的订立、变更、中止、终止条件和在实际履行中承运人与旅客的部分权利和义务。承运人旅客运价规则的生效，需要获得承运人本国以及其航线延伸国

政府的批准。有时候，承运人制定的旅客运价规则中常常包含其旅客运输的一般运输条件，虽然旅客运价规则主要是从运输费用及适用条件的角度对上述问题做出规定，而旅客运输的一般运输条件主要是从合同主体行为规则角度去规定承运人与旅客之间的权利义务，然而两者之间往往在某些问题上交叉、重复甚至矛盾。遇此情形，一般都以承运人的旅客一般运输条件规定的为准。

（三）承运人的旅客一般运输条件

承运人的旅客一般运输条件，是旅客及行李运输合同双方当事人权利义务、责任的集中体现。[1]它详细地规定了以下事宜：有关定义；适用范围；其条款和合同准据法的关系；其条款与承运人其他规定的关系；旅客客票及行李票与旅客及行李运输合同的关系；承运人对旅客所持旅客客票及行李票的诸项要求；旅客遗失、毁坏，以及没有旅客客票及行李票事宜的处理；旅客客票及行李票所载权利的转让；旅客客票及行李票的有效期及其续展；旅客客票及行李票乘机联的顺序及使用；缔约承运人的名称与地址；运输的经停；票价及其他税费的支付；旅客订座的要求与限制；旅客客票及行李票的付款期限，旅客个人情况的取得；航班座位的分配、取消订座旅客服务费用的支付、航班座位的再证实；旅客续程或航程订座的取消、对旅客办理登机手续的要求与限制；承运人拒绝或限制运送的诸种旅客；承运人拒绝运送行李的种类、体积、形状、重量、包装；承运人对行李进行检查的程序；托运行李的程序与限额、逾重行李费的支付；旅客行李价值的声明及费用的支付、对旅客随身携带行李的要求与限制；托运行李交付旅客的条件及效力；活动物的运送条件及要求；承运人对航班时刻的遵守、变更及取消；退票的一般原则；自愿与非自愿退票的程序，遗失客票的退票程序；承运人拒绝退票的诸项原则；旅客机上行为准则；旅客对于出入境文件的提供以及对海关及安全检查的接受；被遣返、罚款、拘留旅客的运送及有关费用的支付；连续运输；承运人对旅客人身伤亡或行李损害承担损害赔偿责任的条件、例外、程序以及赔偿金额；旅客就人身或财产损害提出索赔或诉讼的期限；承运人与旅客就增加人身损害限制赔偿金额特别协议的适用；等等。[2]

（四）承运人公之于众的其他旅客运输规章

承运人公之于众的其他旅客运输规章常常适用于以下情形：旅客取消订

---

[1] 贺大伟：《论公共航空承运人运输总条件的法律属性及其适用困境消解》，《政治与法律》，2018年第1期。
[2] 郝秀辉：《论"航空运输总条件"的合同地位与规制》，《当代法学》，2016年第1期。

座服务费的收取、旅客退票手续费的支付，对因承运人超售其航班座位导致的持有效旅客客票及行李票的旅客被拒绝登机做出的赔偿，等等。这类运输规章应通过承运人及其代理人的营业地点向社会公众公布，以使旅客在订立旅客及行李运输合同之前充分理解合同的基本内容，理解自己的权利、义务和责任，并体现诚实信用、公平的交易原则。

（五）国际条约或国内法规定的合同条款

就国际条约而言，1929年《统一国际航空运输某些规则的公约》等条约规定，承运人应在旅客客票及行李票中就旅客及行李运输受华沙公约规定的承运人的赔偿损害责任规则调整的事宜做出通知，否则，承运人应受该公约规定的制裁。就国内法而言，美国、加拿大等北美国家均规定，经其政府航空主管部门审批的国内外承运人包含旅客一般运输条件的旅客运价规则，应作为各承运人国际与国内旅客及行李运输合同的法定条款；并且各航空公司应在其旅客运价规则或旅客一般运输条件中置入特殊消费者的保护条款。

（六）各承运人就旅客及行李运输合同的部分重要内容达成的特别协议

其目前主要分两类，一类是国际航空运输协会的成员航空公司集体做出的"决议"，如国际航空运输协会第2756号决议等。另一类是世界上一部分航空公司，根据1929年《统一国际航空运输某些规则的公约》等条约规定，先后达成的协议，如1966年蒙特利尔协议、1976年马耳他协议等。根据上述协议，包含11条内容的《旅客客票——合同条件》作为承运人旅客一般运输条件的纲要，已被世界绝大多数航空公司列入其国际旅客及行李运输合同中。上述协议中《关于承运人对国际运输旅客承担限制损害赔偿责任的通知》与《关于承运人对行李承担限制赔偿责任的通知》，已经成为上述各类合同的一部分。以确立承担损害赔偿责任的客观责任制、增加承运人对旅客人身损害限制金额为目的的蒙特利尔协议与马耳他协议等，也经这些协议缔约航空公司与旅客之间的"特别协议"，成为国际旅客及行李运输合同的一项重要内容。

（七）可以作为相反证据取代旅客客票及行李票部分内容的其他书面凭证

若其形式与内容不一，如承运人及其代理人以变更旅客客票及行李票中既定承运人或航班为目的，事后粘贴在旅客客票及行李票上的加印签条，承运人为免费提高旅客舱位等级而发出的有效通知等。这类书面凭证只要具有相反的证据效力，其内容就构成对于原旅客客票及行李票中某些内容的变更，构成旅客及行李运输合同内容的一部分。

三、公共航空旅客运输合同的义务

依据我国的《民用航空法》《民法典》及《民用航空旅客运输规则》等规定，公共航空旅客运输合同的承运人及旅客各自承担着不同的义务。运输合同以运输行为为标的，当旅客与承运人订立旅客运输合同后，旅客最重要的义务是为承运人的运输行为支付相应的对价（票款），而承运人最重要的义务是完成运输行为。

（一）承运人义务的具体内容

（1）及时将旅客运送到合同指定的目的地，并保障旅客在旅行中的安全。

（2）应保证飞行安全并为旅客提供良好的旅行服务。承运人应当提供舒适的旅行环境，包括候机环境、航班环境及乘务员的良好服务。根据飞行的时间向旅客提供饮料或餐食。

（3）承运人应当保证按照规定的民航班期时刻，为旅客提供乘机便利。民航班期时刻应当在实施前公布，并不得随意变更或取消。

（4）在航空运输活动中，当旅客发生疾病时，承运人应积极采取措施，尽力救助，同时按《民法典》第八百二十二条的规定，对分娩、遇险的旅客也要尽力救助。

（5）由于机务维护、航班调配、机组等因承运人的原因，造成航班在始发地延误或取消，承运人应当向旅客提供餐食或住宿等服务。

（6）由于天气、突发事件、空中交通管制、安检以及旅客等非承运人原因，造成航班在始发地延误或取消，承运人应协助旅客安排餐食或住宿，费用可由旅客自理。

（7）航班在经停地延误或取消，无论何种原因承运人均应负责向经停旅客提供餐食或住宿服务。航班延误或取消时，承运人应迅速及时地将航班延误或取消等情况通知旅客，做好解释工作和服务工作。

（8）承运人和其他各保障部门应相互配合，各司其职，认真负责，共同保障航班正常，避免不必要的航班延误。航班延误或取消时，承运人应根据旅客的要求，应当按照有关规定认真做好后续航班安排或退票工作。

（9）承运人应当对运输过程中旅客的伤亡及托运的行李物品的破损、灭失承担损害赔偿责任。但如果旅客伤亡是因旅客自身健康原因造成的，或者是旅客故意或重大过失造成的，承运人不予赔偿。如果托运的行李物品的破损、灭失是不可抗力、物品本身的自然性质或者合理损耗以及旅客的过错造成的，承运人不承担损害责任。在运输过程中，旅客的自带物品发生毁损、灭失的，承运人有过错的，也应当承担损害赔偿责任。

（二）旅客义务的具体内容

（1）旅客乘坐民用航空器，应当交验有效客票，凡持非本人的客票或涂改、伪造的客票将不予登机。

（2）旅客应在承运人规定的时限（此时限在客票中有提示）内到达机场，凭客票及本人有效身份证件按时办理客票查验、行李托运、登机牌领取等乘机手续。在航空运输中，一般以航班预定起飞时间前 90 分钟至 30 分钟为办理登机手续的时限，如超过这个时限，则按旅客误机处理。

（3）乘机前，旅客及其行李物品必须经过安全检查，禁止旅客随身携带或托运危险品登机，如枪支、弹药或管制刀具等。对未经或拒绝安全检查的旅客及行李物品，承运人有权不予载运。对无人陪伴儿童、病残旅客、被押解的罪犯等特殊旅客，只有在符合承运人规定的条件下经承运人预先同意并在必要时作出安排后方可载运。

（4）对于传染病患者、精神病患者或健康情况可能危及自身或影响其旅客安全的旅客，承运人不予载运；对根据国家有关规定不能乘机的旅客如被通缉的犯罪嫌疑人员应交公安机关处理，承运人有权拒绝其登机，已购客票按自愿退票处理。

四、公共航空旅客运输合同的变更、解除与转让

（一）公共航空旅客运输合同的变更

在合同已成立并有效的前提下，经当事人协商一致，并遵守法定的程序和方式，合同的内容可以发生变更。在实际的航空运输中，可能会存在多种因素导致旅客请求承运人变更运输合同的内容，诸如日期、航班等，但是须先取得承运人的同意才能办理；反之，承运人也须经旅客的同意后才能变更合同的内容。旅客购票后，要求改变航班、日期、舱位等级等情形，承运人及其销售代理人应根据实际可能积极办理；航班取消、提前、延误、航程改变或不能提供原定座位时，承运人应优先安排旅客乘坐后续航班或签转其他

承运人的航班。因承运人的原因，旅客的舱位等级变更，从低价舱换为高价舱（升舱）或相反（即降舱），相应的票款差额多退少不补，即旅客对于升舱不再补差价，降舱时不多加钱。

（二）公共航空旅客运输合同的解除

公共航空旅客运输合同的解除，主要表现为旅客的退票。由于承运人或旅客原因，旅客不能在客票有效期内完成部分或全部航程，可以在客票有效期内要求退票。旅客要求退票，应凭客票或客票未使用部分的"乘机联"和"旅客联"办理。退票只限在出票地、航班始发地、终止旅行地的承运人或其销售代理人售票处办理，但在航空运输实践中，旅客常会被告知只能到原购票地点退票。票款只能退给客票上列明的旅客本人或客票的付款人。旅客自愿退票，除凭有效客票外，还应提供旅客本人的有效身份证件，并会被收取一定的退票费。除了一些由承运人在机票上注明了"不可退票"字样的低折扣机票不能退外，原则上旅客可随时退票，对不能退的机票可变更或签转使用。旅客因自己的原因不能按照客票记载的时间乘坐的，应当在约定的时间内办理退票或者变更手续。逾期办理的，承运人可以不退票款，并不再承担运输义务。这两个规定是不矛盾的。在公共旅客运输合同的解除中，对于旅客要求退票的，法规并未规定有任何限制条件，只要因旅客的原因而自愿退票的就可解除合同。但是，承运人不享有随意解除合同的自由，当然，合同的解除并不排斥对损害赔偿责任的追究，所以承运人会对旅客按其规定收取一定的退票费。对退票费的收取，原中国民航总局赋予了各航空承运人自由制定不同的退票政策及确定退票费收取的标准的权利，《民用航空旅客运输规则》中有关退票的规定仍有指导和参考的意义，其对旅客退票的具体规定主要有：旅客在航班规定离站时间 24 小时以内、两小时以前要求退票的，收取客票价 10%的退票费；在航班规定离站时间前两小时以内要求退票的，收取客票价 20%的退票费。在航班规定离站时间后要求退票，按误机处理；旅客在航班的经停地自动终止旅行，该航班未使用航段的票款不退；团体旅客在航班规定离站时间前一天中午 12 点以后至航班离站前要求退票，收取客票价 50%的退票费；团体旅客误机，客票作废，票款不退；等等。对于因合同的另一方承运人的原因而导致合同解除，旅客退票的，《民用航空旅客运输规则》则规定：航班取消、提前、延误、航程改变或承运人不能提供原订座位时，旅客要求退票的，始发站应退还全部票款，经停地应退还未使用航段的全部票款，均不收取退票费，并且旅客还可按照法律的规定，在承运人的违约行为造成自己的损失时，要求其赔偿。

（三）公共航空旅客运输合同的转让

合同的转让只是合同主体发生变更，并不改变合同的内容。由于公共航空旅客运输合同是记名合同，旅客不能随意将自己的合同权利义务转让给其他人，享有航空运输服务的权利只属于机票上载明姓名的特定旅客，因此，机票是不可私下转让的。在公共航空旅客运输合同中，只有承运人才可能发生合同的转让问题，即合同的签转。《民用航空旅客运输规则》第十九条规定：航班取消、提前、延误、航程改变或不能提供原定座位时，承运人应优先安排旅客乘坐后续航班或签转其他承运人的航班。因承运人的原因，旅客的舱位等级变更时，票款的差额多退少不补。第二十条规定：旅客要求改变承运人，应征得原承运人或出票人的同意，并在新的承运人航班座位允许的条件下予以签转。本规则第十九条第一款所列情况要求旅客变更承运人时，应征得旅客及被签转承运人的同意后，方可签转。当然，如果是由于转让方的承运人的原因导致违约的，旅客可要求转让的承运人赔偿。如果旅客仅要求改变航程或时间等，而不提出改变航空公司的，不属于合同的转让，而是合同内容的变更。

五、公共航空旅客运输合同的违约责任

在公共航空旅客运输合同的履行中，常常会出现旅客误机、漏乘、错乘、或承运人航班延误、取消航班等特殊情形，这些特殊情形是导致相应的合同主体承担违约责任的主要原因，法律对这些特殊情形的处理进行了专门的规定。

（一）旅客误机、漏乘、错乘导致的违约责任

1. 旅客误机

旅客未按规定时间办妥乘机手续或因旅行证件不符合规定而未能乘机，构成误机；对于误机，承运人不构成违约，由此造成的损失，应由旅客自行承担。依据我国《民法典》的规定，旅客因自己的原因不能按照客票记载的时间乘坐的，应当在约定的时间内办理退票或者变更手续。逾期办理的，承运人可以不退票款，并不再承担运输义务。按照我国《民用航空法》的有关规定，旅客的误机按以下处理：①旅客误机应到乘机机场或原购票地点办理改乘航班的手续即变更合同，或办理退票手续即解除合同；②旅客误机后，

如要求改乘后续航班,在后续航班有空余座位的情况下,承运人应积极予以安排,不收取误机费;③旅客误机后,旅客要求退票的,承运人可以收取适当的误机费。

2. 旅客漏乘

漏乘指旅客在航班始发站办理乘机手续后或在经停站过站时未搭乘上指定的航班。对于旅客的漏乘可能有多种原因,应分情况进行处理,但不论何种原因造成漏乘,旅客都应将登机牌退回办理登机手续的部门并取回乘机联,以便改乘或退票等手续的办理。如果是由于旅客自身的过错造成的,属旅客自己的责任,对此如旅客要求退票的,则按前述的退票规定办理;如果是由于承运人的过错,比如工作失误未及时通知旅客等,造成旅客漏乘的,属于承运人未全面履行合同的义务,故应由承运人承担此责任,承运人应尽早安排旅客乘坐后续航班。如旅客要求退票则应按规定办理,不得收取退票费,如造成旅客损失,则应予以赔偿。

3. 旅客错乘

错乘指旅客乘坐了不是客票上列明的航班,现实中,由于严格的登机程序,发生错乘的概率很低。如果是由于旅客的原因而导致错乘的,承运人应安排错乘旅客搭乘最早的航班飞往客票的目的地,票款不补不退;如由于承运人的原因而导致旅客错乘的,承运人应尽早安排旅客乘坐后续航班成行。如旅客要求退票,则按有关规定办理。如果造成旅客的损失的,应当赔偿。

(二)承运人航班延误、取消航班导致的违约责任

作为民航旅客运输活动普遍存在的现象,航班延误乃至航班取消是旅客投诉的重点与热点问题,而当前航班延误赔偿的司法认定面临延误界定困难、延误原因复杂、延误补救义务模糊、延误赔偿标准缺失等多方面的现实困境。[①]

1. 航班延误、航班取消的概念

航班延误指飞机不按时到达目的地,承运人未能在约定的期间或合理的期间将旅客等运输到约定地点。航空运输延误的对象既包括旅客和行李,也包括货物。

航班延误是对合同履行期限上的不适当履行即迟延履行。依据《民用航空旅客运输规则》,承运人的航班班期时刻应在实施前对外公布,承运人的航班班期时刻不得任意变更,航班班期时刻一旦公布就对承运人产生约束力;

---

① 郝秀辉:《中国航班延误赔偿责任司法认定的困境与实践》,《北方法学》,2016年第10期。

依据《民法典》，不同交通运输方式的承运人都应在约定或合理期间内将旅客载运到目的地。但是，由于航空运输是一项高技术、高风险作业，航班运行过程也是一个很复杂的、程序性很强的生产作业过程，不但需要航空公司内部各运行保障部门相互协调，还需要机场、油料、空管、边检、海关、检疫等单位和旅客大力配合，同时还受机场和航路导航设施以及天气、禁航、流量控制等因素的制约，任何单位或环节出现问题都会造成航班延误，加上航班是连续运行的，前一航班的延误会造成后续航班的连锁延误。由于这些原因的存在，使得航空运输可能很难像其他运输方式一样，完全按照票证上载明的时间来进行运输，因此，对航空运输延误是否导致违约责任，需要区别对待。

航空公司常将航班延误分为不合理延误和合理延误[①]，前者指由航空公司自身的原因造成的，主要包括机务维护、航班调配、商务、机组等原因；后者是指由非航空公司自身的原因造成的，包括天气、空中交通管制、突发事件、安全检查、机场等原因，但是，在合理延误中承运人并不能全部免责。从法律的角度看，以承运人是否能免责为标准，航班延误分为可免除法律责任的航班延误和不可免除法律责任的航班延误两种。

航班取消是指承运人因各种原因而不再执行预定的某日某次航班。航班取消并非合同的解除，因为航空旅客运输合同自订立起 1 年内有效，相应的机票有 1 年的有效期，航班虽然取消，但机票仍有效，合同并未失效，航空公司仍应对合同负责，旅客也可选择退票来解除合同或要求航空公司继续履行等。按《民用航空旅客运输规则》，承运人应按航班班期时刻进行载运，航班取消是运输合同履行之前，航空承运人明确表示并以行为表明其不履行合同的主要义务，因此，航班取消构成严重的违约行为。类似于航班延误的情况，取消航班的原因有多种，其同样可分为可免责的和不可免责的航班取消，对其处理可以参照对航班延误的处理，旅客对于任何原因导致的航班取消都享有解除合同的权利，对不可免除违约责任的航班取消有权要求赔偿损失。

2. 航班延误、航班取消民事责任的归责原则及赔偿损失的范围

由于航空运输延误原因的复杂性，承运人对此是否应当承担或在什么情况下承担民事责任，涉及关于航班延误的民事责任的归责原则。航班延误的民事责任在性质上属于违约责任，只要具备违约行为且无免责事由，则基于对合同义务的违反，承运人就产生了承担迟延运输的违约责任。我国对航班

---

① 参见贺富永：《论航空运输延误及其法律责任》，《南京航空航天大学学报》，2004 第 3 期；
郭丽锡：《对航空运输延误的法律思考》，《内蒙古社会科学》，2004 第 11 期。

延误的民事责任实行无过错责任原则①，即违约方不履行合同义务，不管其主观上是否有过错，只要不存在法定或者约定的免责事由，均应承担违约责任。尽管我国《民用航空法》未规定航空延误应赔偿损失的范围，但依据《民法典》第五百七十七条，当事人一方不履行合同义务或者履行合同义务不符合约定的，应当承担继续履行、采取补救措施或者赔偿损失等违约责任，为旅客获得时间损失赔偿扫清了法律障碍，②有利于更好保护处于弱势一方的旅客。

3. 航班延误、航班取消的免责事由

根据我国《民用航空法》第三十八条及第九十五条的规定，航空公司应使航空器保持适航状态，确保飞行和航班正常，如果承运人未能尽到谨慎勤勉、未适当履行这些义务而导致航班延误的，则属可归责于承运人的事由并且有过错，因此造成旅客的损失应由承运人负责赔偿。免责事由又叫抗辩事由，是指在损害事实和因果关系成立的前提下，加害人据以主张对方当事人的请求不成立或者不完全成立的某种事实。依据我国《民法典》《民用航空法》及《民用航空旅客运输规则》等法规，构成航班延误法律责任的免责事由包括不可抗力和受害人的过错两种。③

不可抗力是指不能预见、不能避免并不能克服的客观情况，包括某些自然现象（如地震、台风、洪水、海啸等）和某些社会现象（如战争等）。在航空运输中的天气原因如影响航空飞行安全的雷雨、冰雹、雾、台风等及地震、海啸等自然灾害以及战争、罢工、骚乱等客观情况，是不可预见的，也是人力不可抗拒的，构成不可抗力。作为民航运输中的特殊的政府行为——航空管制，也是不可抗力的一个重要部分。航空管制是对航空器的空中活动进行管理和控制的业务，包括空中交通管制业务、飞行情报和告警业务，航空运输的高度危险性，加上航空器的飞行受诸多因素的限制和影响，决定了航空管制的必要性。它是航空主管部门的职能，属于政府的合法管理行为。为了保障旅客生命、财产安全，保证飞行安全，机组必须服从和执行航空管制部

---

① 学术界对此有争论。有学者认为，我国《民用航空法》第126条的规定表明我国和世界上许多国家的航空法的归责原则一致，采取的是过错推定原则，即在航空运输不合理延误发生后，承运人只有证明延误是由于不可抗力或者是由于索赔人或其代行权利人的过错造成或促成的，才应当根据造成或促成此种损失的过错的程度，相应地减轻或免除承运人的责任，否则就应认定承运人有过错而不可免责。也有学者反对这种观点，认为承运人承担不合理延误责任的归责原则应当是无过错责任原则。参见郭丽温：《对航空运输延误的法律思考》，《内蒙古社会科学》，2004第11期；穆书芹：《浅谈航空承运人航运延误之法律责任》，《武汉科技大学学报》，2002第6期。
② 宋刚、耿绍杰：《论中国航班延误法律制度的完善——兼谈欧盟261/2004号条例对该制度的借鉴意义》，《北京航空航天大学学报》（社会科学版），2021年第2期。
③ 参见贺富永：《航空运输延误及判断依据》，《河北法学》，2016年第5期。

门的行政决定和命令。根据《民法典》，因不可抗力不能履行合同的，根据不可抗力的影响，部分或者全部免除责任，但法律另有规定的除外。当事人迟延履行后发生不可抗力的，不能免除责任。

受害人的过错，按照相关国际公约的规定，承运人证明损失是由于受害人的过错造成或者促成的，法院可以按照它的法律规定，免除或者减轻承运人的责任。因此，受害人的过错构成我国国际航班延误民事责任的免责事由。按《民用航空法》第一百二十七条：在旅客、行李运输中，经承运人证明，损失是由索赔人的过错造成或者促成的，应当根据造成或者促成此种损失的过错程度，相应免除或者减轻承运人的责任。这说明如果受害人自己的过错原因造成损失，那就只能将这一损失归责于自己，自行负责。如果延误是由于合同双方的过错造成的，则应按《民法典》有关过错相抵的规定来解决。过错相抵并不是用受害人的过错抵消加害人的过错，而是抵消部分赔偿责任，因此，因受害人的过错造成或者促成损失的，可免除或者减轻承运人的责任。

即使有了以上这些条件，承运人也并不因此免责，法律还要求承运人应根据诚实信用原则，遵守我国《民法典》中有关附随于主合同义务的义务（即附随义务）的规定，做到勤勉谨慎，达到"为了避免损失的发生，已经采取一切必要措施或者不可能采取此种措施"的要求，否则承运人不能免责。《民法典》第五百零九条规定，当事人应当遵循诚信原则，根据合同的性质、目的和交易习惯履行通知、协助、保密等附随义务。民航旅客运输合同履行中的附随义务主要包括：① 告知义务，即承运人应及时向旅客告知航班延误或取消的原因及相关情况；并且承运人还应在售票时或在延误发生后对各种原因造成的延误中己方的责任、义务做出充分说明。《民用航空旅客运输规则》第六十条规定：航班延误或取消时，承运人应迅速及时将航班延误或取消等信息通知旅客，做好解释工作。② 协助、照顾义务。即根据实际情况，优先安排旅客乘坐后续航班或为旅客安排其他航空公司的航班或者协助安排旅客食宿等活动，并妥善保管旅客托运的行李及物品。《民用航空旅客运输规则》第五十八条规定：由于天气、突发事件、空中交通管制、安检以及旅客等非承运人原因，造成航班在始发地延误或取消，承运人应协助旅客安排餐食或住宿，费用可由旅客自理。第十九条规定：航班取消、提前、延误、航程改变或不能提供原定座位时，承运人应优先安排旅客乘坐后续航班或签转其他承运人的航班。

对于第三人（如机场、联检单位等）的原因造成航班延误而导致违约的，承运人对此不能免责，仍应按严格责任原则承担违约责任，对造成旅客损失的应给予赔偿。《民法典》第五百九十三条规定：当事人一方因第三人的原因造成违约的,应当向对方承担违约责任。当事人一方和第三人之间的纠纷,依照法律规定或者按照约定解决。故当发生第三人引起的延误时,可由承运人先向造成损失的旅客赔偿,再由承运人向第三人追偿。

4. 航班延误、航班取消违约责任的承担方式

《民法典》第五百七十七条规定:当事人一方不履行合同义务或者履行合同义务不符合约定的,应当承担继续履行、采取补救措施或者赔偿损失等违约责任。依据民用航空法和《民用航空旅客运输规则》,航班延误、航班取消违约责任的承担方式,主要有:

(1) 赔偿损失。我国《民用航空法》虽然规定了航班延误、航班取消应当赔偿,但是赔偿什么损失、赔偿多少损失并没有具体规定。根据国际惯例,航班延误赔偿的内容只是实际经济损失,赔偿的范围一般包括:旅客在等候另一航班过程中所支出的特殊费用;旅客耽误乘坐下一经停地点航班的损失;旅客购买另一航空公司机票而额外支出的票款。同时,赔偿应当是有限额的。《民用航空法》第一百二十八条规定:"国内航空运输承运人的赔偿责任限额由国务院民用航空主管部门制定,报国务院批准后公布执行。"1999年《蒙特利尔公约》第二十二条规定:"在人员运输中因第十九条所指延误造成损失的,承运人对每名旅客的责任以4150特别提款权为限;在行李运输中造成毁灭、遗失、损坏或者延误的,承运人的责任以每名旅客1000特别提款权为限……在货物运输中造成毁灭、遗失、损坏或者延误的,承运人的责任以每公斤17特别提款权为限……。"

(2) 继续履行。根据《民法典》的规定,能够继续履行而守约方又要求继续履行的,违约一方应承担继续履行的违约责任。《民用航空旅客运输规则》第二十三条规定:"航班取消、提前、延误、航程改变或承运人不能提供原定座位时,旅客要求退票,始发站应退还全部票款,经停地应退还还未使用航段的全部票款,均不收取退票费。"第十九条规定:"航班取消、提前、延误、航程改变或承运人不能提供原定座位时,承运人应优先安排旅客乘坐后续航班或签转其他承运人的航班。"

(3) 采取补救措施。在航班延误中,采取补救措施主要是及时安排班次满足旅客尽快成行的要求,尽量采取措施避免延误损失的发生,具体内容与上述"继续履行"的内容重合。

(4) 支付违约金。《民法典》第五百八十五条规定,当事人可以约定一方违约时应当根据违约情况向对方支付一定数额的违约金,也可以约定因违约产生的损失赔偿额的计算方法。约定的违约金低于造成的损失的,当事人可以请求人民法院或者仲裁机构予以增加；约定的违约金过分高于造成的损失的，当事人可以请求人民法院或者仲裁机构予以适当减少。目前在民航客运中，极少有事先约定航班延误违约金的情况，但是，航空公司制订并对外公布的"服务承诺"，可视为对违约金的约定。

（三）承运人违约责任与侵权责任的竞合

承运人在履行运输合同义务的过程中，因发生在民用航空器上或者在旅客上、下民用航空器过程中的事件而造成旅客人身伤亡、随身携带物品或托运行李毁灭、遗失或者损坏的，旅客方既可能以违反公共航空运输合同为根据要求承运人承担违约责任，也可能以承运人侵犯其法定权利承担侵权责任。[①]

《民法典》对运输合同中承运人对旅客人身的侵权责任采取无过错责任原则，承运人对旅客随身携带物品的侵权责任采取过错责任。根据其第八百二十三条的规定，除非伤亡是旅客自身健康原因造成的或者承运人证明伤亡是旅客故意、重大过失造成的，承运人应当对运输过程中旅客（包括按照规定免票、持优待票或者经承运人许可搭乘的无票旅客）的伤亡承担赔偿责任；而根据第八百二十四条的规定，承运人在运输过程中对旅客随身携带物品毁损、灭失有过错的，才应当承担赔偿责任。而旅客托运的行李毁损、灭失的，适用货物运输的有关规定。我国《民用航空法》第一百二十四～一百三十六条规定了公共航空运输承运人的侵权责任。

出现承运人违约责任与侵权责任竞合情形时，根据《民法典》第一百八十六条的规定，因当事人一方的违约行为，侵害对方人身、财产权益的，受损害方有权选择依照本法要求其承担违约责任或者依照其他法律要求其承担侵权责任。因此，旅客有权选择根据合同的约定进行赔偿，也可选择要求承运人按照法律的规定承担侵权责任。

第四节　公共航空货物运输合同

一、公共航空货物运输合同的订立

公共航空货物运输合同即航空承运人与货物托运人之间，依法就提供并

[①] 梁艳艳：《评国际航空责任赔偿的法理依据》，《重庆大学学报》（社会科学版），2015年第2期。

完成以民用航空器运送货物达成的协议。航空货物运输合同的主体有三方，即承运人、托运人与收货人。货物托运人是指与航空承运人订立合同，要求使用航空器运输特定货物的当事人，收货人是航空运输合同指定的货物被运送至约定地点后提取货物的当事人，收货人可以是托运人，也可以是托运人之外的第三人。

根据我国《航空货物运输合同实施细则》的有关规定，托运人利用航空运输方式运送货物时，承运人有权要求托运人填写航空货运单，托运人应当向承运人填交航空货运单，并根据国家主管部门规定随附必要的有效证明文件。托运人应对航空货运单上所填写内容的真实性和正确性负责。托运人填交的航空货运单经承运人接受，并由承运人填发货运单后，航空货物运输合同即告成立。托运人要求包用飞机运输货物，应填写包机申请书，经承运人同意接受并签订包机运输协议书后，航空运输合同即告成立。

托运人在托运货物时，应当填写航空货运单正本一式三份，连同货物交给承运人。航空货运单第一份注明"交承运人"，由托运人签字、盖章；第二份注明"交收货人"，由承运人和托运人签字、盖章；第三份由承运人在接受货物后签字、盖章，交给托运人。承运人根据托运人的请求填写航空货运单的，在没有相反证据的情况下，应当视为代托运人填写。

二、公共航空货物运输合同的形式及主要内容

公共航空货物运输合同的形式，与旅客及行李运输合同类似，亦为分离的书面形式。作为证据，货物运单证实了货物运输合同的依法成立及客观存在。具体而言，货物运输合同在形式上一般由货物运单、承运人货物运价规则中的相关部分、承运人的货物运输条件、国际条约或国内法规定的合同条款、各承运人依法达成的特别协议，以及可以作为相反证据取代货物运单部分内容的其他书面凭据等组成。

（一）航空货物运单及航空货物运输合同

1. 航空货运单

航空货运单是航空货物运输合同订立和运输条件以及承运人接受货物的初步证据。在我国，航空货运单的内容由国务院民用航空主管部门规定。航空货运单至少应包括以下几个方面：

（1）出发地点和目的地点。

（2）出发地点和目的地点均在我国境内，而在境外一个或者数个约定的

经停地点的，至少注明一个经停地点。

（3）货物运输的最终目的地点、出发地点或者约定的经停地点之一不在我国境内，货运单上应载明所适用的国际航空运输公约的规定，并明确载明有关声明。

2. 航空货物运输合同

承运人通过货物运单的货物运输分类列举项目，扼要地列举了货物运输合同的基本内容。承运人还可与相对方签订航空货物运输合同，航空货物运输合同与航空货运单的基本内容一致，一般而言，合同内容包括以下条款：

（1）托运人和收货人的名称及其详细地址。

（2）货物的出发地点和目的地点。

（3）货物名称和性质。

（4）货物重量、数量、体积、价值。

（5）货物包装、包装标准和运输标志。

（6）运输质量及安全要求。

（7）货物的装卸责任和方法。

（8）储运注意事项。

（9）货物的承运日期和运到日期。

（10）货物的交接手续。

（11）运输费用、结算方式和方法。

（12）违约责任。

（13）双方其他约定的事项。

包机运输合同的主要条款与前述内容大同小异。

作为货物运输合同的组成部分，上述内容阐明了货物运输合同的主体（订约承运人与托运人）、第三人（收货人）、标的与价款、运输的性质、合同的成立日期与地点、实际履行合同的时间与地点、承运人运输货物的交付等。

（二）承运人的货物运价规则

在承运人的货物运价规则中，一般从货物运输费用及其适用条件的角度，规定了以下内容：一般运费的适用，货物的接受原则，托运人托运货物应提供或填写的文件，货物的接受程序，各项费用的计算规则，保险，运费的支付方式及货币折兑，货物运单的填制，货物的储运，托运人对货物的处置，承运人对无法交付的托运货物的处置，货物的集装箱运送，货物的优先运输，危险物品运输，信用卡等货币以外的费、税支付方式等。

作为货物运输合同的合同条件，上述规定阐明了货物运输合同的订立、变更、中止、终止条件和在实际履行中承运人与托运人、收货人之间的部分权利和义务。承运人货物运价规则的生效，需要获得承运人本国以及其航线延伸国政府的批准。

（三）承运人的货物运输条件

承运人的货物运输条件，由其本身、承运人货物运输规则、班期时刻表以及其他公之于众的运输规章组成，它集中规定了货物运输合同主体及第三人的行为规则，是货物运输合同的核心内容。其基本内容有：有关定义；适用范围；准据法其分离形式的逻辑组合；其部分内容的变更，承运人接受或拒绝货物的一般原则，托运货物价值金额的限制，对托运货物包装与标识的基本要求，特种货物的运输条件；等等。

（四）国际条约规定的合同条款

1929 年《统一国际航空运输某些规则的公约》等条约规定，在货物运单中，承运人应就货物运输受华沙公约规定的承运人的赔偿损害责任规则调整的事宜作出通知，否则，承运人应受该公约规定的制裁。该项通知通过货物运单，即成为特定货物运输合同的一个组成部分。

（五）各承运人就货物运输合同的一项重要内容达成的协议

主要有国际航空运输协会的成员航空公司集体作出的第 600b 号决议《航空货物运单——合同条件》。该合同条件共计 15 条，作为承运货物运输条件的纲要，已被世界绝大多数航空公司列入其国际货物运输合同中。通过货物运单，它成为货物运输合同的一个核心组成部分。该决议中的《关于承运人承担限制损害赔偿责任的通知》，也同时成为货物运输合同的一项基本内容。

（六）可以作为相反证据取代货物运单或其部分内容的其他书面凭证

其形式与内容不一，常见的有如承运人货物运输记录单与托运货物凭证等。这类书面凭证作为货物运单或其部分内容的替代，构成货物运输合同的内容之一。

三、公共航空货物运输合同的义务

依据法律和前述合同形式所规定的内容，公共航空货物运输合同的托运人、承运人及收货人各自承担着不同的义务，具体内容如下。

（一）托运人的义务

（1）托运人应认真填写航空货运单，对货运单内容的真实性、准确性负责，并在货运单上签字或者盖章。托运人托运政府规定限制运输的货物以及需向公安、检疫等有关政府部门办理手续的货物，应当随附有效证明。

（2）托运人要求包用飞机运输货物，应先填交包机申请书，并遵守民航主管机关有关包机运输的规定。

（3）托运人对托运的货物，应按照国家主管部门规定的标准包装，没有统一标准的，应当根据保证运输安全的原则，按货物的性质和承载飞机等条件包装。凡不符合上述包装要求的，承运人有权拒绝承运。

（4）托运人必须在托运的货件上标明发站、到站和托运人单位、姓名和详细地址，按照国家规定标明包装储运指示标志。

（5）托运国家规定必须保险的货物，托运人应在托运时投保货物运输险。对于每千克价值在10元以上的货物，实行保险与负责运输相结合的补偿制度，托运人可在托运时投保货物运输险，具体办法另行规定。

（6）托运人在托运货物时，应接受航空承运人对航空货运单进行查核，在必要时，托运人还应接受承运人开箱进行安全检查。

（7）托运货物内不得夹带国家禁止运输、限制运输物品和危险物品。如发现托运人谎报品名，夹带上述物品，应按有关规定处理。

（8）托运在运输过程中必须有专人照料、监护的货物，应由托运人指派押运员押运。押运是对货物的安全负责，并遵守民航主管机关的有关规定，承运人应协助押运员完成押运任务。

（9）托运人托运货物，应按照民航主管机关规定的费率缴付运费和其他费用。除托运人和承运人另有协议外，运费及其他费用一律于承运人开具货运单时一次付清。

（二）承运人的义务

（1）承运人应按照货运单上填明的地点，按约定的期限将货物运达到货地点。货物错运到货地点，应无偿运至货运单上规定的到货地点，如逾期运到，应承担逾期运到的责任。

（2）承运人应于货物运达到货地点后24小时内向收货人发出到货通知。收货人应及时凭提货证明到指定地点提取货物。货物从发出到货通知的次日起，免费保管3日。

（3）货物从发出提货通知的次日起，经过30日无人提取时，承运人应及时与托运人联系征求处理意见；再经过30日，仍无人提取或者托运人未提出处理意见，承运人有权将该货物作为无法交付货物，按运输规则处理。对易腐或不易保管的货物，承运人可视情况及时处理。

（4）承运人应按货运单交付货物。交付时，如发现货物灭失、短少、变质、污染、损坏时，应会同收货人查明情况，并填写货运事故记录。收货人在提取货物时，对货物状态或重量无异议，并在货运单上签收，承运人即解除运输责任。

（三）收货人的义务

（1）收货人在接到提货通知后，应持提货证明或者其他有效证件在规定的时间内提取货物，逾期提取货物的，应当向承运人支付保管费。

（2）托运货物发生损失，收货人最迟应在收到货物之日起10日内提出异议。货物发生延误的，收货人最迟应自货物交付或者处理之日起21日内提出异议。收货人应将所提异议写在运输凭证上或者另以书面提出。收货人未在上述规定期限内提出异议的，不能向承运人提起索赔诉讼，但承运人有欺诈行为的情形除外。

四、公共航空货物运输合同的变更与解除

货物承运后，托运人可以按照有关规定要求变更到站、变更收货人或运回原发站。托运人对已承运的货物要求变更时，应当提供原托运人出具的书面要求、个人有效证件和货运单托运人联。要求变更运输的货物，应是一张货运单填写的全部货物。

对托运人的变更要求，只要符合条件的，航空承运人都应及时处理；但如托运人的变更要求违反国家法律、法规和运输规定，承运人应予以拒绝。

由于承运人执行国家交给的特殊任务或气象等原因，需要变更运输时，承运人应及时与托运人或收货人商定处理办法。对于托运人的指示不能执行的，承运人应当立即通知托运人，并说明不能执行的理由。承运人按照托运人的指示处理货物，没有要求托运人出示其所收执的航空货运单，给该航空货运单的合法持有人造成损失的，承运人应当承担责任，但不妨碍承运人向托运人追偿。

货物发运前，经合同当事人双方协商同意，或任何一方因不可抗力不能履行合同时，可以解除航空运输合同，但应及时通知对方。承运人提出解除

合同的，应退还已收的运输费用；托运人提出解除合同的，应付给承运人已发生的费用。

五、公共航空货物运输合同的违约责任

（一）承运人的主要违约责任

（1）从承运货物时起至货物交付收货人或依照规定处理完毕时止，货物发生灭失、短少、变质、污染、损坏的，如果是已投保货物运输险的货物，由承运人和保险公司按规定赔偿；除上述情况外，均由承运人按货物的实际损失赔偿。但由于以下原因造成货物灭失、短少、变质、污染、损坏的，承运人不承担责任：

不可抗力；货物本身性质所引起的变质、减量、破损或灭失；包装方法或容器质量不良，但从外部无法发现；包装完整，封志无异状而内件短少；货物的合理损耗；托运人或者收货人的过错。

（2）如果托运人或收货人证明损失的发生确属承运人的故意行为，则承运人除按规定赔偿实际损失外，由合同管理机关处其造成损失部分10%到50%的罚款。

（3）货物超过约定期限运达到货地点，每超过1日，承运人应偿付运费5%的违约金，但总额不能超过运费的50%。但因气象条件或不可抗力原因造成货物逾期运到，可免除承运人的责任。

（4）免责条件。承运人证明货物的毁灭、损灭或者损坏完全是由于下列原因之一造成的，不承担责任：① 货物本身的自然属性、质量或者缺陷；② 承运人或者其受雇人、代理人以外的人包装货物的，货物包装不良；③ 战争或者武装冲突；④ 政府有关部门实施的与货物入境、出境或者过境有关的行为。

（5）货物在航空运输中因延误造成的损失，承运人应当承担责任；但是，承运人证明本人或者其受雇人、代理人为了避免损失的发生，已经采取一切必要措施或者不可能采取此种措施的，不承担责任。

（6）在货物运输中，经承运人证明，损失是由索赔人或者代行权利人的过错造成或者促成的，应当根据造成或者促成此种损失的程度，相应免除或者减轻承运人的责任。

（二）托运人的主要违约责任

（1）签订包机航空货物运输合同后，包机人因故要求解除合同时，应按

规定交付退包费，并承担在此之前，承运人已经发生的调机等项费用。

（2）托运人未按照规定缴纳运输费用的，应承担违约责任。

（3）因航空货运单上的说明和声明不符合规定，不正确或者不完全，给承运人或者承运人对之负责的其他人造成损失的，托运人应承担赔偿责任。

（4）托运人在托运货物内夹带、匿报危险物品，错报笨重货物重量，或违反包装标准和规定，而造成承运人或第三者的损失，托运人应承担赔偿责任。

（三）收货人的责任

（1）由于收货人的过错，造成承运人或第三者的损失的，收货人应承担赔偿责任。

（2）收货人应在规定的期限内提取货物，逾期提取的，应向承运人支付保管费用和其他应付费用。

托运人或收货人要求赔偿时，应在填写货运事故记录的次日起 180 日内，以书面形式向承运人提出，并随附有关证明文件。承运人对托运人或收货人提出的赔偿要求，应在收到书面赔偿要求的次日起 60 日内处理。

第五节　公共航空运输国际公约

为了从法律上规范国际航空运输行业，保护旅客、货主的合法利益，明确承运人与消费者之间的权利义务关系，1929 年，德、意、日、美、法等国在波兰首都华沙签订《统一国际航空运输某些规则的公约》(即《华沙公约》)，第一次对国际民用航空进行私法调整。在其后的七十多年时间里，《华沙公约》以及对它加以修正而产生的一系列议定书共同构成了华沙体制，成为国际民用航空运输领域的经济宪法，对国际民用航空事业的发展起到了不可替代的作用。[1]然而，随着世界航空业的发展，华沙体制中的一些规定已不能适应现代国际航空运输的需要，1999 年，在蒙特利尔召开的"航空法国际会议外交大会"通过了《统一国际航空运输某些规则的公约》(即《蒙特利尔公约》)，并开放供各国签署，我国政府已经签署了该公约。公约已于 2003 年 11 月 4 日生效。[2]

---

[1] 董念清：《论国际航空私法条约适用的强制性》，《中国法学》，2020 年第 1 期。
[2] 崔艳萍：《交通运输国际公约比较研究》，《铁道运输与经济》，2017 年第 7 期。

一、华沙体制及其主要内容

"华沙体制"由多个文件组成,以航空承运人运输凭证规则与航空承运人损害赔偿责任规则为基本内容,是一组国际航空运输合同法典。

(1)《统一国际航空运输某些规则的公约》。

简称 1929 年《华沙公约》。该公约共分 5 章 41 条,就"国际航空运输"的定义、运输凭证、承运人的责任制度以及责任诉讼的若干程序问题作了规定。

(2)《修改 1929 年 10 月 12 日在华沙签订的统一国际航空运输某些规则的公约的议定书》。

简称 1955 年《海牙议定书》。该公约把航空承运人对旅客赔偿的限额提高了一倍,简化了运输凭证,取消了对货物运输的航空过失免责规定。

(3)《统一非订约承运人所办国际航空运输某些规则以补充华沙公约的公约》。

简称 1961 年《瓜达哈拉公约》。该公约明确了"订约承运人"和"实际承运人"的定义以及二者之间的关系,把二者同时纳入了《华沙公约》的轨道,统一了非订约承运人所承担的国际航空运输的某些规则。

(4)《修改 1955 年 9 月 28 日在海牙签订的议定书修正的 1929 年 10 月 12 日在华沙签订的统一国际航空运输的某些规则的公约的议定书》。

简称 1971 年《危地马拉议定书》。该公约主要是对国际航空旅客运输的承运人的责任制度作了实质的修改,把"主观责任制"修改成"客观责任制",并将《海牙议定书》的责任限额又提高了 6 倍,但此限额为最高额,无论产生责任的情势如何,均不得超过这一限额,该公约尚未生效。

(5)《修改 1929 年 10 月 12 日在华沙签订的统一国际航空运输某些规则的公约的第一号附加议定书》与《修改 1955 年 9 月 28 日在海牙签订的议定书修正的 1929 年 10 月 12 日在华沙签订的统一国际航空运输的某些规则的公约的第二号附加议定书》。

前者简称 1975 年《蒙特利尔第一号附加议定书》,后者简称 1975 年《蒙特利尔第二号附加议定书》。这两个议定书引入"特别提款权"作为赔偿金的计算单位。

(6)《修改 1955 年 9 月 28 日在海牙签订的议定书修正的 1929 年 10 月 12 日在华沙签订的统一国际航空运输的某些规则的公约的第三号附加议定书》。

简称 1975 年《蒙特利尔第三号附加议定书》。该议定书不仅引入"特别提款权"作为赔偿金的计算单位,而且变革了对客票形式的要求。

（7）《修改1955年9月28日在海牙签订的议定书修正的1929年10月12日在华沙签订的统一国际航空运输的某些规则的公约的第四号附加议定书》。

简称1975年《蒙特利尔第四号附加议定书》。该议定书除引入"特别提款权"作为赔偿金的计算单位外，主要是在实质上改变了国际航空货物运输承运人的责任制度，把"主观责任制"修改成"客观责任制"，但是未提高责任限额，且规定的限额为最高额，无论产生责任的情势如何，均不得超过这一限额；同时进一步简化了航空货运单的内容，并引入电子计算机储存货运资料的办法，即经托运人同意，可以用能够保存运输记录的任何其他方法代替出具航空货运单。

以上关于统一国际航空运输规则的公约，统称《华沙体制》，该体制的各项公约，已经被1999年的《蒙特利尔公约》所替代。

二、《蒙特利尔公约》的主要内容

《蒙特利尔公约》是1999年《统一国际航空运输某些规则的公约》的简称，是对华沙体制的修改和代替。该公约修改了原来的规则，建立了国际航空运输新的责任制度，规定航空承运人对每一旅客在航空器内或上、下航空器的过程中发生的事故造成死亡或身体损害，在不超过10万特别提款权时，实行客观责任制；对超过10万特别提款权的损害，实行推定的过失责任制；关于托运行李、货物的损害赔偿责任实行有限额的客观责任制；对延误造成的损害实行有限额的主观责任制；对非托运行李，包括个人物件，如果证明是承运人的过失造成的，承运人应当承担责任。该公约的主要内容有：

1. 确立了三大原则

即在承运人与消费者利益平衡的基础上着重保护消费者的利益原则；增进国际航空运输规则的一致化和法典化的原则；在恢复性赔偿原则的基础上提供公平赔偿的原则。

2. 修改了运输凭证规则

原凭证规则把是否遵守凭证规则，作为是否有权援引责任限制的前提条件。新公约认为，在旅客运输中，出具个人客票不再成为强制性规定。在团体运输中，可以出具"集体的运输凭证"。旅客运输凭证上只需要标明始发地点和目的地点以及一个约定的经停地点。允许使用包括电子手段在内的任何保存前述内容的"其他方法"。在货物运输中，同样引入了电子凭证，承运人应托运人的要求,向其出具货物收据。航空运单或货物收据上只需载明始发地点和目的地点、约定的经停地点和货物的重量。

3. 修改了责任制度和责任限额

新公约对客、货运均采取客观责任制。对于旅客伤亡,公约规定:"对于因旅客死亡或身体伤害而产生的损失,只要造成死亡或伤害的事故是在航空器上或者在上、下航空器的任何操作过程中发生的,承运人就应当承担责任。"对于赔偿限额在10万特别提款权之内的人身伤亡赔偿,不论承运人有无过错,都应当承担责任,除非是由于旅客自己的原因造成的;如果索赔人提出的赔偿额超过了10万特别提款权,如果承运人证明自己没有过错或者证明伤亡是由第三人的过错造成的,承运人不承担损害赔偿责任。在任何情况下,索赔人都必须举证,证明其提出的索赔额就是其实际遭受的损失,10万特别提款权只是一个限额,实际损失低于10万特别提款权的,根据旅客遭受的实际损失予以赔偿。

对于货物运输,新公约规定:"对于因货物毁灭、遗失或者损坏而产生的损失,只要造成损失的事件是在航空运输期间发生的,承运人就应当承担责任。"

在行李运输方面,公约规定:"对于因托运行李毁灭、遗失或者损坏而造成的损失,只要造成毁灭、遗失或者损坏的事件是在航空器上或者在托运行李处于承运人掌管之下的任何时期内发生的,承运人就应当承担责任。但是,行李损失是由于行李固有的缺陷、质量或者瑕疵造成的,在此范围内承运人不承担责任。关于非托运行李,包括个人物件,承运人对因其过错或者其受雇人或其代理人的过错造成的损失承担责任。

对于延误,公约规定:"旅客、行李或者货物在航空运输中因延误引起的损失,承运人应当承担责任。但是,承运人证明本人及其受雇人和代理人为了避免损失的发生,已经采取一切合理要求的措施或者不可能采取此种措施的,承运人不对因延误引起的损失承担责任。"旅客延误的责任限额是4150特别提款权,行李责任限额为每名旅客1000特别提款权,货物责任限额为每公斤17特别提款权。

4. 增加了"第五种管辖权"

原华沙公约规定了四种管辖权,即承运人的住所地法院、承运人的主营业地法院、承运人订立合同的营业地法院和目的地法院,新公约增加了第五种管辖权,即受害人的永久居所国法院,当然,选择该国法院管辖,要受到公约第三十三条第二款的限制。

5. 强制承运人投保责任险

新公约规定:"缔约国应当要求其承运人就其在本公约中的责任进行充分的保险。缔约国可以要求经营航空运输至该国内的承运人提供其已就本公约中的责任进行充分保险的证据。"

第七章 多式联合运输法

第一节 多式联合运输概述

一、"一带一路"倡议与新亚欧大陆桥

(一)"一带一路"的提出及发展

2013年9月,国家主席习近平前往中亚与东南亚开展为期两个月的出访活动,并在此期间提出共同建设"丝绸之路经济带"和"21世纪海上丝绸之路"(以下简称"一带一路")的重大倡议,自此"一带一路"建设登上历史舞台。从古至今,"丝绸之路"一直都是东西方国家经贸合作和文明交流的桥梁,是连接亚、欧、非三大洲以及太平洋、印度洋和大西洋三大洋的战略大通道。2015年3月28日,国务院授权国家发改委、外交部、商务部联合发布的《推动共建丝绸之路经济带和21世纪海上丝绸之路的愿景与行动》明确指出,"一带一路"坚持共同商议、共同建设、共同分享的基本原则,致力于亚欧非大陆及附近海洋的互联互通,建立和加强沿线各国互联互通伙伴关系,构建全方位、多层次、复合型的互联互通网络,实现沿线各国多元、自主、平衡、可持续的发展。

"一带一路"是具有全球视野的战略倡议。起于中国,途经中亚、西亚、南亚和东南亚地区,辐射欧洲,东连亚太经济圈,西牵欧洲经济圈,总覆盖人口约44亿,占世界总人口的63%。2013—2019年统计数据显示,中国与"一带一路"沿线国家货物贸易进出口总额从1.04万亿美元增至1.34万亿美元;与138个签署"一带一路"合作文件国家的货物贸易总额达1.90万亿美元,占中国货物贸易总额的41.5%。"一带一路"成为中国扩大对外开放、推动与亚欧国家经济合作新的战略平台,有利推动西部大开发,促使我国企业"走出去",促进经济发展方式转变和产业结构转型。

古代丝绸之路与二十一世纪"丝绸之路经济带"最大的差异在于载体。

前者的载体是人与骆驼组成的队伍；后者的载体则是铁路，且主要依托亚欧大陆桥这一国际大通道。中国针对这一差异已做足准备。为了更好地应对亚欧大陆桥日益增长的运输需求，我国早在 1992 年便开启了第二条亚欧大陆桥的运营（也称"新亚欧大陆桥"）。截至 2020 年 11 月 5 日，依托该大陆桥运输的中欧班列开行已达 10 180 列，运送集装箱 92.7 万标箱，同比增长 54%，往返综合重箱率达到 98.3%，通达欧洲 21 个国家、92 个城市。中欧班列开行超万列，新亚欧大陆桥的战略通道作用更加凸显，为维护国际产业链、供应链安全稳定提供了有力支撑。

（二）新亚欧大陆桥运输线

新亚欧大陆桥全长约 10 900 千米，在中国境内东起江苏省连云港市，西至新疆的阿拉山口，横贯江苏、河南、陕西、甘肃、新疆等 5 个省、自治区，途经徐州、郑州、西安、兰州、乌鲁木齐等重要城市。该大陆桥在中国境内主要是由陇海铁路线和兰新铁路线组成，故又称"新海大陆桥"。

传统而言，陆桥运输是指以利用陆地上的铁路、道路运输系统作为中间桥梁，把陆运和海运连接起来形成的海陆联运，是国际货物过境运输、国际货物多式联合运输的一种特殊形式。运营初期，新亚欧大陆桥运输线便实现了海—陆（铁路）—海的连通，通过将太平洋西岸港口经由新海大陆桥衔接欧洲铁路网，直达大西洋岸的世界最大海港——鹿特丹港，使太平洋与大西洋通过新亚欧大陆桥沟通起来。然而，随着大陆桥运输发展速度逐步加快，陆桥两端的集散点持续向外扩张，航空、道路、河运、管道等多种运输方式的加入，促使当今的大陆桥运输已经形成以铁路为核心，集合海运、空运、道路、河运等不同运输方式的国际货物多式联合运输。

2021 年 3 月 13 日，《中华人民共和国国民经济和社会发展第十四个五年规划和 2035 年远景目标纲要》公布，对推动共建"一带一路"高质量发展提出了新的要求，更加强调陆海天网四位一体联通，以"六廊六路多国多港"为基本框架，构建以新亚欧大陆桥等经济走廊为引领，以中欧班列、陆海新通道等大通道和信息高速路为骨架，以铁路、港口、管网等为依托的互联互通网络，打造国际陆海贸易新通道。

在此国家战略背景下，国际货物多式联合运输的发展事关我国对外贸易和国家物流战略体系的构建，也是实现"一带一路"倡议的重要依托。因此，本章不涉及国内多式联合运输以及旅客多式联合运输，仅以国际货物多式联合运输作为主要讨论对象。

二、多式联运的概念及特征

20世纪60年代中期，多式联合运输在美国一经出现便产生巨大反响，欧洲、美洲以及亚非部分地区纷纷效仿推广。时至今日，多式联合运输在国际货物运输中的地位愈发重要。不过，如何准确定义多式联合运输，世界各国至今仍未统一认识，其术语表述也并非完全一致。受美国的影响，北美大陆普遍将多式联合运输称为"intermodal transportation"；其他英语母语国家则将其称为"multimodal transportation"；国际商会（International Chamber of Commerce）拟制的《联合运输单证统一规则》中将多式联合运输表述为"combined transportation"。对多式联合运输内涵认识的差异性，也是《联合国国际货物多式联运公约》至今未能全面生效的主要原因之一[1]。

（一）国际商会的定义及特征

国际商会颁布的《联合运输单证统一规则》（1973）将多式联合运输（combined transportation）定义为：利用两种以及以上不同运输方式，将货物从本国运输至另一国家指定交付地点的货物运输。基于该定义，国际商会规范的多式联合运输强调以下两个特征：

1. 运输路径至少经过两个国家或关税区域

这里所指的两个或两个以上国家或关税区域，既包括传统意义上的政治国家，也包括其他的关税区域，例如中国香港、中国澳门、中国台湾。受到制度影响，这些地区的贸易和运输符合国际商务活动的属性，故可将其视为国际货物运输。

2. 运输方式至少为两种

整个运输过程中需要采用两种及两种以上不同的运输工具和运输单证。以海铁联运为例，运输工具需要船舶及铁路车辆，运输单证需要单据及铁路运单。介入的运输方式越多，所涉及的相关运输单证和运输工具种类也相应增加。

可以看出，国际商会对多式联合运输的规定并不要求一个多式联合运输经营人承担全程运输的责任，也不要求货主与多式联合运输经营人签订一份

---

[1] 截至2021年5月15日，全世界仅13个国家签署该公约（布隆迪、智利、格鲁吉亚、黎巴嫩、利比亚、马拉维、墨西哥、摩洛哥、挪威、卢旺达、塞内加尔、委内瑞拉、赞比亚），其中挪威、委内瑞拉两国尚待核准。详见：https://treaties.un.org/pages/ViewDetails.aspx?src=TREATY&mtdsg_no=XI-E-1&chapter=11&clang=_en。

涉及全程的联合运输合同。因此，不存在一个总负责人对此承担全部的义务。

（二）学界的定义及特征

在《货物多式联合运输》（1999）一书中，美国多式联合运输专家杰哈德·穆勒（Gerhardt Muller）将多式联合运输界定为：采取两种及两种以上的运输方式实现对旅客或货物的运输目的，其中包括信息交换在内的运输过程的所有部分被有效地连接并整合。穆勒对多式联合运输概念的界定，体现以下三个特征：

1. 适用旅客运输

区别于国际商会及联合国对多式联合运输的理解和认知，穆勒认为可以将多式联合运输拓展延伸至旅客运输领域。承运人可以提供包括海运、空运、铁路运输以及道路运输在内的联合运输，帮助旅客实现位移。

2. 运输过程包含信息交换

在北美，承运人有义务提供及时的信息服务，包括不同承运人之间的信息沟通。信息服务是多式联合运输服务内容的重要组成部分之一，也是服务的重要基础。只有建立在信息交换这一基础上，才可以保证各种运输方式之间的有效连接。

3. 所有运输部分的连接和整合

在对多式联合运输这一概念的解释过程中，穆勒并未使用"一个多式联合运输经营人""一份多式联合运输合同"等字眼，但其所表达的"运输过程的每一环节均被有效完整地连接与整合"已经将以上内容包含其中。当运输过程并未得到有效连接与整合时，其合同履行便也失去了一定的保障。运输过程的整合并非天然形成的，必须依托于具备高水平整合能力的机构，该机构即是多式联合运输经营人运输公司。

（三）联合国的定义及特征

为了统一世界各国对于国际多式联合运输的法律规定，联合国于1980年颁布《联合国国际货物多式联运公约》，该公约第1条规定国际多式联合运输（international multimodal transportation）是指：按照多式联运合同，以至少两种不同的运输方式，由多式联运经营人将货物从一国境内接管货物的地点运至另一国境内指定交付货物的地点。

联合国对多式联合运输的定义具有以下两个重要特征：

1. 多式联合运输合同内容覆盖运输全程

多式联合运输合同明确多式联合运输经营人和托运人之间的合同关系和多式联合运输的性质。这是多式联合运输最鲜明的特征，同时也是区分多式联合运输与单式运输的重要判断依据之一。多式联合运输经营人在接收货主委托、接收货物并且开始落实多式联合运输合同具体内容的过程中，应该出示多式联合运输单证（multimodal transport document），其与传统提单效用相同，均属于一种物权证书与有价证券。

2. 多式联合运输经营人对全程运输负责

多式联合运输经营人同时扮演运输合同当事人以及运输单证签发人的双重角色。在多式联合运输经营人履行运输合同过程中，可以将部分或者全部运输委托给他人（分运承运人），同时签订分运合同。但是，分运合同承运人与发货人双方并不构成任何的合同关系。因此，多式联合运输经营人必须对由他组织、安排的全程运输承担第一性的责任。

由于本章不涉及国内多式联合运输及旅客多式联合运输，为行文简洁，下文以"多式联运"代指国际货物多式联运。考虑到《联合国国际货物多式联运公约》在法律上和政治上均具有较高的地位，本章对多式联运的讨论，均以该公约为主要国际法依据。

三、多式联运的优点

多式联运是一种较高级的运输组织方式。多式联运经营人在对各种运输方式进行细致比较后，综合各种运输方式的特点，扬长避短，融合一体，组成连贯运输，达到简化货运环节、加速周转、减少货损货差、降低运输成本、实现合理运输的目的。它相对于单式运输方式具有较大的优越性，主要表现在以下几个方面：

1. 统一化、简单化

所谓统一化、简单化，主要表现为在多式联运方式下不论货物运程的距离、货物运输方式的种类以及运输途中货物转换的次数，所有一切运输事项均由多式联运经营人负责办理；货主只需要办理一次托运、订立一份运输合同、一次支付费用、一次保险。在运输过程中发生货物灭失或损害时，由多式联运经营人对全程运输负责，而每一运输区段的承运人对自己运输区段的货物损害承担责任。这种做法丝毫不会影响多式联运经营人对每一运输区段实际承运人的任何追偿权利。

2. 提高组织水平、实现合理化运输

在多式联运开展之前，各种运输方式的经营人各自为政、自成体系，其经营范围有限，交通设施的功效往往不能达到最佳的程度。因而，单式运输经营的业务范围、货运量均受到限制。多式联运的开展打破了运输方式之间的隔阂，运用先进的组织学原理和市场经济杠杆，有效地推动了不同运输方式之间的融合，极大扩展了经营的业务范围，最大限度地发挥其现有设备的作用，有效地提高了运输组织水平。

3. 降低运输成本、提高货运质量

在市场经济条件下，多式联运的开展使得多式联运经营人发自本能地开展各种运输方式、路径的比较，合理搭配运输方式，充分发挥各类运输工具的效能，不断地设计出既能完成运输任务，又能最大程度节省运输成本的最佳运输方案，提高运输效率，减少货物的库存时间和费用，降低运输成本。货物在发货人工厂或仓库装箱后，可直接运送至收货人的工厂或仓库。运输途中换装时无须换箱、装箱，从而减少了中间环节。尽管货物经多次换装，但由于使用专业机构装卸，且又不涉及箱内的货物，因而货损货差事故、货物被窃情形大为减少，一定程度上提高了货运质量。

4. 手续简便、安全迅速

由于多式联运可实行门到门运输，因此货物在启运地装上第一程运输工具后，货主即可取得多式联运单据。多式联运单据是重要的结算单据，货主凭此可向银行办理收款手续，据以结汇。较之过去需要在到达港口装船后才可取得装船单据收款，在时间上有所提前，因而有利于加速货物资金的周转，而且减少了利息的支出。多式联运可采用一张货运单证，统一费率，简化了制单和结算手续，节省了人力、物力。整个多式联运过程由多式联运经营人统一组织与管理，加之多式联运经营人与各区段承运人一般采用包干费率，各个运输环节的各种运输工具之间配合密切、衔接紧凑，货物所到之处中转迅速及时、大大减少货物停留时间，从而根本上保证了货物安全、迅速、准确、及时地运抵目的地。

四、多式联运的构成要素

依据《联合国国际多式联运公约》的概念界定以及多式联运业务具有的

典型特征，其构成要素主要包括：

（一）多式联运经营人

多式联运经营人是指与托运人签订多式联运合同，承担全程运输责任，并履行相关义务的合同主体。只有多式联运经营人享有多式联运提单的签发权，同时也需要为联合运输过程中所有货物的损失或毁坏承担起相应责任。为了确保多式联运业务的稳定性，世界各国对多式联运经营人必须具备的基本条件作出相关规定，就我国而言，主要包括以下几个方面：

1. 取得从事多式联运的资格

中外合资企业、中外合作企业的企业法人的资格需要经交通主管部门批准，并办理相应手续后才能经营多式联运业务；除非法律、行政法规另有规定，外商独资企业不得从事涉及中国的多式联运业务。未经批准，境外企业不得从事涉及中国的多式联运业务。

2. 具备国际多式联运线路以及相应的经营网络

从事多式联运业务的企业不仅需要一支具有各种运输方式、运输知识、经验和能力的专业队伍，而且必须建立自己的多式联运路线，并在所经营的各条联运线路上有由分支机构代表或代理人等所组成的完整的业务服务网络。此外，多式联运从业企业须拥有先进的信息管理系统以实现运输的全程控制、实时控制。

3. 与实际承运人、场站经营人之间存在长期合作协议

协议多种运输方式组成的多式联运线路，既不是多式联运经营人也不是某一实际承运人所具备的，因此为了确保多式联运业务的稳定性，多式联运经营人必须与有关的实际承运人、场站经营人签署长期合作协议，以便从这些实际承运人、场站经营人处获得订舱、仓储优先权和享受运杂费优惠。

4. 具备必要的运输设备

尽管法律法规上并未要求从事多式联运业务的企业必须拥有短途运输工具、货运站、仓库等硬件设施，但从实际运作来看，为了能在激烈的市场竞争立足，多式联运经营人也需要以投资入股、联营、长期租赁等形式获得必要的运输设备。

需要注意的是，多式联运经营人主要集中于外贸多式联运领域中，我国国内运输还未涉及"多式联运提单"这一概念，故多式联运经营人并非内贸多式联运的必备要素。

（二）多式联运承运人

多式联运承运人是指以运送、组织或承诺运送货物为主营业务并收取运费的人。多式联运承运人可进一步划分为实际承运人和缔约承运人：实际承运人是指实际执行全部或者部分货物运输的承运人；缔约承运人是指通过明示或默示方式承担起全部或部分运输责任的承运人，如无船承运人、无车承运人。

（三）发货人、收货人

发货人通常是指本人或其委托的代理人与多式联运经营人正式签订多式联运合同的任何人，或是指本人或其委托的代理人按照多式联运合同规定的内容，将货物交给多式联运经营人的任何人。收货人通常是指享有提取货物权利的人。在多式联运中通常是指多式联运提单持有人。

（四）多式联运规则

多式联运规则对于联合运输的实际运作具有重要的指导作用，是有关多式联运中的货物运输组织与管理、参与人的权利和义务、经营人的赔偿责任及期间、定价机制和违约处理、运输单证的内容和法律效力等方面的协议、标准或规范。

（五）多式联运合同

多式联运合同通常是指货物托运人与多式联运经营人双方围绕运输对象全程联运等相关问题达成的协议。

（六）多式联运单据（票据）

多式联运单据（票据）是指可以证明多式联运合同和多式联运经营人接管货物并保证按照该合同条款交付货物的单证。通常称之为多式联运提单。

五、多式联运的主要形式

根据联运组织方式和体制的不同，多式联运可以划分为协作式多式联运和衔接式多式联运两大类。

（一）协作式多式联运

协作式多式联运是指两种及两种以上运输方式的运输企业，依据统一规章或签订协议内容，将货物由接管地运送至交付地的过程。在该体制中，承运人普遍都具有双重身份。对外而言，他们是共同承运人，其中一个承运人（或代表所有承运人的联运机构）与发货人订立的运输合同对其他承运人均有约束力，即视为每个承运人均与货方存在运输合同关系；对内而言，每个承运人不但有义务完成自己区段的实际运输和有关的货运组织工作，还应根据规章或约定协议，承担风险，分配利益。

根据开展联运依据的不同，协作式多式联运可进一步细分为法定（多式）联运和协议（多式）联运两种。

1. 法定（多式）联运

法定（多式）联运是指与多式联运有关的运输票据、联运范围、联运受理的条件与程序、运输衔接、货物交付、货物索赔程序以及承运人之间的费用清算等均应符合有关国际公约和国家运输主管部门颁布的相关规章，并实行计划运输。

强制性是法定（多式）联运最鲜明的特征。承托双方并不需要对国际多式联运合同的条款予以协商，仅需要按照规定办理即可。法定（多式）联运中参与联运的承运人为共同承运人，对货主承担连带责任，这无疑有利于保护货主的权利和保证联运生产的顺利进行。但是，这种联运方式的缺点是灵活性较差，适用范围较窄，它在从事联运的运输企业资格、联运路线、货物种类与数量及受理地/换装地点等方面均做出了限制。此外，由于货主托运前需要报批运输计划，也因此给货主带来了一定的不便。

法定（多式）联运基本只存在于国内多式联运或单一方式下的国际联运。比如，原交通部发布的《水路货物运输规则》（已废止）、原交通部和原铁道部联合发布的《铁路和水路货物联运规则》（已废止）中所规定的，由各港航企业与港口、航运、铁路企业共同协作，完成货物的水水联运和水陆联运均属于法定（多式）联运。它主要适用于保证指令性计划的调拨物资、重点物资和国防、抢险、救灾等急需物资。此外，国际铁路联运亦属于法定（多式）联运。目前，国际铁路联运主要有两大系统：一是以《国际铁路货物运送公约》为依据所进行的国际铁路联运；另一个是以《国际铁路货物联运协定》为依据所进行的国际铁路联运。

2. 协议（多式）联运

协议（多式）联运是指运输企业之间根据商定协议开展的多式联运。与法定（多式）联运不同，该联运采用的运输方式、运输票据、联运范围、联运受理的条件与程序运输接、货物交付、货物索赔程序以及承运人之间的利益分配与风险承担等，均按联运协议的规定办理。应当注意，协议（多式）联运的最大缺点是联运执行缺乏权威性，而且联运协议的条款也可能会损害货方或弱小承运人的利益。

（二）衔接式多式联运

衔接式多式联运是指由一个多式联运经营人综合组织两种及两种以上运输方式的运输企业，将货物从接管货物的地点运到指定交付货物的地点的运输。在实践中，多式联运经营人既可能由不拥有任何运输工具的国际货运代理、场站经营人、仓储经营人担任，也可能由从事某一区段的实际承运人担任。但在任何条件下，均必须得到国家主管部门的审核认证，持具有法律效力的许可证书，能够独立承担责任。对于衔接式多式联运而言，运输组织工作与实际运输保持各自的独立性，多式联运经营人的主要工作任务是对全程运输的组织，各区段实际承运人负责实际运输。

在衔接式多式联运体制下，多式联运经营人也具有双重身份。对于货方而言，其为全程承运人，与货方订立全程运输合同，向货方收取全程运费及其他费用，并承担承运人的义务；对于各区段实际承运人而言，其为托运人，与各区段实际承运人订立分运合同，向实际承运人支付运费及其他必要的费用。这种运输组织与运输生产相互分离的形式，符合分工专业化的原则，不但方便了货主和实际承运人，也有利于运输的衔接工作，因此，它是联运的主要形式。

（三）协作式多式联运与衔接式多式联运的主要区别

1. 应用范围

协作式多式联运的适用范畴非常有限，主要应用于国内计划运输水铁联运及同种运输方式的国际联运过程中（如国际道路联运、国际铁路联运、国际航空联运等）。衔接式多式联运的应用相对比较广泛，不仅在国际货物运输中被广泛采用，在国内货物运输中也被越来越多地采用。

2. 联运机构/多式联运经营人的性质

在协作式多式联运下，由相关承运人在各主要装卸站点设置的联运机构负责货物托运的受理以及换装作业及车船衔接等工作，但该联运机构并不具备法人资格，不能独立承担责任。在衔接式多式联运下，这些工作则由多式联运经营人在各主要装卸站点设置的分支机构或代理机构负责，多式联运经营人必须具备法人资格，能够独立承担责任。

3. 计划运输的安排

法定（多式）联运实行计划运输。以国内水铁联运为例，国家运输主管机关批准下达的联运计划是发货人办理托运的前提条件和参与承运的承运人办理货物交接的依据。衔接式多式联运和协议（多式）联运无须事先提报联运计划，不实行计划运输，可直接办理托运、填写运单或单据。

4. 全程运输所涉及的商务作业和衔接工作

在协作式多式联运中，实际承运人对运输过程中的各项商务与衔接工作承担全面负责，其工作分配情况如下：

（1）第一程承运人受理业务托运、货物接收、签发运单以及预付运费的收取。

（2）全程运输组织与衔接工作由各区段承运人负责完成。

（3）最后一程承运人负责交付货物、受理收货人索赔和到付运费收取。

在衔接式多式联运中，多式联运经营人的主要任务包括受理托运、收货、签发运输单据、收取运费、运输衔接、交付、受理货主的索赔等所有商务作业和衔接工作，货主不与实际承运人直接发生关系。

5. 承运人责任及运费分配

在协作式多式联运中，各区段承运人根据规章或协议的规定承担运输责任和进行费用清算与运费分配，具体情况如下：

（1）第一程承运人、货运损失发生区段的承运人和最后一程承运人对货运损失承担连带责任。

（2）参与联运各方费用清算按有关规章或协议中的规定处理。

（3）在法定（多式）联运中，全程运费按区段核收，故每个承运人收取本区段对应向货主收取的运费。在协议（多式）联运下，运费收入应按联运协议的规定予以分配。

在衔接式多式联运下，多式联运经营人的责任与运费收入应按照多式联运经营人与货主订立的合同办理，至于实际承运人的责任和运费收入应按照他们与多式联运经营人分别订立的合同办理，并不存在责任的分担与运费分配的问题。

6. 运输方式、运输票据、联运站、联运路线、联运货物、联运类别等

法定（多式）联运对下述事宜有所限制：运输方式为铁路与水路或均为

水路或铁路；运输票据使用统一的票据；受理联运业务和换装业务的港/站应是经原铁道部及原交通部统一公布的港、站；运输路线应是批准下达的联运计划中核定的联运路线；对于某些需要特种运送条件的货物不能办理联运；根据原铁道部、原交通部1995年前后的文件，水陆联运仅限于整车联运，零担货物不再实行水陆联运。

在衔接式多式联运及协议（多式）联运中，上述事宜一般不受限制，相对来说较为灵活。

7. 运费标准、全程统一费率及运费核收办法

法定（多式）联运的运费标准由国家统一制定；衔接式多式联运和协议（多式）联运的运费标准由双方协商，但在分段计价时，如果某一区段实行国家定价，则该区段不采取盲目议价。

在国际多式联运中，几乎所有的多式联运经营人都未能实行全程单一（统一）费率，大多采取同国内多式联运相同的费用核收办法，即采取按运输方式分段计费，运费核收采取全程一次收费为主、分段收费为辅的方法。

第二节　多式联合运输法律框架

多式联运法律框架由国际和国内两部分组成。对多式联运业务而言，因运输路径将经过两个以上国家，故需要协调这些国家的法律对多式联运规定的差异。总体而言，多式联运的相关法律主要依赖国际公约或者国际惯例的调节，同时也要遵从国内相关法律规定。

一、多式联运国际法律框架

从国际层面看，多式联运法律分为国际公约和国际惯例两大类。国际公约一般是多边国际条约，即多个主权国家（或特殊经济区域）共同参加的条约。如条约参加方只有两个主权国家（和/或特殊经济区域），则该条约就称为双边条约。通常国际公约都是书面的。国际惯例指在国际实践中反复使用形成的，具有固定内容的，未经立法程序制定的，如为一国所承认或当事人采用，就对其具有约束力的一种习惯做法或常例。国际惯例可以是书面的，也可以是非书面的约定俗成。

(一) 多式联运国际公约

1. 《联合国国际多式联运公约》(United Nations Convention on International Multimodal Transport of Goods, 1980)

1963年, 国际统一私法协会 (International Institute for the Unification of Private Laws, UNIDROIT) 主持并拟定了《国际货物联运公约草案》, 经专家委员会修订后正式实施。这是涉及多式联运合同的首个国际公约。1969年, 国际海事委员会 (Comite Maritime International, CMI) 草拟并通过了一项联运公约草案《东京规则》。1970年, 联合国欧洲经济委员会 (United Nations Economic Commission for Europe, UNECE) 内陆运输委员会决定将上述两个草案合并为一个文件,《罗马草案》由此产生。1970年至1971年, UNECE和政府间海事协商组织 (1982年改名为国际海事协商组织, International Maritime Organization, IMCO) 多次召开会议进行审议, 最终修订成《国际货物多式联运公约草案》, 并以法语"货物多式联运"的缩写将其称为"TCM草案"。虽然TCM草案一直处于起草阶段, 但其规定却在之后的标准格式单证, 例如波罗的海国际航运公会的多式联运单证 (COMBICONBILL) 和国际商会《联合运输单证统一规则》中得以反映。

原计划于1972年由联合国和政府间海事协商组织 (UN/IMCO) 共同召开的集装箱会议上审议TCM草案并将其以定稿形式准以实施, 但考虑该草案对发展中国家的经济影响以及发展中国家的合理利益诉求, 该项工作暂时搁置。1973年, 根据贸易和发展理事局96第Ⅻ号决议, 决定重启该草案的审议, 促成了《联合国国际多式联运公约》的制定。1980年5月24日, 在日内瓦举行的联合国国际联运会议第二次会议上, 经与会的84个贸发会议成员国一致通过。但至今为止, 该公约的参加国远不足公约规定的30个, 导致该公约一直未能生效。

2. 《集装箱关务公约》(Customs Convention on Containers, 1972)

《集装箱关务公约》的宗旨是发展和推动国际集装箱运输。国际运输的集装箱是在不同国家流通使用, 出口国的集装箱要到进口国境内完成运载任务, 因此对集装箱的监管不单纯是一个国家的海关业务。为了发展集装箱运输业务、统一监管海关制度, 联合国在《集装箱海关公约》(1956) 的基础上制订了这一公约。该公约的内容主要包括: 对集装箱 (containers) 的结构、进境集装箱的暂时进口待遇、集装箱的海关封条等作了统一的规定; 对集装箱运营人 (operator of a containers) 的规定; 要求缔约国给符合技术标准的新制造的集装箱发海关核准牌,方可凭海关封条在国际上运输货物,缔约各国准予上述集装箱享受暂时进口待遇,免交海关税或保证金。

中国政府于 1986 年 1 月 22 日向联合国秘书长交存加入书,同年 7 月 22 日生效。并根据该公约的规定,制定了《中华人民共和国对进出口集装箱和所装货物监管办法》《对于运输海关加封货物的国际集装箱核发批准牌照的管理办法》等。

3.《国际集装箱安全公约》(The International Convention for Safe Containers, 1972)

《国际集装箱安全公约》是为保证集装箱的装卸、堆放和运输的安全,对集装箱结构作出统一要求的国际公约。该公约适用于国际运输中所使用的集装箱,但不包括为空运专门设计的集装箱。就涉及内容而言,它主要包括公约的适用范围、两个附件和特定的修正程序。1972 年 12 月 1 日,联合国和政府间海事协商组织(现改称"国际海事组织")在日内瓦联合召开的国际集装箱安全会议上通过了该公约。此后的修正案对公约的附件作了适当修改和补充,对出厂时未经批准的新集装箱的批准以及现有集装箱的首次检验日期、重新检验日期和新集装箱的首次检验日期都作了规定。修正案于 1981 年 12 月 1 日起生效。我国于 1980 年 9 月 23 日加入该公约。

(二)多式联运国际惯例

以书面形式呈现的国际多式联运惯例有两个,分别是由国际商会编制的《联合运输单证统一规则》(1973)以及由联合国贸易和发展会议与国际商会共同编制的《多式联运单证规则》(1991)。

1.《联合运输单证统一规则》(Uniform Rules for a Combined Transportation Document, 1973)

该规则由国际商会在 1973 年制定,共分为 11 个部分 19 个规则,包括引言、总则、定义、可转让单证、不可转让单证、多式联运经营人责任、当事人的权利和义务、灭失或损害的赔偿责任、迟延责任、其他条款和时效。该规则引言中提到,传统单一方式的货物运输,产生了与每一种运输方式相适应的运输单证。这种单证只适用于该种方式的运输。运输的发展致使货物联运量大幅增加,"多式联运"意味着需要签发一系列单一运输方式的运输单证,或者是一种新的"从起点到终点"全程运输单证加以替代。在现有的国际公约都适用于不同的单一运输方式,并且缺乏一个新的专门适用于多式联运的国际公约下,作为防止不同的多式联运单证向多样性发展的这种商业性退步的必要措施,国际商会起草了一套最低限度的统一规则,用以规范一种可被接受并易于辨认的多式联运单证。作为国际惯例,其适用不具有强制性,常常被多式联运合同双方当事人协议采用,并入多式联运合同而发生法律效力,便利了国际贸易及金融发展,简化了国际贸易程序。

2.《多式联运单证规则》(UNCTAD/ICC Rules for Multimodal Transport Documents,1991)

《多式联运单证规则》是1991年由联合国贸易和发展会议与国际商会在《联合运输单证统一规则》的基础上,参考《联合国国际货物多式联运公约》共同制定的一项国际规则,共13条。该规则属于国际惯例,供当事人自愿采纳。规则第1条明确了其适用范围,当以书面形式、口头形式或其他方式将该规则并入运输合同,不论该合同是订有涉及一种运输方式或者多种运输方式的单式运输合同还是多式联运合同,也不论合同之下是否签发了单证,本规则都予以适用。该规则明确了多式联运相关定义、多式联运经营人责任、托运人责任、诉讼时效等,被广泛纳入国际货物多式联运合同而产生效力。

上述两个规则虽然不具有直接法律约束力,但在国际货物多式联运领域受到普遍认可。

(三) 多式联运的区域立法

鉴于国际社会没有可以适用的统一立法,区域性立法趋势逐渐显化。其中,欧盟别具代表性。自21世纪初,欧盟的一些专家和学者便开始致力于多式联运统一规则的制定并形成了《多式联运统一规则》(草案)。该规则的主要目的是通过"网状责任制"对多式联运经营人责任加以规范,解决单式运输方式衔接时的法律适用问题,确保订立合同时当事人对风险的预见性。该草案共设计了4个大部分14条,在定义、单证、多式联运经营人责任、托运人责任、诉讼时效、管辖等方面均作出了具体规定。目前,虽然该草案因为难以协调的原因尚未通过,但代表了货物多式联运区域立法的统一化趋势。

在拉丁美洲,地区性国际组织活跃,安第斯共同体(Andean Community)、拉美一体化联盟(ALADI)、南部共同市场(MERCOSUR)都制定了多式联运规则,但内容不完全统一。由于这些地区存在多个国家联盟,成员国相互重叠,一个国家可能是多个国际组织成员国,因此多式联运规则的适用相对混乱。一些国家,如阿根廷、巴西、墨西哥、巴拉圭、厄瓜多尔、哥伦比亚等,都有不同于其他成员国的自己国家的法律,法律或规则的差异导致法律适用上的差异，这不利于纠纷的解决，因此使得货物多式联运在国际层面上很难统一。

二、多式联运国内法律框架

我国目前尚无规范多式联运的单行法律。有关多式联运的法律主要依据《海商法》及《民法典》；法规方面则主要依据《中华人民共和国海上国际集装箱运输管理规定》。多式联运的国内法是在我国法律框架体系内的专门法律法规，符合我国法律法规的总体框架，即以宪法为统帅，法律为主干，包括行政法规、地方性法规、自治条例和单行条例、部门规章，以及立法和司法解释在内的统整体。

（一）法律层面

我国与多式联运直接相关的法律主要是《海商法》与《民法典》，两部法律规定构成了我国多式联运立法的基本框架。

《海商法》专门对多式联运合同作了特别的规定，其中第一百零二条至第一百零六条对多式联运合同和多式联运经营人的责任期间及法律地位、定域化损失或损害的赔偿责任以及非定域化损失或损害的赔偿责任作了概括性规定；《民法典》亦在第十九章设专节以五个条款（第八百三十八条至第八百四十二条）对多式联运经营人的法律地位、多式运输单据、托运人的赔偿责任、定域化和非定域化的损失或赔偿责任问题作了规定。两部法律有关多式联运的规定存在以下异同点。

1. 关于多式联运规定的相同点

（1）多式联运经营人的合同责任。

《海商法》第一百零二条第二款规定，多式运输经营人是指本人或者委托他人以本人名义与托运人订立多式运输合同的人。第一百零三条规定，多式运输经营人对多式运输货物的责任期间，自接收货物时起至交付货物时止。《海商法》第一百零四条第一款、《民法典》第八百三十八条规定，多式联运经营人对全程运输负责，其与各区段承运人之间的法律关系可通过区段运输合同进行约定；《海商法》第一百零四条第二款、《民法典》第八百三十九条规定，该合同不得影响多式联运经营人对全程运输所承担的责任。

我国《海商法》和《民法典》中多式运输经营人合同责任的规定与国际货物多式运输法制相一致。

（2）区段损坏的赔偿责任。

在责任制适用上，《海商法》和《民法典》均采取网状责任制。所谓网状责任制，是指由多式联运经营人就全程运输向货主负责，各区段承运人对且仅对自己完成的运输区段负责。《海商法》第一百零五条和《民法典》第八百四十二条均规定货物的灭失或者损坏发生于多式联运的某一运输区段的，多式联运经营人的赔偿责任和责任限额，适用调整该区段运输方式的有关法律规定。

2. 关于多式联运规定的不同点

（1）适用范围不同。

《海商法》中的多式运输规则是从海商法角度进行的立法。因此，该法第一百零二条对多式联运合同作出特别规定，即多式联运经营人以两种以上的不同运输方式将货物从接收地运至目的地交付收货人，其中一种必须采用海上运输方式。《民法典》则扩大了多式联运的范围，该法对"多式联运合同"的规定并未要求多式联运必须包括海上运输阶段，而适用于运输合同一般规定，即承运人将货物从起运地点运输到约定地点，托运人或者收货人支付票款或者运输费用的合同（《民法典》第八百零九条）。

《民法典》中多式运输规定调整各种形式的多式运输合同，而《海商法》所调整的多式运输合同仅是《民法典》所调整的多式运输合同的一种类型。可以说，《海商法》中的多式运输规则与《民法典》中的多式运输规则是一种特别法与一般法的关系。

（2）归责原则不同。

《民法典》第五百七十七条规定："当事人一方不履行合同义务或者履行合同义务不符合约定的，应当承担继续履行、采取补救措施或者赔偿损失等违约责任。"我国合同当事人的违约责任采取的是严格责任原则，多式联运合同在民法典合同编中以专节的形式予以规定，应当适用合同编总则关于违约责任原则的规定。相较而言，《海商法》第五十条规定"除依照本章规定承运人不负赔偿责任的情形外，由于承运人的过失，致使货物因迟延交付而灭失或者损坏的，承运人应当负赔偿责任"以及第五十一条的规定"在责任期间货物发生的灭失或者损坏是由于下列原因之一造成的，承运人不负赔偿责任……（二）火灾，但是由于承运人本人的过失所造成的除外"。可见，我国《海商法》采取的是不完全过错责任原则。

（3）关于当事人的责任范围不同。

如前所述，在《海商法》上，经营人对因第五十一条所拟制的免责事由而导致迟延交付造成的损失不承担赔偿责任；而在《民法典》中则刚好相反，经营人要承担因迟延交付造成的损失。因此，我国在多式联运经营人对迟延交付是否承担责任上态度并不一致，经营人可能承担的责任大小也各不相同。

从我国关于多式联运规则的法律构架中可以看出，《海商法》和《民法典》并行适用于多式联运法律关系，由于两部法律内容的不同造成合同当事人的权利与义务、民事责任、归责原则及责任范围等方面具有非常大的差异。应当意识到，在同一个国家的法律体系中，由两部效力、位阶相同的法律规定同一合同关系，势必会对法律适用有所影响，可能造成事实上的不平等。

（二）法规层面

多式联运相关法规主要以国务院颁布的行政法规和相关业务部门发布的部门规章为主。

1. 行政法规

国务院颁布与多式联运直接相关的规范性文件目前只有一个[①]，即《中华人民共和国海上国际集装箱运输管理规定》（1990年12月5日国务院令第68号发布，1998年4月18日国务院令第243号修订），共六章三十五条。主要内容如下：

（1）适用范围：本规定适用于从事海上国际集装箱运输及与海上国际集装箱运输有关的单位和个人。

（2）主管部门：国务院交通主管部门。

（3）名词与定义。

（4）企业的审核与批准，设立企业应具备的条件和应提交的文件。

（5）集装箱运输的集装箱，应当符合国际集装箱标准化组织规定的技术标准和有关国际集装箱公约的规定；集装箱所有人、经营人应当做好集装箱的管理和维修工作，定期进行检验，以保证提供适宜于货物运输的集装箱；承运人及港口装卸企业应当保证运载集装箱的船舶、车辆、装卸机械及工具处于良好的技术状况，确保集装箱的运输及安全。

（6）承运人可以直接组织承揽集装箱货物，托运人可以直接向承运人或者委托货运代理人洽办进出口集装箱货物的托运业务；托运人应当如实申报货物的品名、性质、数量、重量、规格；托运的集装箱货物，必须符合集装

---

① 原交通部、铁道部颁布的《国际集装箱多式联运管理规则》《铁路和水路货物联运规则》《中华人民共和国海上国际集装箱运输管理规定实施细则》均已废止。间接相关的行政法规主要是针对没有立法的运输部门订立，包括《国内水路运输管理条例》（2013）、《中华人民共和国道路运输条例》（2008）和《中华人民共和国国际海运条例》（2001）三项。

箱运输的要求，其标志应当明显、清楚；装运粮油食品、冷冻品等易腐食品的集装箱，须经商检机构检验合格后方可使用；收货人超过规定期限不提货或者不按期限归还集装箱的，应当按照有关规定或者合同约定支付货物、集装箱堆存费及支付集装箱超期使用费。

（7）海上国际集装箱的运费和其他费用，应当根据国家有关运输价格和费率的规定计收；国家没有规定的，按照双方商定的价格计收。任何单位不得乱收费用。

（8）参加海上国际集装箱运输的承运人、港口装卸企业应当按照下列规定办理集装箱交接：海上承运人通过理货机构与港口装卸企业在船边交接；经水路集疏运的集装箱，港口装卸企业与水路承运人在船边交接；经公路集疏运的集装箱，港口装卸企业与公路承运人在集装箱码头大门交接；经铁路集疏运的集装箱，港口装卸企业或者公路承运人与铁路承运人在装卸现场交接。

（9）承运人、港口装卸企业对集装箱、集装箱货物的损坏或者短缺的责任，交接前由交方承担，交接后由接方承担。但如果在交接后 180 天内，接方能提出证据证明集装箱的损坏或者集装箱货物的损坏或者短缺是由交方原因造成，交方应当承担赔偿责任。法律另有规定的除外。

（10）除法律另有规定外，承运人与托运人应当根据下列规定，对集装箱货物的损坏或者短缺负责：由承运人负责装箱的货物，从承运人收到货物后至运达目的地交付收货人之前的期间内，箱内货物损坏或者短缺，由承运人负责；由托运人负责装箱的货物，从装箱托运后至交付收货人之前的期间内，如箱体和封志完好，货物损坏或者短缺，由托运人负责；如箱体损坏或者封志破坏，箱内货物损坏或者短缺，由承运人负责；承运人与托运人或者收货人之间要求赔偿的时效，从集装箱货物交付之日起算不超过 180 天，但法律另有规定的除外。

（11）由于托运人对集装箱货物申报不实造成人员伤亡，运输工具、货物自身及其他货物、集装箱损失的，由托运人负责；由于装箱人的过失，造成人员伤亡，运输工具、其他货物、集装箱损失的，由装箱人负责；集装箱货物发生损坏或者短缺，对外索赔时需要商检机构鉴定出证的，应当依照《中华人民共和国进出口商品检验法》办理；集装箱、集装箱货物发生短缺，对外索赔时需要理货机构出证的，应当依照有关规定办理。

（12）罚则共计四条。其中违反本规定，有下列行为之一的，由县级以上交通主管部门责令改正；拒不改正的，没收违法所得，并处违法所得一倍以上三倍以下的罚款；没有违法所得的，按照以下规定处以罚款：未经批准，擅自经营海上国际集装箱运输、港口装卸、中转站、货运站业务的，处 3 万元以上30万元以下的罚款；未经批准，擅自经营海上国际集装箱班轮运输，属国内区段的集装箱班轮运输的，处3万元以上30万元以下的罚款；属近洋国际集装箱班轮运输的，处5万元以上50万元以下的罚款；属远洋国际集装箱班轮运输的，处50万元以上500万元以下的罚款；违反前款规定，情节严重的，由工商行政管理部门吊销营业执照。

2. 部门规章

部门规章是指由国务院所属行业主管部门制订的规章。针对国际集装箱多式联运，相关的规章大约有以下四项：一是由原对外贸易与经济合作部（现并入商务部）制定的《中华人民共和国国际货物运输代理业管理规定》；二是由原交通部（现并入交通运输部）制定的《中华人民共和国海上国际集装箱运输管理规定实施细则》及其与原铁道部（现并入交通运输部）联合制定的《国际集装箱多式联运管理规则》《铁路和水路货物联运规则》；三是由交通运输部制定的《道路危险货物运输管理规定》；四是由交通运输部制定的《国内水路运输管理规定》。

其中，《中华人民共和国海上国际集装箱运输管理规定实施细则》《国际集装箱多式联运管理规则》《铁路和水路货物联运规则》是直接对应我国多式联运业务的规章，不过三部规章均已废止；其他则是关联性规章。

（三）其他单式运输立法中的规定

对于内贸多式联运，我国其他单式运输立法拟制了相关规定。铁路运输方面，《中华人民共和国铁路法》第二十九条规定："铁路运输企业与公路、航空或者水上运输企业相互间实行国内旅客、货物联运，依照国家有关规定办理，国家没有规定的，依照有关各方的协议办理。"第三十条规定："国家铁路、地方铁路参加国际联运。必须经国务院批准。"《铁路货物运输规程》第三条规定："全国营业铁路的货物运输，除国际联运、水陆联运、军事运输另有规定外，都适用本规程。"这一适用范围涵盖了国内不含水运的货物多式联运，可以适用于国内公铁联运、空铁联运等。航空运输方面，《中华人民共和国民用航空法》第九章第一百零六条规定："对多式联运方式的运输，本章规定适用于其中的航空运输部分。"公路运输方面，《汽车货物运输规则》第二条规定："在中华人民共和国境内从事营业性汽车货物运输及相关的货物搬运装卸。汽车货物运输服务等活动，应遵守本规则。除法律、法规另有规定外，汽车运输与其他运输方式实行货物联运的适用本规则。"国内水路运输方面，已废止的《国内水路货物运输规则》第九十四条规定："水路与其他运方式之间货物联运中的水路运输、水路军事运输、邮件运输、危险货物运输，除另有规定外，适用本规则。"

我国涉及货物多式联运的法律法规或部门规章还有：《国际海运条例》《国际货运代理管理规定》《中华人民共和国海关法》《中华人民共和国海关对用于运输海关加封货物的国际集装箱核发批准牌照的管理办法》《中华人民共和国进出口动植物检疫条例》《中华人民共和国商检条例》及其实施细则、《中华人民共和国国境卫生检疫法》及其实施细则、《海上国际集装箱电子数据交换管理办法》《国际货物运输代理业管理办法》等，主要包含多式联运区段责任、集装箱和货物监管、货运代理人等内容。

第三节 多式联合运输合同

一、多式联运合同的概念及特征

（一）多式联运合同的概念

学界对于多式联运合同概念的界定存在不同认识。第一种观点认为，多式联运合同是几个承运人结为一方，共同与托运人订立运输合同，依据合同约定，每一个承运人在自己的运输区域内履行合同义务。对于运输途中发生的损失，由各个承运人按照合同约定向托运人承担连带责任或按份责任，托运人分别向各个承运人支付运费。第二种观点认为，多式联运合同是指数个承运人各自独立地承担一部分运输义务，各承运人之间就实现联合运输义务而达成的协议。第三种观点认为，多式联运合同是指托运人与第一承运人订立的运输协议。此协议的当事人一方为第一承运人，另一方为托运人。根据协议，托运人或旅客只需一次性交费，在运输过程中，只使用同一运输凭证，而第一承运人用两种及两种以上互相衔接的运输工具将货物送到约定地点。

上述三种观点中，第二种观点从性质上看属于承运人之间的内部协议，不属于本节中所涉及的联运合同；第一种观点所概括的多式联运实际上是一种联运的低级形式，主要在一些联运条件发展不太成熟的地区或区域内，采用这种由托运人多次付费，使用多种运输凭证，利用各种彼此衔接的运输方式。从我国《民法典》以及相关法律法规的规定来看，显然采用了上述第三种观点，即多式联运合同，它是指两种及两种以上采用不同运送方式的承运人作为合同一方当事人，通过衔接运送，将货物安全运送到约定的地点，托运人支付各种承运人运输费用而订立的协议。

（二）多式联运合同的特征

1. 由两种及两种以上不同运输方式的承运人相继履行运输义务

有学者认为承运人基于同一种或不同运输方式运送货物拟定的合同均属于联运合同。但是，数个承运人以同一种运输方式相继运输的，各个承运人的运输实际是不可分割的同一项运输。因此，一般认为多式联运合同强调"多式"，即货物要到达目的地，需要乘两种及两种以上不同而又相互衔接的运送工具。

2. 承运人为数人，属于多数人之债

所谓多数人之债，指债的一方当事人为两个或两个以上的债。承运人为两个或两个以上采用不同运输工具的单位，以同一运输提单，互相衔接，共同完成运输任务。多式联运经营人与货主签订多式联运合同，按照合同多式联运经营人对全程运输负总的责任。但为了履行合同，多式联运经营人可把部分运输以自己的名义委托给承运人办理。在当事人为多数的多式联运合同中，当事人承担连带责任。

3. 多式联运合同通常由第一承运人（多式联运经营人）与托运人签订

在实践中，在多数人的承运人内部往往存在一种松散型的联营关系，按照多式联运合同，参加联合运输的各方可互相代理，互为代理人。第一承运人（多式联运经营人）作为其他承运人的代理人与托运人订立联运合同，其他承运人根据联运合同在自己的运送区段内履行义务。

4. 使用一份全程多式联运单据

联运合同明确规定多式联运经营人和托运人之间的权利、义务和责任，并由此出现了一份单据、单一费率和对全程负责的问题。多式联运单据具有合同的效力，全程多式联运单据虽然具有与提单相同的功能，但它们的内容却存在很大差异。当第一程运输是海运时，多式联运单据常表现为多式联运提单。

5. 多数承运人对运输责任期内的毁损、灭失或迟延负连带责任

在有多数承运人运送的情况下，托运人很难证明货物毁损、灭失的责任究竟应由哪一个承运人承担。各国法律往往规定，在多式联运合同中，举证责任由多数承运人承担，即举证责任倒置。在多数承运人内部，当某一承运人向托运人承担责任后，他即取得向有过错的承运人追偿的权利，如果责任不明，则可由多个承运人按所收用费的比例分摊赔偿责任。当然，多式联运经营人在承担赔偿责任后，可以按照其与各区段承运人约定的各区段运输相互间的责任，向应承担责任的承运人追偿。

二、多式联运合同的订立

与一般合同订立程序相同，签订多式联运合同同样经过要约和承诺两个阶段。所不同的是，多式联运合同的实际承运人是数个不同的具有独立法人资格的运输企业，除了缔约承运人参与订立合同外，其他承运人并不参与合同的订立过程。缔约承运人的行为对全体承运人具有法律的约束力，这种法律约力来源于多式联运承运人之间的运输协议。为了方便托运人托运货物，提高运输效率，在货物从起运地点运输到目的地的位移过程中，承运人通过运输协议满足托运人的对货物运输的全程要求。托运人不必在各个区段都与承运人签订合同，而只在始运区段与多式联运经营人签订合同，即可完成货物运输的全过程。这是现代运输方式发展的必然要求。

因此，多式联运的经营人（缔约承运人）要充分考虑其他区段承运人的运输能力，明确与各个实际承运人之间的权利和义务，并与托运人商定具体的运输条件，以保证运输合同的顺利进行。需要注意的是，根据《民法典》第八百三十九条的规定，多式联运的各个区段的承运人可以约定相互之间的责任，但该约定并不影响多式联运经营人对全程运输所应承担的义务。

多式联运合同经营人在收到托运人交付运输的货物后，要签发多式联运单据。根据托运人的要求，多式联运单据可以是可转让的，也可以是不可转让的单据。多式联运单据是合同成立的初步证据。如果安排的是长期稳定的货物运输，托运人还可以与多式联运经营人签订长期的多式联运协议，在货物发运时，以装运通知或托运单的形式通知多式联运经营人或指定的代理人，以便安排运输。

三、多式联运合同的主要条款

一般情况下，多式联运合同的主要条款应当具备以下内容：
（1）货物名称。
（2）货物的重量、件数。

（3）包装。
（4）运输标志。
（5）起运站（港）和到达站（港）。
（6）换装站（港）。
（7）托运人、收货人名称及详细地址。
（8）运费、港口费和有关的其他费用及结算方式。
（9）承运日期及到达期限。
（10）经由站名及线名。
（11）货物价值。
（12）双方商定的其他事项。

四、多式联运合同的履行

多式联运合同的履行可以分为三个阶段，在不同的阶段里，多式联运当事人（即多式联运经营人、实际承运人、托运人）的义务是不同的。

（一）托运送和承运阶段当事人的义务

1. 托运人的义务

（1）按照合同约定的货物品类、数量、时间、地点提供货物，并交付多式联运经营人。

（2）认真填写多式联运单据的基本内容，并对其正确性负责。

（3）按照货物的包装要求对货物进行包装，不符合包装要求的，承运人有权要求其予以改善。托运人不改善或者改善后仍然不符合运输安全要求的，承运人有权拒绝运输。

（4）按照约定支付各种运输费用。

2. 多式联运经营人的义务

（1）应当认真检查货物的情况，核对货物是否与多式联运单据填写的内容一致。

（2）履行合同的内容，为免于混票、杜绝货差，都应当在货物上粘贴或涂刷简明标记或符号，并在运单上"托运人标记"栏内注明标记。

（3）每件货物上标写到达站（港）和收货人名称。

（4）在运输、保管、装卸、搬运过程中需要特别注意的货物，托运人应当按起运地点的规定，制作辅助标记。

（二）运输阶段实际承运人的义务

多式联运经营人承运后，多式联运就进入实际的运输阶段。各个阶段的实际承运人应当承担以下主要义务：

（1）本着诚实信用的原则，按照多式联运约定的期间和要求，及时提供适合装载货物的运输工具。

（2）按照规定的运到期间，及时将货物运至目的地。

（3）在货物运输的责任期间内保证货物的运输安全。

（4）实际承运人在交接货物时，都应当认真核对，避免因交接不清而导致运输责任难以分清。

（5）最后阶段的实际承运人收到货物后，应当按照约定及时通知收货人收取货物。

（三）货物交付阶段实际承运人的义务

（1）最后阶段的实际承运人收到货物后，应当按照约定及时通知收货人收取货物。

（2）如果货物在运输途中毁损或者灭失，则负有向收货人通知的义务。

（3）最后阶段的实际承运人负有向收货人交付货物的义务。

五、多式联运合同的变更与解除

（一）多式联运合同的变更

1. 变更的条件与程序

托运人变更合同（包括变更到站、到达港、收货人等）的要求，可以由托运人和收货人向到达站或到达港提出。如果运输货物已经运到换装地点但尚未进行换装的，托运人或收货人可以向换装地点提出。

变更到站或收货人应向换装站提出，变更到达港或收货人，应向换装港提出。

联运合同的变更只限一次，而且不得反复变更换装地点或变更一批货物中的一部分。如果变更到达地点后违反货物流向，违反政府限制或违反运输限制的，不得变更。

托运人变更合同的要求，须征得承运人同意才生效。由于承运货物种类不同，对于变更要求的同意生效的程序也各不相同。整车货物变更到站、到达港的，应征得主管铁路局或航运部门的同意。零担货物的变更只需换装站

（港）或到达站（港）同意即可。

2. 承运人变更合同

承运人变更多式联运合同的情形主要有两种：一是由于某种特殊情况而变更运输路线。这类情况主要是自然灾害或重大事故以至运输中断，或换装地点发生严重堵塞必须紧急疏运时，可以按照交通管理部门指示绕道运输。在这种情况下，合同的变更可以不经托运人或收货人的同意。二是由于某些特殊情况，由承运人与托运人或收货人协商一致后，变更联运合同。

3. 变更运输后的费用结算

变更运输后的费用结算，按下列规定办理：

（1）由于托运人或收货人要求变更运输时，应按变更后实际运输路线办理费用结算。

（2）由于交通管理部门指示绕道运输时，对托运人仍按原计划运输路线办理费用结算。

（二）多式联运合同的解除

多式联运合同的解除是指合同成立后，由于法律规定或合同约定的原因，双方当事人协商一致或一方通知对方，使多式联运合同当事人双方的权利义务关系归于消灭的法律行为。多式联运合同的解除，主要出现在托运人向发运站和起运港提出取消运输的情况下，必须得到承运人同意后才有效。

六、单式运输公约对多式联运合同的适用

截至目前，尚没有一部统一调整多式联运合同的国际公约，相比于通过国内法或当事人约定调整多式联运合同，单式运输公约的适用既有利于更好地平衡多式联运经营人与托运人之间的权利义务关系，也能带来法律适用上的确定性以及可预见性，实现法律适用结果的公正性。

（一）公路、铁路单式运输公约对多式联运合同的适用

由于铁路运输领域《国际铁路货物运输公约》（Convention Concerning International Carriage of Goods by Rail，CIM）对于公约适用范围条款的规定是以公路运输领域《国际公路货物运输合同公约》（Convention on the Contract for the International Carriage of Goods by Road，CMR，以下简称《公路货运公约》）为蓝本，均规定公约适用于承托双方达成的满足公约适用条件的国际单

式运输合同，因此，本节将以《公路货运公约》为主要对象进行讨论。

《公路货运公约》第 1 条第 1 款规定："本公约适用于任何为了取得报酬而通过车辆在道路上运送货物的合同，当接收货物和指定交货地点位于两个不同的国家，而至少其中一个是缔约国时，不考虑当事人的居住地和国籍。"该条对于多式联运合同中的公路运输区段的适用，需要考察以下两种情况：

1. 多式联运合同公路运输区段具有国际性

如果国际公路运输区段满足《公路货运公约》适用范围条款所设定的条件，公约应当适用。即便是通过其他运输方式完成部分运输区段后，如果货物被重新装载于车辆，并且该运输区段满足《公路货运公约》国际性的要求，公约也应适用于该运输区段[1]。

2. 多式联运合同公路运输区段为国内运输

多式联运合同所含公路运输区段若为国内运输则不应适用单式运输公约。不乏学者认为即使国际运输合同所包含的公路运输区段是国内运输，只要接收货物或者交付货物的地点位于《公路货运公约》缔约国境内，该国内公路运输区段也应由公约调整[2]。但这种理解存在以下几个错误：其一，根据《公路货运公约》序言，该公约只适用于国际公路运输。因此，上述理解实际是对《公路货运公约》适用范围的不当扩大，不符合公约本身的目的。其二，《公路货运公约》适用于国内公路运输可能会导致追偿问题上的不公平。当国内法与《公路货运公约》的规定存在差异，多式联运经营人或是自身承担差额，或是能够要求更高的责任限额。这种结果显然对多式联运经营人或是对国内承运人而言是不公平的。其三，扩张适用于国内运输区段会导致法条适用冲突。《公路货运公约》第 17 条第 1 款规定，该公约应适用于接收货物到交付货物的整个运输过程。若接收货物意味着接收货物开始运输，那么《公路货运公约》不仅仅只适用于国内公路运输，而应适用于整个运输合同。显然，扩张适用于国内运输区段会导致法条适用上矛盾的结果。

（二）航空单式运输公约对多式联运合同的适用

多式联运合同是多式联运经营人与托运人之间关于国际运输的约定，故该合同包含的国际航空运输区段只要满足调整国际航空运输的单式运输公约

---

[1] R. Loewe: *Commentary on the Convention of 19 May 1956 on the Contract for the International Carruage of Goods by Road*, United Nations ECE/TRANS/14, Geneva, 1975.

[2] Malcolm Clarke: *International Carriage of Goods by Road: CMR 6th edn*., Informa Law from Routledge, 2014.

对国际运输的要求，前述公约即可适用于多式联运合同中的国际航空运输区段。进一步需要考察的问题则是，调整国际航空运输的单式运输公约适用范围的起止。

《华沙公约》第 18 条第 2 条的规定，航空运输公约适用的起止是以航空站或者说机场为界限。《国际民用航空公约》关于规范机场的附件 14 将机场界定为："全部或部分用于器进场、离场和地面活动的陆上或水上的一个划定区域（包括建筑物、设施和设备）。"通过机场边界认定航空运输公约适用的起止，不仅清晰、明确，而且符合《华沙公约》条款的规定。因此，机场边界应是通常意义上认定航空运输公约适用起止的方法。

然而，《蒙特利尔公约》第 18 条第 3 款对航空运输期间的规定，删去了《华沙公约》在机场内的限制，仅规定航空运输期间系指货物处于承运人掌管之下的期间。据此，该款将《蒙特利尔公约》变为一部调整门到门运输的公约，即从承运人接收货物开始，到交付货物为止，都应由《蒙特利尔公约》调整。该条款的规定导致一个实践问题，如果承运人从机场向其在机场之外的仓库运输货物，该段运输处于机场之外，依据《蒙特利尔公约》第 18 条第 4 款，不应适用公约的规定，但当货物在承运人掌管的仓库时，依据第 18 条第 3 款，公约应当适用，即《蒙特利尔公约》从货物运出机场后不再适用，当货物运到机场外仓库时，又开始适用。因此，虽然当多式联运合同中的国际航空运输区段在满足调整国际航空运输的单式运输公约的要求时，公约的适用并不存在问题，但由于《蒙特利尔公约》对航空运输期间的碎片化适用，导致了公约可能适用于其不调整的行为。

（三）海上单式运输公约对多式联运合同的适用

《修改统一提单若干法律规定的国际公约议定书》（Protocol to Amend the International Convention for the Unification of Certain Rules of Law Relating to Bills of Lading，简称《海牙—维斯比规则》）是调整国际海运的一部重要公约。该公约要求承运人签发特定类型的运输单证，即便承托双方缔结国际海运合同或者国际海运合同约定的运输满足公约的要求，但如果没有签发提单，而是签发了其他类型的运输单证，比如海运单（sea waybill），该公约也不能适用。因此，当多式联运经营人签发了一份多式联运单证，并且该单证证明或者包含的多式联运合同涉及海运区段时，《海牙—维斯比规则》应适用于该海运区段。该多式联运单证构成承运人交付货物的凭证，也即行使提货请求权的凭证。

当然，不乏学者反对将多式联运提单视为权利凭证。理由包括：其一，在拼箱多式联运中，通常由多式联运经营人收集多个托运人交付的货物，组成一个完整的集装箱。此时，多式联运经营人不是以承运人的身份签发多式联运提单[①]。故而，多式联运提单不能被认为是一种权利凭证；其二，如果多式联运提单包含的海运区段，只是多式联运合同约定运输中的很少一部分，该提单不应被认为是海运提单，进而也就不能被认为是权利凭证[②]。

但是，两种观点都值得商榷。其一，多式联运的过程中需要由经营人对运输全程进行负责，故应以经营人在签发运输单证所承担的义务内容为核心，不应过分强调其在收集货物时的身份，其签发的多式联运提单也应被认为是行使提货请求权的凭证。其二，多式联运提单与海运提单所包含或者证明的是两种不同类型的运输合同，忽略这种差异性，严格地以海运提单的特征判断多式联运提单是否构成权利凭证并不合理。

应当认识到，多式联运合同作为运输合同，其多式联运经营人对于托运人或者托运人指定的收货人具有交付货物的义务；权利凭证最为根本的功能是作为单证持有人行使提货请求权的凭证，并基于此，给予了提单持有人对于货物的有效控制。从这个角度而言，多式联运提单应被认为是行使提货请求权的凭证。

第四节　多式联合运输单据

一、多式联运单据的概念及特征

在多式联运中，当多式联运经营人收到托运人交付的货物时，应当向托运人签发多式联运单据。所谓多式联运单据，是指证明多式联运合同以及证明多式联运经营人已接管货物并负责按照合同条款交付货物的单证。多式联运单据应当由多式联运经营人或者经他授权的人签字，这种签字可以是手签、盖章、符号，或者用任何其他机械或者电子仪器打出。多式联运单据与海运提单相似，具有以下三个基本功能：

1. 多式联运单据是多式联运合同已经订立的证明

多式联运单据的签发，意味着托运人已经与多式联运经营人就多式联运

[①] Michael G Bridge: *Benjamin's Sale of Goods*, 8th edn., Sweet & Maxwell, 2010.
[②] Marian Hoek: *Multimodal Transport Law – the Law Applicable to the Multimodal Contract for the Carriage of Goods*, Kluwer Law International, 2010.

合同的主要内容达成一致意见，确立了合同关系，是履行多式联运合同的一种形式和具体表现。作为多式联运单证的重要组成部分，单据所记载的内容以及背面所载的条款对于进一步明确多式联运经营人与托运人之间的权利和义务关系具有十分重要的作用。

2. 多式联运单据是货物的收据

多式联运单据的签发，表明多式联运经营人对于货物的责任期间开始启动；多式联运经营人保证在目的地按照多式联运单据记载的事项向收货人交付货物。

3. 多式联运单据是提货的凭证

收货人必须以单据要求提货；多式联运经营人也以此为依据交付货物。如果多式联运单据属于可转让的多式联运提单，则又具有货物所有权凭证的效力。

二、多式联运单据的主要内容

多式联运单据一般应当记载以下事项：
（1）货物品类、标志、危险特征的声明、包数或者件数、重量、价值。
（2）货物的外表状况。
（3）多式联运经营人的名称与主要营业地。
（4）托运人、收货人的名称。
（5）多式联运经营人接管货物的时间、地点。
（6）交货日期或者期间。
（7）多式联运单据"可转让"或者"不可转让"的声明。
（8）多式联运单据签发的时间、地点。
（9）多式联运经营人或其授权人的签字。
（10）每种运输方式的运费、用于支付的货币、运费由收货人支付的声明等。
（11）航线、运输方式和转运地点。
（12）关于多式联运遵守国际公约规定的声明。
（13）双方商定的其他事项。

多式联运单据一般都应注明上述各项内容。但是，在实际业务中，即便缺少其中一项或两项，只要所缺少的内容不影响货物运输，以及各当事人之间的利益，该多式联运单据仍被认为有效。

三、多式联运单据的签发

多式联运经营人凭收到货物的收据在签发多式联运单据时，可根据发货人的要求签发可转让与不可转让多式联运单据中的任何一种，如签发可转让的多式联运提单，则：

（1）应列明按指示交付或向持票人交付。

（2）如列明向持票人交付，必须经背书后才能转让。

（3）如列明向持票人交付，无须背书即可转让。

（4）如签发一套一份以上的正本，应注明正本份数。

（5）如签发任何副本，每份副本应注明"不可转让副本"字样。

在实践业务中，对多式联运单据正本和副本的份数规定不一，主要视发货人要求而定。正本单据签发一份以上的目的在于保护收货人的合法权益。如在单据的转送过程中，有时会发生空难、海难、盗窃、遗失等，有几份正本单据便可通过多种方法向发货人递送。同时，为了防止一票货物多提的可能性，多式联运经营人只要按正本单据中一份完成交货后，便履行了其交货责任，其余各份正本单据即失去效力。而且，凭其中一份正本单据仅在单据中指定的交货地点有效。副本在法律上是没有效力的，主要是为了业务上的需要。

多式联运单据的背书转让有两种，一种是全额背书，另一种是空白背书。按指示交付的单据在转让时要经过背书手续，向持票人交付的单据无须背书即可转让。

如货物的托运人要求多式联运经营人签发不可转让的多式联运单据时，多式联运经营人或经他授权的人在单据的收货人一栏内，注明具体的收货人姓名、货物在运抵目的地后，多式联运经营人向该单据中记明的人交货后，便业已履行其交货责任。如该单据中记明的收货人以书面的形式通知多式联运经营人，要求将单据中记载的货物交给他书面通知中指定的其他收货人，且多式联运经营人依照执行，也应认为多式联运经营人已履行其交货的责任。

四、多式联运单据的流转程序

以下将以多式联运（三程）为例，说明多式联运经营人签发的多式联运单据及各区段单证的流转程序。在实际业务中，多式联运单据和各区段实际承运人的货运单证的缮制大多交由多式联运经营人的各区段代理负责，多式联运经营人主要充当全面控制和发布必要指示的角色。

多式联运经营人起运地分支机构或代理缮制并签发全程多式联运单据，其中的正本交给发货人，用于结汇；副本若干份交付多式联运经营人，用于多式联运经营人留底和送交目的地分支机构或代理。

多式联运经营人起运地分支机构或代理货交一程承运人后，一程承运人签发以多式联运经营人或其起运地分支机构或代理为托运人，以多式联运经营人或其二程分支机构或代理为收货人的道路运单，运单上应注有全程多式联运单据的号码。多式联运经营人起运地分支机构或代理在货物出运并取得运单后，应立即以最快的通信方式将运单、舱单等寄交多式联运经营人二程分支机构或代理，以便二程分支机构或代理能用此提货；与此同时，还应向多式联运经营人提供运单副本、载运汽车离站时间及预计抵达时间等信息，以便多式联运经营人能全面了解货运进展和向二程分支机构或代理发出必要的指示。

多式联运经营人二程分支机构或代理收到运单后，凭此从一程承运人或其代理处提取货物，并交付二程承运人或其代理。二程承运人或其代理收到货物后，签发以多式联运经营人或其二程分支机构或代理为托运人，以多式联运经营人或其三程分支机构或代理为收货人的提单（当然也可以是指示提单，但通知方应为多式联运经营人三程分支机构或代理），提单上应注明全程多式联运单据号码。多式联运经营人二程分支机构或代理在货物出运并取得提单后，应立即以最快的通信方式将正本提单、舱单等寄交多式联运经营人三程分支机构或代理，以便三程分支机构或代理能用此提货；与此同时，还应向多式联运经营人提供提单副本以及船舶离港报告等，以便多式联运经营人能全面了解货运进展和向三程分支机构或代理发出必要的指示。

多式联运经营人三程分支机构或代理收到运单后，凭此从二程承运人或其代理处提取货物，并交付三程承运人或其代理，三程承运人或其代理收到货物后，签发以多式联运经营人或其三程分支机构或代理为托运人，以多式联运经营人或其目的地分支机构或代理为收货人的铁路运单，运单上应注明全程多式联运单据号码。多式联运经营人三程分支机构或代理在货物出运并取得运单后，应立即以最快的通信方式将运单等寄交多式联运经营人目的地分支机构或代理，以便目的地分支机构或代理能用此提货；与此同时，还应向多式联运经营人提供运单副本以及火车动态等，以便多式联运经营人能全面了解货运进展和向目的地分支机构或代理发出必要的指示。

多式联运经营人目的地分支机构收到铁路运单后，可凭此从承运人或代理处提取货物,并向收货人发出提货通知。收货人付款赎单后取得多式联运经营人签发的全套正本多式联运单据,凭此全套正本提单可向多式联运经营人目的地分支机构或代理办理提货手续。多式联运经营人目的地分支机构或代理经与多式联运经营人寄交的副本单据核对,并在收取应收取的运杂费后,将货物交付收货人。

五、多式联运单据的证明效力

除非多式联运经营人已在多式联运单据上作出批注或者保留,否则多式联运单据一经多式联运经营人或经他授权的人签发,便应当视为多式联运经营人收到货物的初步证据,表明多式联运单据上所记载的货物已经交由多式联运经营人接管,多式联运经营人对收到的货开始负有责任。在交付货物时,货物必须与多式联运单据上的记载相符合。如果货物与单据上的记载不相符合的,多式联运经营人应当承担违约责任,除非多式联运经营人举出充分的证据证明货物接收时的实际状况。如多式联运经营人或其代表在接受货物时未在多式联运单据中作出任何批注,则表明他所接受的货物外表状况良好。货物运抵目的地,多式联运经营人或其代表也应在外表状况良好下交货。任何有关货物的灭失、损害均由多式联运经营人负责赔偿。否则,应举证说明货物的灭失、损害并非由于他或他的代理人的过失所致。

在多式联运单据为可转让的情况下,该单据已经按照法定的程序转让给第三人,则多式联运单据为最终的证据,多式联运经营人提出的任何相反证据,均不能对抗多式联运单据上的记载。因为,单据的受让人在购买单据时,并没有机会检查货物,只能相信单据上所记载的内容事实,多式联运经营人也不能对该单据的受让人提出抗辩。多式联运公约的这一规定不仅保护了单据受让人的利益,而且,只有这样,才能使单据更能成为做买卖的工具,使单据具有流通性的作用。在这种情况下,第三人应当是善意的,即他正当地信赖多式联运单据上所记载的货物,在受让单据上所记载的货物时,不知道或者不应当知道货物的实际状况。

可见,多式联运单据的效力如何,取决于单据中所记载的事项是否准确。这是因为单据中所记载的内容是法定的。而且,单据又是要求具备一定格式的有价证券,如在这些事项方面有遗漏,则单据的效力将在判例中无效,除非该种遗漏并不危害货物或影响多式联运合同的执行。

第五节　多式联合运输责任与保险

一、多式联运的责任期间

责任期间（period of responsibility）是指行为人履行义务、承担责任在时间上的范围。多式联运经营人责任期间的长短，也在一定程度上体现了经营人承担义务的多少和责任的轻重。我国《海商法》的第一百零三条规定："多式联运经营人对多式联运货物的责任期间，自接收货物时起至交付货物时止。"《联合国国际货物多式联运公约》对多式联运经营人的责任期间也做了与《海商法》相一致的规定。根据国际货物运输过程中，货物在货主仓库、工厂以及集装箱货运站、码头堆场进行交接的特点，该公约第14条第1款规定："多式联运经营人对于货物的责任期间，自其接管货物之时起至交付货物时止。"

就多式联运经营人接管货物的形式而言，公约规定了以下两种情况：

（1）从托运人或其代表处接管货物。这是最常用、最普遍的规定方式。

（2）根据接管货物地点适用的法律或规章，货物必须交其运输的管理当局或其他第三方。这是一种特殊的规定。

在第二种接管货物的方式中，应当注意，即使多式联运公约规定多式联运经营的责任从接管货物时开始，但在从港口当局手中接受货物的情况下，如货物的灭失或损坏系在当局保管期间发生的，多式联运经营人可以不负责任。

对交付货物规定，公约规定了以下三种情况：

（1）将货物交给收货人。

（2）如果收货人不向多式联运经营人提取货物，则按多式联运的合同或按照交货地点适用的法律或特定行业惯例，将货物置于收货人支配之下。

（3）将货物交给根据交货地点适用法律或规章必须向交付的当局或其他第三方。

在收货人不向多式联运经营人提取货物的情况下，多式联运经营人可按上述第二、三种交货形式交货，责任即告终止。在实践中，经常会发生这种情况，如收货人并不急需该批货物，为了节省仓储费用；又如市场价格下跌，在运费到付的情况下，都有可能造成收货人延迟提货。因此，多式联运公约的这种规定不仅是必要的，也是合理的。

二、多式联运当事人的法律责任

（一）多式联运经营人的法律责任

多式联运合同的特点就在于其涉及不同的运输方式，因而会涉及不同运输方式的法律和行政法规。在多式联运中，由于跨越不同的国家和地区，因而也必然涉及不同国家的法律制度。不同运输方式的法律和行政法规之间，不同国家和地区的法律制度之间，在关于承运人的赔偿责任的规定上，都会或多或少地存在一些差异，这就是所谓的"法律冲突"。由于多式联运经营人要对多式联运的全程运输负责，由此会产生的问题是，多式联运经营人应当适用哪一区段、哪一运输方式、哪一国家或地区的法律来承担违约的损害赔偿责任。

1. 多式联运的责任制类型

多式联运经营人的责任形式决定了托运人可以要求多式联运经营人对哪些损失负责以及负何种责任。多式联运责任制类型主要有以下四种：

（1）责任分担制（shared liability system）。

在这种责任制下，多式联运经营人和各区段承运人在合同中事先划分运输区段。多式联运经营人和各区段承运人都仅对自己完成的运输区段负责，并按各区段所应适用的法律来确定各区段承运人责任。这种责任制实际上是单一运输方式损害赔偿责任制度的简单叠加，并没有真正发挥多式联运的优越性，不能适应多式联运的要求，故目前很少被采用。

（2）统一责任制（uniform liability system）。

在统一责任制（又称同一责任制）下，多式联运经营人对全程运输负责，各区段承运人对且仅对自己完成的运输区段负责。不论损害发生在哪一区段，均按照统一责任进行赔偿，要求多式联运经营人和各区段承运人承担相同的赔偿责任。这种责任制有利于货方，但对多式联运经营人来说责任负担则较重，目前世界上对这种责任制的应用并不广泛。

（3）修正后的统一责任制（modified uniform liability system）。

该责任制亦被称为"可变性的统一责任制"，它是由《联合国国际货物多式联运公约》所确立的以统一责任制为基础，以责任限额为例外的一种责任制度。根据这一制度，不管是否能够确定货运事故发生的实际运输区段，都适用该公约的规定。但是，若货运事故发生的区段适用的国际公约或强制性国家法律规定的赔偿限额高于该公约规定的赔偿责任限额，则应该按照该国际公约或国内法的规定限额进行赔偿。很明显，这种责任制度不利于货主而利于多式联运经营人。因《联合国国际货物多式联运公约》尚未生效，所以实践中适用该责任制的情况也较少。

（4）网状责任制（network liability system）。

在网状责任制（又称混合责任制）下，由多式联运经营人就全程运输向货主负责，各区段承运人对且仅对自己完成的运输区段负责的制度。无论货物损害发生在哪个运输区段，托运人或收货人既可以向多式联运经营人赔，也可以向该区段的区段承运人索赔。但各区段适用的责任原则和赔偿方法仍根据调整该区段的法律予以确定。多式联运经营人赔偿后有权就区段承运人的过失所造成的损失向区段承运人进行追偿。网状责任制是介于统一责任制和责任分担制之间的一种制度，故又称为混合责任制。目前，国际上大多采用的是网状责任制。

2. 我国所采用的责任形式

我国的法律法规在多式联运经营人的责任形式方面一致采用了网状责任制。我国《民法典》第八百三十九条规定："多式联运经营人可以与参加多式联运的各区段承运人就多式联运合同的各区段运输约定相互之间的责任；但是，该约定不影响多式联运经营人对全程运输承担的义务。"这是关于多式联运经营人与各区段实际承运人之间责任的规定。多式联运经营人与各区段的实际承运人的约定，一般是对运输过程中货物的毁损、灭失的赔偿责任的约定，也有关于延迟交付等的责任约定。

在实际生活中，多式联运经营人通常是以托运人的身份与各承运人签订各区段的运输合同的，即在多式联运经营人与实际承运人之间，多式联运经营人相当于托运人的身份。不过，多式联运经营人与各区段的实际承运人之间的合同，是承运人之间的内部合同，所调整的只是经营人与承运人之间的权利和义务关系。在多式联运合同发生纠纷后，多式联运经营人不能以此来作为自己不承担责任的抗辩理由，仍然由多式联运经营人向托运人或者收货人承担责任。

当然，多式联运经营人承担责任之后，可以依据其与实际承运人之间的合同，解决自己与实际承运人之间在履行多式联运合同中的纠纷。

就损害赔偿责任而言，《民法典》第八百四十二条规定："货物的毁损、灭失发生于多式联运的某一运输区段的，多式联运经营人的赔偿责任和责任限额，适用调整该区段运输方式的有关法律规定；货物毁损、灭失发生的运输区段不能确定的，依照本章规定承担赔偿责任。"按照这一规定，多式联运经营人的损害赔偿责任和责任限额的确定，即适用的"准据法"有两种情况：

（1）发生货物毁损、灭失的区段能够确定的情况下，多式联运经营人的赔偿责任和责任限额适用调整该区段运输方式的法律规定。该责任制度的优点在于，使多式联运经营人承担的赔偿责任与发生货物损坏的区段的实际承运人所负的责任相同，不会加重或者减轻多式联运经营人的损害赔偿责任，有利于促进多式联运事业的发展。

（2）发生货物毁损、灭失的区段不能确定的，多式联运经营人的损害赔偿责任和赔偿责任的限额的确定，适用《民法典》关于一般货物运输承运人的有关规定。

此外，根据我国《海商法》的规定，如果多式联运之中有一种是海上运输方式，且发生货物毁损、灭失的区段不能确定的，则多式联运经营人的赔偿责任和责任限额的确定，适用《海商法》关于海上货物运输合同的有关规定。

鉴于上述情况，在货物发生毁损、灭失的情况下，首先应当根据上述的规则，确定应当适用的法律法规，然后根据所选定的法律法规，解决多式联运经营人的损害赔偿责任的问题。

（二）多式联运托运人的法律责任

托运人违反多式联运合同，应当按照多式联运合同的约定以及有关调整货物运输的法律法规的规定承担责任。需要注意的是，我国《民法典》对于托运人责任的特殊情况，做出了专门的规定。《民法典》第八百四十一条规定："因托运人托运货物时的过错造成多式联运经营人损失的，即使托运人已经转让多式联运单据，托运人仍然应当承担赔偿责任。"该规定包含了以下含义：

（1）托运人在向多式联运经营人交付所运输的货物时，从法律上视为其已经保证了在多式联运单据中所提供的货物资料是准确无误的。如果存在托运人所托运的货物不当而造成多式联运经营人的损失的，托运人应当承担损害赔偿责任。托运人的这种义务，属于合同法上的默示担保义务。

（2）根据《民法典》的这一规定，托运人的责任属于过错责任，即托运人在主观上存在过错。托运人在托运时的过错，通常是在履行申报义务时的过错，如未能做到申报的准确、真实和完整，或者提供货物的包装不符合运输要求，或者未能办理运输所需要的审批、检验、许可等有关手续，以及在货物中夹带危险品、违禁品等。

（3）赔偿损失的范围，包括多式联运经营人的全部损失。

（4）即使托运人已经将多式联运单据转让给第三人，也应当由托运人承担损害赔偿责任。因为多式联运单据的转让，只是托运人处分了多式联运单据项下的权利，并不意味着多式联运合同的转让，也没有解除与多式联运经营人之间的合同关系。因而，托运人仍然应当由自己向多式联运经营人承担责任。

三、多式联运经营人的赔偿限额

我国目前尚无规范多式联运的单行法律，亦无货物损害赔偿的相关规定。多式联运经营人的赔偿限额（limitation of liability）多规定在国际公约中，但采用的赔偿标准不尽相同。《海牙规则》采用的是单一标准的赔偿方法，即只对每一件或每一货运单位负责，而不对毛重每千克负责。然而，这种规定方法在实际应用中不符合国际贸易和运输业发展的需要，《维斯比规则》（1968）因此将双重标准的赔偿方法列入公约，既对每一件或每一货运单位负责，又对毛重每千克货物负责；同时，对集装箱、托盘或类似的成组工具在集装或成组时的赔偿也作了规定。1978年制订的《汉堡规则》也采用了这种赔偿方法。《联合国国际货物多式联运公约》仿照了《汉堡规则》的规定，也将这种双重赔偿标准列入了公约中。不同的是，多式联运公约不仅规定了双重标准的赔偿方法，同时也规定了单一标准的赔偿方法。

根据《联合国国际货物多式联运公约》，多式联运经营人和托运人之间可订立协议，制定高于公约规定的经营人的赔偿限额。在没有这种协议的情况下，多式联运经营人按第8条第1款赔偿标准赔偿：

（1）如果多式联运经营人对货物的灭失或损坏造成的损失赔偿责任，其赔偿责任以灭失或损坏的货物的每件或其他货运单位计不得超过920计算单位（国际货币基金组织的计算单位——特别提款权，Special Drawing Right，SDR）的数额，或按毛重每公斤计不得超过2.75计算单位的数额，以较高者为准。

当根据上述赔偿标准计算集装箱货物的较高限额时，公约规定应适用第18条第2款规则：

① 如果货物是用集装箱、货盘或类似的装运工具集装，多式联运单证载明装在这种装运工具中的件数或货运单位数，应视为计算限额的件数或货运单位数。否则，这种装运工具中的货物应视为一个货运单位。

② 如果装运工具本身灭失或损坏，而该装运工具并非由多式联运经营人所有或提供，则应视为一个单独的货运单位。

该公约的这一赔偿标准中还包括了延迟交付赔偿限额的计算方法。根据第18条第4款的规定，不管多式联运是否包括海上或内河运输，经营人对延迟交货造成损失所负的赔偿责任限额，相当于被延迟交付的货物应付运费的

2.5 倍，但不得超过多式联运合同规定的应付运费的总额。同时，延迟赔偿或延迟与损失综合赔偿的限额，不能超过货物全损时经营人赔偿的最高额。

（2）如果根据合同不包括海上或内河运输，按第 18 条第 3 款规定，则多式联运经营人的赔偿责任按灭失或损坏货物毛重每公斤不得超过 8.33 计算单位的数额为限。

多式联运若不包括海上或内河运输，其风险就比较小，经营人收取的运费也比较高，所以采用高限额赔偿是理所当然的。实际上，《联合国国际货物多式联运公约》的限额并不高，8.33SDR 的赔偿限额与《公路货运公约》中承运人的赔偿限额 25 金法郎相等。这说明对不包括水运的多式联运，经营人是按最低限额施行赔偿的，因为多式联运不可能只由公路运输组成，它必须与铁路运输或航空运输一起组成，否则，就称不上多式联运。而《国际铁路货物运输公约》和《华沙公约》中承运人的赔偿责任限额均高于《公路货运公约》。

此外，《国际铁路货物运输公约》《华沙公约》《公路货运公约》均采用毛重每千克单一标准的赔偿方法。《联合国国际货物多式联运公约》采用这一赔偿标准，也有利于与除海上或内河运输外的其他运输方式下承运人的赔偿责任制保持一致，以避免问题的复杂化。

（3）按《联合国国际货物多式联运公约》第 19 条规定，如果货物的灭失或损坏发生于多式联运的某一特定区段，而对这一区段适用的一项国际公约或强制性国家法律规定的赔偿限额高于上述（1）（2）的赔偿限额标准，则多式联运经营人对这种灭失或损坏的赔偿限额，应按该公约或强制性国家法律予以确定。

《联合国国际货物多式联运公约》之所以规定这一赔偿标准，主要是为了弥补（1）（2）拟定标准的不足。以海空联运为例，空运赔偿限额若按《华沙公约》的标准进行赔偿，将明显高于按《联合国国际货物多式联运公约》有关标准赔偿，因此对货主绝对不利，这一赔偿标准的采用无疑也是起了一种平衡作用。

四、多式联运保险

多式联运保险是一种对被保险货物遭受承保范围内的风险而受到损失时由保险人（insurer）负赔偿责任的制度。作为国际贸易业务中的一个重要交易条件，多式联运保险已成为联合运输中不可缺少的组成部分。多式联运保险可以分为两种形式：多式联运责任保险与多式联运货物保险。虽然同属于保险制度，但是责任保险和货物保险的功能完全不同。作为国际贸易主体的货主，在责任保险中只能通过承运人间接地享受保险利益；而在货物保险中，货主本身就是保险合同的当事人，他可以直接享受全部保险范围内的利益。

（一）多式联运责任保险

1. 多式联运责任保险的概念及特征

责任保险是以被保险人对第三者依法应负的赔偿责任为保险标的的保险，属于广义上财产保险的一种。多式联运责任保险即是以多式联运经营人为被保险人向保险公司或保赔协会投保，以其在经营多式联运业务过程中依法承担的赔偿责任为保险标的的保险。在责任保险中，承运人以一定的赔偿责任限额为基础。因此，这种保险费率的确定，难以考虑各种货物和不同货主的差别，只能以承运人的责任限额和船舶吨位为基准统一决定。发生损害时，仅由承运人举证证明所发生的损害属于运输合同所规定的承运人的责任范围，而货主则只能通过承运人间接地享受责任保险的利益。

结合多式联运的特点以及财产保险中的一般性原则，多式联运责任保险主要存在以下几个特征：

（1）保险标的为无形的赔偿责任。

与其他普通的财产保险不同，责任保险的保险标的为无形的赔偿责任。多式联运责任保险作为责任保险的一种，其保险标的是多式联运经营人在经营多式联运过程中产生的赔偿责任。随着责任保险的发展，责任保险已经从仅承保侵权性质的损害赔偿责任逐渐扩展至承保违约性质的赔偿责任。因此，多式联运经营人赔偿责任的性质并不局限于侵权性质的责任，还包括部分违约性质的赔偿责任。

（2）具有第三者性质。

责任保险存在的目的与功能来看，其具有第三者的属性。责任保险承保的目的有二：其一，为了补偿被保险人因承担损害赔偿责任而遭受的财产损失；其二，保障第三者即受害人遭受的人身或财产损害可以得到赔偿。我国《保险法》赋予了第三者就应获赔偿部分向保险人直接请求保险赔偿金的权利。因此，多式联运责任保险具有第三者属性，在为多式联运经营人分散责任风险的同时，兼顾到因被保险人的行为而受到财产损失或人身损害的第三者的权益保护。

在保险实务中，多式联运货物的损坏或灭失首先是由货物保险人在责任保险范围内予以赔偿，而后取得代位追偿权（subrogation）。根据国际保险法有关代位追偿权的规定，与支付保险金相对应，保险人可以代位继承（保险代位）被保险人对第三者享有的权利。多式联运经营人责任制的主要作用就是确定保险人对经营人行使代位追偿的权利。

关于多式联运经营人的责任制，前文已有论述，在此不再赘述。但需要注意的是，在《联合国国际货物多式联运公约》第 19 条规定的情况下，即"如果货物的灭失或损坏已确定发生在多式联运的某一地区段，而该区段适用的国际公约或强制性国家法律规定的赔偿限额高于多式联运公约的标准，则经营人的赔偿应以该国际公约或强制性国家法律予以确定"，多式联运经营人对实际承运人的追偿请求不能适用多式联运公约，只能适用多式联运某运输区段所对应的单一运输国际公约。而有些单一运输方式所适用的国际公约规定的赔偿责任却低于多式联运公约的规定，如《海牙规则》或《汉堡规则》。导致的结果即是，在多式联运经营人的赔偿责任将会超过实际承运人，而且难以从实际承运人那里得到与其支付给索赔人（货主）数额相同的赔偿金额。为弥补此差额，多式联运经营人除提高运费外，只得向保险公司进行投保，以避免此类损失。随着多式联运经营人责任的严格化和扩大化，以经营人的责任为对象的赔偿保险费用将会大幅度提高，而这种保险费本来就是包括于运费之中的。所以，多式联运经营人的责任制对其运输成本产生了极大的影响。

（3）保险赔偿金限额化。

多式联运责任保险的承保对象并非可以预估、衡量的有形财产，而是无形的赔偿责任。被保险人在保险责任期间内所面临的责任风险可大可小，无法事先预知与衡量，保险人无法通过保险价值或金额确定自己需要承担的赔偿金额，因此需要在保险合同中设置保险赔偿金额的上限。

2. 多式联运责任保险与承保责任性质

关于责任保险承保责任的性质，不少学者认为违约性质的损害赔偿责任只有与侵权责任竞合时才可以被承保[①]。但是，随着经济发展，责任保险呈现出新的发展态势，多式联运责任保险在承保责任性质上已经扩展至违约性质的损害赔偿责任。

其一，相关法律并未禁止责任保险承保违约性质的损害赔偿责任。以我国《保险法》为例，该法规定责任保险以赔偿责任为保险标的，与刑事或行政责任不同，违约损害赔偿责任属于民事性质的赔偿责任。在司法实践中，有法院认为责任保险的标的是民事赔偿责任，其中包含了承运人因违反运输合同所负的违约损害赔偿责任。因此在《保险法》没有禁止的情况下，违约

---

① 郭颂平：《责任保险》，南开大学出版社 2006 年版。

性质的损害赔偿责任当然可以成为责任保险的承保对象。

其二，经营人责任保险条款内容体现出承保责任已经扩展至部分违约责任。多式联运经营人责任保险条款中通常包含的"错误与遗漏条款"主要承保因被保险人未履行、迟延履行合同义务导致的责任，此种责任的性质实质上属于违约性质的损害赔偿责任。因此，从实践来看，对违约性质的损害赔偿责任并没有被责任保险所禁止承保。

（二）多式联运货物保险

1. 多式联运货物保险的概念及特征

多式联运货物保险是由货主向货物保险公司投保，进而分担运输货物从一国（地区）到另一国（地区）之间的"位移"风险。在货物保险中，保险人面临着激烈的自由竞争。货物保险的保险费率是在考虑该种货物的性质、数量、包装、运输船舶或其他运输工具的详细情况、运输区间、港口条件、季节和其他自然条件、签约人（被保险人）过去承保的得失等因素后，精确地计算出来的，由于签约人可以直接和保险人交涉保险条件和费率，所以其可以将商品的运费和保险费置于自己的管理之下。发生索赔时，只要损害是由保险所承保的危险造成的，就能迅速地从分布于世界各地、港口的理赔代理人那里得到保险金。

由于所承保的保险标的在整个运输过程中存在地理位置、运输工具、操作人员等的频繁变换，导致承保标的时刻暴露在风险之中。多式联运货物保险也因此呈现出与其他财产保险不同的显著特征：

（1）事故发生的频度高，造成损失的数量大。

多式联运，尤其是以集装箱为主要配送方式的多式联运，以其安全、简便、优质、高效和经济的特点广为国内外贸易界和运输业所接受，业务量迅猛增加。与此同时，由于其覆盖面广、涉及环节多，因而不可避免地使得货物在运输过程中发生事故的频率增加，造成的损失普遍较大。

（2）多式联运货物保险具有国际性。

多式联运货物保险的国际性主要表现在它涉及的地理范围超越了国家的界限，将不同国家和地区的贸易承运人和货主包含其中。因此，货物运输保险的预防与处理，必须依赖于国际公认的制度、规则和方法。这是多式联运货物保险的一个显著特征。

（3）运输保险人责任确定的复杂性。

多式联运货物损失赔偿的确定是一个较为复杂的问题。在承运过程中，保险人对被保险货物所遭受的损失是否负赔偿责任主要以导致该损失的危险事故是否属于保险合同上所约定的承保事项为依据，关键在于两方面：其一，若危险事故造成的损失并未约定在保险合同中，保险人不负责赔偿损失；其二，若货物受损程度尚未达到保险合同约定的程度时，保险人也不负赔偿责任。因此，多式联运货物损失赔偿不仅涉及保险合同本身的承保范围，同时也涉及与运输有关的货物承运人的责任问题。

2. 多式联运货物保险与责任保险的关系

根据有关的国际公约和规则的规定来看，两者共同承保货物运输风险，且存在着互为补充的关系。例如，在多式联运提单中由于不可抗力以及罢工、战争原因所造成的损害是免责的，而在全损险和战争险、罢工险条件下的货物保险则包括上述事项。因此，不论把多式联运经营人的责任扩大到什么范围，或严格到什么程度，货主仍会充分考虑投保货物保险。

两者的区别也十分明显。现行多式联运责任保险是以由运输合同约束的货主与承运人（经营人）之间的权利、义务为基础的保险，因此在索赔求偿过程中，保险公司与托运人和收货人之间并无直接关系，通常只是以承运人（经营人）为媒介，享受保险赔偿的利益。而多式联运货物保险则是由有无损害发生的事实约束的货主与保险人之间以损害赔偿合同约定的保险，通过签发保险单，保险公司与托运人和收货人建立了关系，且在索赔求偿过程中，收货人与保险公司的索赔代理人也直接发生关系。

总而言之，多式联运责任保险所承保的是多式联运经营人所承担的风险，而多式联运货物保险承保的是货主所承担的风险。应该认识到，因承运人保留权利而不得不由货主负担的各种风险，不但是货物保险的实质功能，而且也是国际贸易中货物保险之所以不可缺少的重要原因。

参考文献

[1] 郑翔，张长青. 交通运输法[M]. 北京：北京交通大学出版社，2018.

[2] 赵一飞，陈国庆. 多式联运实务与法规[M]. 2版. 上海：华东师范大学出版社，2015.

[3] 班晓英，杨志刚，朱晓靖. 国际多式联运实务与法规指南[M]. 北京：化学工业出版社，2014.

[4] 张长青，郑翔. 铁路法研究[M]. 北京：北京交通大学出版社，2012.

[5] 董玉鹏. 国际航空运输法律适用研究[M]. 杭州：浙江大学出版社，2012.

[6] 王瀚. 国际航空运输责任法研究[M]. 北京：法律出版社，2011.

[7] 杨惠，郝秀辉. 航空法学原理与实例[M]. 北京：法律出版社，2011.

[8] 李昊. 航空运输与服务法律问题研究[M]. 北京：法律出版社，2010.

[9] 张晓永，等. 交通运输法[M]. 北京：北京交通大学出版社，2008.

[10] 郑国华. 交通运输法教程[M]. 2版. 北京：中国铁道出版社，2007.

[11] 侯作前，乔宝杰. 运输合同实务[M]. 北京：知识产权出版社，2005.

[12] 刘伟民. 航空法教程[M]. 修订版. 北京：中国法制出版社，2001.

[13] 赵维田. 国际航空法[M]. 北京：社科文献出版社，2000.

[14] 柏娜娜. 多式联运综合责任保险问题研究[D]. 大连：大连海事大学，2019.

[15] 张丝路. 国际多式联运合同法律适用问题研究[D]. 大连：大连海事大学，2018.

[16] 范恒菲. 中国民用航空运输业行政立法规制若干问题研究[D]. 南京：南京航空航天大学，2013.

[17] 李亚凝. 我国民用航空法亟待修正的若干关键问题研究[J]. 西北工业大学学报（社会科学版），2019（4）.

[18] 袁发强，瞿佳琪. 论我国航空法律体系的科学化[J]. 南京航空航天大学学报（社会科学版），2017，19（1）.

[19] 张超汉. 全球航空治理视野下中国《民用航空法》的现代化和一体化论要[J]. 时代法学，2016，14（6）.

[20] 董念清. 中国通用航空发展现状、困境及对策探析[J]. 北京理工大学学报（社会科学版），2014，16（1）.

[21] 张超汉. 航空承运人强制责任保险制度之检讨与反思——纪念1999年《蒙特利尔公约》实施10周年[J]. 北京理工大学学报（社会科学版），2013，15（5）.

[22] 林燕平. 民用航空侵权的法律适用及《蒙特利尔公约》对中国的影响[J]. 华东政法学院学报，2006（6）.